第二册

明太祖洪武二十三年起
明英宗正統十四年止

明通鑑

卷十至卷二十四

中華書局

明通鑑卷十

紀十起上章敦牂（庚午），盡閼逢掩茂（甲戌），凡五年。

江西永寧知縣當塗夏燮編輯

太祖高皇帝

洪武二十三年（庚午、一三九〇）

1 春，正月，上以元故丞相耀珠、鼐爾布哈等尚爲邊患，又諸王封國，凡並塞居者，宜令謹邊防，預軍務。丁卯，命晉王棡、燕王棣率師北伐。並命潁國公傅友德率北平兵從燕王，定遠侯王弼率山西兵從晉王，皆授征虜將軍，受二王節制。

2 甲戌，熒惑入斗分。

3 己卯，大祀南郊。

4 庚辰，貴州蠻叛，詔延平侯唐勝宗往黃平、平越、鎮遠、貴州諸處，練兵屯田，相機剿捕。——勝宗鎮遼東七年，威信大著，至是授以征蠻事。

[5]乙酉，命齊王榑率護衛及山東、徐、邳諸軍從燕王北征。

[6]贛州賊結湖廣峒蠻作亂，——蓋夏得忠之黨也。詔胡海、葉昇等復討平之。【考異】本紀，是年正月，書「贛州賊爲亂，胡海、陳桓、葉昇討平之。」贛州之賊，通紀、典彙俱作「夏三」，蓋即去年之夏得忠也。證之胡海陳桓傳，云「平澧州九溪峒蠻」，即湖廣蠻。故通紀是年亦書湖廣蠻。惟明史葉昇傳，則云「贛州賊結湖廣峒蠻爲寇」，今據之。至胡海、陳桓、葉昇三人，即去年平湖廣蠻之將，蓋兩事實一事，今分記之而附識于此。

[7]是月，有潮州生員陳質，以其父戍大寧死，有司以質勾補軍籍。質上書請除之，願歸卒業。時部臣沈溍以缺軍伍，持不可，上曰：「國家得一卒易，得一士難。」遂除之。

[8]浙江金鄉衛以造軍器科民財，温州府平陽知縣張礎執不可，具以聞，上嘉其稱職，遣使勞以上尊、楮幣。

[9]以韃靼指揮使安童爲刑部尚書。——武臣文職始此。

[10]二月，丁酉，國子祭酒、文淵閣大學士宋訥卒。

訥嘗病，上以其有壽骨，無憂。已，使畫工瞷訥，圖其像，危坐有怒色。上以問訥，訥驚對曰：「諸生有趨蹌者碎茶器，臣愧失教，故自訟耳。陛下何自知之？」上出圖，訥頓首謝。

長子麟，舉進士，擢御史，出爲望江主簿，上念訥年老，召還侍。至是訥病甚，麟請歸私第，訥叱曰：「時當丁祭，敢不敬耶！」祭畢，舁歸舍，卒，年八十。上悼惜，自爲文祭之，爲治葬地。——文臣四品給祭葬自訥始。後謚文恪。【考異】諸書或系之二月，或系之三月。惟史稿及憲章録俱作「二月丁酉」，與本傳合，今據之。

11 初，湖廣施州衛置三撫司，曰施南，曰散毛，曰忠建。至是諸峒蠻叛，施南宣撫覃大勝從中搆之。忠建宣撫田思進，以八十餘乞致仕，以其子忠孝代之，不能制。

戊申，命涼國公藍玉爲征南將軍，率兵進討。【考異】本紀，是月，「藍玉平西番叛蠻。」證之玉傳，言「二十三年施南、忠建二宣撫司蠻叛，玉討平之」，又云「平都勻安撫司散毛諸峒」，此皆湖廣、貴州交界之地，與西番無涉。且本紀於下文閏四月，書「藍玉平施南、忠建叛蠻，六月平都勻、散毛諸峒蠻。」據此，則二月所書，乃奉征蠻之命，閏月六月所平，即所謂「三撫司」者也。三撫司皆湖廣之蠻，疑紀誤以湖廣爲西番耳，今據列傳。

12 丙辰，耕藉田。

13 癸亥，河決歸德州東南鳳池口，逕夏邑、永城，詔發興武等十衛士卒與歸德民并力築之，罪有司不以聞者。

14 三月，壬申，發山東、河南倉粟振貧民。

15 燕王、傅友德等出古北口，諜報鼐爾布哈舊作乃兒不花。駐牧伊都。舊「伊」作「迤」。方進兵，值大雪，諸將欲止，王曰：「彼不虞我至，正宜乘雪速進。」癸巳，師次伊都，隔一磧，敵不知也。王先遣指揮和通徑詣其營，至則相持泣，倉猝間，大軍已壓其營。鼐爾布哈等驚，欲遁，和通止之，引見王，王賜之酒食，慰諭遣還。鼐爾布哈大喜過望，遂收其部落，與耀珠同詣大軍降。

捷至京師，上大悦曰：「肅清沙漠，燕王功也。」是時元降軍先後歸附，其至北平者皆聽燕王調用，燕兵自此益彊。

16 是月，定朝臣衣服之制。

上見文臣衣服多取便易，日至短窄，有乖古制，乃詔禮部尚書李原名等參酌時宜，仍與古寬袍大袖之制相近。又以學校爲國儲材，而士子巾服無異胥吏，宜更易之。

時秦逵方任工部，命製式以進，凡三易，始命用玉色絹布爲之，寬袖，皂緣，皂絛，軟巾，垂帶，命曰「襴衫」。上又親服試之，始頒行天下。又賜國學生藍衫絛各一以爲天下先，蓋士子衣冠之創制云。

17 夏，四月，丙申，潭王梓自焚死。

王英敏好學，善屬文，嘗會府臣，設醴賦詩，親品其高下，賚以金幣。王妃於氏，都督顯女也。顯子琥，方坐胡惟庸黨，王聞之，不自安。上遣使慰諭，召入見，王益懼，與妃俱焚死。無子，國除。【考異】據明史諸王傳，言「王妃於氏，都督顯女也。顯子琥，初爲寧夏指揮，二十三年，坐胡惟庸黨，俱坐誅。梓不自安，上遣使慰諭，且召入見。梓大懼，與妃俱焚死。」按惟庸黨獄發於是年之四五月間，其時顯父子尚未被逮，即逮亦未必即誅，何至王懼而與妃焚死耶？今删去「於顯被逮伏誅」語。再考典彙書此事，則云「潭王母定妃與民家坐事，王不自安。上遣使諭之，王懼，與妃自焚死。」此似近之，附記于此。

18 丁酉，月掩太白。

19 是月，勳臣吉安侯陸仲亨等，坐胡惟庸黨事發，皆先後逮下獄。

20 閏月，己巳，授鼐爾布哈等官有差。

21 丙子，藍玉平施南忠建叛蠻。

時諸蠻結寨于龍孔，玉遣指揮徐玉襲之，禽（宜）〔宣〕撫覃大勝。餘黨潰走，分兵搜捕，殺獲男女一千八百餘人。械大勝及其黨八百餘人送京師，磔大勝于市。尋移兵克散毛峒蠻，禽剌惹長官覃大旺等萬餘人。

奏言：「諸蠻叛服不常，黔江施州衛兵相去遠，難援應，請于散毛連界之大田，置大田守禦千户所，命千户領土兵一千五百人鎮之。」報可。

22 五月，甲午，遣諸公、侯就第，賜金幣有差。

23 初，胡惟庸之獄，株連黨與萬餘。群臣請究問李善長及陸仲亨等交通狀，上曰：「朕初起兵時，善長來謁軍門，以爲復見天日。是時朕年二十七，善長年四十一，所言多合朕意，遂掌書計，贊計畫。功成，爵以上公，以女與其子。仲亨年十七，父母兄弟俱亡，恐爲亂兵掠，持一斗麥藏于草間。朕見之，遂來從朕，以功封侯。此皆吾初起時股肱心膂也，其勿復言！」以故惟庸誅後，仍命善長理臺事，而仲亨等亦尋出鎮。

十八年，有人告李存義父子實惟庸黨者，詔「免死，安置崇明」，善長不謝，上銜之。十九年，通倭事覺，上族林賢。二十一年，藍玉征沙漠，獲封績，善長不以奏，上益疑之。而善長年踰七十，耄不檢下，嘗欲營第，就信國公湯和假衛卒三百人，和密以聞。

是年四月，京民坐罪應徙邊者，善長數請免其私親丁斌等。上怒，按斌。斌故給事惟庸家，因言存義等往時交通惟庸狀。命逮存義父子鞫之，詞連善長，云：「惟庸有反謀，使存義陰説善長，善長驚，叱曰：『爾言何爲者？審爾，九族將滅。』已，又使善長故人楊文裕説之，云『事成當以淮西地封爲王。』善長驚，不許，然頗心動。惟庸乃自往説，善長猶不許。久之，惟庸復遣存義進説，善長嘆曰：『吾老矣。吾死，汝等自爲之。』」又有以善長匿封績事告者。于是御史交章劾善長，而善長奴盧仲謙，亦告善長與惟庸通賂遺，交私語。

獄具，上謂「善長元勳國戚，知逆謀不發，狐疑觀望懷兩端，大逆不道。」會有言星變，其占當移大臣，上意遂決。乙卯，賜太師韓國公李善長死，時年七十七，並其妻、女、弟、姪家口七十餘人皆坐族。

于是陸仲亨及延安侯唐勝宗、平涼侯費聚、南雄侯趙庸、滎陽侯鄭遇春、宜春侯黄彬、河南侯陸聚等，皆同時坐惟庸黨誅。而已故營陽侯楊璟、濟寧侯顧時等，追坐者又若干人。上手詔條列其罪，傅著獄詞，爲昭示姦黨三録，布告天下。

善長子祺，與主徙江浦。祺子芳茂，以公主恩得不坐。尋罷世襲，謫爲指揮、鎮撫等官。

24 是月，詔：「在京官三年皆遷調。著爲令。」于是楊靖改刑部尚書，與趙勉換官，秦逵改兵部尚書，與沈溍換官。逵、溍等尋皆復任，惟靖在刑部獨久。

上諭靖曰：「愚民犯法，如啗飲食，嗜之不知止。設法防之，犯者益衆，惟推恕行仁，或能感化。」又曰：「在京獄囚，卿等覆奏，朕親裁決，猶恐有失。在外各官，所擬豈能盡當！卿等宜詳讞，然後遣官審決。」

靖承旨研辨，多所平反，上皆納之。嘗鞫一武弁門卒，檢其身，得大珠，僚屬驚異。靖徐曰：「僞也，安有珠大如此者！」碎之。上聞，嘆曰：「靖此舉有四善焉：不獻朕求悦，一善也；不窮追投獻，二善也；不奬門卒，杜小人僥倖，三善也；千金之珠，卒然而至，略不動心，有過人之智，應變之才，四善也。」

25 六月，乙丑，貴州都勻、散毛諸蠻復叛，鳳翔侯張龍從唐勝宗屯田于貴州，藍玉遣龍討平之。

26 庚寅，選耆民有才德知典故者，授之官。

27 秋，七月，壬辰，河決開封西華諸縣，漂沒民舍凡萬五千七百餘户，遣使振之。

28 癸巳，崇明、海門海溢，決堤二萬三千九百餘丈，發民夫二十五萬築之。

29 八月，壬申，詔毋以吏卒充選舉。

30 召藍玉還，增歲祿五百石。尋詔還鄉。

31 是月，振河南、北平、山東水災。

32 九月，庚寅朔，日有食之。

33 冬，十月，己卯，振湖廣饑。

34 初，誠意伯劉基，爵止及身，至是上追念基功，又憫其父子皆爲惟庸所厄，召其次子璟至，命襲父爵。

璟言長兄子廌在，上大喜，以璟爲閤門使。諭之曰：「考宋制，閤門使即儀禮司。朕欲汝日夕左右，以宣達爲職，不特禮儀也。」時都御史袁泰奏車牛事失實，上宥之，泰忘引謝，璟糾之，服罪。上因諭璟：「凡似此者即面糾。朕雖不之罪，要令知朝廷綱紀。」【考異】憲章録、典彙，俱系是事于是年十月。證之明史基傳云「璟以洪武二十三年命襲父爵，璟言有長兄子廌在，上大喜，命廌襲封，以璟爲閤門使」，即是年十月事也。若廌之襲封，則年表系之二十四年三月辛丑，基傳亦云，「洪武二十四年三月嗣伯」，則是在璟授閤門使之次年也。沈氏野獲編，言「基孫襲爵在二十三年十月廿七日」，再考劉璟遇恩録，言「是年十二月召見，授閤門使，令歸祭墓，明年三月復召。」據此，則璟以十月授官，十二月召見辭爵，乃改封廌，野史牽連並記耳。今仍據明史，系授閤門使于是年十月，封廌于明年三月。

35 十一月，癸丑，免山東被災田租。

36 十二月，癸亥，詔：「殊死以下囚，令輸粟北邊自贖。」

37 壬申，罷天下歲織文綺緞匹，有賞賚者給以絹帛。

38 是月，國子生程通，言其「祖父謫戍陝西，年過七十，請放歸」，上嘉其志，破格許之。

39 是歲，左副都御史袁泰，言「各道監察御史印篆相同，慮有詐僞」，乃詔更鑄監察御史印曰「某道監察御史印」，其巡按印曰「巡按某處監察御史印」。

40 西番之地有哈梅里者，去甘肅千餘里，故元諸王居之。洪武十三年，都督濮英練兵西涼，故王始懼，遣回回阿老丁來朝，賜文綺，令招諭諸番。後輒與別部相仇殺，乃詔甘肅都督宋晟嚴兵備之。

二十四年（辛未、一三九一）

1 春，正月，癸卯，大祀南郊。

2 戊申，命傅友德等備邊北平。

上封燕、晉諸藩，歲遣大將巡行塞下，督諸衞士屯田，戒以持重，寇至則敗之。而元自特古斯死，部帥紛拏，數傳之後，不復知有帝號，其後篡立者自稱汗，國名韃靼云。

3 丁巳，免山東登、萊、青、兗、濟南被水田租。

4 是月，以芝陽知縣李行素有實政，擢刑部右侍郎。新化縣丞周舟，以廉勤稱，考課得最，升吏部考功主事。縣民蕭俊等詣闕言，「自舟去後，民被擾不安」，詔復以舟爲新化縣丞，仍令禮部宴賞遣之。【考異】行素擢刑部侍郎，見明史列傳二十八卷贊中。證之春明夢餘録引江陵集，與新化丞周舟事同在是年之正月，今從之。惟芝陽集作「蕪湖」。

5 二月，壬申，耕藉田。

6 復振山東高密、棲霞、莒州被水民萬五千九百戶。【考異】諸書不載二月振山東事，今據三編增入。

7 是月，上閱漢書賜民爵之令，謂侍臣曰：「漢高立社稷，施恩惠，賜民之爵，子孫相仍以爲法，或遇有事，輒賜二級、三級者，又聽民轉移與子，甚無謂也。夫爵所以命有德，禮曰：『以賢制爵。』若天下之人，無賢不肖皆賜以爵，則賢人君子何以爲勸！貽謀若此，誠未盡善。」【考異】憲章録系之二月，通紀系之正月。證之洪武實訓，則是年二月丙寅也，今從之，書于二月之末。

8 三月，戊子朔，日有食之。

9 詔魏國公徐允恭、曹國公李景隆、涼國公藍玉等備邊陝西。

10 乙未，靖寧侯葉昇練兵甘肅。

11 丁酉，賜許觀等進士及第、出身有差。觀，貴池人，本姓黃，以父贅許，從其姓。初貢太學，以孝名。至是禮部、廷試皆第一，累官至禮部侍郎，乃請復姓。

尋又擢下第舉人張孟鏞等爲主事。

12 辛丑，封劉基孫廌襲伯爵，增禄五百石。

13 是月，故元遼王阿爾察錫喇叛，詔傅友德等從燕王討之。

14 上謂皇太子諸王曰：「昔元世祖東征西討，混一華夏。至順帝，偷惰荒淫，天厭人離，遂至喪滅。詩曰：『殷鑒不遠，在夏后之世。』爾等宜以順帝爲戒，克勤克慎，庶可永保基業。」

15 上謂廷臣曰：「朕昨命寺人發庫藏中古鏡十餘，以鑑容貌多失真，召冶工數人問之，莫能答。最後一人言『範模不正，故鏡體偏邪，照人失真。』朕聞之，不禁惕然。夫鏡，一物耳，略有偏邪，則不可鑑形。人君主宰天下，辨邪正，察是非，皆原于心，心有不正，百度乖矣。正心之功，其可忽乎！」

16 夏，四月，乙丑，振河南被水州縣。

17 辛未，封皇子栴爲慶王，權寧王，楩岷王，橞谷王，松韓王，模瀋王，楹安王，桱唐王，棟郢王，㰘伊王。

18 癸未，燕王督傅友德等諸將出塞。

19 是月，河水暴溢，決原武黑洋山，東經開封城北五里，又東南由陳州項城、太和，潁州潁上，東至壽州正陽鎮，全入于淮，而元時賈魯治河之故道遂淤。又由舊曹州、鄆城兩河口漫東平之安山，而元時轉運故道之會通河亦淤。

20 五月，戊戌，命漢、衛、谷、慶、寧、岷六王練兵于臨清。

時以河決，餉運艱，命儲糧十六萬石于臨清，以給訓練騎兵。

21 甲寅，振北平被水州縣。

22 是月，燕王遣傅友德等追元遼王，行至哈者舍利道上，友德遽下令班師，敵信之。越二日，忽進兵深入，踰月，至黑嶺，大破敵衆，獲其人口、馬匹而還。【考異】本紀系出塞于四月，云「敗敵而還」，蓋牽連記之耳。據紀事本末，燕王以三月出塞，七月始還，其追至黑嶺則在五月，今據書之。

23 六月，己未，詔廷臣參考歷代禮制，更定冠服、車室、器用制度，自公、侯、伯、駙馬、都尉以下有差。

24 甲子，上以久旱，命録囚。

25 秋，七月，庚子，徙富民實京師。

上懲元末豪强并弱，立法之初，多右貧而抑富。至是命户部籍浙江等九布政司及應天十八府、州富民凡萬四千三百餘户，以次召見，悉徙之。

26 辛丑，免畿内官田租之半。

27 是月，龍江衛吏以母喪乞守制，吏部尚書詹徽不聽。吏徑至午門外擊登聞鼓訴之，上切責徽，聽吏終喪。

同時有青文勝者，仕爲龍陽典史。龍陽瀕洞庭，數罹水患，逋賦數十萬，敲朴死者相踵。文勝慨然詣闕上疏爲民請命，再上，皆不報，嘆曰：「何面目歸見父老！」復具疏擊登聞鼓以進，遂自經于鼓下。上聞，大驚，憫其爲民殺身，詔寬龍陽租二萬四千餘石，定爲額。邑人建祠祀之。妻子貧不能歸，養以公田百畝。【考異】事見明史刑法志，洪武寶訓書「七月辛巳」。今據之，更補出明史青文勝傳中擊登聞鼓及請免龍陽稅糧，皆同時事，並系之七月下。

28 八月，乙卯，上以秦王樉多過失，召還京師，後以太子自關、陝歸，爲之請，踰年，始復令歸藩。

29 乙丑，敕皇太子巡撫陝西。

初，上以應天、開封爲南、北京，臨濠爲中都。時御史胡子祺上書，以爲「據百二河山之險，可以聳諸侯之望者，舉天下形勝所在，莫如關中」，上韙其言，至是諭太子曰：「天下山川，惟秦地號爲險固。汝往，以省觀風俗，慰勞秦父老子弟。」于是擇文武諸臣扈太子行。既行，復諭曰：「比來一旬，久陰不雨，占有陰謀，宜慎舉動，嚴宿衛，施仁布惠以回天意。」仍申諭從行諸臣以宿頓聞。

初，哈梅里請以馬互市于延安、綏德、平涼、寧夏等衛，上曰：「番人黠而多詐，互市之求，安知非藉以覘我！利其馬而不虞其害，所喪必多，宜勿聽。」時西域、回紇來貢者，多爲哈梅里所遏，有從他道來者，輒遣兵邀殺之。上聞之，怒，乙亥，命都督僉事劉真偕宋晟督兵討之。

真等自涼州西出，令軍中多備糧糗，倍道疾馳，乘夜直抵城下，四面圍之，其知院岳山，夜縋城降。黎明，兀納失里驅馬三百餘匹突圍而出，官軍爭取其馬，兀納率家屬隨馬後遁去。真等遂拔其城，斬豳王、國公等一千四百人，獲王子及部屬千七百三十人，馬六百餘匹。

踰年，兀納遣使貢馬騾請罪，上納之。【考異】事見本紀及西域本傳。紀事本末及諸書多作「哈密」，誤也。哈密與哈梅里，同在甘肅嘉峪關外，而國名互異，明史故分列之。今據紀、傳，並參宋晟傳書之。

30 九月，乙酉，遣使諭西域。

31 是月，倭寇雷州，百户李玉、鎮撫陶鼎死之。

32 冬，十月，丁巳，免北平、河間被水田租。

33 是月，南豐縣典史馮堅，上書言九事：「一曰養聖躬，請清心省事，不與細務，以爲民社之福。二曰擇老成，諸王年方壯盛，左右輔導，願擇取老成之臣，出爲王官，使得直言正色，以圖匡救。三曰攘要荒，請務農講武，屯戍邊圉，以備不虞。四曰勵有司，請得廉正有守之士，任以方面，旌別屬吏以聞而黜陟之。五曰褒祀典，請敕有司采歷代忠烈諸臣，追加封謚，俾有興勸。六曰省宦寺，晨夕密邇，其言易入，養成禍患而不自知，裁去冗員，庶防其漸。七曰易邊將，假以兵柄，久在邊陲，易滋縱佚，請時遷歲調，不使久居其任，不惟保全勳臣，實可防將驕卒惰，內輕外重之弊。八曰訪吏治，廉幹之才，或爲上官所忌，僚吏所嫉，上不加察，非激勸之道，請廣布耳目，訪察廉貪，以明黜陟。九曰增關防，諸司以帖委胥吏，俾督所部，輒加捶楚，害及于民，請增置勘合，以付諸司填寫差遣，事訖繳報，庶有司不輕發以病民，而庶務亦不致曠廢。」

書上，上稱其知時務，達事變。又語侍臣曰：「兵將數易則兵力勇怯，敵情出沒，山川形勝，無以周知，倘得趙充國、班超者，又何取數易爲哉！堅之此言，則未然也。」乃擢堅爲左僉都御史。在院頗持大體，踰年，卒于官。

34 十一月，甲午，五開蠻叛。詔都督僉事茅鼎討之。

35 庚戌，皇太子自陝還京師，獻陝西地圖。時太子已病，病中猶上書言經略建都事。晉王棡隨太子來朝。初，棡在國，驕縱，多不法。或告王有異謀，上大怒，欲罪之，賴太子力救得免。至是來朝，上怒稍解，仍敕歸藩。

36 辛亥，振河南水災。

37 是月，傅友德、藍玉奏「請勤兵巡邊，就討西番之未附者。」上遣使報之曰：「朕觀天象，未利征討，慎毋輕舉也！今友德宜還京師，玉且率諸將駐陝西訓練士馬，且多市馬爲武備，待其有釁而後取之。朕當有後命也。」

38 是月，以通政使茹瑺爲兵部尚書。——瑺試兵部一年，至是實授。

39 十二月，庚午，遣周王橚歸國，——亦皇太子調護力也。

40 初，西平侯沐英請置陸涼衞，既，又以阿資叛服不常，請徙越州衞于陸涼，鎮之。辛巳，阿資復叛，上命都督僉事何福爲平羌將軍，討之。

41 是月，以詹徽爲吏部尚書，仍兼都察院務，以袁泰爲右都御史。徽與泰皆以明決邀上眷，而用法多希上旨，務爲苛嚴。泰踰年卒，而徽遂不免于難。

42 是歲，天下郡縣賦役黃册成，計户千六十八萬四千四百三十五，丁五千六百七十七萬四千五百六十一。

43 鑄渾天儀。

44 韓國公李善長既死之踰年，虞部郎中王國用上言：「善長與陛下同心，出萬死以取天下，勳臣第一。生封公，死封王，男尚公主，親戚拜官，人臣之分極矣。藉令欲自圖不軌，尚未可知，而今謂其欲佐胡惟庸者，則大謬不然矣。人情愛其子，必甚于兄弟之子，安享萬全之富貴者，必不僥幸萬一之富貴。善長與惟庸，猶子之親耳，於陛下則親子女也。使善長佐惟庸，不過勳臣第一而已矣，太師、國公、封王而已矣，尚主、納妃而已矣，寧復有加于今日？且善長豈不知天下之不可倖取！當元之季，欲爲此者何限，莫不身爲齏粉，覆宗絶祀，能保首領者幾何人哉！善長胡乃身見之而以衰倦之年身蹈之也？凡爲此者，必有深讎激變，大不得已，父子之間，或至相挾以求脱禍。今善長之子祺，備陛下骨肉親，無纖芥嫌，何苦而爲此？若謂天象告變，大臣當災，殺之以應天象，夫豈上天之意哉！臣恐天下聞之，謂功如善長且如此，四方因之解體也。今善長已死，言之無益，所願陛下作戒將來耳。」上得書，竟亦不罪也。

久之，有言其疏爲御史解縉代草者。而是時都御史袁泰方用事，縉又爲同官夏長文草疏劾泰，泰深銜之。時近臣父皆得入覲，縉父開至，入見，上謂開曰：「大器晚成，若以爾子歸，益令進學，後十年來大用未晚也。」縉遂放歸。【考異】善長以二十三年誅，據本傳，言「明年王國用上書」，則是年也。書爲解縉所草，故上遣縉歸，諭其父以十年後大用未晚，正在是年。又，其時縉爲同官夏長文上疏劾袁泰，泰深銜之。證之七卿表，泰以明年卒，又縉傳言「歸八年而帝崩」，正是時事也。今並系之王國用上書之下。

論曰：觀於太祖之待功臣，而益嘆高皇后之賢也！當太祖之册后也，以比唐長孫皇后。后曰：「妾聞夫婦相保易，君臣相保難。」蓋預知太祖之不能保其終而藥之也。宋文憲之逮也，太祖必欲殺之，后曰：「民家延師，尚以禮全終始，況天子乎！」上猶不悟，至于不御酒肉，託爲宋先生作福事以動之。嗚呼，可謂賢矣！然則高皇后在，韓國可以不死。豈但韓國！而胡、藍之獄，數萬之生靈繫焉。周有亂臣十人，而婦人預焉，中宮之助，豈曰小補之哉！

日本自通胡惟庸事覺，詔絶其貢，而是時有王子滕佑壽者來入國學，上猶善待之。其年五月，特授觀察使，留之京師。後著祖訓，列不征之國十五，日本與焉。自是朝貢不至，而海上之警亦漸息。

占城大臣閣勝，弑其主阿荅阿而自立，遣太師奉表來貢，上惡其簒逆，詔禮部却之。

二十五年（壬申、一三九二）

1 春，正月，戊子，周王橚來朝。

2 庚寅，河決陽武，汎陳州、中牟、原武、封丘、祥符、蘭陽、陳留、通許、太康、扶溝、杞十一州縣。有司具圖以聞，詔發民丁及安吉等十七衛軍士修築，免被水田租。

3 乙未，大祀南郊。

4 平羌將軍何福，師至越州，值連月陰雨水溢，阿資援絶請降。福擇曠地，列栅以處其衆，復調普安衛官軍，置寧越堡鎮之。

越州既定，會都勻九名、九姓等峒蠻作亂，福移師討平之。詔以兵會都督茅鼎討五開蠻，未行而畢節衛蠻復叛。福遣都督陶文往，而自留兵搜捕諸蠻，建堡設戍，乃趨五開。【考異】明史本紀，書「是月平都勻、畢節諸蠻。」證之土司傳，「都勻既平，詔命何福至五開會茅鼎之師。會畢節叛，福乃遣都督陶文往，而自留兵平畢節。」土司傳與本紀合，惟紀載「二月茅鼎平五開」，不及福會，今據土司傳書之。

5 辛丑，令死囚輸粟塞下。

6 壬寅，晉王棡、燕王棣、楚王楨、湘王柏皆來朝。

7 是月，更定府、州、縣歲貢生員之數。

初，歲貢之制，每學一人，二十一年，定府、州、縣學以一、二、三年爲差。至是定府學歲二人，州學二歲三人，縣學歲一人，著爲令。

8 二月，戊午，召曹國公李景隆等還京師。命靖寧侯葉昇等練兵于河南及臨鞏、甘涼、延慶等處。

9 都督茅鼎等平五開蠻。

時何福至軍，請因兵力討水西蠻，上不許。【考異】本紀上年書「茅鼎討五開蠻，平之」，本年二月又複書平五開蠻事。其實五開至此始平，二十四年十一月紀中衍「平」字也。何福至軍，則五開已平，故有請討水西蠻之事，今並記之。

10 丙寅，耕藉田。

11 庚辰，詔天下衛所軍以十之七屯田。

12 是月，遣太監聶司禮、慶童等賫敕往陝西、河州等衛與番人市馬，以茶易之。

13 三月，癸未，命宋國公馮勝等十四人分理陝西、山西、河南諸衛軍務。

時詔列勳臣望重者八人，勝居第三。而上春秋高，多猜忌，諸勳臣自就第奉朝請外，悉以邊屯練軍之任委之，不使預軍國事也。

14 丁亥，命舳艫侯朱壽等督海運遼東。

15 庚寅，改封豫王桂爲代王，漢王楧爲肅王，衛王植爲遼王。

夏，四月，壬子，涼國公藍玉略地至西番罕東境，遂招降其衆，下之。

罕東在嘉峪關西南，漢燉煌郡地也。

初，上命玉理甘肅蘭州、莊浪七衛之兵，以追逃寇祁者孫。至罕東阿真州，土酋哈昝等驚遁，其部衆多竄徙西寧、三剌等處，玉爲書招之，遂相繼降。

16 癸丑，四川建昌衛指揮使伊嚕特穆爾叛，舊作月魯帖木兒。詔藍玉移師討之。

伊嚕特穆爾者，故元平章，守建昌路。洪武十五年，平雲南，置建昌衛指揮使司。時伊嚕方自建昌來貢，上元所授符印，詔授伊嚕爲建昌指揮。至是叛，合德昌、會川等西番土軍攻建昌，轉攻蘇州。指揮僉事魯毅，率精騎出西門擊之，賊衆大集，毅且戰且却，復入城拒守。事聞，詔置建昌、蘇州二軍民指揮使司及會州軍民千户所，調京衛及陝西兵萬五千餘人往戍之。

17 丙子，皇太子標薨。

太子少師事宋濂，通經史大義。稍長，上輒令省陵墓，觀郊壇，俾知衣食艱難，道塗險易。厥後百官奏事，裁決明敏，濟以寬仁，故刑獄多所平減。仁慈出自天性，尤篤于友愛，諸王有過，輒調護之。上初撫兄子文正、姊子李文忠及沐英等爲子，或以事督過之，太子輒告高后爲慰解，以故宗藩、勳舊莫不歸心。

其薨也，上哭之痛。禮官議期喪，請以日易月。及當除服，上猶不忍，群臣固請，乃釋服視朝。

18 戊寅，詔都督聶緯、徐司馬、瞿能討伊嚕特穆爾，命侯藍玉至軍聽節制。

19 五月，己丑，振陳州、原武水災。

20 壬辰，北平、江西、陝西饑，發倉粟振之。

21 是月，寧夏千户何忠，以缺伍削官，上以其爲萬户何勝之孫，特宥之，並予世襲。

22 六月，丁卯，西平侯沐英卒于雲南之本鎮。

英初聞高后崩，哭至嘔血，遂感疾。至是聞太子薨，哭極哀。卒，年四十八。

英鎮雲南十年，簡守令，課農桑，歲校屯田增損以爲賞罰，墾田至百萬餘畝，浚滇池，通鹽井，定貢税，均力役，疏節闊目，民以便安。

自二十二年入朝還鎮，再敗思倫發及阿資之衆，皆降之。使使以兵威諭諸番，每下片楮，番部輒具威儀出郭叩迎，盥而後啓，曰：「此令旨也。」其卒也，軍民巷哭，遠夷皆爲流涕。

詔歸葬京師，追封黔寧王，謚昭靖。命其子春襲封西平侯，遂世鎮雲南。

初，上起兵時，多畜義子，及長，令偕諸將分守各路，一時有道舍、柴舍、周舍、馬兒之等。——周舍即英也。其死難者，有文剛、文遜之等，——文剛，即柴舍也。其勳業最著者，則英爲首；次則道舍何文輝、馬兒徐司馬，皆以功名終云。

23 是月，上以皇太子新薨，而時享將及，命禮官翰林院議之。

侍郎張智、學士劉三吾等議：「王制，三年不祭，惟祭天地社稷，不以卑廢尊也。宋會典，真宗居喪，易日而服除，明年，遂享太廟，合祀天地，皆服衮冕，所有鹵簿、儀仗、車路、登科、鼓吹，並如常儀。真宗批答云：『除郊天用樂，其鹵簿鼓吹之等，皆備而不作。』今議宜如宋制。惟太廟祖先神靈所在，國既有喪，恐神不歆聽，宜亦備而不作。」制曰：「可。」

24 秋，七月，癸未，四川都指揮瞿能等率各衛兵大破伊嚕特穆爾于雙狼寨，禽僞千户段太平等，賊衆大潰。伊嚕遁走，能等督兵追捕。攻托落寨，拔之。轉戰而前，進至打沖河三里所，與伊嚕遇，又大敗之，俘其衆五百餘人，溺死者千餘，獲牛馬無算。

時藍玉已至，統官軍入德昌。能遂調指揮同知徐凱分兵入普濟州，復架橋于打沖河，遣指揮李華追捕托落寨餘（蘖）〔孽〕。進至水西，斬伊嚕僞官把事等七人，土渠長沙納的等皆中矢死。能進攻天星、卧漂諸寨，皆克之，先後俘殺千八百餘人。伊嚕復遁入柏興州。

25 上留心民事，凡教官給由至京師者，悉召見，詢民疾苦。

是月，有嵩嵐州學正吴從權、山陰縣教諭張恒，以給由至京師，上召問民事，皆言：「職在訓士，于民事無所知。」上曰：「宋胡瑗爲蘇湖教授，設經義、治事二齋，兵農水利，靡不兼之，當時得人稱盛。爾二人既不通世務，罔識民情，則平日所教何事？生徒將安賴邪？」命竄之遠方，榜示天下學校，以爲鑒戒。

26 改詹事院爲詹事府。定詹事秩正三品，春坊大學士正五品，司經局洗馬從五品，皆各有印，而事總于詹事府。

27 江夏侯周德興，自防倭功成，以年高就第，歲時入朝，賜予不絶。八月，己未，以其子驥亂法，並坐誅。

28 庚申，葬皇太子于孝陵之東，謚懿文。

29 丁卯，詔宋國公馮勝、潁國公傅友德等分行山西，籍太原平陽民爲軍。又以北平行都司設于大寧，其地西接大同，乃築東勝城于河州東受降城之東，凡設十六衛，與大同相望，自遼以西數千里聲勢聯絡。

30 甲戌，始給公、侯歲禄。初，上賜勳臣公、侯、丞相以下莊田，多者百頃，又賜諸武臣公田，以其租入充禄。而勳臣莊佃，率多倚勢不法，至是始定禄由官給，悉令歸其田于官。

31 丙子，靖寧侯葉昇，坐胡惟庸黨誅。昇與藍玉爲姻，踰年，復以玉敗追坐，遂名隸兩黨云。

32 皇太子之薨也，上御東閣門，召對群臣，慟哭。學士劉三吾進曰：「皇孫世適，承統，禮也。」于是上意定。

九月，庚寅，立孫允炆爲皇太孫。

允炆，懿文太子第二子也，既立，上命裁決庶務，寬厚亦如太子，中外莫不頌德。【考異】此據明史劉三吾傳。按諸書所記，有太祖言「吾欲立燕王」及三吾對言「置秦、晉二王子于何地」，皆成祖再改之實録，横雲山人悉據之。惟明史於三吾傳則删去「欲立燕王」及「置秦、晉二王于何地」二語，書法謹嚴，惟其以此事爲「三吾臨大節不可奪」，似亦誤也。三吾「太孫世適」之語，不過希旨入奏，與袁凱之老猾相似，觀其修孟子節文一事可見矣。今據明史三吾傳，並「臨大節」之語亦汰去，爲得其實云。○又按「欲立太孫」及「置秦、晉二王于何地」，皇明通紀、憲章録俱不載，蓋明人已知其後增而删之矣。

33 是月，詔求精曉曆數之士，有數往知來，試無不驗者，爵封侯。

時山東周敬心爲太學生，上疏極諫，且及時政數事。其略曰：「臣聞國祚長短，在德厚薄，不在曆數。三代尚矣。三代而下，最久莫如漢、唐、宋，最短莫如秦、隋、五代。其久也以有道，其短也以無道。陛下膺天眷命，救亂誅暴，然神武威斷則有餘，寬大忠厚則不足。陛下若效兩漢之寬大，唐、宋之忠厚，講三代所以有道之長，則帝王之祚可傳萬世，何必問諸小道之人耶！

臣又聞陛下連年遠征，北出沙漠，爲恥不得傳國璽耳。昔楚平王時，琢卞和之玉，至秦始名爲璽。歷代遞嬗，以訖後唐，治亂興廢，皆不在此。石敬瑭亂，潞王攜以自焚，則秦璽固已毁矣。敬瑭入洛，更以玉製，晋亡入遼，遼亡遺于桑乾河，元世祖時，札剌爾者漁而得之。今元人所挾，石氏璽耳。昔者，三代不知有璽，仁爲之璽。故曰『聖人大寶曰位，何以守位曰仁。』陛下奈何忽天下之大璽而求漢、唐、宋之小璽也？

方今力役過煩，賦斂過重，教化溥而民不悦，法度嚴而民不從。昔汲黯言于武帝曰：『陛下内多欲而外施仁義，奈何欲效唐、虞之治乎？』方今國願富，兵願强，城池願高深，宫室願壯麗，土地願廣，人民願衆，于是多取軍卒，廣籍資財，征伐不休，營造無極，如之何其可治也！

臣又見洪武四年録天下官吏，十三年連坐胡黨，十九年逮官吏積年爲民害者，二十三年罪妄言者，大戮官民，不分臧否。其中豈無忠臣烈士，善人君子！于兹見陛下之薄德而任刑矣，水旱連年，夫豈無故哉！」言皆激切。報聞，然亦終不能用也。

34 以寧海方孝孺爲漢中教授。

孝孺，字希直，一字希古，濟寧知府克勤子也。幼警敏，雙眸炯炯，讀書日盈寸。長從宋濂學，濂門下知名士，皆出其下。而孝孺顧末視文藝，嘗以明王道、致太平爲己任。嘗卧病絶糧，家人以告，笑曰：「古人三旬九食，貧豈獨我哉！」克勤坐空印事就逮死，孝孺扶喪歸，悲動行路。既免喪，復從濂卒業。

洪武十五年，以待制吳沈薦召見，上喜其舉止端整，謂皇太子曰：「此莊士，當老其才。」禮遣還。後爲仇家所連，逮至，上見其名，釋歸。至是又以薦召，上曰：「今非用孝孺時。」遂除學職。至任日，與諸生講學不倦。蜀王聞其賢，聘爲世子師，每見，陳説道德，王尊以殊禮，名其讀書之廬曰正學。

35 冬，十一月，甲午，藍玉兵次柏興，遣百户毛海以計誘致伊嚕特穆爾，送京師誅之。初，玉師至罕東，伊嚕已遁去。上聞之，遣諭玉曰：「伊嚕信其逆黨達達、楊把事等，或遣之先降，或親來覘我，不可不密爲防閑。其見在柏興賈哈喇境内，更須留意。」賈哈喇者，麼些峒土酋也，大軍克建昌，授以指揮，至是從伊嚕叛。玉至，掩其不意而襲之，遂降其衆。因奏言：「四川地曠山險，土番出入之地如馬湖、建昌、嘉定等處，皆宜增置屯衛。」報可，命玉班師還。

36 十二月，甲戌，命宋國公馮勝、潁國公傅友德等兼東宮師、保官。以黃子澄進修撰，命侍東宮講讀。【考異】子澄，乙丑進士。是年定進士授翰林之制，一甲三人，俱授修撰，二甲以下，始授編修、檢討，此初制也。明貢舉考載「子澄一甲第三人」，則是子澄已授修撰矣，此貢舉考誤據野史也。考典彙科目門，言「十八年廷試，係花綸第一，練子寧第二，黃子澄第三。上以夢故，易丁顯第一，因置花綸第三，而抑子澄入三甲。」據此，則子澄以抑入三甲故不得授修撰，是年，帝令侍東宮讀，欲進其秩，因念子澄原係一甲三人被抑，故復進修撰也。典彙所據，與明史「子澄後進修撰」之語合。貢舉考所列一甲以子澄爲第三，蓋讀卷官所進之原第，而於上抑置之本末未詳考也。自靖難之後，成祖遷都，應天太學題名之碑，已不可考，故野史所聞異詞。然以「黃子澄進修撰」一語考之，則其廷試時原係一甲三人而上抑之，可概見也。黃氏明貢舉考略，別據他本旁注云，「花綸，一本作丁顯，黃子澄，一本作花綸」，是各本所見不同之證。黃氏亦但知其異而不知其所以異，蓋亦于明史「進修撰」之語未詳考也。

37 是月，安陸知州余彥誠，以徵稅愆期，逮至京師。州民楊幺等伏闕乞留，上賜宴遣還，幺等亦預宴。未幾，擢彥誠爲永州知府。

時上以重典繩臣下，守令坐小過輒逮繫，其部民走闕下乞留，旋遣還，且加賞賚。同時有歸安丞高彬，曹縣主簿劉郁，衡山主簿紀惟正，霑化典史杜濩，皆坐事，以部民乞宥復其官。更有因之遷擢者，惟正以主簿立擢陝西參議，則尤破格用之也。

38 閏月，戊戌，命馮勝爲總兵官，傅友德副之，練兵于山西、河南，兼領屯衛事。

39 是歲，高麗李成桂逐其君瑤而自立。

初，瑤既立，遣其子奭朝賀，入京師，奭未歸而成桂逐瑤，遂篡其國。瑤出居原州。王氏自五代傳國數百年，至此絕。

其年秋，九月，高麗知密直司事趙胖等持國都評議司奏言：「本國自恭愍王薨無嗣，權臣李仁任以辛旽子禑主國事，昏暴好殺，至欲興師犯邊，大將軍李成桂以爲不可而回軍。禑負罪皇恐，遜位子昌。國人弗順，啓請恭愍王妃安氏，擇宗親權國事，遂立瑤，已及四年，昏戾信讒，戕害勳舊。子奭，癡騃不慧。王氏子孫，無可當輿望者，中外人心咸繫成桂。臣等乃以安氏命，退瑤于私第，率國人耆老推主國事。惟聖主俞允！」蓋成桂自爲之詞也。

上以高麗僻在海隅，非中國所治，詔聽之。既而成桂又請更國號，上命仍古號曰朝鮮。

論曰：春秋「莒僕弒其君，以寶玉來奔」，及「邾庶其以漆閭丘來奔」，季文子、臧武仲皆目之爲盜。文子之言曰：「竊賄爲盜，盜器爲姦。主藏之盟，賴姦之用，爲大凶德。」武仲之言曰：「子召外盜而大禮焉，何以止吾盜！」然則利其器而主其藏，其爲凶德一也。禮外盜而欲禁民盜，是抱薪而救火也。

予觀洪武初，高麗王顓被弒，立其寵臣辛肫之子禑，太祖惡之，五貢不受，請謚不許，可謂大居正矣。洎十七年貢馬二千匹，始封其嗣王而謚其故君。然猶曰五歲之約，數倍償之，許其能補過也；海隅非中國所治，禑之真僞，不足深詰也。若夫李成桂廢禑而立昌，又廢昌而立瑤，卒篡其國。計王氏自五代傳國數百年，至是絕。太祖于此，討之可也；即不欲勞師襲遠，絕之可也。乃因成桂之請，爲更國號，又易其名，是獎篡也，是賞奸也。若使太祖無欲，豈肯爲之！

蓋太祖是時方開馬市，所欲得者馬耳。高麗貢馬，歲不過五十匹。王禑以二千匹償五年之貢，猶有代金之輸，表言「金非地所産，請以馬代輸。」而太祖已恐人之疑以爲利也，諭禮臣曰：「高麗屢請不已，朕故索歲貢以試其誠僞耳，非以此爲富也。今既聽命，宜損其貢數，令三年一朝，貢馬五十匹。」然則太祖固有成約矣。其後仍循歲貢，貢輒踰額，不過始欲得鐵嶺之地，繼出自成桂之謀，所謂「幣重而言甘，誘我也。」

至傳中所書，成桂當更號易名之際，一歲之貢多至九千八百餘匹，太祖所酬不及其十之一。而李旦之所以嘗太祖者，不禁懷易與之心，前恭而後倨矣。二十七年以後之表文，始而謾語，繼涉譏訕，雖太祖不欲稱兵召釁，而已爲外邦所輕矣。況外盜未懲，而欲求內患之弭，豈可得哉！

二十六年（癸酉、一三九三）

1 春，正月，戊申，詔免天下耆民來朝。

2 辛酉，大祀南郊。

3 是月，都督僉事、左副總兵徐司馬征建昌還，至成都卒。司馬，年九歲無依，上以爲義子，從征，數有功。洪武初，建北京于汴梁，號重地，以司馬賢，特委任之。宋國公馮勝方練兵河南，會有星變，占在大梁，上遣使密敕勝，且曰：「並以此語馬兒知之。」其後屢有詔敕，書官而不名，倚重與宋公等。好文學，性謙厚，善拊循士卒。在河南，尤有惠政。公暇退居一室，蕭然如寒素。雖戰功不及何文輝，而雅量過之，並稱賢將云。

二月，丁丑，命晉王棡統山西、河南軍出塞。

棡既歸藩，自此折節，待官屬有禮，更以恭慎聞。時上整飭邊防，自燕王外，惟棡數被重寄，凡將兵出塞及築城屯田之事，皆以委之。

乙酉，涼國公藍玉，坐謀反伏誅。【考異】諸書皆系之二月。紀事本末書「正月乙酉」，正月無乙酉也。本紀書「二月乙酉」，年表同，今從之。

玉長身頳面，饒勇略，有大將才。中山、開平既沒，數總大軍，多立功，上遇之厚。寖驕蹇自恣，多蓄莊奴假子，乘勢暴橫。嘗占東昌民田，御史按問，玉怒，逐御史。北征還，夜扣喜峰關，關吏不時納，縱兵毀關入。上聞之，不樂。後又以在軍私元主妃事，上戒敕之，玉猶不悛。侍宴，語傲慢。在軍擅黜陟將校，進止自專。洎西征還，以太孫立，命兼太子太傅。玉不樂居宋、潁兩公下，曰：「我不堪太師邪！」比奏事多不見聽，益怏怏，語所親曰：「上疑我矣。」至是錦衣衛指揮蔣瓛告玉謀反，下吏鞫訊。獄詞云：「玉同景川侯曹震、鶴慶侯張翼、舳艫侯朱壽、東莞伯何榮及吏部尚書詹徽、户部侍郎傅友文等謀爲變，將俟上出藉田舉事。」獄具，族誅之，列侯以下，坐黨夷滅者凡萬五千餘人。于是元功宿將相繼盡矣。

上又以是疑宋國公馮勝等，即日召馮勝、傅友德、常昇、王弼還。初，玉征納克楚歸，言于皇太子曰：「臣觀燕王在國，陰有不臣心。又聞望氣者言『燕有天子氣』，殿下宜審之。」蓋玉爲常遇春妻弟，而皇太子元妃常氏，遇春女也。太子殊無意，而語嘖嘖聞于燕王，遂銜之。及太子薨，燕王來朝，頗言「諸公侯縱恣不法，將有尾大不掉憂」，上由是益疑忌功臣，不數月而玉禍作。

己丑，上手詔布告天下，命條列爰書，頒逆臣録。

6 藍玉之獄，詹徽從皇太孫録其事。玉不服，徽叱令「速吐實，毋株連人，」玉大呼「徽即臣黨。」遂並坐。【考異】事見臣林記，三編據增入，今從之。

時有吴縣名士王行父子，皆坐玉黨死。初，青丘高啓，家北郭，與行比鄰，時有徐賁、高遜志、唐肅、宋克、余堯臣、張羽、吕敏、陳則，皆卜居相近，號「北郭十才子」。行以洪武初，有司延爲學校師，已，謝去，隱于石湖。其二子役于京，行往視之，玉館于家，數薦之于上，得召見，竟以是及禍。

又，順德孫蕡，曾徵修洪武正韻，授翰林院典籍。出爲平原主簿，蘇州府經歷，坐累戍遼東。及玉敗，大治其黨，以蕡嘗爲玉題畫，遂論死。臨刑，作詩長謳而逝。【考異】事見明史文苑傳，今據書于玉誅之次。

7 庚寅，耕藉田。

8 是月，遼東開元衛軍士馬名廣，上書言五事：其末言：「今華夏治安，北寇遠遁，正歸馬放牛之日。昔唐太宗初年，置府兵分隸禁衛，天下八百，而在關中者五百。舉天下之兵不敵關中，此居重馭輕之法也。請自今，外衛軍士老死者免補，且漸收藩衛，移置京畿，不勝社稷之福。」上覽其言有可采者，授爲太和縣丞。

9 三月，辛亥，命代王桂率護衛兵出塞，聽晋王節制。

桂時方就藩，上以大同糧餉艱遠，令立衛屯田以省轉運，至是始命之出師。

10 詔長興侯耿炳文練兵陝西。

11 丙辰，詔馮勝、傅友德備邊山西、北平，其屬衛將校，悉聽晋、燕二王節制。

12 庚申，詔燕王棣、晋王棡總制北平、山西軍事，事大者方奏聞。

13 壬戌，會寧侯張溫，坐藍玉黨誅。

14 是月，頒示稽制録于功臣。

上即位以來，封賚功臣，皆稽考前代典禮，凡封爵、祿食、禮儀等差，皆因時損益。然諸功臣多武人不學，往往恃功驕恣，或任情廢法。及藍玉以罪誅，籍其家，服舍器用，僭侈踰制，因詔儒臣稽考漢、唐、宋功臣封爵、食邑之多寡及名號虛實之等第，編輯成書，御製序文頒示，使之朝夕省覽，以遏其僭侈之萌。

15 夏，四月，乙亥，孝感饑，有司請發預備倉糧萬一千石貸貧民。上遣行人馳驛往給之，並諭户部曰：「歲荒民饑，必待奏請，道途往返，動經旬月，民之饑而死者多矣。自今凡遇歲饑，皆先貸後聞。著爲令。」

16 壬午，瀋陽侯察罕，坐藍玉黨誅。——察罕，納克楚子也。【考異】紀事本末書「三月辛酉誅張溫、察罕。」據本紀，誅張溫在壬戌，早遲僅一日。惟察罕之誅則在四月壬午，見明史年表，今分書之。

17 戊子，周王橚及其世子有燉來朝。

18 庚寅，旱，詔群臣言得失。省獄囚。

19 以吏部主事翟善署吏部尚書。

詹徽、傅友文既誅，命善署侍郎事，尋遷署尚書。善明于經術，奏對合上意。上曰：「善雖年少，器宇恢廓，他人莫及也。」欲爲營第于鄉，善辭。又欲除其家戍籍，善曰：「戍卒宜增，豈可以臣破例！」上益以爲賢。

20 除期服奔喪之制。

先是百官聞祖父母、伯叔、兄弟喪，俱得奔赴。至是吏部言：「期年奔喪，皆令守制，或一人連遭數喪，或道路數千里，則居官日少，更易煩數，曠官廢事。自今除父母及祖父母承重者丁憂外，其餘期喪，不許奔赴，但遣人致祭。」制曰：「可。」【考異】諸書多系之二十三年閏四月，三編據書之。證之明史禮志，則事在是年之四月，典彙所載年分亦同，今從禮志。

21 五月，有陝西民謫戍邊，中途病，其弟請代往，監送者聽之。御史責弟不當代兄，並罪監送者。上聞之，曰：「弟之代兄，義也。監送者能聽之，是亦有人心矣。」賜其弟道里費，並賞監送者。

22 六月，進户部侍郎郁新、工部侍郎嚴震直並爲本部尚書。

23 秋，七月，甲辰朔，日有食之。

24 戊申，選秀才張宗濬等，隨詹事府官分直文華殿，侍皇太孫，進講民間利害、田里稼穡等事，兼陳古今孝弟忠信、文學材藝諸故事，日以爲常。

一日，太孫侍上側，見邏者獲盜七人，徐目之，言于上曰：「六人者盜，其一非是。」訊之，果然。上問：「何以知之？」對曰：「周禮聽獄，色聽爲先。此人眸子瞭然，顧視端詳，是以知其非盜也。」上喜曰：「治獄貴通經，信然。」

25 是月，欽天監副李德芳上書，請仍依授時法，以至元辛巳爲曆元。

其略曰：「臣按故元至元辛巳爲曆元，上推往古，每十年長一日，每百年消一日，其法至密，不可易也。今監正元統改作洪武甲子曆元，不用消長之法。以考春秋，魯獻公十五年戊寅歲，天正冬至，比辛巳爲元差四日六時五刻，不合實測。今宜復用辛巳爲元及消長法。」疏入，元統奏辨。上曰：「二説皆難憑。但驗七政交會，行度無差者爲是。」然朝臣多是德芳言。

自是大統曆元雖定用洪武甲子，而推算仍依授時法。【考異】憲章録書于是年之七月，證之明史曆志，是也。惟「德芳」，憲章録「芳」作「秀」，今據曆志。

26 八月，癸未，秦、晉、燕、周、齊五王來朝。

27 九月，癸丑，代、肅、遼、慶、寧五王來朝。

28 上以胡、藍二黨誅殺過當，乃下詔：「今後赦其餘黨，皆勿問。」

29 甲子，以鄭濟爲左春坊左庶子，王懃爲右春坊右庶子。

時上以太孫初立，欲增置東宮官屬，乃命廷臣舉孝義篤行之士。工部尚書嚴震直，以浦江鄭氏對，上曰：「朕素知鄭氏，更聞其里王氏，力行鄭氏家法，可並徵兩家子弟以勸天下。」——濟，即鄭湜等兄弟行也。

初，浦江王澄，慕鄭氏家法，令其子孫同居，一時孝友之名，鄭、王並稱。方鄭湜授福建參議時，上命復舉所知。湜以王澄之孫應對，亦授參議。——懃即應之從弟也。

30 是月，命崇山侯李新開臙脂河以通浙運，諭之曰：「兩浙賦稅，漕運京師，歲費浩繁。一自浙河至丹陽，舍舟登陸，轉輸甚難；一自大江溯流而上，風濤之險，覆溺者多。今欲自畿甸近地鑿河流以通于浙，俾輸者不勞，商旅獲便，特命爾往督其事。」——自此漕運悉由常、鎮矣。

31 冬，十月，丙申，擢國子學生劉政、龍鐔等六十四人，授行省布政、按察使及參政、參議等官。

時雖設科，而國子監生與薦舉人才，悉參用之，一時由布衣登大僚者，不可勝數。

32 是月，頒大成樂器于天下府學。【考異】潛菴史稿系之正月，今據明史禮志。

33 十一月，各省學官秩滿來朝，上召問經史及政治得失，令直言無隱。有泰州訓導門克新，對詞亮直，紹興府教授王俊華，文詞工贍，上擢克新爲左贊善，俊華爲右贊善，諭吏部曰：「左克新，右俊華，重直言也。」

34 十二月，命儒臣輯歷代諸王宗室爲惡及悖逆者，編次成書，命曰永鑑録，頒賜諸王。

35 是歲，覈天下土田，凡八百五十萬七千六百二十三頃，及夏税、秋糧之實數。

36 定天下都司、衞所。共計都司十有七，留守司一，内、外衞三百二十九，守禦千户所六十五。

37 朝鮮李成桂，以篡故，朝貢愈謹，乃以是年二月進馬九千八百餘匹，詔給紵絲棉布一萬九千七百餘匹酬之。其年六月，又表謝，貢方物，並上前恭愍王金印，請更己名曰旦，許之。

時遼東都指揮使奏：「朝鮮招引逃軍五百餘人，潛渡鴨緑江，欲入寇。」上遣使詰責，旦懼，械送逋逃軍民三百八十餘人至遼東，上亦不深詰也。

38 安南黎季犛弑逆事覺，詔廣西守臣絶其貢使。

二十七年(甲戌、一三九四)

1 春，正月，乙卯，大祀南郊。

2 辛酉，命曹國公李景隆爲平羌將軍，鎮甘肅。

3 詔發天下預備倉穀貸貧民。

先是命户部遣耆民，于各郡縣糴穀置倉，儲之民間，委富民守視以備荒歉。至是户部議，以粟藏久致腐，宜貸于民而收其新者，乃有是命。

4 是月，上諭五軍都督府曰：「朕嘗令武臣子弟演習武藝，今天下久安，彼年少者，惟安享父兄俸祿，甘酒嗜音，博弈游戲，一旦襲職，弓矢不諳，能爲國家效力乎？ 近揚州衛指揮使單壽，襲其父職，率兵泰州捕寇，猝與賊遇，遂懼而走，由其素不練習故耳。自今武臣子弟，年及二十五，軍都督府試其騎射，閑習者許襲，否則授職，止給半俸。俟三年復試之，中者給全俸，不能者謫爲軍。著爲令。」

5 二月，倭寇浙東，命都督楊文、劉德、商暠巡視兩浙。

6 三月，庚子朔，賜張信等進士及第、出身有差。

7 辛丑，命魏國公徐輝祖、安陸侯吳傑練兵防倭于浙江。

8 庚戌，上諭工部曰：「人之常情，飽則忘饑，煖則忘寒，猝有不虞，將何以備！ 其廣諭民間，如有隙地，種植桑棗，益以木棉，並授以種法而蠲其税，歲終具數以聞。」【考異】本紀書之是年三月庚戌。紀事本末誤作「四月」，四月無庚戌也，今據正史。

9 甲子，以四方底平，收藏甲兵，示不復用。

10 是月，命韓王松、瀋王模省視秦、晉、燕、周、齊王，以敦友悌。

11 夏，五月，癸亥，以修撰任亨泰爲禮部尚書。

自李原名致仕後，禮臣多碌碌無聞。亨泰以廷對第一爲上所器重，遂擢拜之。

12 六月，癸酉，上御便殿，謂侍臣曰：「昔楚莊王謀事而當，群臣莫能逮，朝而有憂色；魏武侯謀事而當，群臣莫能逮，朝而有喜色。夫一喜一憂，得失判焉。喜則矜其所長而志滿，將恃才以傲物；憂則知其所不足而志下，必能虛心以受人；以是見武侯之不如楚莊也。故莊王卒霸諸侯以興楚國，武侯侵暴鄰國而魏業日衰，可勿鑒諸！」【考異】諸書皆系之六月。證之洪武寶訓，則是月癸酉也，今據之。

13 秋，八月，甲戌，命吳傑及永定侯張銓練兵備倭于廣東，並率致仕武臣行。

14 乙亥，遣國子監生分行天下，督修水利。

上諭工部曰：「湖堰陂塘，可蓄洩以備旱潦者，因地勢修治之。」

復諭諸生曰：「周時井田制行，有瀦防溝遂之法，故雖遇旱潦，民不爲災。秦廢井田，溝洫之利盡壞，于是因川澤之勢，引水溉田而水利興，惟有司奉行不力，則民受其患。今遣爾等分行郡縣，毋妄興工役，毋掊克吾民！」尋給道里費，遣之。

15 丙戌，陝中階、文二州軍亂，詔都督甯正爲平羌將軍，討之。

16 九月，庚申，奉敕輯寰宇通志，書成。計封域廣輪之數，東起朝鮮，西控土番，南包安南，北距大磧，凡東西一萬一千七百五十里，南北一萬九百四里。

17 是月，命徐輝祖節制陝西沿邊諸軍。

18 詔禮部議旌表例。

時有日照縣民江伯兒，以母病禱于岱嶽祠，誓以母愈當殺子祀神，已而母愈，竟殺其三歲子。山東守臣以聞，上怒其滅絕倫理，命杖之百，戍海南。乃召尚書任亨泰定旌表孝行事例。

亨泰議曰：「人子事親，居則致其敬，養則致其樂，有疾則謹其醫藥。卧冰割股，事非恒經。割股不已，至于割肝，割肝不已，至于殺子，違道傷生，莫此爲甚！墮宗絕祀，尤不孝之大者，宜嚴行戒諭。倘愚昧無知，聽其所爲，亦不在旌表之例。」制曰：「可。」【考異】事見明史任亨泰傳，在是年，輯覽、三編系之九月。按亨泰以是年五月拜禮部尚書，明年八月使安南，則議旌表例正是時也，今據書之。

19 冬，十月，己丑，停建岷王宮殿。以雲南民力未紓，俟十五年後作之未晚。

20 是月，倭寇金州。

21 十一月，乙丑，潁國公傅友德坐事誅。

友德喑啞跳盪，身冒百死，自偏裨至大將，每戰必先士卒，雖被創，戰益力，以故所至立功，上屢敕奬勞。子忠，尚壽春公主，女爲晉王世子妃。

二十五年，友德請懷遠田千畝，上不悅，曰：「禄賜不薄矣，復欲侵民利，何居！爾不聞公儀休事邪？」至是坐法賜死。以公主故，録其孫彦名金吾衛千户。

22 越州酋阿資復叛，詔西平侯沐春會平羌將軍何福討之。

23 十二月，乙亥，定遠侯王弼坐事誅。弼與馮勝、傅友德同時召還，藍玉之誅也，友德内懼。弼謂友德曰：「上春秋高，旦夕且盡，我輩奈何？」上聞之，遂相繼賜死。

24 是歲，命博士錢宰等編輯書傳會選成。初，上觀蔡氏書傳，象緯運行，與朱子詩傳相悖，其他注與鄱陽鄒季友所論有未安者，徵天下宿儒訂正之。兵部尚書唐鐸，薦宰及致仕編修張美和、助教靳權等，詔行人馳傳徵至，命學士劉三吾總其事。上時賜宴于江東門酒樓，宰等賦詩謝。上大悦，諭諸儒年老願歸者，先遣之。宰年最高，請留，上喜。至是書成，頒行天下，厚賜宰，馳驛歸，年九十六而卒。美和以洪武初爲國子助教，與聶鉉、貝瓊齊名。

25 朝鮮李旦遣其子入貢，賜宴遣還。安南黎季犛再遣使由廣東入貢，仍却之。

明通鑑卷十一

江西永寧知縣當塗夏　燮編輯

紀十一　起旃蒙大淵獻（乙亥），盡著雍攝提格（戊寅），凡四年。

太祖高皇帝

洪武二十八年（乙亥、一三九五）

1 春，正月，丙午，階、文寇平。時洮州蠻叛，詔秦王樉率諸衞兵討之，復命甯正以兵從王受節制。

2 丁未，大祀南郊。

3 甲子，沐春等平越州，禽阿資，斬之。

初，春將進兵，與何福謀曰：「此賊積年逋誅者，以與諸土酋姻亞，展轉亡匿。今悉發諸酋從軍縻繫之，而多設營堡制其出入，授首必矣。」遂趨越州，分道逼其城，伏精兵道左，以羸卒誘賊，縱擊大敗之。阿資亡山谷中，春陰結旁近土官，詗其所在，樹壘斷其糧道，賊困甚。已，出不意擣其巢，遂陣斬阿資，並其黨二百四十人皆誅之。

尋分兵破廣南酋儂貞佑，俘斬千計。福分徇寧遠，禽其酋刀拜爛，餘衆悉降。

4 是月，命周王橚、晉王棡率河南、山西諸衛軍出塞屯田，燕王棣率總兵官周興出遼東塞，並諭晉、燕二王以備邊十事。

5 二月，丁卯，宋國公馮勝坐事賜死。

勝自征金山還，屢以細故失上意。上嘗戒勝曰：「天道以有餘補不足，人反其道，乃以不足奉有餘。嗚呼！禍福之來，皆其自取。」

勝嘗築稻場，瘞甀其下，以碌碡碾之，取有鞺鞈聲，走馬以爲樂。有告勝場下瘞兵器者，遂坐法。或曰：「上召勝，飲之酒，歸而暴卒。」蓋自誅藍玉召還，識者已知其不免也。

6 甲戌，以工部侍郎王僙爲本部尚書。

7 己丑，諭户部編民百户爲里，婚姻死喪，疾病患難，里中富者助財，貧者助力，春秋耕穫，通力合作，以教民睦。尋又令民間鄉里各置木鐸一，耆老每月振之，徇于道路，以儆鄉愚。又四時置一鼓，遇農事則里長擊之，聞鼓聲皆至，以驗勤惰。

8 三月，癸丑，秦王樉薨。

先是，棪奉詔征叛番，至洮州，番懼而降。上悅，賚予甚厚。至是薨，上賜諡冊曰：「哀痛者父子之情，追諡者天下之公。朕封建諸子，以爾年長，首封于秦，期永綏祿位以藩屏帝室。夫何不良于德，竟殞厥身！其諡曰愍王。」

元妃爲故元河南王庫庫之女弟，王薨，妃殉焉，一時並以忠烈稱。

9 夏，四月，辛未，詔停造遼王宮室。

敕武定侯郭英曰：「遼東軍務物情，來者多言其艱苦，況邊境營繕，不宜盡力以困之。今役作軍士，皆强悍勇力善戰之人，勞苦過多，心必懷叛，故往往逃伏草野山澤間，乘間劫掠。近者高麗表奏，言多不實，朕已命有司究之。聞彼自國中至鴨綠江，凡衝要處所，儲軍糧，每驛有一萬、二萬石或七、八萬、十數萬石，迤東鄰近，皆使人誘之入境，此其意必有深謀。朕觀高麗自古常與中國争戰，昔漢、唐時，遼東地方皆爲所有，直抵永平之境，恃遠不臣，時時弄兵，自古無狀。今遼東乏糧，軍士饑困，儻不即發沙嶺倉糧賑之，必啓高麗招誘逋逃之心，非至計也。使高麗出二十萬人以相警，諸軍何以應之？今營繕造作，暫宜停止，且令立營屋以居，十年之後再爲之。古人有言：『人勞乃易亂之源』，深可念也。」

10 六月，壬申，詔諸土司皆立儒學。

11 辛巳，總兵周興等，自開原追元遺寇至甫苔迷城，不及而還。

12 己丑，上御奉天門，諭廷臣曰：「朕自起兵至今四十餘年，灼見情僞，懲創奸頑。或法外用刑，使人知所儆懼，此特權宜處分，非守成之君所用。以後嗣君，止宜循律與大誥，不許用黥、刺、剕、劓、閹割之刑。蓋嗣君生長深宮，人情善惡，未能周知，恐一時所施不當，誤傷善良。臣下敢以請者置重典。」

又申諭：「自後嗣君毋許復立丞相，臣下敢以請者置重典。」

又定制「皇親惟謀逆不赦。餘罪宗親會議，取上裁。法司止許舉奏，毋得擅逮。」皆令勒諸典章，著爲令。

13 秋，七月，戊戌，河南確山縣野蠶成繭，令廷臣勿表賀。

14 是月，有道士獻書論長生術，上曰：「朕爲天下主，將躋天下生民于壽域，豈獨一己之長生久視哉！」命却之。

15 初，鄭國公常茂謫龍州。——龍州者，廣西土司也。洪武初，其酋趙貼堅歸附，詔以爲龍州知州，許世襲。貼堅死，無子，從子宗壽嗣。

會常茂至州，貼堅妻黃，以愛女予茂爲小妻，擅州事。亡何，茂病死，黃與宗壽争州印相告訐。或搆蜚語，謂「茂實不死，宗壽知狀。」上怒，責令宗壽獻茂，並遣致仕尚書唐鐸往諭宗壽獻茂詣闕，而宗壽終不敢出。

于是廣西守臣奏「宗壽抗命」，且言「奉議諸蠻皆梗化」。八月，丁卯，詔都督楊文爲征南將軍，指揮韓觀、都督僉事宋晟副之。師未至，鐸自龍州還，奏「茂實前死」，宗壽尋伏罪請朝。詔罷征龍州，命文等移師討奉議、南丹諸叛蠻。【考異】潛菴史稿記唐鐸使龍州，在是年四月甲申，其自龍州還，則八月辛巳也。本紀及諸書皆系征龍州于八月丁卯，去辛巳僅十四日，是師尚未至而鐸已還，且趙宗壽服罪即在其時，故本紀系之八月則然鐸。之招諭龍州，其爲四月明矣。今據土司傳，系以「初」字，並敘鐸奉使于八月丁卯之前。○又按史稿別系宗壽服罪于九月丙申，蓋與唐鐸先後至，本紀因鐸之還而書之。

16 戊辰，致仕信國公湯和卒。

和自歸第，歲一朝京師。二十三年，來朝正旦，忽感疾失音。上即日臨視，遣還。疾少間，復命其子迎至都，令以安車入內殿，宴勞備至。去年，病寖篤，不能興，上思見之，詔以安車入覲，手拊摩，與敘里閈故舊及兵興艱難事。和不能對，稽首而已。上爲流涕，賜金帛爲葬費遺歸。至是卒，年七十。

和前守常州時，請事不得，醉出怨言，上聞而銜之，鐫其過于鐵券。晚年，益恭慎，入聞國論，一語不敢外泄。媵妾百餘，病後悉資遣之，所得賞賜，多分遺鄉曲，見布衣時故交遺老，歡如也。同時公侯宿將，坐黨事先後麗法，鮮免者，和獨以功名壽考終。

追封東甌王，謚襄武。

17 九月，丁酉，免畿内、山東秋糧。

18 戊戌，崇山侯李新以事誅。

新以營孝陵功封，後又命改建帝王廟于鷄鳴山，頗有心計，將作官吏視成畫而已。以洪武二十三年遣就第。時諸勳稍僭肆，上頗嫉之，以黨事緣坐者衆，新首建言，「公侯家人及儀從户，各有常數，餘者宜歸有司」，上是之。尋命禮部纂稽制録，頒之公侯，于是武定侯郭英還佃户輸税，信國公湯和還儀從户，曹國公李景隆還莊田，皆自新發之也。

19 庚戌，頒皇明祖訓。

初，上命陶凱等編輯祖訓録，自爲之序，命大書揭于右順門之西廡，隨時損益。至是重加更定，名曰皇明祖訓。

序中言：「創業之君，備嘗艱苦，閲人既多，更事亦熟，以視生長深宫之主未諳世故，及僻處山林之士自矜己長者，甚相遠矣。」又言：「四方諸夷，皆限山隔海，僻在一隅，得其地不足以供給，得其民不足以使令。若其不自度量，來擾我邊，則彼爲不祥，彼既不爲中國患而我興兵輕伐，亦不祥也。吾恐後世子孫，倚中國富强，貪一時戰功，無故興兵，致傷人命以干天和，此甚不可。」書成，頒示中外。復諭曰：「後世有敢言更制者，以奸臣論，毋赦。」

20 閏月，庚寅，定減諸王歲供之數。

初，洪武九年，定諸王歲支禄米五萬石。至是上謂户部尚書郁新曰：「朕今子孫衆多，天下官吏軍士日增，俸給彌廣。其斟酌古制，量減各王歲支，以足軍國之用。」于是定議減五之四，並郡王、公主以下，皆議減有差。著爲令。

21 冬，十月，庚子，册光禄卿馬全女爲皇太孫妃。

22 定東宫諸王世系，各擬二十字，每一字爲一世，以爲命名之首。其下一字，臨時自定，合二字爲名。編之玉牒。

23 十一月，乙亥，楊文等討奉議蠻，平之。

時上仍遣唐鐸參軍事，文等發廣西都司護衛官軍二萬，調田州、泗城士兵三萬餘人至。奉議蠻竄入山林，據險自固，文督諸將分兵剿捕，復調參將劉真等分道攻南丹，左副將軍韓觀等分兵追討都康、向武、富勞、上林諸州縣叛蠻，悉平之。

鐸相度形勢，奏「請置奉議衛及向武、河池、懷集、武仙、賀縣諸處守禦千户所，鎮以官軍」，皆報可。

24 十二月，壬辰，詔：「河南、山東桑棗及二十七年後新墾之田，皆勿徵税。」

25 是冬河渠之役，各郡邑交奏，凡開塘堰四萬九百八十七處，河四千一百六十二處，陂渠堤岸五千四十八處。水利既興，田疇日闢，一時稱富庶焉。

26 是歲，置皇城四門倉，儲糧以給守衛軍。增京師諸衛倉凡四十一，又設北平、密雲等縣倉，儲糧以資北征。

27 安南黎季犛，聞兩絕貢使而懼；比征龍州，季犛愈懼。是年之秋，上遣尚書任亨泰、嚴震直使安南諭日焜「毋自疑，但慎守邊境，毋助逆，毋納叛」，爲述朝廷用兵之故以安慰之。

尋又遣尚書楊靖諭「輸米八萬石，金千兩，銀二萬兩，餉龍州軍。」季犛言：「龍州陸道險，請運至憑祥洞。」靖不可，乃令改水運，輸二萬石于沲海江，江距龍州止半日。靖因言：「日焜年幼，國事皆決于季犛，乃敢觀望如此，請足之。」上以趙宗壽已納款，移征向武諸蠻，遂令輸粟二萬石，而免其金銀。【考異】據明史七卿表，任亨泰、嚴震直以八月使安南，蓋諭安南陳日焜也。尋又遣楊靖使安南，責之餉龍州軍士事，見靖傳。此三人奉使，皆在唐鐸之後，並系于是年記安南事下。

二十九年（丙子、一三九六）

1 春，正月，壬申，大祀南郊。

2 是月，以詹事府丞杜澤爲吏部尚書，左贊善門克新爲禮部尚書。克新以亮直見重。尋引疾，上命太醫給藥物，不輟其俸。居數月卒。

3 二月，癸卯，湖廣郴、桂諸蠻亂，詔征虜將軍胡冕討平之。

4 辛亥，寧王權上言：「騎兵巡塞，見有脱輻遺道上，恐有邊寇往來。」上曰：「狡寇多奸，此必示弱誘我也。」于是詔燕王棣率師巡大寧，周世子有燉率師巡北平關隘。

5 是月，命濬常州之奔牛、吕城二壩，以通浙運。

6 三月，辛酉，楚王楨、湘王柏來朝。

7 甲子，燕王率諸軍北至察察爾，舊作徹徹兒。遇寇，敗之，禽其將布琳舊作孛林。特穆爾等數十人。追至烏梁海城，又敗哈拉固舊作哈剌兀。等而還。

8 壬申，行人司副楊砥上疏言：「揚雄爲莽大夫，詒譏萬世，董仲舒天人三策及正誼明道之言，足以扶翼世教。今孔廟從祀，有雄無仲舒，非是。」上是其言，詔罷揚雄從祀，增祀董仲舒。【考異】事見明史禮志，系之廿八年，憲章録及紀事本末書于是年三月壬申。蓋志據楊砥上書年月，二書據下詔年月，今從之。

9 秋，八月，丁未，免應天太平五府田租。

10 是月，四川鄉試，聘方孝孺及茶陵陳南賓爲典試官。

孝孺在蜀，名重一時。而南賓時爲蜀府長史，蜀王好學，與孝孺並見敬禮，造安車以賜南賓，又爲搆第，名安老堂。一時蜀中典試稱得人。【考異】事見桂彥良傳，證之遜志齋集，亦云「是年蜀中校士」。蓋二人時皆官于蜀，由行省布政司聘取，非奉詔也。今並陳南賓事系之八月之末。

11 九月，乙亥，召致仕武臣二千五百餘人入朝，大賚之，各進秩一級。

12 是月，命寧王權編輯通鑑博論，蓋仿編年兼綱目書法例也。

其書至正二十六年韓林兒事，則云：「廖永忠沈韓林兒于瓜步，大明惡永忠之不義，後賜死。」——蓋其書法大都奉上指示云。【考異】據錢曾讀書敏求志，事在是年之九月，並書廖永忠沈韓林兒事，以爲大明惡其不義而殺之，前於至正二十六年下已辨之矣，茲更據書，以見太祖之特筆云。

13 殺監察御史王朴。

朴性鯁直，數與上辨是非，上怒，命戮之。及市，召還，諭曰：「汝其改乎？」對曰：「陛下不以臣爲不肖，擢官御史，奈何摧辱至此！使臣無罪，安得戮之！有罪，又安用生之！臣今日願速死耳。」帝大怒，趣命行刑。過史館，大呼曰：「汝士劉三吾志之，某年月日，皇帝殺無罪御史朴也！」竟戮死。——朴同州人。【考異】此事明人書皆不載，惟明史朴傳記其事，但無年月耳。三編特系于是年九月，據實録也。

14 冬，十月，辛亥，熒惑犯上將。

15 十二月，癸卯，熒惑守太微垣。

16 是歲，再逮永州知府余彦誠，尋釋之，復其官。同時有知縣齊東鄭敏，儀真康彦民，岳池王佐，安肅范志遠，當塗孟廉，定遠高斗南，及丞懷寧蘇億，休寧甘鏞，當塗趙森，凡十人，並先後以事逮。耆老詣闕具其善政以聞，上復嘉之，賜衣鈔遣還，並賜耆民道路費。諸人既還任，政績益著。尋舉廉吏數人，並列其名于彰善榜、聖政記以示勸焉。

又有知縣靈璧周榮，宜春沈昌，昌樂于子仁，丞新化葉宗，凡四人，並以部民叩閽，立擢知府。而一時如懷寧丞陳希文，宜興主簿王復春，以善政擢，已，知其貪肆，旋置重典，所以風厲激勸者甚至，故其時吏治多可紀述云。【考異】余彦誠凡兩逮兩釋，一爲安陸知州時，三編書之二十五年十二月者是也。此則擢永州知府後，復以事被逮，見明史列傳二十八卷贊中以爲二十九年，憲章録及典彙同，今據之。惟二書皆系之是年十二月，與二十五年之月分同，恐未必然。今系之是年之末，並據贊中增入先後被逮之十人等。

17 詔重定東宮儀制。以諸王皆尊屬，命朝太孫于內殿，行家人禮。

18 更定六部諸司官屬，並通稱清吏司。

19 初，上平定中原，征南諸將及雲南、越州之功，賞格雖具，然不預爲令。至是始定沿海捕倭之賞格，「凡指揮千百户獲倭船一及賊者，陞一級，賞銀五十兩，鈔五十定。軍士水陸擒殺倭賊，皆賞銀鈔有差。」

三十年（丁丑、一三九七）

1 春，正月，丙寅，大祀南郊。

2 初，太僕寺掌養馬之政，各行省設群牧監隸焉。十八年，罷群牧監，以其馬歸有司牧養。至是因西番馬市開，孳息漸蕃，丁卯，始置行太僕寺于山西、北平、陝西、甘肅、遼東，如京師太僕寺之秩。

是時上留心馬政，以備邊防。朱守仁以楚雄知府上計入朝，拜太僕卿，首請立牧馬草場于江北滁州諸處，所轄十四監，九十八群，馬大蕃息。一時馬政之修，實自守仁始。

3 己巳，詔左都督楊文屯田遼東。

4 甲戌，詔授長興侯耿炳文爲征西將軍，武定侯郭英副之，以備西北邊。

時諸勳臣坐胡、藍二黨誅戮且盡，炳文以開國功臣，榜列其名，與大將軍達爲一等，是時元功宿將，無出其右者。英兄弟貴顯，女弟爲寧妃，恩寵尤渥。上自起兵以來，存者僅炳文與英二人，而炳文亦年踰六十矣。【考異】據潛菴史稿，言「是月沔縣賊高福興作亂，命耿炳文討之。」證之明史本紀，炳文之命，蓋備西北邊也。下文云，「是月，沔縣盜起，詔耿炳文討之」，則是因備邊順道征討，非因沔縣之亂而命將也。今據本紀，於是月下分書之。

5 是月，始置雲南按察使司。

6 以禮部員外郎侯泰爲刑部左侍郎，司務暴昭爲刑部右侍郎。

7 沔縣盜起，詔耿炳文討之。

8 二月，庚寅，水西蠻叛，詔右都督僉事顧成爲征南將軍，會平羌將軍何福討之。

9 辛亥，白虹亘天貫日。

10 是月，黄巖儒士陶宗儀，率諸生赴禮部試讀大誥，賜鈔歸。

宗儀少試有司，一不中，即棄舉子業，於古學無所不窺。元季舉行人，辟教官，皆不就。張士誠據吳，署爲軍諮，亦不赴。洪武四年，詔徵天下儒士，六年，命有司舉人才，皆及宗儀，輒引疾不赴。晚歲，有司聘爲教官，非其志也。至是仍不受薦擢，歸久之，卒。著有輟耕録，于元代軼事多所考證云。【考異】宗儀事見明史文苑傳，言洪武三十年率諸生赴禮部試讀大誥，賜鈔歸。試禮部在是月，今系之二月之末。

11 三月，癸丑朔，賜陳郊等進士及第、出身有差。

12 庚辰，古州蠻林寬作亂，攻龍里，陷之，龍里千户吴得、鎮撫井孚皆戰死。寬遂犯新化，突至平茶，千户紀達率壯士突陣，殺數人，寬走。已而煽結諸蠻，勢復熾，官兵捕之，不克。【考異】諸書或系之三月，或系之四月，蓋一據奏至，一據出師也。明史本紀，叛在三月，討在四月，皆有日分，今分書之。

13 壬午，熒惑入太微垣，凡八十日。【考異】據天文志，在是月壬午，三編書熒惑之入太微凡八十日，今據增。

14 是月，刑部奏：「請加反逆法，宜依漢制夷三族。」上曰：「古者父子兄弟，罪不相及。漢用秦法，未免過重。今律已定，勿有所更。」固請不許。

15 是科，始命乙榜舉子署教諭、訓導等官，其年未三十不願署者聽之。

16 夏，四月，己亥，授湖廣都指揮使齊讓爲平羌將軍，率兵五萬征古州蠻。

17 壬寅，顧成、何福等會討水西，俘斬叛蠻數千人。土酋居宗必登遁，禽其黨魁，誅之。水西平。

18 是月，詔燕王棣築大同城。

19 楊靖、嚴震直自安南歸。靖與震直前爲尚書，皆坐事或免或降，至是以出使有功，擢爲左右都御史。未幾，靖坐事誅。

20 五月，壬子朔，日有食之。

21 甲寅，頒大明律誥。

上之定律也，草創于吳元年，損益于洪武六年，整齊于二十二年，屢經更定。而大誥所頒，率多峻令，出自一時權宜，非上之本意也。至是始命刑官取大誥條目，撮其要略，附載于律。

既成，上御午門，諭廷臣曰：「朕仿古爲治，明禮以導民，定律以除頑，刊著爲令。行之既久，犯者猶衆，故作大誥以示民，使知趨吉避凶之道。古人謂刑爲祥刑，豈非欲民並生于天地間哉！然法在有司，民不周知，故令刑官撮要附于律文各條下，凡榜文禁例悉除之。除謀逆及律誥該載外，其雜犯大小罪，悉依贖罪例論斷。令編次成書，刊布中外，俾天下知所遵守。」

初，刑部請將比年律條依類編次，上特改名例律，冠于篇首。又首列刑圖，次列禮圖。刑圖凡二，首爲圖五：曰笞，曰杖，曰徒，曰流，曰死，分其輕重之等也；次爲圖七：曰笞，曰杖，曰訊杖，曰枷，曰杻，曰索，曰鐐，著其長短廣狹之度也。禮圖凡八，皆以服制表之，凡係族親有犯，視其服之等差以定刑之輕重。故有因禮以起義者，如養母、繼母、慈母皆服三年，則毆殺之律與嫡母同罪。舅姑服皆斬衰三年，則毆殺罵詈之律與夫之于父母同罪。

書成，諭太孫曰：「刑原于禮。此書首列刑圖，次列禮圖者，重禮也。顧愚民無知，若于本條下即注寬恤之令，必易而犯法，故以廣大好生之德，總列名例律中。善用法者，會其意可也。」

太孫請更定五條以上，上覽而善之。又請曰：「明刑所以弼教，凡與五倫相涉者，宜皆屈法以伸情。」乃命改定七十三條。復諭之曰：「吾治亂世，刑不得不重，汝治平世，刑自當輕，所謂『刑罰世輕世重』也。」

22 乙卯，詔楚王楨率師討古州蠻，湘王柏副之。

楨不親涖軍，請餉三十萬，詔書詰責。又以熒惑之變，令謹天戒命，城銅鼓衛而還。

23 己巳，敕晉、燕、代、遼、寧、谷六王勒兵備邊，戒勿輕戰，寇至則乘其懈，或邀截要路擊之。

24 南宮之試士也，翰林院學士劉三吾偕吉府紀善白信蹈爲考官，得泰和宋琮等五十一人，北士無預者。諸生言「三吾南人，私其鄉。」上怒，命侍講張信等覆閱，不稱旨。或言「信等故以陋卷呈，三吾實屬之」，上益怒，信與信蹈及陳郊等皆論死，三吾以老，與宋琮同戍邊。【考異】通紀、吾學編，俱言「三吾暴卒」。證之明史三吾本傳，言「三吾以老戍邊」。又云「建文初，召還，久之卒」，並無暴卒事也。今據本傳。

六月，辛巳，上親策諸貢士，再賜韓克忠等六十一人及第、出身有差，皆北士及川、陝人也。時稱爲「春、夏榜」，亦稱「南、北榜」云。

25 己酉，駙馬都尉歐陽倫，有罪賜死。

初，詔西番互市，始設茶馬司于陝西、四川等處，令番人納馬易茶，並嚴禁私茶出境。時倫奉使至川、陝，輒載巴茶越境貿易，所在不勝其擾。陝西布政司檄所屬起車載茶渡河，家人周保索車至五十兩。蘭縣河橋司巡檢被捶不堪，訴于朝。上大怒，遂坐法，並保等誅之，茶貨沒入官。以河橋吏能不避權貴，賜敕褒嘉。

26 秋七月，致仕尚書唐鐸卒。

27 八月，丁亥，河決開封。城三面受水，詔改作倉庫于滎陽高阜以備不虞。

28 甲午，詔曹國公李景隆爲征虜大將軍，練兵河南。

29 己亥，以義門鄭沂爲禮部尚書。

30 是月，諭工部移文諸王，「不許私有興作。有不可已者必以上聞。」

31 九月，庚戌，耿炳文等討漢、沔寇高福興等，悉誅之，宥其脅從之民凡四千餘人。【考異】平沔寇，三編系之八月，並敘其正月爲亂之事。明史本紀書九月，有日，今分書之。

32 麓川思倫發之降也，上遣行人李思聰往諭歸國。適其部長刀幹孟叛，思聰以朝廷威德諭之，叛者稍退。而倫發欲倚使者服其下，强留之，賂以象、馬、金寶，思聰不受。歸，述于上，並詳紀其山川、人物、風俗、道路甚悉，蓋知刀幹孟之必將終叛，備征討也。

初，平緬俗不好佛。有僧至自雲南，善言因果報應，倫發信之。又有金齒戍卒逃入其境，能爲火銃火礮之具。倫發嘉其技能，遂與僧並貴寵，在諸部長上，刀幹孟等不服。戊辰，刀幹孟叛，與其屬率兵攻逐思倫發。倫發挈家走雲南，西平侯沐春遣送至京師。

33 齊讓奉詔討古州蠻，逗留不進，乙亥，詔授楊文爲征虜將軍代之。

34 冬，十月，戊子，停遼東海運。

時以北地軍餉贏羨，又方興屯種之利，遂罷之。

35 辛卯，詔耿炳文練兵陝西。

36 乙未，重建國子監先師廟成。

初，上以太學爲京師首善之地，而文廟規制殊隘，乃命工部改作。其制皆上所規畫，大成殿門各六楹，櫺星門三，東西廡七十六楹，神廚庫皆八楹，宰牲所六楹。

37 十一月，癸酉，詔西平侯沐春爲征虜前將軍，都督何福等副之，討刀幹孟，並遣思倫發還滇，諭春以兵送之。

38 是月，上御奉天殿，見散騎舍人衣極鮮麗，問：「制用幾何？」對曰：「五百貫。」上曰：「五百貫，農夫十數口之家一歲之資也。爾乃費之于一衣，豈非暴殄！」命切責之。

39 十二月，乙巳，思倫發還雲南。至潞江，沐春遣人告刀幹孟，令迎其主歸。並傳上命，「如怙終不臣，即興師討之。」

40 是歲，因江、浙、閩、廣之民重錢輕鈔，有以錢百六十文折鈔一貫者，由是物價翔涌，圜法益壞，乃命復申交易用銀之禁。

又以陝西逋賦困甚，諭户部議，「自二十八年以前天下逋租，歲許任土所産折收米、絹、棉花及金、銀等物，著爲令。」

于是户部定「鈔一定折米一石，金一兩十石，銀一兩二石，絹一疋石二斗，棉布一疋一石，苧布一疋七斗，棉花一斤二斗。」上猶以爲重，命「金銀折米之數仍加一倍，鈔止二貫五百文折一石。餘如議。」

41 改太常司爲太常寺，官制如舊。又改侍儀司爲鴻臚寺，陞秩正四品，設官六十二員，又設外夷通事隸焉。

42 初，安南入寇思明，屢侵州境，思明土官黄廣成訴于朝，言：「自元時設思明總管府，所轄左江州縣，東〔至〕上思州，南〔至〕銅柱爲界，元征交阯，去銅柱百里，立永平寨萬户府。其後交人攻破永平，越銅柱二百餘里，侵奪思明所屬五縣地。乞詔諭安南，仍畫銅柱爲界，以五縣地還臣。」上命行人陳誠、呂讓往諭之，季犛執不從，又爲日焜書移户部。上知其終不肯還，曰：「蠻觸相争，自古爲然。彼恃頑，必召禍，姑静以俟之。」

三十一年（戊寅、一三九八）

1 春，正月，壬戌，大祀南郊。

2 乙丑，上以山東、河南多惰于農事，詔户部「遣所舉人材分詣各郡縣，督民耕種，具籍所種田地與歲收穀粟之數以聞。」

3 二月，辛丑，古州蠻平。

先是，楊文未至，齊讓已俘林寬送京師。上命文討其餘黨，俘獲三十岡等處峒蠻二千九百人以歸，遂班師。

4 刀幹孟既逐思倫發，懼朝廷加兵，乃遣人詣西平侯請入貢。是月，沐春以聞，且奏言：「幹孟此舉，蓋欲假朝廷之威以拒忽都，其言未可信。」——忽都者，倫發所部，不附幹孟者也。上遣人諭春曰：「遠蠻詭詐誠有之，姑從所請，審度其宜，毋失事機。」

春以兵送倫發于金齒，幹孟竟不納，乃遣何福及都督瞿能等以五千兵往。

5 倭寇山東，寧海州百户何福戰死，指揮陶鐸擊敗之。尋寇浙江之海澳，千户王斌、鎮撫袁潤俱戰死，詔發兵出海追捕。【考異】明史本紀系倭寇寧海于是年二月乙酉。寧海，山東州也。三編則併記寇浙江事目云「海澳寨」，是所寇凡兩省。明史外國傳不見。證之潛菴史稿，寇山東、浙江，一二月乙酉，一二月丁酉也，今並系之二月之下。

6 三月，詔增修南郊壇壝于大祀殿。

7 夏，四月，庚辰，廷臣請討朝鮮，上不許。

初，李旦以更國更名，上不深詰，輒懷易與心。自二十七年以來，貢表文詞多謾，詔詰責之，則諉之門下官鄭道傳所撰；及命逮道傳，則又以病不能行辭。至是來賀本年正旦，表涉譏訕，上以其僻在海隅，不欲稱兵召釁，惟拘留其兩次所遣之使，以爲亂邦搆衅，皆此輩爲之也。

8 是月，敕燕王棣率諸王防邊。諭曰：「北騎南行，不寇大寧，即襲開平，可召西涼、開平、遼東諸將，分左右翼，爾與代、遼、寧、谷諸王居中策應，彼此相護，首尾相救。兵法示饑而實飽，外鈍而内精，其毋忽！」【考異】此據紀事本末所記大略書之。是時秦、晉二王已卒，燕王居長，故令之率六王防邊耳，非聽燕王節制也。太祖實録所云「四月乙酉敕燕王防秋」者即此。至五月戊午之敕，則專敕楊文、郭英之從燕、遼二王。實録又增入「乙亥再敕燕王節制諸軍」之語。明史三編節而書之，是也。辨見五月戊午條下。

9 五月，丁未，何福等討刀斡孟，率兵踰高良公山，直擣南甸，大破之，殺刀名孟，斬獲甚衆。回兵擊景平寨，寨憑高據險，堅守不下，官兵糧械俱盡，賊勢益張。福使告急于沐春，春率五百騎往援，乘夜至潞江，詰旦渡，車騎馳躪，揚塵蔽天。賊不意大軍至，驚潰，遂破之。乘勝擊崆峒寨，賊皆夜遁。刀斡孟遣人乞降，詔不許，命春俟變討之。

10 甲寅，上不豫，然臨朝決事如平時。

11 戊午，詔都督楊文從燕王棣，武定侯郭英從遼王植，備禦開平，均命聽二王節制。【考異】明史本紀「是年五月戊午，都督楊文從燕王棣，武定侯郭英從遼王植，備禦開平，俱聽燕王節制。」三編發明云：「考明太祖實録，是年四月乙酉，敕燕王防秋，五月甲寅，帝不豫，戊午，敕都督楊文、郭英，乙亥，再敕燕王節制諸軍，此皆重修之太祖實録，不可盡信。」又云：「二十八年，秦王卒，是年三月，晋王卒。燕雖勢居寵偪，然節制之命，豈足爲易儲之據哉！」據此，則防邊之敕，出自實録之後改者。今考洪武二十三年，命晋、燕二王防邊，令傅友德從燕王，王弼從晋王，俱聽節制，是聽晋、燕二王節制也，是年書法同，則謂楊文之從燕王，郭英之從遼王，亦是聽燕、遼二王節制耳，非與遼王共聽燕王節制也。今據太祖實録，書于四五兩月，而删去「燕王總制諸軍」語，餘詳考證中。

12 是月，以言事擢暴昭爲左都御史，尋遷刑部尚書。又擢天策衛知事周璿爲左僉都御史。

13 閏月，癸未，帝疾大漸。乙酉，崩于西宮，年七十一。

遺詔曰：「朕膺天命，三十有一年，憂危積心，日勤不怠，以期有益于民。奈起自寒微，無古人之博知，好善惡惡，不及遠矣。夙昔憂慮，常恐不終，今得萬物自然之理，其奚哀念之有！皇太孫允炆，仁明孝友，天下歸心，宜登大位。中外文武臣僚，同心輔弼，以福吾民。喪祭儀物，毋用金玉。孝陵山川，因其故，毋改作。天下臣民，哭臨三日，皆釋服。諸王臨國中，毋至京師。諸不在令中者，推此令從事。」

帝天授智勇，統一方夏，緯武經文，爲漢、唐、宋諸君所未有。肇造之初，沈幾觀變，次第經營，故自述其取天下之略，起事東南，收功西北，如操券刻符，莫之或爽。即位以後，考定禮樂，訪求賢材，澄清吏治，整肅宮闈，廣開屯田以足兵食，興修水利以勸農桑，用能武定禍亂，文致太平，豈非所謂日不暇給，而規模弘遠者歟！惟其懲元政廢弛，治尚嚴峻，晚年誅戮過多，功臣芟夷略盡，亦足爲盛德之累云。

14 辛卯，皇太孫即位，大赦天下。詔以明年爲建文元年。

是日，葬帝于孝陵，謚曰高皇帝，廟號太祖。【考異】明史本紀書上廟號於「五月辛卯葬孝陵」之下，通紀及建文朝野類編，皆書「六月甲辰」。按惠帝即位于辛卯，是日葬太祖于孝陵，葬後即當上謚號，不應遲至甲辰。且甲辰乃閏月二十九日，亦非六月也。今據本紀，仍系之葬後。

15 詔行三年喪，群臣請循前代以日易月之制，諭曰：「朕非效古人亮陰不言也。朝則麻冕，退則齊衰杖絰，食則饘粥。郊社宗廟如常禮。」遂命定儀以進。

16 丙申，詔：「文臣五品以上及州縣官，各舉所知，非其人者坐之。」

17 六月，詔「省併州縣，革冗員。」

18 以齊泰爲兵部尚書，黄子澄爲太常卿兼翰林院學士，同參軍國事。

泰，溧水人，以洪武二十八年擢兵部侍郎。太祖問邊將姓名，泰歷數無遺。又問諸圖籍，袖中出手册以進，太祖奇之。上爲皇太孫，亦雅重泰。

其時子澄方進修撰，伴讀東宫。一日，太孫坐東角門，謂子澄曰：「諸王尊屬擁重兵，多不法，奈何？」對曰：「諸王護衛兵，僅足自守。倘有變，臨以六師，其誰能支！漢七國非不强，卒底亡滅。大小强弱勢不同，而順逆之理異也。」上是其言。

至是燕王自北平奔喪，援遺詔止之，于是諸王皆不悦，流言煽動，聞于朝廷。謂子澄曰：「先生憶昔東角門之言乎？」對曰：「不敢忘。」于是始與泰建削藩之議。【考異】明史本紀、三編皆系之六月。證之七卿表，泰以五月任兵尚，諸書以爲太祖遺命，則閏五月表脱「閏」字也。泰等五月授官，六月命參軍國事，本紀並系之是月，今從之。

19 户部侍郎卓敬密疏言：「燕王知慮絶倫，雄才大略，酷類高帝。北平形勝地，士馬精强，金、元所由興。今宜徙封南昌，萬一有變，亦易控制。夫將萌而未動者幾也，量時而可爲者勢也；勢非至剛莫能斷，幾非至明莫能察。」奏入，翌日，召問敬曰：「燕王，朕骨肉至親，卿何得及此？」敬叩頭曰：「臣所言，天下至計，願陛下察之！」竟不報。【考異】紀事本末、憲章録皆系卓敬上書於「建文元年二月燕王來朝」之下，此誤據野史也。元年二月，燕王並無來朝之事，永樂實録亦不載，明史、三編删之，是也。今據三編及明鑑，系卓敬上書于是年之六月。

20 秋，七月，長星西隕。詔行寬政，赦有罪，蠲逋賦。

21 削藩之建議也，齊泰與子澄謀之。泰欲先圖燕，子澄曰：「不然。周、齊、湘、代、岷諸王，在先帝時多不法，削之有名。今欲問罪，宜先周。周王燕之母弟，削周，是翦燕手足也。」會周王橚次子有爋告橚謀不軌，詞連燕、齊、湘三王，乃命曹國公李景隆，以備邊爲名，馳至開封，執橚歸。【考異】明史后妃傳以懿文太子及秦、晉、燕、周五人皆高后生，此三修之本，後世不知而誤據之。證以「燕、周同母」之語，則二人皆非高后所生明矣。辨見考證中。○韻書無「爋」字，但有「爋」字。明史作「爋」，三編又作「爋」，然實録作「爋」，今從之。

22 徵漢中府教授方孝孺至，擢翰林院侍講。

初，上在東宮，素聞孝孺名，甫即位，令馳驛召還，日侍左右備顧問。讀書有疑，輒使講解。臨朝奏事，臣僚面議可否，或命孝孺就扆前批答之。

又以檢討陳性善薦，召前監察御史韓宜可于雲南，入，拜左副都御史。

23 八月，上欲釋周王使復國，泰與子澄不可。久之不決，出，相與言曰：「上婦人之仁耳。事勢如此，安可不斷！」明日，復入言之，乃廢橚爲庶人，【考異】本紀書廢周王于八月，三編書之六月，因被執而並記之也。周王以七月執至京師，上意久不決，故八月始廢。今分書之。竄之蒙化，諸子皆別徙。

尋又命逮齊王榑、代王桂、岷王楩等，于是燕王益疑懼。

24 詔：「興州、營州、開平諸衛軍全家在伍者，免一人。天下衛所軍單丁者，放爲民。」

25 是月，以雲南布政陳迪爲禮部尚書。

26 九月，西平侯沐春卒于軍。

初，太祖命春討刀幹孟，幹孟乞降，詔春勿受，仍總滇、黔、蜀兵攻之。未發而春卒，上命左副將何福代領其衆。

春材武有父風，積功授都督僉事。群臣請試職，太祖曰：「兒，我家人，勿試也。」遂予實授。英卒，襲爵。在鎮七年，大修屯政，闢田三十餘萬畝，鑿鐵池河，灌宜良涸田數萬畝，民復業者五千餘户，爲立祠祀之。賜謚惠襄。無子，弟晟襲爵。

27 冬十月，熒惑守心。【考異】見明史天文志無日。程濟上書，見明史牛景先傳中，亦不著熒惑守心事，三編記守心，亦不著程濟上書事。今據紀事本末牽連記之，意即初修實録也。

時四川岳池教諭程濟，通術數之學，上書言「北方兵起在明年某月日」，上以爲妄言，逮至，將戮之。濟大呼曰：「陛下幸囚臣。臣言不驗，死未晚。」詔下之獄。已而燕兵竟起，如其所推之月日。——濟，朝邑人。

28 前都督府斷事高巍，遼州人，以洪武中旌孝行授職。尋以決事不稱旨，謫戍貴州關索嶺，太祖嘉其孝，許其弟姪代役。至是以詔辟赴吏部，因上書論時政。時削藩議起，巍獨以爲不然。

其略曰：「高皇帝分封諸王，比之古制，既皆過當，諸王又率不法，違犯朝制，不削則朝廷紀綱不立，削之則傷親親之恩。賈誼曰：『欲天下治安，莫如衆建諸侯而少其力。』今盍師其意，勿行鼂錯削奪之謀，而效主父偃推恩之策，在北諸王子弟分封于南，在南子弟分封于北，如此則不削之削也。臣又願益隆親親之禮，歲時伏臘，使人餽問，賢者下詔褒賞之，有不法者，初犯容之，再犯赦之，三犯不悛，則告太廟廢處之，豈有不順服者哉！」書奏，上嘉之而不能用。

29 上有疾晏朝，御史尹昌隆上疏諫。

其略曰：「昔太祖高皇帝雞鳴而起，昧爽而朝，百官戒懼，不敢稍怠。陛下嗣膺大業，宜追繩祖武，未明求衣，日旰忘食。今乃即于晏安，日上數刻，猶未臨朝，恐自此上下懈弛，曠官廢事，非社稷之福也。」

書入，左右請以疾諭之。上曰：「直諫難得，何可沮也！」命頒其疏于天下。

30 初，僧道衍從燕王至北平，住持慶壽寺，出入府中，跡甚密，時時屏人語。及高祖崩，以次削奪諸藩，周、湘、代、齊、岷等皆相繼得罪。道衍遂密勸燕王起兵。王曰：「民心向彼，奈何？」對曰：「臣知天道，何論民心！」乃進袁珙及卜者金忠。

珙善相人術，有異傳。洪武中，遇道衍于嵩山寺，謂之曰：「公，劉秉忠之儔也，幸自愛！」至是以道衍薦，召至北平。王雜衛士類己者九人，操弓矢飲于肆，珙一見，即前跪曰：「殿下何輕身至此！」王乃起去，召珙入府，諦視，曰：「龍行虎步，日角插天，太平天子也。」王意益決，與道衍選將練兵，收召材勇異能之士。久之，事遂露。

時有以燕、齊事告變者，上問子澄：「孰當先？」對曰：「燕王久稱病，日事練兵，且多置異人術士左右。此其機事已露，不可不亟圖之！」復召齊泰，問曰：「今欲圖燕，燕王素善用兵，北卒又勁。奈何？」對曰：「今北邊有寇警，請以防邊爲名，遣將戍開平，悉調燕藩護衛兵出塞。去其羽翼，乃可圖也。」從之。

十一月，以工部侍郎張昺爲北平布政使，都指揮使，謝貴、張信掌北平都指揮使司，並受密旨，伺察燕事。

31 詔求直言，並薦舉山林才德之士。

32 十二月，癸卯朔，【考異】憲章録，是年十二月癸丑朔。按癸丑乃是月十一日，非朔也，疑「卯」字之誤，今據本紀。上以明年將祀南郊。乃詣郊壇，省牲滌器。禮畢，還宮。

33 征虜將軍何福破斬刀幹孟，降其衆七萬，又分兵徇諸寨，悉平之。于是思倫發始還平緬，麓川遂定。

34 是月，賜天下明年田租之半，釋黥軍及囚徒還鄉里。

35 召宋懌于茂州。懌，濂之孫也。濂卒于夔，一時家屬悉徙茂州。至是上追念濂爲興宗舊學，召懌還，尋授翰林。

36 燕府長史葛誠，奉燕王命奏事京師。上召見，問府中事，誠具以實對。上遣誠還，使爲內應。至則燕王察其色，心疑之。【考異】皇明通紀、紀事本末系之建文元年正月。證之明史葛誠附傳中言「洪武之末」，則是誠至京師在本年，諸書據其使還之月也。今系於十二月之末。

明通鑑卷十二

江西永寧知縣當塗夏燮編輯

紀十二起屠維單閼（己卯），盡重光大荒落（辛巳），凡三年。

恭閔惠皇帝按明建文無謚，至我大清乾隆元年，追謚恭閔惠皇帝，謹據三編、明史書之。

建文元年（己卯、一三九九）

1 春，正月，癸酉朔，上受朝，不舉樂。

2 庚辰，大祀天地于南郊，奉太祖配。

3 是月，敕修太祖實録，以禮部侍郎董倫、王景爲總裁官，太常少卿廖昇、高遜志副之。召國子博士王紳、漢中府教授胡子昭、崇仁縣訓導羅恢、馬龍他郎甸長官司吏目程本立等。時楊士奇以布衣被薦，徵爲教授，方行，修撰王叔英復以史才薦，遂同召，俱授翰林，充纂修官，上復命侍講學士方孝孺總其事。【考異】明史本紀，書修太祖實録于正月。據廖昇傳，

「正總裁董倫、王景，副總裁昇及高遜志」也。又云，「李貫、王紳、胡子昭、楊士奇、羅恢、程本立皆爲纂修官。」按李貫舉二年進士，則預修史之役在後。而明史王艮傳，亦言「艮總史事」，又有南昌知府葉惠仲，以修實録指斥靖難族誅，是皆後入之人。若是年正月之敕，同時並命，據野獲編凡九人。又方孝孺傳，言「孝孺修實録爲總裁」，三編亦據書之，今增入。○又按此即初修之實録，沈氏所謂「解縉盡焚舊草」者此也。然則「翦燕手足」一語，乃初修之僅存者。

4 二月，追尊皇考曰孝康皇帝，廟號興宗。妣常氏曰孝康皇后。尊母妃呂氏曰皇太后。册妃馬氏爲皇后。立皇長子文奎爲皇太子。封弟允熥爲吴王，允熞衡王，允熙徐王。

詔告天下：「舉遺賢。賜民高年米肉絮帛。鰥寡孤獨廢疾者，官爲牧養。重農桑。興學校。考察官吏。振罹災貧民。旌節孝。瘞暴骨。蠲荒田租。衛所軍户絶者，除勿勾。」

5 詔：「諸王毋得節制文武吏士。」

6 是時諸王入賀京師，徑行皇道，登御陛，御史曾鳳韶侍班，劾之，言「殿上宜展君臣之禮，宮中乃敘叔姪之情」，不報。【考異】明人所記及紀事本末，皆於是年二月書「燕王來朝」。明史稿例議辯之，以爲必無之事。四庫書提要載姜氏祕史以爲曾鳳韶劾燕王事，云本吉安府志。又證以南京錦衣百户潘瑄貼黄册，内載「校尉潘安三月二十三日敘撥隨侍燕王還北平住坐」云云，據此，則來朝明矣。

第不知所云貼黄者，果足徵信否也？予謂建文改元，諸王入賀，是其常例，故野史有「曾鳳韶劾諸王來朝，不得行皇道」云云。（見建文朝野彙編，皆云「劾諸王」，故三編以爲他藩之事者是也。）至燕王以上書救周王不報，遂稱疾，此正不朝之張本。且果入朝無事而歸，此正所謂「天之所興，誰能廢之」，乃成祖第一快心之事，何以永樂實録無一語及之耶？其爲必無之事明矣。今删去燕王來朝，而但載曾鳳韶劾諸王事于是月之下。

7 更定官制，用學士方孝孺議也。

升六部尚書爲正一品，設左右侍中，位侍郎上。改都察院爲御史府，都御史爲御史大夫。罷十二道爲左、右兩院，左曰拾遺，右曰補闕。改通政使司爲寺，大理寺爲司。詹事府增置資德院。翰林院復設承旨，改侍讀、侍講學士爲文學博士。設文翰、文史二館，文翰以居侍讀、侍講，文史以居修撰、編修、檢討。又，殿、閣大學士並去大字，各設學士一人。改謹身殿爲正心殿，增設正心殿學士一人。其餘内外、大小諸司及品級、階勳，悉仿周禮制更定。時論以爲不急之務，而孝孺志在復古，上悉從之。

8 以景清、練子寧爲御史大夫。

9 三月，甲午，京師地震。求直言，罷天下諸司不急之務。

10 是月，上釋奠于國子學文廟。

11 陳瑛自山東按察司調北平按察僉事，湯宗上變，告瑛與右布政曹昱、副使張璉等受燕府金錢，有異謀，詔逮瑛至京師，尋謫廣西。

于是敕都督宋忠率兵三萬屯開平，又敕都督耿瓛練兵于山海關，徐凱練兵于臨清，調北平、永清二衛軍于彰德、順德——瓛，炳文子也。——並密諭張昺、謝貴等嚴爲之備。

12 遣刑部尚書暴昭、户部侍郎夏原吉等二十四人充採訪使，分行天下。昭至北平，得燕王諸不法狀，密奏之。

13 夏，四月，湘王柏自焚死。齊王榑、代王桂，皆以罪廢爲庶人。

14 太祖之崩也，諸王世子及郡王皆在京師，遺命三年喪畢遣還，燕世子及高煦、高燧預焉。

時燕王方稱疾，遺詔至，遣人扶掖哭臨。又數月，乃上書乞遣三子歸視疾，齊泰勸上勿許，且請收之。黄子澄曰：「不若聽之歸以示不疑，乃可襲而取也。」上從子澄言，竟遣還。

燕世子兄弟魏國公徐輝祖甥也。輝祖亦勸上留之，且密奏曰：「三甥中，高煦尤勇悍無賴，非但不忠，且叛父，他日必爲大患。」上以問輝祖弟增壽及駙馬王寧，皆力庇之，乃悉遣歸國。高煦陰入輝祖廄取其馬以行，輝祖使人追之，不及。

至則燕王大喜曰：「吾父子復得相聚，天贊我也。」于是反志益決。【考異】明史本紀系之是月。而野史所載，謂「燕王遣世子、二王來京師，行太祖小祥禮，至是遣歸」，非也。太祖崩時，遺詔止諸王入臨，「遣世子郡王來京師，三年後還國」，語見張芹備遺録。證之成祖實録，亦云「時世子、二郡王、三郡王皆在京師」。故明史漢王傳，亦云「太祖崩，成祖遣仁宗及二王入臨京師」，然則非因小祥而來明矣。如果爲小祥而來，則遣之還國，當過五月，即燕王以疾請，亦無悉遣之理，今不取。

15 六月，岷王楩有罪，廢爲庶人，徙之漳州。

16 己酉，燕山百户倪諒上變，告燕官校於諒、周鐸等陰事，詔逮至京師，皆戮之。復詔責燕王。

王遂稱疾篤，佯狂走呼市中，奪酒食，語多妄亂，或卧土壤彌日不甦。張昺、謝貴入問疾，王盛夏圍爐播顫曰：「寒甚。」宮中亦杖而行。昺等稍信之，長史葛誠密語之曰：「王本無恙。公等勿懈。」

會燕王使其護衛百户鄧庸詣闕奏事，齊泰請執訊之，具言王將舉兵狀，乃密敕昺等圖燕，使約葛誠及指揮盧振爲内應。

初，張信之至燕也，與昺等同受密旨，憂懼不知所出。以告母，母大驚曰：「吾聞燕都有王氣，王當爲天子。汝愼毋妄舉，取赤族禍也。」至是又密敕信使執王，信見事急，三造燕邸，辭不見，乃乘婦人車徑至門，固請之。王召入，信拜牀下，密以情輸王。王猶佯爲風疾，不能言，信曰：「殿下毋爾也。臣今奉詔禽王，王果無意，當就執，如有意，幸勿諱臣。」王察其誠，下拜曰：「生我一家者子也！」于是召僧道衍謀舉兵。

會昺等部署衞卒及屯田軍士，布列城中，一面飛章奏聞。布政司吏李友直竊其草，獻之府中，燕王亟呼護衞張玉、朱能等率壯士八百人入衞。

17 秋，七月，詔至，「逮燕府官屬」，于是張昺、謝貴等率諸衞士以兵圍府第，索之急，飛矢入府内。燕王與張玉、朱能等謀，慮衆寡不敵，能曰：「先禽昺、貴，餘無能爲矣。」王曰：「是宜以計取之。」道衍密語曰：「朝廷遣使來索官屬，可悉依所坐名收之。即令來使召昺、貴，收所逮者。如此則昺、貴必來，來則縛之，一壯士力耳。」王曰：「善！」

壬申，王稱疾愈，御東殿，伏壯士左右及端禮門内，遣人召昺、貴，不至，復遣中使示以所逮姓名，乃至。王方曳杖坐，賜宴行酒，出瓜數器，王索刀，割且詈曰：「今編户齊民，兄弟宗族尚相恤；身爲天子親屬，旦夕莫必其命，天下何事不可爲乎！」乃擲瓜于地。一時伏兵盡起，前禽昺、貴，捽葛誠、盧振下殿。王擲杖起曰：「我何病！爲若輩奸臣所逼耳。」昺、貴及誠等不屈，皆斬之。

于是張玉、朱能等率勇士攻九門，克其八，獨西直門不下。都指揮彭二躍馬呼市中曰：「燕王反，從我殺賊者賞。」集兵千餘人，將攻燕。會燕健士從府中出，格殺二，兵遂散，盡奪九門。

王尤恨誠、振二人，以爲貳于己也，夷其族。伴讀余逢辰，有學行，王信任之，以故得聞異謀，乘間力諫，不聽。及兵起，復泣諫曰：「君父不可兩負。」聞誠等被殺，亦死之。

北平人杜奇者，才儁士也。王起兵，徵入府，奇因極諫宜守臣節，王怒，立斬之。

18 癸酉，燕王舉兵反，上書指斥齊泰、黃子澄爲奸臣，並援祖訓，謂：「朝無正臣，內有奸惡，則親王訓兵待命，爲天子討平之。」

書既發，遂自署官屬，稱其師曰：「靖難。」以張玉、朱能、邱福爲都指揮僉事，擢李友直爲布政司參議，戍卒金忠爲燕府紀善。

時布政司參議郭資、按察司副使墨麟、僉事呂震等，皆降于燕。都指揮馬宣、俞瑱與昺等合兵攻燕城，不克，宣走薊州，瑱走居庸關，都督宋忠退保懷來。

甲戌，燕師陷通州，指揮房勝以城降。王欲自通州南下，張玉曰：「不先定薊州，將爲後患。」丙子，燕師陷薊州，馬宣及鎮撫曾濬力戰死之。于是遵化指揮蔣玉，密雲指揮鄭亨，皆以城叛降燕。

時俞瑱守居庸，簡練關卒，得數千人，將進攻北平。燕王曰：「居庸險隘，北平之咽吭，我得之可無北顧憂。瑱若據此，是拊我背也。」己卯，燕師陷居庸，瑱力戰不克，走依宋忠于懷來。

甲申，燕師攻懷來，率馬步精鋭八千，卷甲倍道而至。先是宋忠紿將士，言其家在北平，皆爲燕兵所殲，欲以激衆怒。燕王知之，令其家人張旗幟爲先鋒，衆遥識旗幟，呼其父兄子弟相問勞無恙，皆曰：「宋都督欺我！」遂相率解甲降。忠倉皇列陣未成，王麾師渡河，鼓譟而前。忠軍大敗，奔入城。燕兵乘城而入，遂執忠及俞瑱，皆不屈死。都指揮孫泰、彭聚，亦陷陣死之。其諸將校爲燕所俘者，皆不肯降，凡死者百餘人，斬首數千級，獲馬八千餘匹。【考異】懷來之役，諸書記宋忠、俞瑱等之死，下云「餘衆悉降」。證之忠傳，一時諸將校爲燕師俘者百餘人，皆不肯降以死，今據增入，而删去「餘衆悉降」四字。

19 丙戌，永平指揮陳旭、趙彝、郭亮，以城叛降燕。旭等遂從燕將徐忠分兵克灤河。【考異】明史建文紀，書「克永平」于「甲申陷懷來」之下。明史稿作「丙戌」，距甲申二日也，今據之。

20 庚寅，大寧都指揮卜萬，與其部將陳亨、劉真等，引兵號十萬，出松亭關攻遵化。燕王遣兵來援，萬等退保關內。萬有智勇，而陳亨等陰欲輸款于燕，畏萬，不敢發。燕王貽萬書，盛稱萬而詆亨，召所獲大寧卒，置書衣中，解縛賞勞，俾歸密與萬，故使同獲卒見之。卒至萬所，則同歸者發其事。亨等搜卒衣，得其書，遂縛萬下獄，上之于朝廷，以萬爲貳。詔籍其家，不知其爲燕之反間也。【考異】大寧之降，明史本紀不載。據紀事本末作「庚寅」，今據之。通紀作「庚申」，「申」字蓋「寅」字之誤也。庚寅距丙戌僅五日，庚申則八月也。

21 壬辰，谷王橞聞燕兵破懷來，自宣府奔京師。

22 是月，燕王反書聞。齊泰請削燕屬籍，聲罪致討。或難之，泰曰：「明其爲賊，敵乃可克。」遂定議伐燕，布告天下。

時太祖功臣存者甚少，乃拜長興侯耿炳文爲征虜大將軍，駙馬都尉李堅、都督甯忠副之，率師北伐。又命安陸侯吳傑、江陰侯吳高、都督耿瓛、都指揮盛庸、平安等分道並進。出程濟于獄，授翰林編修，充軍師，護諸將北行。

時上方鋭意文治，日與方孝孺等討論周官法度，軍事皆取決于泰、子澄二人。炳文等瀕行，上戒之曰：「昔蕭繹舉兵入京，而令其下曰：『一門之内，自極兵威，不祥之甚。』今爾將士與燕王對壘，務體此意，毋使朕有殺叔父名。」

尋置平燕布政于真定，以暴昭掌北平布政司事，侯泰代爲刑部尚書。

23 八月，己酉，耿炳文師次真定，分遣諸將，徐凱以兵駐河間，潘忠駐鄚州，楊松率先鋒九千人扼雄縣。

燕王使張玉往覘炳文營，還報曰：「軍無紀律，炳文老，潘、楊勇而無謀，可襲而俘也。今欲通南下之路，宜先取潘、楊。」王曰：「善！」遂躬擐甲胄，率師至涿州。

壬子，屯于婁桑，令軍士秣馬蓐食。晡時，渡白溝河，謂諸將曰：「今夕中秋，彼飲酒，不設備，此可破也。」夜半，至雄縣，襲其城。忠援兵不至，前鋒麾下九千人皆戰没。燕王度忠在鄚州，未知城破，必率衆來援，乃命護衛千户譚淵率壯士千餘，伏月漾橋水中，人持茭草一束，蒙頭通鼻息。俟忠等援軍已過，即出據橋，王遣兵逆擊忠，敗之。忠退趨橋，不得渡，燕兵腹背夾擊，生禽忠、松，餘衆皆溺死。

甲寅，燕師據鄚州。王問諸將計，皆曰：「南軍盛，宜且屯新樂。」玉曰：「彼雖衆，皆新集耳。今宜乘勝徑趨真定，可一鼓破之。」王曰：「善！」

會炳文部將張保來降，言「炳文兵三十萬，先至者十三萬，分營滹沱河南北。」王厚撫保，遣歸，使詐言「被執得脱，且具陳雄、鄚敗狀，燕兵且旦夕至。」諸將皆曰：「今趨真定，將以掩其不備，奈何遣保告之使備？」王曰：「不然。彼師半營河南，半營河北，分之是也。今令彼知我至，則其南岸之衆必移于北，并力拒戰，一舉可盡殲，兼使知雄、鄚之敗以奪其氣，兵法所謂『先聲而後實』也。若徑薄城下，北岸雖勝，南岸之衆，乘我戰疲，鼓行而渡，是我以勞師當彼逸力也。」炳文聞保言，果移南營過河。

壬戌，王率驍騎數千繞出城西南，破其二營。炳文出城逆戰，張玉、譚淵、朱能等率衆奮擊，王以奇兵出其背，循城夾攻，横衝其陣，炳文大敗，奔還。朱能與敢死士三十餘騎，追奔至滹沱河東。炳文衆尚數萬，復列陣向能。能奮勇大呼，衝入炳文陣，南軍披靡，蹂藉死者甚衆，棄甲降者三千餘人。燕騎士薛禄引槊中李堅，墜馬，獲之。甯忠、顧成亦被執。燕王謂堅至親，送北平，道卒。謂成先朝舊人，釋其縛，與語曰：「皇考之靈，以汝授我。」成遂降，王遣人送北平，輔世子居守。

炳文奔入真定，閉門固守。吴傑率衆來援，聞敗而還。乙丑，燕師攻城，三日不下，引兵還北平。

24 上聞真定之敗，始有憂色，謂黄子澄曰：「奈何！」對曰：「勝敗兵家之常，無足慮。」因薦曹國公李景隆可大任，齊泰極言其不可，竟用之。

丁卯，拜景隆爲大將軍，以代炳文，賜景隆通天犀帶，親爲推轂，餞之江滸。召炳文還京師。【考異】明史子澄傳，言「炳文之敗，子澄謂勝敗常事不足慮，因薦景隆。」若通紀、紀事本末等書，則又云，「今天下全盛，區區一隅，豈足當之？今調兵五十萬，四面夾攻，衆寡不敵，必成禽矣。」按炳文方以三十萬衆敗于真定，子澄謂「勝負常事」，不過以此紓帝憂耳。若謂「區區一隅不足以當夾攻之五十萬」，子澄未必若是之淺。此皆成祖實録歸罪子澄鍛鍊之語，不足信也。今據明史本傳，删去下文。

25 是月，召遼王植、寧王權。權不至，詔削其護衛。

初，太祖諸子，燕王善戰，寧王善謀，又在邊友于最篤。燕兵既起，齊泰等慮二藩通約，乃並召之，權果不至。燕王聞之，大喜，乃遺寧王書以求援師。

植至京，徙之荆州。

初，谷王之奔京師也，長史劉璟從之歸，獻十六策，上命璟贊畫李景隆軍事。時高巍亦上書願使燕，曉以禍福，令休兵歸藩。上壯而許之，命俱從景隆行。

26 監察御史韓郁上書言：「燕王親則太祖遺體，貴則孝康皇帝手足，尊則陛下叔父。乃諸臣偏見，病藩封太重，疑慮太深，于是周王既廢，湘王自焚，齊、代相繼被摧。爲計者必曰：『兵不加則禍必稔。』今燕舉兵兩月矣，前後調兵不下五十餘萬，而一矢無獲，謂之國有謀臣，可乎？經營既久，軍興輒乏，將不效謀，士不效力，徒使中原赤子困于轉輸，民不聊生，日甚一日，臣恐陛下之憂方深也。諺曰：『親者割之不斷，疏者續之不堅。』此言深有至理。願陛下少垂鑒察，興滅繼絶，釋代王之囚，封湘王之墓，還周王于京師，迎楚、蜀爲周公，俾各命世子持書勸燕罷兵歸藩，明詔天下，篤厚親親，則宗社幸甚！」不報。

27 九月，戊辰朔，【考異】明史建文本紀，「九月壬辰，吴高圍永平，戊寅，燕兵援永平。」按戊寅在壬辰之前十五日，敘次倒誤，且高已於戊寅敗于永平，是其圍永平又當在戊寅前也。明史稿作「九月戊辰吴高圍永平」。證之成祖實録及明史成祖本紀，皆系圍永平于戊辰，則建文紀「壬」字乃「戊」字之誤也。江陰侯吳高以遼東兵攻永平。——高，良之子也。燕師之起，高守遼東，與楊文、耿瓛謀出師以撓燕，遂圍永平。

戊寅，李景隆調各道之師，並收集炳文餘衆，合兵五十萬，營于河間。燕王聞之，謂諸將曰：「九江，紈綺少年耳，未嘗習兵，色厲而中餒。今畀之以五十萬，是趙括之續也。」——九江者，景隆小字也。

燕王自以在北平，景隆必不敢至，乃命世子居守，姚廣孝輔之。諸將皆疑北平之守弱，王曰：「戰則不足，守則有餘。吾在外可隨機應變，兵事不可預度也。且今之去，亦豈專爲永平，直欲誘之至而禽之耳。吳高素怯，楊文少謀，聞我出援必走，是我一舉而兩得也。」

丙戌，王自率師援永平。壬辰，燕師至永平，高等果不戰而走，追擊，敗之。【考異】吳高以中間走，詳十二月削爵下。

28 冬，十月，戊戌，燕王欲遂趨大寧，諸將皆曰：「松亭關險塞，未易猝拔。景隆兵方盛，不若回師援北平。」王曰：「今自劉家口間道趨大寧，不數日可達。大寧將士悉聚松亭關，其家屬在城，老弱居守，師至，不日可拔。城下之日，撫綏其家，則松亭之衆不降且潰矣。北平深溝高壘，吾正欲其頓兵堅城之下，歸師擊之，如拉朽耳。」遂定計。【考異】按永平之援，松亭之拔，皆爲取大寧張本。其實援永平而吳高已走，至松亭而陳亨先降，皆預以反間取之，何待燕王親行。況是時景隆以五十萬衆近在河間，不謀固守北平，反藉援師以出，蓋其意欲得大寧三衛之勁卒以解北平之圍，又不欲與諸將顯言，故但言「我在此，景隆必不敢至」，又言「此去豈專爲永平」，直欲誘景隆至而禽之耳，此兵家致人之計。而當永平圍解，即直趨大寧，故其既得大寧，喜曰：「吾取邊騎助戰，大事蔑不濟矣。」實録所載，俱係用兵之飾詞，野史多襲其夸大之言而忘其注措之本末，今據其可信者書之。

29 壬寅，燕師至大寧。王單騎入城，詭言窮蹙求救，執寧王手大慟。寧王信之，爲草表謝，請赦其死。居數日，情好甚洽。時北平鋭卒伏城外，吏士得稍稍入城，陰結三衛部長及戍卒。己酉，燕王辭去，寧王祖之郊外，伏兵起，擁寧王行，三衛彍騎及諸戍卒一呼畢集。守將朱鑑不能禦，力戰死，寧府長史石撰不屈死。壬子，燕師南還，寧王同行，寧妃、世子皆從，悉以三衛配北軍，大寧城爲之一空。

初，燕王之起兵也，語諸將曰：「曩予巡塞上，見大寧諸軍慓悍，安所得用之？」至是乃大喜曰：「吾得大寧，取邊騎助戰，大事蔑不濟矣。」

30 乙卯，燕師至會州，始立五軍。張玉將中軍，鄭亨、何壽副之；朱能將左軍，朱榮、李濬副之；李彬將右軍，徐理、孟善副之；徐忠將前軍，陳文、吳達副之；房寬將後軍，和允中、毛整副之。——寬、理、文，皆大寧降將也。

31 丁巳，燕師入松亭關。

方卜萬之中間也，劉真、陳亨聞燕兵將至，皆退保關。及燕自間道攻大寧，真及亨皆自松亭回救。中道，聞大寧破，亨乃與陳文、徐理等約降，以夜二鼓襲劉真營。真單騎走，浮海還京師，亨遂率衆降燕。

時李景隆聞燕王自將征大寧，果引軍圍北平，渡蘆溝橋，喜曰：「不守此橋，吾知其無能爲矣！」遂薄城下，築壘九門。分遣别將攻通州，又結九營于鄭村壩，親督之以待。

燕王部署既定，下令：「諸軍人自爲戰，非受命不得輕動！」初攻順城門，幾破，燕府儀賓李讓、燕將梁明等拒守，婦女並乘城擲瓦石，攻者稍却。燕世子嚴肅所部，謹烽燧，舉刁斗，又選勇士夜縋城砍營，南軍擾亂，退營十里。唯都督瞿能與其子率精騎千餘攻張掖門，垂克，景隆忌之，使候大軍同進。

方大寒，燕人夜汲水沃城，踰時，冰凝不可登。景隆日夕戒嚴，不恤士卒，皆植戟立雪中，凍死者相踵。于是北平之守益堅。

32 十一月，庚午，燕王回師。至孤山，將渡河，是日，大雪，至夜，冰合，遂濟師，擊敗景隆之前哨陳暉。

辛未，戰于鄭村壩，連破其七營，遂逼景隆。燕將張玉等列陣而進，乘勝抵城下，城中兵亦鼓譟而出，内外夾攻，景隆師潰，宵遁。翌日，九壘猶固守，燕兵次第破其四壘。餘衆聞景隆已走，遂棄兵糧，晨夜南奔。景隆退還德州。

乙亥，燕王再上書自理，謂「朝廷所指爲不軌之事凡八，皆出齊泰、黄子澄等奸臣所枉，請誅之以告天下。」不報。【考異】明史建文本紀，「是月，燕王再上書于朝，帝爲罷齊泰、黄子澄官，仍留京師。」又子澄傳亦云，「帝乃解二人任以謝燕。」按此皆據野史而節其文也。證之王鳳洲雜編所載，燕王遣景隆書，謂「兩次上書敷訴中悃，悉不賜答」，又謂「景隆之敗，子澄等匿不以聞」，此皆燕王欲加子澄等專權之罪，遂疑兩次上書，帝未之見。于是實録據此數語，遂謂「景隆喪師，實係子澄等匿不報聞，又遣人密語景隆，隱其敗勿奏」，于是野史復增入「踰月加景隆太子太師之命」。不知匿敗不聞，上書不答，則解二人任以謝燕者，何自而來？景隆之敗，子澄使之，今既解子澄之任，何以反加景隆官？且加景隆以太子太師，是帝實不知其敗，而解子澄等之任，似帝又已知之，種種謬戾，不詰自窮。明史本紀傳中，删去「加景隆太子太師」之語，極爲有見。而至于「解二人任以謝燕」，則核之實録，亦無其事。今悉删之，而于燕王上書，但據明史稿結以「不報」二字爲得其實。

33 十二月，李景隆既退德州，調兵集士，期以來春大舉。燕王亟諭諸將攻大同，曰：「我攻，彼必來救。大同苦寒，南兵脆弱，可不戰而疲也。」乙卯，王率師出紫荆關，庚申，次廣昌，守將楊宗以城降。

34 是月，詔削江陰侯吴高爵，徙之廣西。

初，高與楊文守遼東，燕王恐其終爲永平患，謂諸將曰：「高雖怯差密，文勇而無謀，去高則文無能爲也。」乃遺二人書，盛譽高而極詆文，故易其函授之。二人得書，並以上聞，朝廷果疑高，遂有是謫。

文守遼東，耿瓛數勸其攻永平以撓北平，文不聽。

35 河北指揮使張倫等聞薊州馬宣之死，發憤結盟，因合兩衛官率所部南奔，詔從李景隆于軍。

倫勇悍負氣，喜觀古忠義事，後從戰皆有功。

36 是冬，高巍至燕，上書燕王曰：「太祖上賓，天子嗣位，布維新之政，天下愛戴，皆曰：『内有聖明，外有藩翰，成、康之治再見于今矣。』不謂大王顯與朝廷絶，張三軍，抗六師，臣不知大王何意也？夫以順討逆，勝敗之機，明于指掌。今大王藉口誅左班文臣，實則吴王濞之故智，其心路人所共知。巍竊恐奸雄無賴乘間而起，萬一有失，大王得罪先帝矣。

今大王據北平，取密雲，下永平，襲雄縣，掩真定，雖易若建瓴。然自兵興以來，業經數月，尚不能出蕞爾一隅之地。況所統將士，計不過三十萬，以一國有限之衆，應天下之師，亦易罷矣。大王與天子，義則君臣，親則骨肉，尚在離間，況三十萬異姓之士，能保其同心協力，效死于殿下乎？巍每念至此，未始不爲大王灑泣流涕也。

願大王信巍言，上表謝罪，再修親好。朝廷鑒大王無他，必蒙寬宥，太祖在天之靈亦安矣。倘執迷不悟，舍千乘之尊，捐一國之富，恃小勝，忘大義，以寡抗衆，爲僥倖不可成之悖事，巍不知大王所稅駕也。

況大喪未終，毒興師旅，其與泰伯、夷、齊求仁讓國之義，不大徑庭乎？雖大王有肅清朝廷之心，天下能無篡奪嫡統之議？即幸而不敗，謂大王何如人！

巍白髮書生，蜉蝣微命，性不畏死。洪武十七年，蒙太祖高皇帝旌臣孝行，巍竊自負，既爲孝子，當爲忠臣。死忠死孝，巍至願也，如蒙賜死，獲見太祖在天之靈，巍亦可以無愧矣。」書數上，皆不報。

37 是歲，上建省躬殿成，置古書、聖訓其中，諭以尚父丹書之旨，夏書聲色宮室之戒，命學士方孝孺爲之銘。孝孺銘而序之，大略謂「天下國家之本在君，君之所以建極垂範四海者在身。而置此身于無過之地，俾黎元蒙福，後世承式者則以心爲之宰。」因「推本于古聖人省察之功，如堯、舜之兢業不懈，禹之祗德而拜昌言，成湯屏聲色貨利而聖敬日躋，武王之從事于敬怠義欲，而銘于席鑑衣冠以自警。凡此，其爲事不同，其敬以省躬一也。」上嘉納之。

38 是歲，安南黎季犛復弑其主陳日焜。【考異】明史本紀誤系之洪武（卅）〔二十〕二年之末，前已辨之，今改入是年之末。

二年（庚辰、一四〇〇）

1 春，正月，丙寅朔，詔天下來朝官勿賀。

2 燕師次蔚州，指揮王忠、李遠以城降。【考異】明史本紀，「二月，燕兵陷蔚州」，因進攻大同而牽連記之也。永樂實録系次蔚州于正月，明史成祖本紀書「丙寅克蔚州」。惟蔚州乃請降，非陷也，今據紀事本末書之。

3 丁卯，上釋奠于國子學文廟。

4 是月，詔均江浙田賦。

初，太祖屢蠲蘇、松、嘉、湖極重田畝，至是復諭户部減免，畝不得過一斗。迨革除後，浙西賦復重云。

又詔蘇、浙人皆得官户部。【考異】此事據三編在正月，明史本紀系之二月下。

5 二月，丁酉，燕師攻大同。

6 丁未，韃靼可汗遣使來燕納款，且請助兵。

7 癸丑，李景隆果引兵援大同，景隆出紫荆關。燕王聞之，自居庸關還北平，敕諸將堅守勿與戰。景隆軍凍死者甚衆，墮指者十二三。

癸亥，景隆遺燕王書，請息兵，王答書索齊泰、黄子澄等，又以「前兩次上書悉不賜答，此必奸臣慮非己利，匿不以聞，今備録送觀之。」景隆得書，遂有貳志。

8 是月，保定知府雒僉叛降于燕。

9 三月，丙寅朔，日有食之。

10 廷試禮部貢士吴溥等一百十一人，賜胡靖、王艮、李貫等進士及第、出身有差。——靖，更名廣。

是科一甲三人，皆授修撰，入文史館，預修太祖實録。——艮，吉水人。

11 夏，四月，丙申，李景隆自德州進兵北伐，武定侯郭英、安陸侯吴傑等自真定進兵，期會師于白溝河。

庚子，燕師復出。癸丑，景隆兵至河間，遣都督平安爲先鋒。乙卯，燕師渡玉馬河，營于蘇家橋。己未，遇安兵于河側，安伏精兵萬騎邀擊。燕王曰：「平安，豎子耳。往歲從出塞，識我用兵，今當先破之。」及戰，安素稱驍勇，奮矛直前，都督瞿能父子繼之，所向披靡，燕師遂却。會燕千户華聚、百户谷允陷陣而入，斬首七級，又執我都指揮何清。日色已暝，始收軍。

是役也，真定之師亦至，合兵六十萬，陣列河上，郭英等預藏火器于地中，燕師多死。王從三騎殿後，夜，迷失道，下馬伏地視河流，稍辨東西，始知營所在，倉猝渡河而北。

王還營，令諸軍蓐食。詰朝庚申，復渡河索戰。景隆横陣數十里。燕後軍房寬戰不利，大寧降將陳亨爲平安飛槊所刺，中創而走。【考異】紀事本末言「安斬陳亨于陣」，證之明史亨傳，「亨敗而走」，實未嘗斬也。亨之死在圍濟南時，中創還北平，遂卒。今據明史亨傳。（據永樂實録，亨以十月己亥卒。）燕王見事急，親冒矢石，又令大將邱福衝其中堅，不得入，王盪其左，突景隆兵繞出王後，飛矢雨注。王馬三創，凡三易，所射矢三服皆盡，乃提劍，劍鋒復折，馬阻于隄，幾爲瞿能、平安所及。王亟走登隄，佯舉鞭招後騎，景隆疑有伏，不敢進，會高煦救至，乃得免。

比日晡，瞿能復引衆搏戰，大呼滅燕，斬馘數百。越嶲侯俞通淵，陸涼衛指揮滕聚，引衆赴之。會旋風起，折大將旗，南軍陣動，王乃以勁騎繞其後，乘風縱火。能父子及通淵、聚皆死，安與朱能亦敗，官軍大亂，奔聲如雷。郭英等潰而西，景隆潰而南，棄其器械輜重殆盡。燕師追至月漾橋，降十餘萬人。景隆走德州。

是時上慮景隆輕敵，命魏國公徐輝祖率兵爲殿。景隆敗，輝祖獨得全軍還。【考異】據明史建文紀，言「是月己未，景隆及燕兵戰于白溝河，敗之；明日復戰，敗績」云云。是景隆以己未敗燕師，至庚申復戰，始自敗也。據成祖本紀，則己未之戰，「平安伏兵河側，王以百騎前，佯却，誘安陣動乘之，安敗走，遂薄景隆軍，戰不利，暝收軍。」此據成祖實録之文，而諸書所記，並無「平安敗走」之語。至「庚申復戰，景隆兵繞出王後，飛矢雨注，燕王三易馬，矢竭劍折，急走登堤，幸高煦救至得免，一時諸將皆失色。」則是燕師初亦大敗，直至薄暮再戰，會旋風起，燕師乘風縱火，乃得斬瞿能父子于陣，安亦敗走。諸書所記，與明史本紀大略相同，惟斬瞿能父子一事，先後不同，即明史紀、傳亦互異。蓋瞿能父子之死，乃在薄暮再戰旋風折旗之時，而本紀則云，「王自率精騎橫擊，斬瞿能父子，令邱福衝其中堅，不得入，」乃有矢竭劍折之敗。證之瞿能、平安傳，不免自相矛盾。傳中言「景隆兵繞出王後，王矢盡劍折，敗走登堤，幾爲瞿能及平安之槊所及。」建文朝野彙編所引，亦云「王阻于堤，幾爲瞿能所及。」若如本紀所記，斬瞿能父子在先，則焉得有追王幾及之事？明是能父子之死及平安之敗，皆在乘風縱火之時。所以然者，蓋本紀所據者實録之文，傳中所記，大都參以野史，故不同耳。今敘此兩日之戰，悉據紀事、三編諸書，參以明史瞿能、平安本傳，差得其實。

12 壬戌，燕師進攻德州。

13 白溝河之役，有臨淮人王指揮被創，立馬植戈而死。

又中牟楊本，通壬遁術，從景隆討燕有功，景隆忌不以聞。景隆之敗，本上書劾之。及敗被執，下北平獄，卒殺之。

14 五月，辛未，景隆自德州奔濟南。癸酉，燕師入德州，獲糧儲百萬，勢益張。方景隆之北伐也，山東參政鐵鉉，督餉無乏。及景隆敗，諸城戍皆望風潰，鉉從景隆趨濟南。適高巍自燕還，與鉉遇于臨邑，酌酒同盟，感奮涕泣，遂趨濟南，與都督盛庸等誓以死守。

庚辰，燕師攻濟南。時景隆兵在城下者尚十餘萬，燕王乘其未陣，馳擊之，景隆大敗南走。

燕師遂圍濟南，鉉與庸等乘城守禦。王知不可驟克，令射書城中趣降。有儒生高賢寧在城，乃作周公輔成王論，請罷兵，不報。

辛巳，燕師隄水灌城，城中兇懼。鉉乃佯令守陴者皆哭，撤守具，遣千人出城詐降。王大喜，軍中懽呼。鉉設計，預懸鐵板城門上，伏壯士闉堵中，候燕王入，下板擊之，又設伏，斷城外橋以遏歸師。計既定，千人者皆伏地請曰：「奸臣不忠，使大王冒霜露，爲社稷憂。誰非高皇帝子，誰非高皇帝臣民，其又奚擇焉！唯是東海之民，不習兵革，聞大軍壓境，將謂聚而殲旃，是失大王安天下、子元元之意也。請大王退師十里，單騎入城，臣等具壺漿以迎。」王許之，下令退軍。越日壬午，王乘駿馬徐行，張蓋率勁騎數十人直至城下，城門啓。比王入門中，人呼千歲，鐵板下稍急，傷燕王馬首。王驚覺，易馬而馳。伏發，橋倉猝不可斷，王鞭馬自橋逸去，憤甚，復設長圍攻之。鉉隨宜守禦，燕師持久頓城下者凡三閱月，卒不能下。【考異】按鐵板詐降之事，明史成祖本紀不載，而鉉傳特詳之，蓋紀據實録，傳據野史也。三編、輯覽亦載此事，而辨之云：「此出明李賢古穰雜録，而國史考異以爲文皇善用兵，不應妄信輕率若此，舊史例議，深以爲然。考賢在天順間，去革除時未遠，功臣尚有在者，見聞必非無據。考異之説，爲文皇諱耳，何足深信。今仍依遜國記諸書採輯。」按此説是也。明史稿不載此事，故後修增入鉉傳，今據之。

15 初，燕師之陷德州也，分兵轉掠濟陽，教諭王省爲游兵所執，省從容引譬，詞義慷慨，游兵竟釋之。省歸，坐明倫堂，伐鼓集諸生，語之曰：「若等知此堂何名？今日君臣之義何如？」因大哭，諸生亦哭，以頭觸柱死。——省，吉水人。【考異】明史本紀系之四年正月燕兵南下時，而明人所載，皆在是年五月，重修三編亦存其説。今證之明史王省傳，則以爲是年五月者近之。辨見四年條内。

16 六月，上聞濟南圍急，用齊泰、黄子澄計，遣使赦燕罪以緩其師。己酉，命尚寶丞李得成詣燕師，諭王罷兵。王不聽，留之，得成遂附于燕。

17 秋，七月，都督平安將兵二十萬，進次河間之單家橋，謀出御河，斷燕餉道。欲以解濟南之圍，且攻德州也。

18 八月，癸巳，承天門災。詔求直言。

時方孝孺請改午門曰端門，端門曰應門，承天門曰皋門，前門曰路門，從之。

19 初，燕王之攻真定也，三日不下，即解兵去。惟自以得濟南足以斷南北道，即不下金陵，畫疆自守，亦足以徐圖江、淮，故乘此大破景隆之銳，盡力攻之，期于必拔。不意鉉等屢挫其鋒，又令守陴者詈燕，燕王益憤，乃以大砲攻城。城中不支，鉉書高皇帝神牌，懸之城上，燕師不敢擊。

王計無所出，僧道衍曰：「師老矣，不如暫還北平以圖後舉。」會平安選水卒五千人，將渡河攻德州。戊申，燕師解圍去，盛庸、鐵鉉追擊，敗之。進兵德州，燕守將陳旭遁，遂復德州。

20 九月，辛未，擢鐵鉉山東布政使，參贊軍務，尋進兵部尚書。封盛庸爲歷城侯，授平燕將軍，以代景隆，都督陳暉、平安副之。詔庸屯德州，平安及吴傑屯定州，徐凱屯滄州，相爲犄角以困北平。

方鉉之守濟南也，有宋參軍者，逸其名，鉉署爲贊畫軍務，城守之計，悉以咨之。至是說鉉曰：「濟南天下之中，北兵南來，其留守者類皆老弱。且永平、保定雖叛，諸郡堅守者尚多。郭布政輩書生耳，公能出奇兵抵真定，收合潰逸諸將，不數日可至北平。其間豪傑有聞義而起者，公便宜部署，號召招徠之，北平可破也。北兵回顧家室，必散歸，徐、浦之間，素稱勁勇，公檄集諸守臣倡義勤王，候北兵歸，合南兵征進者晝夜躡之。公館穀北平，休養士馬，迎其至而擊之。彼腹背受敵，大難旦夕平耳。」鉉以「軍餉盡于德州，城守五月，士卒困甚，而南將皆駑材，無足恃。莫若固守濟南，牽率北兵，使江、淮有備。北兵不能越淮，歸必道濟南，吾邀而擊之，以逸待勞，全勝計也。」乃設宴天心水面亭，犒問辛苦，激發忠義。

21 是月，詔録洪武功臣罪廢者後。

22 冬，十月，丙午，燕王聞南師已北，謂張玉曰：「德州城壁堅牢，大衆所聚；定州修築已完，急難猝下；獨滄州新築未成，凍土易敗，出徐凱不意，疾攻之，旦暮可克也。」又恐南師爲備，乃陽下令征遼東，密遣徐理、陳旭至直沽築浮橋。

丁未，燕軍至通州。丙辰，自通州循河而南，渡直沽，晝夜兼行。戊午，師至滄州城下，凱等方四出伐木，晝夜築城，倉猝收築具出戰。燕師四面攻之，張玉率壯士由城東北隅肉薄而登，庚申，拔之。預遣兵截其歸路，遂生禽凱及都督程暹、都指揮俞琪、趙滸等。降卒三千人，燕王令給牒以次遣，都指揮譚淵一夜盡殺之，王不悦。凱等遂附于燕，遣至北平，仍其官祿。

燕師復乘勝掠獻縣，知縣向朴，率民兵禦之，不克，被執懷印死。【考異】向朴之死，諸書不具年月，今據三編目中，乃滄州之役掠及近境也。

23 是月，召李景隆還，赦勿誅。

黃子澄痛哭曰：「景隆出師，觀望懷二心，不亟誅，何以謝祖宗，厲將士！」御史大夫練子寧執景隆數其罪，請誅之，不聽。子寧憤激，叩首大呼曰：「壞陛下事者，此賊也！臣備員執法，不能爲朝廷除賣國奸，死有餘罪，即陛下赦景隆，必無赦臣。」因大哭求死，上爲罷朝。宗人府經歷宋徵，御史葉希賢，皆抗疏言：「景隆失律喪師，懷二心，宜誅。」並不納。子澄拊膺頓足曰：「大事去矣！薦景隆誤國，萬死不足贖罪也。」

24 十一月，甲子，燕師過德州，盛庸出兵襲其後，不克。

壬申，燕師次臨清，將進薄濟寧，庸移師屯東昌以邀之，鐵鉉率兵躡其後。

甲戌，燕師自館陶渡河，遂略東阿、東平。

25 十二月，丁酉，燕師襲破盛庸將孫霖于滑口。乙卯，燕師抵東昌，庸背城而陣，列火器毒弩以待。燕王直前薄庸軍左翼，不動，復衝中堅，庸開陣縱王入，圍之數重。燕將朱能率番騎來救，王乘間突圍出。而燕軍爲火器所傷甚衆，大將張玉死于陣。會平安至，與庸合兵。丙辰，又戰，復大敗之，前後斬馘數萬人。燕師遂北奔，庸等趣兵追之，復擊殺無算。

是役也，燕王瀕于危者數矣，諸將徒以奉上詔，莫敢加刃。王亦陰自恃，獨以一騎殿後，追者數百人不敢逼。適高煦領指揮華聚等至，擊退庸兵，獲部將數人而去。

王聞張玉敗没，痛哭曰：「勝負常事，不足慮；艱難之際，失此良將，殊可悲恨！」

丁巳，燕師退走館陶。庸檄吴傑、平安等自真定遮其歸路，燕師大蹙。

三年（辛巳、一四〇一）

1 春，正月，辛酉朔，以凝命神寶成，告郊廟。始御奉天殿受朝賀。

2 乙丑，吴傑、平安等邀擊燕師于深州，不利，燕王遂還北平。

3 辛未，大祀天地于南郊。

4 丁丑，享太廟，告東昌捷。

5 二月，燕王恥東昌之敗，謀于僧道衍，道衍力趣之，朱能亦請圖再舉。戊戌，王自爲文，流涕祭陣亡將士張玉等，脱所服袍焚之，將士家父兄子弟見之，皆感泣。王乃激勸諸軍士，復出師。

乙巳，燕師復南下。己酉，次保定。盛庸合諸軍二十萬駐德州，吳傑、平安出真定。燕王與諸將議所向，邱福等請攻定州，王曰：「野戰易，攻城難。今盛庸在德州，吳傑、平安在真定，我若頓兵城下，彼必合勢來援。堅城在前，强敵在後，此危道也。今真定距德州二百餘里，我軍介其中，敵必出迎戰，取其一軍，餘自膽破。」諸將曰：「腹背受敵，奈何？」王曰：「百里之外，勢不相及。兩軍相薄，勝負在呼吸間，雖百步不能相救，况二百里哉！」明日，遂移軍東出。

6 三月，庚申，燕師次滹沱河，游騎哨定州、真定，爲疑兵以誤之。辛未，盛庸軍營于武邑縣南之夾河，平安軍營于單家橋。己卯，燕兵自陳家渡過河逆之，相距四十里。

辛巳，庸軍及燕兵遇于夾河。庸結陣甚堅，陣旁火車鋭弩齊列。燕王以輕騎掠陣過，庸追却之，乃復以步騎攻其左掖，不能入。燕將譚淵，從中軍望見塵起，遽出兵逆擊之。都指揮莊得，率衆殊死戰，遂合庸軍，斬淵及其部下指揮董真保于陣。燕王與朱能、張武等，復以勁騎繞出南軍背，乘暮掩擊，莊得陷陣死，又殺楚智、張皂旗。

三人者，皆南軍驍將也。張皂旗，逸其名，或曰能力挽千斤，每戰輒麾皂旗前驅，軍中呼「皂旗張」，死時猶執旗不仆。

是日戰酣，殺傷皆相當。而燕軍連失大將張玉、譚淵二人，王爲奪氣，自以十餘騎追庸軍，野宿。天明，見四面皆庸兵，王引馬鳴角穿敵營而去。既還營，復嚴陣約戰。謂諸將曰：「昨日譚淵逆擊太早，故不能成功。今爾等嚴師以待，我率精騎往來陣間，敵有可乘之隙，即入擊之。兩陣相當，將勇者勝，此光武之所以破王尋也。」

壬午，復戰，庸軍西南，燕軍東北。燕王臨陣，張奇兵左右衝擊，自辰至未，兩軍互有勝負。會東北風大起，塵埃漲天，兩軍咫尺不相見，北軍乘風大呼，縱左右翼擊之，庸軍大敗，棄兵走。燕師追至滹沱河，踐溺死者甚衆，其降者王悉縱遣之。庸遂退保德州。

是役也，庸恃東昌之捷，有輕敵心。而燕王恃上有「毋使朕殺叔父」之語，不戒于敵。方野宿穿營過時，諸將士卒莫敢一矢相加遺，以至于敗。

吳傑、平安方自真定引軍出與庸合，未至八十里，聞庸敗，退保真定。【考異】按夾河之役，辛巳、壬午連戰兩日，而斬譚淵及莊得等。三人之死皆在辛巳，史所謂「殺傷相當」者是也。通紀則系莊得等三人之死于壬午。按壬午雖大敗，而戰死者皆失其人，今參紀、傳書之。

7 丁亥，都督何福援德州。

8 閏月，癸巳，上以夾河之敗，罷齊泰、黃子澄，謫于外，蓋使之募兵也。【考異】明史建文本紀書癸巳于三月之下，閏月之前，推曆則癸巳乃閏三月初四日也。檢成祖實録，癸巳係閏月，永樂本紀亦書閏月，今據之。

9 燕王以真定城堅未易攻，欲誘之出戰以挫其鋭。乃下令軍中，四出取糧，而令校尉抱嬰兒佯作避兵狀，報言「燕師出外求糧，營中無備。」傑等謀掩其不意擊之。

丙申，傑等出軍滹沱河，戊戌，遇燕師于藁城。傑等列方陣于西南，燕王謂諸將曰：「方陣四面受敵，豈能取勝！我以精兵攻其一隅，一隅敗則其餘自潰矣。」乃以軍縻其三面，而自率精鋭攻東北隅。燕將薛禄，出入敵陣，馬蹶，爲南軍所執，奪敵刀斬數人，復跳而免。王復率驍騎循滹沱河遶出陣後，傑、安等預藏火器，發大弩射王，矢集王所建旗，勢如蝟毛，燕師中火器及弩，死傷甚衆，竟不及王。時平安于陣中縛木爲高樓，上可數丈，登之以望燕軍。燕王率精騎衝之，將及樓，安墜而走。

己亥，復戰。會大風起，發屋拔樹，燕軍乘之，傑等師大潰。燕王麾兵四向蹙之，斬首六萬餘級。追奔至真定城下，傑等走入城。王遣使送所建旗還北平，諭世子曰：「善藏之，使後世勿忘也。」

燕師自白溝河至藁城，凡三捷，皆得風助，王以爲此天授，非人力也。

10 己酉，燕師掠順德。辛亥，掠廣平。癸丑，次大名。諸郡縣皆望風降燕。

王聞罷齊、黄以爲緩兵之計，復上書曰：「比聞奸臣竄逐，臣亦將休兵就藩。而吴傑、平安、盛庸之衆，猶聚境上，是奸臣雖出而其計實行，臣不敢奉詔。」

上與方孝孺謀，孝孺曰：「燕兵久頓大名，天暑雨，當不戰自疲。急令遼東諸將，入山海關攻永平，真定，諸將渡蘆溝橋擣北平，彼必歸救。我以大兵躡其後，可成禽也。今其奏事適至，宜且與報書。往返踰月，使其將士心懈，我謀定勢合，進而蹴之不難矣。」上以爲然。

11 夏，四月，上命方孝孺草詔，遣大理寺少卿薛嵓馳報燕，盡赦燕罪，使罷兵歸藩。又爲宣諭數千言，授嵓持至燕軍中，密散諸將士。

嵓至燕見王，王問：「上意云何？」嵓曰：「朝廷言殿下旦釋甲，暮即旋師。」王曰：「此不可紿三尺兒。」嵓皇懼不能對。居數日，王遣中使送之歸。【考異】薛嵓使燕，本紀系之閏月，蓋據燕王上書牽連記之耳。其實燕王上書在閏三月癸丑，已是二十四日，則嵓之使正四月也，今書于四月之下。

12 五月，燕師駐大名，盛庸、吴傑、平安等分兵扼燕餉道。

己丑，燕王復使指揮武勝詣京師上書，謂：「朝廷已許罷兵，而庸等攻北，絶我糧餉，與詔旨相違，此必有主之者。」上得書，欲竟罷之。孝孺曰：「兵一罷不可復聚，若使彼長驅犯闕，何以禦之？」上從其言，乃下武勝于獄。

王聞，怒曰：「俟命三月，今武勝見執，其志不可回矣。彼軍駐德州，資糧所給，皆道徐、沛，我以輕騎數千邀而焚之，德州必困。若來求戰，吾以逸待勞，可勝也。」乃遣都指揮李遠等率輕騎六千而南。

13 是月，薛嵓自燕還，爲上述燕王語直而意誠，又言其「將士同心，南軍雖衆，驕惰寡謀，未見可勝。」上曰：「誠如嵓言，曲在朝廷，齊、黄誤我矣。」孝孺曰：「此爲燕游説也。」踰年，嵓果降燕。【考異】燕王上書在閏月癸丑，嵓之使燕在四月，計其歸當在四月之下旬，故燕王五月再上書，言「嵓歸未及十日」。實録系于五月之朔，則嵓之還京師正五月也，諸書多系之三月、四月，牽連記之耳。

14 六月，辛酉，燕將李遠南過濟寧、穀城，皆令士卒易甲冑雜南軍中，插柳枝于背爲識，于是盡焚南軍糧餉。壬申，至沛縣，南軍不之覺，凡糧艘所在悉焚之，軍資器械俱爲煨燼，漕運軍士散走。京師大震，德州糧餉遂艱。

遠率兵還。

壬午，盛庸遣都督袁宇以三萬人邀遠軍，遠設伏敗之。

15 秋，七月，己丑，燕師掠彰德。時都督趙清守之，燕王遣數騎日往來城下，擾其樵採，城中乏薪，拆屋而炊。清設伏邀之，燕師遂引去。

16 丙申，燕師陷林縣。

丁酉，平安自真定乘虚攻北平，營于平村，離城五十里，擾其耕牧。燕世子督衆固守，遣人詣燕師告急。時王在大名，遣將劉江率兵往援。

17 初，蜀人林嘉猷，以洪武丙子校士四川，方孝孺識之，薦入史館，授編修，尋遷陝西僉事。嘉猷嘗以事入燕邸，知高煦謀傾世子狀。【考異】嘉猷曾入燕邸事見本傳。證之永樂實録，亦云「臣之徒有林嘉猷者，燕王嘗召至府中」，今據增入。而是時河北師老無功，德州餉道絶，孝孺乃言于上曰：「兵家貴間，今貽世子書，令歸朝廷，許以王燕。彼誠擕貳，王必北歸，王北而我餉道通，事乃可濟。」上曰：「善！」命孝孺草書。戊戌，遣錦衣衛千户張安往。

世子得書，不啓封，並安等馳送軍前。燕中官黄儼，素諂事高煦、高燧，比書至北平，則已先使人馳報燕王曰：「世子且反，高煦從中徵之。」王大怒，則世子所遣使以書及安俱至。王啓視，喜曰：「幾殺吾子！」乃執安等囚之。

18 壬寅，盛庸檄大同守將房昭引兵入紫荆關，掠保定下邑，駐易州水西寨。寨在萬山中，昭據險爲持久計以窺北平。

燕王在大名聞之，曰：「保定吾股肱郡，失則北平危矣。」乃下令班師。

19 八月，丁巳朔，燕師渡滹沱河，留其將孟善鎮保定，而自率兵圍水西寨。丙子，諜報吴傑等遣都指揮韋諒以兵萬餘轉餉房昭軍，燕王曰：「昭據水西寨，所乏者糧耳。使真定餽餉入，昭得固守，未易猝拔也。不如邀而擊之，援兵敗，則寨不攻而自破矣。」丁丑，別令朱榮等以兵五千趨定州，語之曰：「彼聞我分兵往定，必速來，來則還兵合擊，此致人之計也。」

時燕軍圍寨久。寨軍多南人，天寒衣薄，有潛出寨降燕者。

20 九月，甲辰，燕將劉江與平安戰于北平，敗之，安退保真定。

冬，十月，丁巳，真定援兵至，燕師自定州馳還，合圍寨之兵邀擊于峨嵋山下，【考異】明史建文紀作「齊眉山」，成祖紀作「峨嵋山」。按四年小河之役，亦云「戰于齊眉山」，二山名同地異。三編質實云：「齊眉山在易州西南百里，亦曰峨嵋山」，證之永樂實録亦作「峨嵋」。蓋恐混于四年靈璧之齊眉，故易之耳，今據之。令勇士卷旆登山，潛出陣後張旗幟，寨中望見大駭，與真定兵俱潰。斬首萬餘級，獲援將花英、鄭琦等，房昭、韋諒走免。

己卯，燕師還北平。

21 十一月，乙酉，遼東守將楊文引兵圍永平，略薊州、遵化諸郡縣。燕王遣劉江率衆往援，諭之曰：「爾至永平，敵必退歸山海，勿追之，但聲言還師北平，彼必復來。我則卷旗囊甲，還入城中，潛師夜襲，必大獲也。」

壬辰，江及文兵戰于昌黎，敗之。獲兵將士王雄等凡七十一人，歸之北平，燕王悉縱遣之，仍令歸諭楊文等。

22 己亥，燕師北歸。平安邀擊燕將李彬于楊村，敗之。

乙巳，燕王自爲文，祭南北陣亡將士。

當是時，王稱兵已三年矣，親戰陣，冒矢石，爲士卒先，常乘勝逐北，然亦屢瀕于危。所克城邑，兵去旋復爲朝廷守，所據僅北平、保定、永平三郡而已。

會詔有司繫治中官奉使之不法者，先後奔燕，具言京師空虛可取狀，王乃慨然曰：「頻年用兵，何時已乎？要當臨江一決，不復返顧矣！」道衍亦力勸燕王：「毋下城邑，疾趨京師，此批亢擣虛之策也。」遂定計。

23 十二月，丙辰，燕師復出。癸亥，燕師焚真定軍儲。丙寅，燕王率師南下，駐軍蠡縣，命李遠率輕兵前哨。

24 是月，太祖實録成。

25 上聞燕師將南，敕駙馬都尉梅殷鎮淮安。殷，汝南侯思祖從子也，尚太祖女寧國公主，有才智。太祖崩時，曾受顧命。至是命殷爲總兵官，召募淮南民兵，號四十萬，殷統其衆，駐淮上以扼燕師。

26 是歲，倭至浙東，登岸剽掠，象山知縣易紹宗死之。【考異】三編書倭寇浙東于九月，記紹宗之死甚烈，證之明史紹宗傳同，今據書于是年之末。

明通鑑卷十三

江西永寧知縣當塗**夏　燮**編輯

紀十三起元默敦牂（壬午），盡一年。

恭閔惠皇帝

建文四年（壬午、一四〇二）

1 春，正月，甲申，召故周王橚于蒙化，居之京師。

2 命魏國公徐輝祖率京軍往援山東。

3 燕將李遠兵至藁城，遇德州裨將葛進，領馬步萬餘乘冰渡滹沱河，邀擊不克，進兵死者四千餘人。平安率師數萬謀復通州，戊子，遇燕將朱能于衡水，敗績。

于是燕王長驅至館陶，乙未，渡河，連陷東阿、東平、汶上及兗州之單縣。【考異】諸書皆書「辛丑陷兗州」，實録不載，但載「過兗州，戒毋侵曲阜、鄒縣境中。」（通紀以爲兗州之單縣者近之。）至于「丁酉陷東阿，戊戌陷東平，庚子陷汶上」，明史稿所載地名月日，皆本之實録，而實録無「陷濟陽」之語。其王省之死，乃在二年燕師入德州時（辨見上。）明史本紀于是年正月「東阿、東平、汶上、兖州」下增入「濟陽」二字，蓋因王省之死而誤敍耳。其實是年燕師即過濟陽亦無陷城事也。時東平吏目鄭華，與其妻蕭氏皆殉城死。

庚戌，燕師攻沛縣，指揮王顯以城降。知縣顔伯瑋，方遣縣丞胡先間行至徐州告急，援不至，命其弟珏、子有爲還家侍父，題詩署壁，誓必死。燕師夜入東門，伯瑋冠帶升堂，南向自經死。有爲不忍去，還，見父尸，自刎其側。主簿唐子清、典史黄謙俱被執。燕將欲釋子清，子清曰：「願從顔公于地下。」又遣謙往徐州招降，謙不從，俱死之。

癸丑，燕師至徐州。

4 二月，甲寅，何福、平安、陳暉軍濟寧，盛庸軍淮上。燕師謀斷餉道，遣番騎款台率十二騎前覘，至鄒縣，遇南師轉餉卒三千人，款台大呼，馳入其陣，曰：「燕王大軍至矣。」轉餉卒驚潰。甲戌，燕師攻徐州，城中兵出戰，敗績，閉城而守。

時燕軍士四出取糧，恐後至者爲城中兵所掩，乃設伏以誘之，俟其出戰，自腹背夾擊之。自是王以單騎來往城下，城中兵竟不敢出，而王亦疾趨南下，不暇取徐州也。

5 己卯，更定尚書以下勳階。

6 三月，甲申，燕師趨宿州。壬辰，次渦河。

丁酉，平安率步騎四萬躡燕軍。燕王設伏于淝河，命都指揮王真與白義、劉江各率百騎逆之，緣路設伏。安兵將至，真誘之戰，束草置囊中如束帛狀，遇安軍，擲而餌之，安軍士競取囊。燕師伏發，真率壯士直前，斬馘無算。後軍不繼，安軍圍之數匝，遂斬真。

真夙稱驍將，身被重創，猶格殺數十人，燕王嘗曰：「諸將奮勇如王真，何事不成！」聞其死，自率兵迎戰。安部將和爾和舊作火耳灰。挺槊大呼，直前刺王，馬忽蹶，爲燕所禽。安軍乃却，退屯宿州。【考異】據明史建文紀，是月，「燕兵攻宿州，平安追及于淝河，斬其將王真，遇伏敗績。」下文又云，「四月丁卯，何福、平安敗燕兵于小河，斬其將陳文。」據此，則王真死于淝河之役，陳文死于小河之役，真死在前，文死在後也。明史紀事本末，則云「淝河之役，燕將王真設伏，遂破安軍。」至小河之役，則「王真、陳文同時敗死」，皇明通紀亦云，「小河之敗，一斬陳文，再斬王真」，皆非也。至王真設伏不勝而死，淝河之役，平安有勝無敗，本紀謂「安斬王真之後，遇伏敗績」，此皆據成祖實録之飾詞。今書安斬王真于淝河之役，不書其遇伏敗績，蓋王真設伏而爲安所敗，非安自敗也。

7 丙午，燕王遣將譚清率兵斷徐州餉道，以平安駐宿州爲持久計，斷其糧餉，可不攻而自潰也。

清至徐州，擊轉餉兵，大破之，還至大店，爲南軍所圍。燕軍望見旗幟，亟馳赴援，鐵鉉擊却之。和爾和之被禽也，燕王令入宿衛。至是從王，欲立功自贖，乃以身翼王，殺南軍數十人，圍解，遁去。

是月，燕兵過蕭縣，陷焉，知縣鄭恕死之。【考異】諸書有系破蕭縣于正月沛縣之前者，證之憲章録、紀事本末，乃三月事。「鄭恕二女當配，亦死之」，見本傳。

8 夏，四月，丙寅，燕師次于睢水之小河，燕王令陳文扼要處爲橋以濟。丁卯，平安列陣争橋，會何福軍亦至，張左右翼，緣河而東，擊敗燕軍，遂斬陳文于陣。安轉戰至北坂，横槊刺王，幾及之，燕番將王騏，躍馬入陣掖燕王，得脱。南軍奪橋而北，勇氣百倍。燕將張武率勇敢士自林間突出，與王騎合，擊却之。

于是南軍駐橋南，北軍駐橋北，相持者數日，南軍糧盡。燕王曰：「更待一二日，南軍饑稍集，未易攻也。」乃留兵千餘守橋，而潛移諸軍輜重去南營三十里，夜半，渡河繞出南軍後，安等大驚。而徐輝祖之援兵適至，甲戌，與燕兵大戰于齊眉山，【考異】通鑑輯覽注云，「山在鳳陽府靈壁縣西南，山開八字，如列眉然。」按此乃靈壁之齊眉山，與三年真定之齊眉異。自午至酉，南軍輒勝，斬燕驍將李斌。

維時王師再捷，燕人兇懼。會淮土暑溼薰蒸，北軍疾疫，乙亥，燕諸將請渡河，擇地休息士馬，俟釁而動。燕王曰：「兵事有進無退。」乃下令：「欲渡河者左，不欲者右。」諸將多趨左，王怒曰：「任公等自爲之！」朱能曰：「諸君勉旃！漢高十戰而九不勝，卒有天下。況敵已饑疲，邀其饟道，可以坐困。利已在我，豈可有退心！」諸將乃不復言。會朝廷訛言燕軍已北，京師不可無良將，乃召輝祖還。未幾，平安被執，何福軍益孤矣。

9 丁丑，何福移營，與平安合軍靈壁，深塹高壘爲持久計，而糧運爲燕兵所阻，不得達。時南中餽餉五萬，安率馬步六萬護之。己卯，燕王率精鋭横擊，截其軍爲二，福空壁來援，殺燕兵數千，却之。會高煦伏兵突出，燕王還軍復戰，福遂敗走。

于是南軍糧乏，乃下令，期以明日聞礮聲三，即突圍出，就糧于淮河。辛巳，燕師攻靈壁壘，發三礮，令軍士蟻附而登。福軍誤以爲己號，爭門走，燕師乘之，人馬擾亂，遂大潰。指揮宋瑄，力戰死之。——瑄，晟子也。——福單騎走免，安及陳暉、馬溥、徐真、孫成等三十七人皆被執。

安久駐真定，屢敗燕師，斬驍將數人，燕將莫敢嬰其鋒，至是被禽，軍中懽呼動地，曰：「吾屬自此獲安矣！」爭請殺之。燕王惜其材勇，遣鋭卒送之北平，安遂降。

時文臣在軍被執者，副都御史陳性善，奉詔監軍，與大理寺丞彭與明、欽天監副劉伯完等，燕王悉縱之歸。性善曰：「辱命，罪也，奚以見吾君！」朝服躍馬入河死。餘姚黄墀、陳子方，與性善友，同死之。兵部主事樊士信守淮，亦力戰死。與明、伯完俱亡去，不知所終。

10 五月，癸未，遼東兵潰于直沽。

初，北兵南下，上用齊、黄謀，調都督楊文率遼兵十萬至濟南，與鐵鉉合，以絶燕後。行至直沽，遇燕將宋貴等邀擊，敗之，全師遂潰，竟無一至濟南者。

11 己丑，燕師下泗州。王謁祖陵，賜父老牛酒。

12 淮北之役，盛庸獨以一軍列淮之南岸，燕師不得渡。燕王乃遣使至淮安，假道于駙馬都尉梅殷，以進香爲名，殷答曰：「進香，皇考有禁，不遵者爲不孝。」燕王大怒，復書言：「今興兵誅君側惡，天命有歸，非人所能阻。」殷割使者耳鼻縱之，曰：「留汝口，爲殿下言君臣大義。」燕王氣沮，欲取道鳳陽，而鳳陽知府徐安，亦拆浮橋絶舟楫以遏燕。燕王乃令邱福、朱能等率驍勇數百人，潛自上流得漁舟以濟。

辛卯，福等潛師襲庸軍後，庸倉猝不及禦，遂棄其戰艦軍資而走，燕師遂克盱眙。燕王與諸將謀曰：「今淮安、鳳陽皆有備。不若由天長徑趨揚州，指儀真，則江淮人心皆震動矣。」【考異】據明史本紀及明史稿，言「燕師克盱眙，燕王集諸將議所向，或言宜取鳳陽，或言宜取淮安。王言『鳳陽城堅，淮安多積粟，不如由天長乘勝直擣揚州。』」按此皆據實録之文也。是時梅殷守淮安，徐安守鳳陽，燕王畏此二人，故不敢取道。惟重修三編則云，「燕王假道于淮安，以進香爲名，梅殷剸其使」，又，其時鳳陽守徐安，方拆浮橋斷舟楫以遏燕師，故燕王決計舍此二處，直趨揚州。此據遜國記書之，爲得其實，今從之。

13 壬辰，都督韓觀禦燕師于鐵裹寨，敗績。癸巳，燕師趨揚州。己亥，至天長，遣使招諭揚州守將王禮。

先是，禮聞燕師至，謀以城降。監察御史王彬巡江淮治揚州，與指揮崇剛嬰城堅守，晝夜不解甲，知禮有異謀，執之，與其黨俱繫獄。有力士，能舉千斤，彬常以自隨，禮弟崇者，厚賂力士母，呼其子出。會彬解甲而浴，爲千户徐政、張勝所縛，遂出禮于獄，開門降。彬與剛皆不屈死。

庚子，燕師克揚州。

14 辛丑，燕師次六合，我軍迎戰，敗績。

15 壬寅，詔天下勤王，遣御史大夫練子寧、右侍中黄觀、修撰王叔英等分道徵兵，召齊泰、黄子澄還。于是蘇州知府姚善、寧波知府王璡、徽州知府陳彦回、樂平知縣張彦方、前永清典史周縉等，先後入衛。

方孝孺言于上曰：「事急矣，宜以計緩之，遣人許以割地。稽延數日，東南募兵至，勝負未可知也。」甲辰，上遣慶成郡主詣燕軍，請割地以講和。燕王曰：「此奸臣欲緩我以俟外兵耳。」不聽。——主，燕王從姊也。

16 六月，癸丑朔，燕師將渡江，盛庸扼之于浦子口，敗之。燕王欲且議和北還，適高煦引兵至，王仗鉞拊其背曰：「勉之！世子多疾。」于是煦率衆殊死戰，庸兵失利，退屯高資港。【考異】據明史建文本紀，書「是月癸丑，盛庸率舟師敗燕兵于浦子口，復戰不利。」成祖紀則但書其乙卯復戰敗績之事。今按諸書所記，「癸丑之戰，燕兵大敗，燕王欲且議和北還。會高煦兵至，許以改立世子，乃率衆殊死戰，庸遂有乙卯之敗。」蓋此事後修實録諱之也，今參憲章録、紀事本末書之。會朝廷遣都督僉事陳瑄率舟師往援，瑄叛降燕。

時兵部侍郎陳植，監師江上，慷慨誓師。部將有金都督者，首議迎降，植責以大義甚厲，金遂殺之以降，且邀賞。燕王怒，誅之，令具棺斂植，葬之白石山上。

甲寅，燕王祭大江。乙卯，燕師自瓜洲渡江，盛庸迎戰于高資港，敗績。諸將請徑薄京城，燕王曰：「鎮江咽吭，不先下之，往來不便。」戊午，至鎮江，守將童俊以城降。

方事之殷也，刑科給事中黃鉞，丁父憂在家，方孝孺弔之，屏人問燕事，鉞曰：「蘇、常、鎮江，京師左輔也。唯鎮江最要害，守非其人，是撤垣而納盜也。指揮童俊，狡不可任，奏事上前，視遠而言浮，將有異志。」至是俊果降。——鉞，常熟人。

17 庚申，燕師營于龍潭，京師大震。上徘徊殿廷間，召方孝孺問計。時廷臣勸上幸浙或湖、湘以圖興復，孝孺曰：「城中尚有禁兵二十萬，唯有力守以待援兵。即事不濟，國君死社稷，正也。無已，且遣大臣、諸王等再詣燕師以緩之。」

辛酉，上遣李景隆及兵部尚書茹瑺、都督王佐復至燕軍申前請，燕王曰：「皇考已分封，今割地何名？公等歸奏上，但奸臣至，我即解甲謝罪，退謁孝陵，歸奉北藩。」景隆等惶懼不能對，遽還。壬戌，上復遣谷王橞、安王楹等往，王卒不奉詔，唯與諸王相勞苦，宴罷遣歸。

甲子，上遣人潛齎蠟丸，四出促援兵，皆爲燕游騎所獲。是時王叔英募兵于廣德，齊泰奔往從之；姚善起兵于蘇州，黄子澄往從之；而練子寧募兵于杭州，黄觀募兵于上游，皆倉猝不得至。上唯與方孝孺執手流涕，命徐輝祖等分道出禦。

谷王橞、李景隆等守金川門。時左都督徐增壽，久蓄異志，至是首謀應燕。御史魏冕、大理丞鄒瑾率同官毆之，請速加誅，上猶不聽。【考異】據明史廖昇傳，言「燕兵犯闕，都督徐增壽徘回殿廷，有異志，冕率同官毆之。」通紀及典彙所記，則「同官之毆者共十八人」，而據紀事本末，則云「毆李景隆」。按是時上方遣景隆至燕師議和，恐無是事，增壽後爲建文所刃，蓋因同官之毆疑之，已徐得其實耳。今據明史昇傳。

18 乙丑，燕師薄金川門。時北兵駐龍潭，王慮京城完繕，勤王之師四集，乃遣劉保、華聚等領騎兵十餘哨至朝陽門，覘知無備，還報燕王，遂率大隊整兵前進。至則增壽果謀內應，上乃手刃之于左順門。而是時谷王橞、李景隆已開門納燕師，輝祖等力戰，敗績。

上知事不可爲，縱火焚宮，馬后死之。傳言「帝自地道出，翰林院編修程濟、御史葉希賢等凡四十餘人從。」【考異】據明史稿，言「宫中火起，帝及皇后馬氏崩」，此據成祖實録之文也。下文「或言帝自地道出亡」，則參以野史之説，然其例議中仍不據也。若後修之明史，則云「宫中火起，帝不知所終」，是不據自焚之説，已預爲遜國張本。惟既云「帝不知所終」，何以下文又有「出帝、后尸于火中」之語，未免上下矛盾。惟綱目三編，書法詳明。其綱曰：「京師陷，帝不知所終。」目云：「都城陷，宫中火起，帝不知所終。棣遣中使出后尸于火，詭云帝尸。越八日，用學士王景言，備禮葬之。然葬地所在，後無聞焉。或曰『帝由地道出亡』。其後滇、黔、巴、蜀間皆傳有帝爲僧時往來跡，世遂以帝爲遜國云。」按此蓋據遜國記之文也。王鴻緒初修之史，據實録爲正説。明史雖删其自焚之語，猶不敢遽定其爲馬后之尸。三編所書，必當日奉敕裁定，故輯覽注云：「『遜國之説，明舊史例議力辨其妄。且言：『建文帝闔宫自焚，身殉社稷，死之正也。後人心惡成祖誅夷忠烈之慘，而不忍建文之遽殞，故詭言削髮出亡，以明帝之不死于火耳。』此言良是。但據王鏊、陸樹聲、薛應旂、鄭曉、朱國楨等所載諸書，皆歷歷可考，雖有舛訛，未必悉出傅會。且史傳載黄觀出募兵未還，或告言『宫中火，帝已失。』後神宗時，嘗命閣臣録帝在滇詩以進，似又非盡無稽者。第事難徵覈，姑從闕疑，今故附録出亡之略而復辨之如此。」據此，則三編、輯覽未嘗不兩存其説，而實信遜國之語之未必盡誣也。明人紀革除遺事，無慮數十百種之多，即其收入四庫書存目者，亦有二十餘種。其中如符驗、黃佐稍稍駁正，然皆辨遜國以後爲僧之事，不謂宮中火起便是建文結局。朱睦㮮遜國記序中，力闢建文髡緇遁去及正統五年迎入大内之説，而于建文四年六月之書法，則云「宮中火起，帝遜位」，作爲傳疑之詞，然則自焚之説，即睦㮮亦不敢據也。陳建皇明通紀，作于正德間。（或云梁氏託名。）其所載變服遁去及詭指后尸爲帝尸者，皆本遜國記中語，三編之所記，亦大略相同，此可見矣。國初力闢此事者，唯朱竹垞，時以鴻博在史館，力持成祖實録中帝后自焚之説，故明史稿因之，而仍存出亡之或説于後。直至重修明史、修三編，始以「帝不知所終」一語結此一局，而自此建文遜國，遂成定案矣。○又按，明史雖以遜國爲或説，而據紀、傳所載，恰處處留住建文出亡地步。觀葉希賢傳，已見大略，而復于牛景先傳中，據遜國記、革除遺事諸書，備載從亡諸臣，而自程濟以下，皆有可考，此則明史稿所未及者。

19 是日，燕王自金川門入。御史連楹叩馬欲刺王，遂被殺，屍植立不仆云。

王既入，遣中使出馬后屍于火，詭言帝屍，持之泣，曰：「癡兒，何至是！」

尋下令，索齊泰、黃子澄等，榜其姓名曰「奸臣」。計左班文臣凡二十九人：太常寺卿黃子澄，兵部尚書齊泰，禮部尚書陳迪，文學博士方孝孺，御史大夫練子寧，右侍中黃觀，大理少卿胡閏，寺丞鄒瑾，户部尚書王鈍，户部侍郎郭任、盧迥，刑部尚書侯泰、暴昭，工部尚書鄭賜，工部侍郎黃福，吏部尚書張紞，吏部侍郎毛泰亨，給事中陳繼之，御史董鏞、曾鳳韶、王度、高翔，魏冕、謝昇，前御史尹昌隆，宗人府經歷宋徵，户部侍郎卓敬，修撰王叔英，户部主事巨敬。皆懸賞格，購首告及縛送者。

20 丙寅，諸王及文武群臣上表勸進。

時文臣叩馬首迎附，知名者：吏部侍郎蹇義，户部侍郎夏原吉，侍中劉儁，侍郎古朴、劉季篪，大理寺少卿薛嵓，侍講王景，修撰胡廣、李貫，編修吴溥、楊榮、楊溥，侍書黄淮、芮善，待詔解縉，給事中胡濙、金幼孜，兵部郎中方賓，刑部員外宋禮，國子助教王達、鄒緝，吴府審理副楊士奇等。

禮部侍郎董倫，以嘗勸帝睦親藩，故不入奸臣榜中，時已八十，燕王命致仕，尋卒。

【考異】據明史所記二十餘人，如解縉、黄淮之等，明史散見于各傳中。惟董倫傳則云，「成祖即位，倫年踰八十，命致仕，尋卒。」是則倫固未嘗仕于成祖也。勸進之二十餘人，倫有其名。竊謂倫以耄年受建文寵遇，不能死節，固不得爲無罪。然以此入之勸進班中，與解縉、黄淮等並列，似未平允。夫勸進列名，未必倫之自署。即謂其年老依違，而踰八十之衰翁，隨班叩謁，似亦非事實。況成祖令其致仕，則倫之不願改事成祖可知。所以不殺倫者，以其有請親睦宗藩之書，故特宥之耳。今别書董倫致仕于勸進二十餘人之末，差得其實云。

方燕王之入城也，楊榮迎謁，請曰：「殿下先謁陵乎？先即位乎？」王乃悟。己巳，王謁孝陵。諸王、文武群臣，備法駕，奉寶璽，迎王于道，呼萬歲。王乃升輦，詣奉天殿受朝賀，即皇帝位。

是日朝賀班中，兵部尚書茹瑺居首，上迎謂曰：「朕今日得罪天地祖宗，奈何？」瑺對曰：「陛下應天順人，何謂得罪！」上大悦。

時榜中逮捕諸臣，鄭賜、王鈍、黄福、尹昌隆，自陳「爲奸臣所累，乞宥罪」，又以茹瑺、李景隆言，並宥張紞及毛泰亨，皆先後授官，或仍其故職。尋復揭榜于朝堂，增徐輝祖、鐵鉉、周是修、姚善、甘霖、鄭公智、葉惠仲、王璡、黄希范、陳彦回、劉璟、程通、戴德彝、王艮、盧原質、茅大芳、胡子昭、韓永、葉希賢、蔡運、盧振、牛景先、周璿等，共五十餘人。

21 庚午，復周王橚、齊王榑爵。

22 壬申，葬建文皇帝，——蓋馬后也。上以葬禮詢之王景，對曰：「當以天子之禮葬。」從之。

尋遷興宗孝康皇帝主于陵園，仍稱懿文太子。

23 丁丑，殺兵部尚書齊泰、太常寺卿黄子澄、文學博士方孝孺，皆夷其族。

泰之謫也，帝令與子澄密在外募兵，後以蘇州知府姚善言，復召二人還。泰行至中途，聞京師不守，奔往廣德。時王叔英募兵在廣德，疑泰有貳心，欲執之，泰告之故，相持慟哭，共圖興復。榜購泰急。泰常騎白馬，墨之以行，行稍遠，汗出墨脱，有識之者曰：「此齊尚書馬也。」遂被執。子澄就姚善于蘇州，聞召未行而京師陷。欲與善航海乞兵，善不可，乃就前袁州知府嘉興楊任謀舉事，爲人所告。與泰先後縛至京師，俱不屈死。任以匿子澄，與二子禮、益俱斬。泰從兄弟及子澄二子俱從坐。

上之發北平也，道衍以孝孺爲託，曰：「城下之日，彼必不降，幸勿殺。殺孝孺，天下讀書種子絶矣。」上頷之。然素重孝孺名，召至，使草詔。孝孺衰絰入，悲慟聲徹殿陛，上降榻勞曰：「先生毋自苦！予欲法周公輔成王耳。」孝孺曰：「成王安在？」上曰：「彼自焚死。」孝孺曰：「何不立成王之子？」上曰：「國賴長君。」曰：「何不立成王之弟？」上語塞，曰：「此朕家事。」顧左右授筆札，曰：「詔天下，非先生草不可。」孝孺投筆。哭且詈曰：「死即死耳，詔不可草！」上曰：「獨不畏九族乎？」孝孺曰：「便十族，奈我何！」上猶欲强之，孝孺乃索筆大書「燕賊篡位」四字，上大怒，命磔諸市。孝孺慨然就死，作絶命詞曰：「天降亂離兮，孰知其由？奸臣得計兮，謀國用猶。忠臣報國兮，血淚交流。以此殉君兮，抑又何求！嗚呼哀哉兮，庶不我尤！」時年四十有六。孝孺兄孝聞，力學篤行，早卒。弟孝友，同時就戮，亦賦詩一章死。妻鄭及二子中憲、中愈先自經死，二女投秦淮河死。

是獄也，泰與子澄皆坐族。而孝孺以十族故，並及其朋友、弟子。于是廖鏞與其弟銘，皆德慶侯永忠孫也，以曾受業孝孺，爲拾遺骸瘞聚寶門外山上，遂被逮死。太常少卿盧原質，以中表故，與其弟原朴皆坐死。御史鄭公智，陝西僉事林嘉猷，皆同里弟子，孝孺嘗曰：「匡我者，二子也。」刑部侍郎胡子昭，以孝孺薦預修太祖實録。河南參政鄭居貞，孝孺友也，諸人皆坐黨被逮死。又，孝孺主應天試所得士有長洲劉政、桐城方法。政曾草平燕策未上，聞孝孺死，遂歐血卒。法官四川斷事，以諸司表賀登極，不肯署名，及被逮，行次望江，瞻望先人廬舍，再拜自沈江死。凡先後坐孝孺黨而死者八百餘人。【考異】三編質實引遜國臣傳云：「孝孺投筆哭罵，上怒叱曰『汝焉能遽死，朕當滅汝十族。』後繫獄，籍其宗支及母族林彦法等、妻族鄭原吉等，示，且脅之，執不從。上怒甚，乃收朋友、門生廖鏞等爲十族，誅之，然後詔磔于市，坐死者八百七十三人。外親之外，親族盡數抄没，發充軍坐死者復千餘人。」臣林外紀云：「成祖曰：『吾固能族人。』孝孺曰：『族至三，赤矣。』成祖曰：『吾能四。』乃大收其朋友、門生，凡刑七日。」紀事本末云：「文皇大聲曰：『汝獨不顧九族乎？』孝孺曰：『便十族，奈我何！』」舊史例議以廖鏞等逮論在孝孺死後。朱彝尊以孔安國及馬、鄭解九族，上至高祖，下至玄孫，不及異姓，則反輕于秦法之三族，謂十族之説非實。按夏侯、歐陽解九族者，父族四，母族三，妻族二，皆據異姓有服。成祖並非經生，一時激怒，不同議禮，何暇辨九族之當從何家言乎？且成祖誅夷之慘，一時坐黨禍死者，據朱彝尊明詩綜、詩話，言「長陵靖難，受禍者莫慘于正學先生，坐方黨死者，相傳八百七十三人。其次黄太常，坐累死者，族子六十五人，外戚二百八十人。若胡大理之死，郡志稱其族棄市者二百十七人，坐累死者數千人。茅大芳妻斃于獄，有與狗喫之旨，載袁褧奉天刑賞録」云云。然則當日或加三爲四，或加九爲十，傳聞異詞不足辨，而一時門生、朋友，濫及無辜，則亦不能爲之諱也。

24 翰林修撰黄巖王叔英，方在廣德募兵，聞齊泰就逮，知事不可爲，乃沐浴更衣冠，書絶命詞。又自題其案曰：「生既已矣，未有補于當時；死亦徒然，庶無慚于後世。」己卯，叔英自經于玄妙觀銀杏樹下。

時御史古田林英，亦在廣德，相繼自經。後陳瑛希旨，請簿録其家，于是叔英妻金氏自經死，二女下錦衣獄，投井死。英妻宋氏下獄，亦自經死。

25 是月，下魏國公徐輝祖于獄。

輝祖戰敗，歸守父祠。上入城，諸武臣皆迎附，輝祖不屈。召詰之，不出一語，始終無推戴意。乃下吏迫取供招。唯書其父開國功臣及免死有券。上怒，欲誅之，徘回既久，竟從寬典，勒歸私第，削其封爵。

26 殺御史大夫練子寧、户部侍郎卓敬，夷其族。

子寧在杭州，爲臨安衛指揮劉傳縛以獻。上親詰之，語不遜，命磔死，族其家，姻戚俱戍邊。

敬在朝被執，責以建議徙燕，離間骨肉，敬抗聲曰：「惜先帝不用敬言耳！」上怒，憐其才，命繫獄，使人諷以管仲、魏徵事，敬泣曰：「人臣委質，有死無二。先皇帝有何過舉！一旦橫行篡奪，恨不即死見故君地下，乃更欲臣我邪？」上猶不忍殺。道衍故與敬有隙，進曰：「敬言誠見用，陛下寧有今日？」乃斬之，誅其三族。

子寧既誅，其從子大亨，官嘉定知縣，聞之，同妻沈劉家河死。里人刑部主事徐子權，聞子寧誅，亦慟哭自經死。

敬立朝慷慨，美丰姿，善談論，凡天官、輿地、律曆、兵刑，無不博究，故上屢欲用之。後言及，輒歎曰：「國家養士三十年，唯得一卓敬耳！」

宗人府經歷宋徵，與子寧同請誅景隆，又上疏請削罪藩屬籍，同時被執，不屈死。

27 燕師之入也，唯太常寺卿襄陽廖昇最先死。時朝廷遣使請割地，不許，昇聞而慟哭，遂自經。

洎燕師薄城，修撰王艮與妻子訣曰：「食人之禄者，死人之事，吾不可復生矣。」時同里解縉、胡廣及吴溥，皆比舍而居，城陷前一日，皆集溥舍。縉陳説大義，廣亦奮激，艮獨流涕不言。既去，溥子與弼尚幼，歎曰：「胡叔能死，是大佳事！」溥曰：「不然，獨王叔死耳。」須臾，隔牆聞廣呼家人謹視豚，溥顧與弼曰：「一豚之不舍，肯舍其生乎？」俄聞艮舍哭，果飲酖死。【考異】王艮殉難事見明史本傳中，典彙所載亦同，而附辨其下云：「諸本皆云，『艮以辛巳（即建文三年）九月卒，帝遣郎中黄觀諭祭之。』革朝志力辨其非，言『艮家飾此以避追録耳。』吴與弼少從其父溥邸舍，目見艮事，能述之。」按姜氏祕史據王氏家譜，以艮死在前一年，並及黃觀諭祭之事。四庫書提要辨證云：「革除之際，誅鋤異己，凡效忠于建文者，皆禍及子孫。安知王氏家譜非爲宗族計，諱其死難以自全，未必遽爲定論。明史艮傳仍用前說，蓋必有所考也。」此所論與典彙說合，今據書之。

金川門陷，進士葉福守門，不克，死之。宮中火起，都給事中義烏龔泰赴援被執，以非奸黨不殺，自投城下死。衛府紀善泰和周是修，聞難，留書別縉、廣及蕭用道、楊士奇，付以後事，具衣冠，爲贊繫衣帶間，入應天府學拜先師，自經死。江西副使崇德程本立，由僉都御史改官，未行，聞燕兵入，自縊死。大理寺丞鄒瑾，御史魏冕，聞帝殺徐增壽，宮中火起，二人俱自刎死。時秦府長史鄒朴，聞瑾死，不食卒。兵部郎中譚翼，自焚死，妻子殉焉。凡此皆在燕師陷城之數日間。

而孝孺既誅，上欲以草詔屬侍讀樓璉。璉，金華人，嘗從宋濂學，承命不敢辭。歸，語妻子曰：「我固甘死，正恐累汝輩耳。」其夕，遂自經死。或曰「草詔乃括蒼王景」，或曰「無錫王達」云。

28 右侍中黃觀募兵在外，詔有司追捕，收其妻翁氏並二女給象奴。奴索釵釧市酒肴，翁悉與之，持去，亟攜二女及家屬十人投淮清橋下死。觀行至安慶，聞京師陷。或告曰：「新君即位三日矣。」觀嘆曰：「吾妻有志節，必死。」招魂，葬之江上。命舟至羅刹磯，朝服東向拜，投湍激處死。

觀弟覲，先匿其幼子逃他處，或云，「覲妻畢氏，孀居母家，遺腹生子，故黄氏有後于貴池。」

方觀妻投水時，嘔血石成小影，陰雨時輒見，相傳以爲大士像。有僧舁至菴中，翁氏見夢曰：「我，黄狀元妻也。」比明，沃以水，影有愁慘狀。後移至觀祠，傳以爲「翁夫人血影石」云。

29 秋，七月，壬午朔，大祀南郊，以太祖配。赦天下。詔：「自今年六月後仍稱洪武三十五年，【考異】此語見七月朔詔中。以仍稱洪武三十五年之語推之，則革除以後，當以建文元年爲洪武三十二年，二年爲洪武三十三年，三年爲洪武三十四年。當日靖難兵起，紀年之例，一定如此。乃實録則直以建文元年、二年、三年爲永樂之元、二、三年，及至是年七月，則又改書洪武三十五年，當日史臣之謬戾，已不自顧其前後之矛盾雷同矣。附識于此，以證實録之誣妄。以明年爲永樂元年。凡建文中干犯者，一切弗問。山東、北平、河南被兵州縣，復徭役三年。畿內鳳陽、淮安、徐州、滁州、揚州，皆蠲租一年。餘州縣及未被兵各省，皆蠲田租之半。」

30 癸未，召前北平按察陳瑛于廣西，擢左副都御史，署院事。凡建文朝廢斥者，盡還故官。

31 甲申，詔建文時所改官制，一切復之。

一日，上顧侍臣太息曰：「只此一事，前代沿襲已久，何關利害，亦欲改耶！」乃令吏部尚書張紞、户部尚書王鈍解職務，月給半俸，居京師。紞懼，自經于吏部後堂。侍郎毛泰亨懼，亦死。【考異】據張芹備遺録及典彙所載，俱列張紞、毛泰亨于壬午殉難諸臣中。其實紞雖在奸臣榜中，據皇明通紀、紀事本末，皆云「以茹瑺、李景隆薦，仍故官。及踰月，成祖以建文改官制，咎及紞等，命與户部尚書王鈍解職，紞畏懼，自經于吏部後堂，毛泰亨亦死。」證之明史紞傳，亦辨其非殉難而死者。然則紞不但不得與于殉難之列，並不得與削爵之徐輝祖、致仕之董倫比也。今據明史本傳書之。又按年表，紞以七月自經，今據之。

方紞之在吏部也，值變官制，小吏張祖言曰：「高皇帝立法創制，規模甚遠，今更之未必勝，徒滋人口，願公力持之！」紞雖不能用，然心賢祖，奏爲京衛知事。及紞死，屬吏無敢視者，唯祖獨經紀其喪云。

32 辛卯，執蘇州知府安陸姚善至，不屈死。

初，善守蘇州，黄子澄聞金川之變，欲與善航海募兵，善曰：「公朝臣，宜收兵圖興復。善則守土，與城存亡耳。」子澄去，善方練兵守蘇州，爲麾下許千户縛以獻。至京師，上詰之曰：「汝一郡守，乃敢抗我！」善大聲曰：「各爲其主耳！」命誅之。

刑科給事中黄鉞者，善之執友也，方丁父憂，家居蘇州，聞童俊以鎮江降，杜門稱疾不出，善以書招之，許俟營葬畢至軍。及聞善被刑，乃以越日登琴川橋，西向再拜赴水死。【考異】姚善之死，諸書皆云「七月十日」，蓋辛卯也。又云「鉞以十一日赴水死」。按明史鉞傳，言「鉞以户科召，行至中途，自投于水，以溺死聞，故其家得不坐」云。至革除遺事諸書所記，則鉞以是年七月姚善被誅之次日死，蓋成祖不知其死而召之，故其家以溺死聞，蓋避追録也。此與王艮之死，其家譜以爲卒于辛巳者同，故明人亦有「避追録」之語。而明史傳中所載，語有斟酌，今仍系之善被誅下，更於明年召官時補出鉞死之本末。

33 癸巳，改封吴王允熥廣澤王，衡王允熞懷恩王，徐王允熙敷惠王，隨呂太后居懿文太子陵園。

34 甲辰，命致仕尚書王鈍偕工部尚書嚴震直、府尹薛正言等巡視山西、山東、河南、陝西。

燕兵之入也，鈍踰城走，爲邏卒所執，遂降，仍其故官。至是與張紞同罷，尋復用之。震直分巡山西，行至澤州而卒。【考異】明史震直傳但書其「巡視山西，至澤州而卒」。又張紞傳，言「世傳震直奉使至雲南，遇建文君，悲愴吞金死。」考諸國史，非事實也。按此即世所傳搜山、打車諸傳奇，今據明史本傳，餘悉删之。

35 是月，殺刑部尚書暴昭、侯泰，禮部尚書陳迪，户部侍郎郭任、盧迥。昭，潞州人，前掌北平司事。在真定，與鐵鉉輩悉心經畫，及平安軍敗召歸。燕師陷城，昭出亡，被執，抗罵不屈，支解死。

昭之出也，侯泰代之。燕師既起，力主抗禦之策。會督餉山東，行至高郵，被執不屈，與弟敬祖、子玘俱死。

迪，宣城人。李景隆之敗，迪陳大計，命都督運軍儲。已，聞變，赴京師，召至責問，抗聲不屈，遂與其子鳳山、丹山等六人磔于市。既死，人于衣帶中得詩及五噫歌，詞意悲烈。蒼頭侯來保拾其遺骸歸。妻管氏縊死。幼子珠，生五月，乳母潛置溝中得免。

任，丹徒人，一曰定遠人。初佐户部，飲食起居，俱在公署。時方貶削諸藩，任言：「天下事先本後末則易成。今日儲軍實，運財粟，果何爲者？乃北討周，南討湘，舍其本而末是圖，非策也。且兵貴神速，苟曠日持久，鋭氣既竭，姑息隨之，將坐自困耳。」上時在藩，聞而惡之。兵起，任與同官迥主調兵食，京師不守，被禽不屈死。子經同坐，少子戍廣西。

迥，仙居人，飲酒高歌，不拘細行，人目其狂，及仕，折節恭慎。至是被執，慷慨就刑，長謳而死。

迪在禮部，有侍郎黄魁，通習典禮，迪與侍郎黄觀皆愛敬之。又，户部主事巨敬，充史官，以清慎稱。皆與迪同召，不屈死。

36 召大理少卿胡閏、御史高翔至。閏，鄱陽人。嘗題詩吴芮祠壁，太祖見而奇之，因累官至卿貳。翔，高邑人。洪武中，以明經爲監察御史。燕兵之起，二人晝夜畫軍事，上聞其名，欲用之。翔喪服入見，語不遜，遂與閏同不屈死。

翔坐族，親黨皆戍邊，並發其先冢，諸給高氏産者皆加税，曰：「令世世駡高翔也。」閏子傳道亦坐死，幼子戍邊。有四歲女郡奴，給配功臣家。稍長，識大義，嘗以爨灰污面。其後遇赦還鄉，貧甚，誓不嫁。見者争遺錢穀，曰：「此忠臣女也。」遂以貞節終。

37 殺副都御史茅大芳、僉都御史周璿。

大芳，泰興人。洪武中爲淮南學官。召對稱旨，擢秦府長史，制詞以董仲舒爲言。大芳益奮激，盡心輔導，額其堂曰希董，方孝孺爲之記。建文時，擢官臺憲，燕師起，遺淮南守將梅殷詩，詞意激烈，聞者壯之。璿當洪武末，以天策衛知事建言，擢是職。並見收不屈死。而大芳子順童、道壽俱坐誅，二孫死獄中。

一時諸御史以抗節死者：王度，歸善人。燕兵起，贊畫軍事。及李景隆敗，盛庸代之，度密授機宜，遂有東昌之捷。小河之役，奉命勞軍徐州，還，與孝孺誓死社稷，遂坐方黨謫戍賀縣，坐語不遜，族之。

戴德彝，奉化人。洪武二十七年進士，累官侍講。太祖諭之曰：「翰林雖職文學，然既列禁近，凡國家政治得失，民生利害，當知無不言。昔唐陸贄、崔群、李絳在翰林，皆能正言讜論，裨益當時，汝宜以古人自期。」已，改監察御史。建文更官制，改左拾遺。上即位，召見，不屈死之。德彝死時，兄弟並從京師嫂項氏家居，聞變，度禍且族，令闔舍逃去，匿德彝二子山中，毁戴氏族譜，獨身留家。收者至，無所得，械項至京，榜掠，終無一言，故戴氏獨免于族云。

董鏞，逸其里。諸御史有志節者，時時會鏞所，誓以死報國。諸將校觀望不力，鏞輒露章劾之。城陷被殺，家戍極邊。

于是諸城謝昇，聊城丁志方，懷寧甘霖，嘉興姚瑄，皆坐誅。

而給事中則有莆田陳繼之，西安韓永。當兵事亟，繼之數條奏機宜，永亦慷慨論兵事。時上欲官之，卒與繼之同抗辭不屈死。繼之之死，又坐其父母兄弟悉戍邊云。

[38] 上之即位也，有詔至不屈而死者：祥符王良，當建文時，遷刑部侍郎，議減燕府人罪，不稱旨，出爲浙江按察使，上頗德之。詔至浙江，並使召良，良執使者，將斬之，衆劫之去。良集諸司印于私第，將自殺，未即決，妻問故，曰：「吾死自分，未知何以處汝耳。」妻曰：「君男子，乃爲婦人謀乎！」餽良食，食已，抱其子入後園，置子池旁，投水死。良

斂妻畢，以子付友人家，遂積薪自焚，印俱毁。上聞之，曰：「死固良分，但毁朝廷印，不得無罪。」命徙其家于邊。

漳州府教授陳思賢，茂名人。以忠孝大義勖諸生。及登極詔至，慟哭曰：「明倫之義，正在今日。」堅臥不迎詔，率其徒吴性原、陳應宗、林珏、鄒君默、曾廷瑞、吕賢六人，即明倫堂爲舊君位，哭臨如禮。有司執之送京師，思賢及六生皆死。——六生，皆龍溪人。

39 初，勤王之師，自姚善、王叔英外，則徽州知府陳彦回，莆田人，曾坐父罪謫戍雲南。比至蜀，家人多道死，惟彦回與祖母郭在。會赦，又弗原，監送者憐而縱之。貧不能歸，依鄉人知縣黄積良，冒黄姓。久之，以閩中教諭嚴德政薦，授保寧訓導。考滿陛見，擢平江知縣。踰年，太祖崩，入臨，又以給事中楊維康薦，擢守徽州。建文初，祖母郭卒，當去，百姓詣闕乞留。彦回衰絰入京自陳，乞復姓，許之，唯連乞終制不許。葬郭于徽城之北，對百姓曰：「吾昔亡命冒他姓，徒以祖母存耳。今祖母没，宜自請死，天子特宥之，敢不以死報國乎！」燕兵逼京師，赴援不及，被禽至，遂抗節死之。

樂平知縣張彦方，龍泉人，初爲給事中，以便養改官樂平。時應詔勤王，率所部抵湖口被執，械至樂平，斬之。梟首譙樓，當暑，一蠅不集，經旬面如生，邑人葬之清白堂。

同時又有松江同知者，失其姓名，或曰周繼瑜也。勤王詔下，榜募義勇入援，極言大義，感動人心，並指斥靖難之師乖恩悖道，械至京，磔于市。

其武臣之死者：河北衛指揮張倫，從盛庸戰有功。庸敗，燕將招倫降，倫笑曰：「張倫將自賣爲丁公乎？」遂不屈，死之。京師陷，武臣自盛庸、平安以下，無不歸附，從容就義者，唯倫一人而已。

而是時有台州樵夫，日負薪入市，口不貳價，聞京師陷，慟哭投東湖死。温州樂清亦有樵夫，聞其鄉人卓敬死，亦號慟投于水。二樵以遯世逸其名，或曰，「其一即指揮張安也。」又，陳質者，建文元年宋忠之敗，質以參將退守大同，代王欲舉兵應燕，質持之不得發。洎燕攻大同，蔚州、廣昌已附于燕，質取之。至是追論其罪，與鎮撫周拱元俱坐誅。

40 八月，壬子，命侍讀解縉、編修黃淮入直文淵閣，並預機務。

縉首迎附，召對稱旨，命與淮常立御榻左備顧問，或至夜分，上就寢，猶賜坐榻前，語以機密重務。——內閣預機務自此始。【考異】諸人入閣，本紀統系之八月，牽連並記也，今據宰輔年表分書月分。

41 執兵部尚書鐵鉉至，陛見，背坐廷中，抗詈不屈。上令兩武士夾棒持之，脅其一回顧，終不可得，遂磔于市。

鉉，鄧縣人，洪武中，由國子生授禮科給事中，調都督府斷事，嘗讞疑獄立白，太祖喜，字之曰鼎石。建文初，任山東，解濟南之圍，又與盛庸大敗燕師于東昌，自此燕兵徑取徐、沛，不敢復道山東。渡江之役，屯兵淮上，庸敗績，鉉兵亦潰。上以鉉非朝臣，故不族鉉。父仲名，年八十三，與母薛並安置海南，子福安戍河池。二女發教坊司，誓死不受辱，久之赦歸。

鉉之死也，高巍在外，聞京師不守，先自經于驛舍。而高賢寧前以射書城外，上悦其言，爲之緩攻。至是被執入見，上曰：「此作論秀才，好人也。可予一官。」賢寧固辭。錦衣衛指揮紀綱，素與賢寧善，勸就職，答曰：「吾嘗辱王先生之教矣。」蓋賢寧，濟陽人，王省之弟子也。綱爲言于上，竟得歸，年九十七卒。

其參鉉軍事之宋參軍及繼巍上書之御史韓郁，皆變姓名遁去，不知所終云。

42 丁巳，分遣御史巡察天下利弊，當興革者以聞。

43 戊午，授都督何福爲征虜將軍，鎮守寧夏，節制山、陝、河南諸軍。都督同知韓觀練兵江西，節制廣東、福建。

福自淮北敗，奔還，上以其宿將知兵，推誠用之，又聘其甥女徐氏爲趙王妃。

44 甲子，命西平侯沐晟鎮雲南。

45 丙寅，殺御史大夫景清，夷其族。

清本耿姓，訛爲景，眞寧人，建文初出爲北平參議。上在燕邸，與語，言論明晰，大稱賞。還，遷左都御史，與孝孺等約同殉國。及京師不守，清知建文之出亡也，密謀興復，乃詣闕自歸，上喜曰：「吾故人也。」命仍故官，委蛇班行者久之。是日早朝，清衣緋懷刃而入。先是日者奏「異星赤色犯帝座急。」上故疑清。及朝，清獨著緋，命搜之，得所藏刃，詰責，清奮起曰：「欲爲故主報仇耳！」上怒，命磔于市，清罵不絕口而死。一日，上晝寢，夢清繞殿追之。上曰：「清猶能爲厲邪！」乃夷其九族，盡掘其先人冢墓。又籍其鄉，轉相攀染，謂之「瓜蔓抄」，村里爲墟。【考異】據三編、質實云，「王鏊守溪筆記，文皇至金川門，百官迎拜江次，清獨直立罵不已，乃命左右抉其齒，且抉且罵，含血直噀上衣。乃命醢之，罪及九族。久之，上晝寢，夢清入殿追之。上曰：『清猶能爲厲耶！』乃籍其鄉，轉相攀染，謂之『瓜蔓抄』。其說與明史異。紀事本末，「有青州教授劉固者，依清居。清遇害，連及固與弟國、母袁氏，同受刑于聚寶門外。固子超，年十五，有膂力，臨刑仰天大呼，綑索俱斷，奪刀連殺十餘人，詔磔之。」

46 上之即位也，駙馬都尉梅殷，尚擁兵淮上不降。上乃迫寧國公主齧血爲書以授殷，殷得書慟哭，乃還。既入見，上迎勞曰：「駙馬勞苦。」殷曰：「勞而無功耳。」上默然，以公主故不誅，然自是益銜之。

47 九月，甲申，論靖難功，封邱福淇國公，朱能成國公，張武等侯者十三人，徐祥等伯者十一人。

福與張玉、朱能，以首奪九門，功最大，而謀畫智計遜于玉，其敢戰深入與能埒。然爲人樸戇沈鷙，每戰勝，諸將争前效虜獲，福獨後，故上嘗嘆曰：「邱將軍功，我自知之。」至是大封功臣，獨首福。

又追贈張玉榮國公，譚淵金鄉侯。而大寧降將陳亨，以白溝河之戰，中創幾死。已，攻濟南，與平安戰于鏵山，大敗，創甚，輿還北平。其年十月卒，上尤惜之。至是追贈涇國公，與玉等皆賜謚。

48 論款附功，增李景隆禄，封駙馬都尉王寧爲侯，茹瑺、陳瑄及都督同知王佐皆爲伯。

49 命侍讀胡廣、修撰楊榮、編修楊士奇、檢討金幼孜、胡儼同直文淵閣，預機務，與解縉、黄淮凡七人，並朝夕左右。

50 甲午，定功臣死罪減禄例。

51 乙未，徙山西民無田者實北平，賜之鈔，復五年。

52 江西盜平。先是，命韓觀討之，未至，盜已就撫，乃授觀爲征南將軍，鎮廣西。

53 是月，以吏部侍郎蹇義爲本部尚書，户部侍郎夏原吉爲本部尚書。義迎附，以吏部右侍郎遷左。時方務反建文之政，所更易者悉罷之，義從容言曰：「損益貴適時宜，前改者固不當，今必欲盡復者，亦未悉當也。」因舉數事陳説本末，上稱善。

原吉以建文時充采訪使巡福建，所過郡邑，核吏治，咨民隱，人皆悦服，久之，移駐蘄州。上即位，或執原吉以獻，釋之，尋轉左侍郎。有言「原吉建文時用事臣，不可信」，上不聽，遂與義並擢尚書。

又改工部尚書鄭賜于刑部，晋黄福爲工部尚書，劉儁兵部尚書。

54 逮谷府長史劉璟至。

璟之參李景隆軍事也，景隆敗，璟夜渡蘆溝河，冰裂馬陷，冒雪行三十里。子貊自大同赴難，遇之良鄉，與俱還。上聞，見録，不省，遂歸里稱疾不起。至是逮至京師，上親詰之，璟對詞猶稱殿下，且抗聲曰：「殿下百世後逃不得一『篡』字。」遂下獄，自經死。

初，温州賊葉丁香叛，延安侯唐勝宗討之，決策于璟。破賊還，稱璟才略，太祖喜曰：「璟真伯温兒矣！」上在藩邸，嘗與璟弈，璟輒勝，上曰：「卿不少讓我邪？」璟正色曰：「可讓處則讓，不可讓者不敢讓也。」上默然。

璟既死，法官希旨緣坐其家，上以基有功故，不許。

55 前太常寺少卿高遜志卒。

遜志，字士敏，蕭縣人，燕師入，遯跡于東甌雁蕩山中。弟子文淵閣侍書蔣兢從之，爲經紀其喪。——兢，宜興人。【考異】明史，高遜志附王艮傳，言「燕師既入，存殁無可考。」朱竹垞明詩綜詳其本末，並載蔣兢祭高先生文。據祭文，蓋九月之晦也，今增系之九月之末。

56 冬，十月，丁巳，吏部上言：「前北平所屬州縣官朱寧等二百九十人，當靖難時俱棄職逃亡，宜按名逮，置之法。」詔從寬典，悉令入粟贖罪，遣戍興州。

上既即位，諸州縣奉前詔起援兵者，皆入奸臣榜中，次第逮捕。唯日照王璡守寧波，燕兵臨江，璡造舟艦謀勤王，爲衛卒縛至京師，上詰造舟何爲，璡曰：「欲泛海趨瓜州，阻師南渡耳。」上壯其言，竟不罪，放歸。

永清典史周縉，武昌人。燕師起，守令相率迎降，永清地尤近，縉獨爲守禦計，攝令事。已，度不可爲，懷印南奔，道聞母卒，歸終喪。燕兵已迫，糾義旅勤王，聞京師不守，遂亡去。至是有司捕縉，械送戍所。居數歲，子代還，年八十而沒。

其朱寧等二百餘人，皆不可考云。

57 己未，詔重修太祖實録，命曹國公李景隆監修，尚書茹瑺副之，侍讀解縉爲總裁。

建文初，臨海葉惠仲，以知縣被徵，預修太祖實録，遷知南昌府，至是以坐直書靖難事，指爲逆黨，遂逮至，族誅。【考異】此即再修之實録。據沈氏野獲編，言「解縉秉筆，盡焚舊草。」舊草，即建文初修之實録，葉惠仲預焉，遂以此坐誅。

時上于宮中得建文時章奏千餘道，命縉等繙閱，關係軍馬錢糧數目則留之，餘有干犯者悉焚之。一日，從容問縉等曰：「爾等宜皆有之？」縉不敢對。修撰李貫對曰：「臣實無之。」上曰：「爾以獨無爲賢邪？食其祿則思任其事，當國家危急之際，左右近侍獨無一言，可乎？朕非惡夫盡心于建文者，特惡夫誘建文之壞祖法者耳。」貫慚而退。

58 丙寅，命鎮遠侯顧成鎮貴州。

成自太祖時，以洪武八年調守貴州。已，從傅友德征雲南有功，進貴州都指揮同知，尋遷右軍都督僉事，佩征南將軍印，又會何福討平水西寨。凡在黔十餘年，威信大著。建文初召還，進左軍都督。以從耿炳文禦燕師于真定被執，遂降，輔世子居守北平。南軍圍城，防禦調度，一以委之。至是論功封侯，仍命鎮貴州。

59 壬申，徙封谷王橞于長沙。

60 甲戌，詔：「從征將士掠民間子女者，悉令放還，歸其家。」

61 是月，以僧道衍爲僧錄左善世。

62 十一月，壬辰，立妃徐氏爲皇后。

后之爲妃也，孝慈皇后深愛之。從上之藩，居孝慈喪三年，蔬食如禮。靖難兵起，一切部分，世子多稟命焉。及册爲后，后弟增壽常以國情輸燕，及其誅也，上慟惜之，欲追贈爵。后力言不可，上不聽，卒封定國公，命其子景昌襲。以告后，后曰：「非妾志也。」竟弗謝。其深明大義如此。

63 廢廣澤王允熥、懷恩王允熞皆爲庶人。

64 是月，進郭資爲户部尚書，仍掌北平布政司使事。

65 十二月，癸丑，蠲被兵州縣明年夏税。

66 是月，擢保定知府雒僉爲刑部尚書，仍知保定府，又擢右通政李至剛禮部尚書。

67 初，金川門不守，建文帝東西走殿廷，欲殉社稷。翰林院編修程濟，請遜國以圖後舉，帝不決，乃以爲僧請，自任扈從。于是帝泣，急命舉火焚宮。是日，帝自地道出，從亡諸臣，或縋城，或由水關出，薄暮，會于神樂觀中。中官託言得高皇帝所遺度牒三紙，首應文，與帝名合；次應能，時吴王教授楊應能在從亡中，自任之；唯應賢不審。俄，監察御史葉希賢至，毅然曰：「臣名賢，何疑焉！」于是僧溥洽爲帝祝髮，應能、希賢亦並祝髮。一時從帝出者凡五六十人，帝曰：「多人不能無生得失。有等任事著名，勢必究詰，有等妻子在任，心多縈繫，宜各從所便。」乃議以二十餘人從。濟與希賢、應能三人，或稱道人，或稱比邱，皆朝夕在帝左右，譏察防衞。其餘或往來道路，運給衣食，或游歷所至，更番爲主，而姓名爵里，世莫得傳，傳者亦不無異詞。于是有河西傭、補鍋匠及馬二公子之屬嘖嘖稱人間。

河西傭者，常披葛冬日走乞金城市中，已，至河西，傭于莊浪魯氏，得直買羊裘，而以故葛衣覆其上，葛雖破縷縷，終不肯棄去。力作倦，輒自吟哦，或夜聞其哭聲。久之，有識傭者，與語不答，走之南山。後卒死莊浪，屬主人曰：「我死，幸勿埋我，俟西北風起火之。」魯家從其言。

補鍋匠者，常往來夔州、重慶間，業補鍋凡數年，川中人多識之。時在夔有童子師，能爲古詩，詩後題馬二公子、或馬公、或塞馬先生。一日，遇補鍋匠于市中，相顧愕然。已，相持哭，共入山巖中，坐語竟日，復相持哭，别去。或曰「馬二之合，蓋馮姓也。」

又，一僧、二樵者，皆隱于浙東。僧自稱雲門僧，或稱稽山主人，每泛舟賦詩，歸即焚之。二樵，一在會稽，自號若耶溪樵，每于溪沙上以荻畫字，已，輒亂其沙，有疑之者從後抱持觀之，則皆孤臣去國之詞也。一在金華之東山，時稱玉山樵，麻衣戴笠，終身不易。以上皆逸其名，唯玉山樵嘗爲王姓者題詩曰「宗人」，故疑其爲王姓云。

葉希賢之從帝爲僧也，自號雪菴和尚，壯年落髮，雲游滇、蜀間，走重慶之大竹善里，愛其山水。里中有隱士曰杜景賢，知和尚非常人，與之游，爲結茆于白龍山。和尚率數人居其中，或云「其徒」，或云「其所奉者帝也」。和尚昕夕誦易乾卦，山中人疑其不誦佛經，景賢固知之，不敢言，亦不忍問，而和尚亦默會景賢意，乃誦觀音經。然好觀楚詞，時時袖之登小舟，棹急灘中流，朗讀一葉，輒投之水，投已，輒哭，哭已，又讀，衆莫測其云何也。

希賢與應能皆先帝卒，卒之日，其徒問師：「即死，宜銘何許人？」和尚始張目曰：「松陽。」問其姓名，卒不答。有知之者曰：「此前監察御史，與練大夫先後請誅李景隆者也。」

又牛景先，不知何許人，嘗爲御史。金川門啓，易服宵遁，卒于杭州僧寺中。

自帝遜國後越數十年，有松陽人王詔，游治平寺，于轉輪藏上得書一卷，記建文亡臣二十餘人事蹟，楮墨斷爛，可識者僅九人，梁田玉，梁良玉，梁良用，梁中節，皆定海人，同族，同仕于朝。田玉官郎中，京師破，去爲僧。良玉官中書舍人，變姓名走海南，鬻書以老。良用爲舟師，死于水。中節好老子、太玄經，爲道士。何申、宋和、郭節，俱不知何許人，同官中書。申使蜀，至峽口，聞變嘔血，疽發背死。和及節俱挾卜筮書走異域客死。何洲，海州人，不知何官，與和節俱友善，亦去爲卜者客死。郭良，官籍俱無考，與中節相約棄官爲道士。其餘十餘人，俱失其姓名，疑即程濟、葉希賢輩也。

其最後晚出者曰致身録，相傳得之江南茅山道書中，爲吴江史仲彬所述。仲彬者，建文時爲侍書。帝之出也，欲往滇南依西平侯，仲彬以爲不可。適其家有艇來，遂迎帝至吴江之黄溪，主仲彬家。其後帝凡三至，遂爲仇家所訟，逮捕仲彬繫獄死。【考異】明史牛景先傳，言「仲彬實未嘗爲侍書，録蓋晚出，不足信。」

録中所載，與諸家紀革除遺事，或先或後，互有出入，而所載從亡諸臣，皆有姓名爵里可考，凡二十二人。其與治平寺藏内所載之九人中，有梁田玉、良玉、中節及宋和、郭節，得五人。又以河西傭爲編修趙天泰，三原人，補鍋匠爲欽天監正王之臣，襄陽人，馬二公子爲刑部司務馮㴶，黄巖人。此外又有兵部侍郎廖平，襄陽人，翰林院待詔鄭洽，浦江人，王資，失其官，杞縣人，皆帝游歷所至更番爲主者。而毁印自焚之王良，亦在所主中。又，刑部侍郎金焦，貴池人，檢討程亨，澤州人，劉伸，失其官，杞縣人，太監周恕，和州人，皆往來伺應，供資糧扉屨者。而四川參政南康蔡運，有傳其踰年坐奸黨而死者亦在焉。合之濟、希賢、應能、景先、仲彬五人，共二十二人。惟所稱雲門僧即宋和，而雪菴和尚别屬之郭節，東湖樵夫即牛景先，與台州投東湖而死之樵夫是一是二，皆不可考，所謂傳聞異詞者也。

二十餘人中，或先帝卒，或散在四方而客死，惟濟從亡在外近四十年，蓋與帝爲終始云。

濟，朝邑人。據致身録所載，又云績溪人，通道術。遜國之議，自濟倡之。時有傳其奇術者云：「徐州之捷，諸將樹碑紀功。濟時參軍事，名在碑中。一夜，濟往祭碑，人皆莫測。後燕王過徐，見碑，大怒，趣椎之。已，又止之曰：『先爲我録文來。』時椎甫下遽停，而碑已缺損，乃據其可識者録以上，令按碑行誅，而濟名適在椎脱處，遂得免。」或曰：「徐州未嘗有捷。」事之有無，殆不可考也。

初，燕師之入，郎、御史、給、舍四十餘人，一夕盡遁去。詰朝，御史以聞，上不問。後始有嘖嘖言遜國事者，或云「僧溥洽知狀」，或云「匿溥洽所」，上乃以他事禁溥洽，而命給事中胡濙以訪張三丰爲名，内監鄭和以下西洋爲名，徧物色之，不可得。溥洽坐繫十餘年，迨姚廣孝將死，始請于上出之。至于帝之與濟，則皆不知其所終云。

三編發明曰：「惠帝以柔牽之資，丁强藩之逼，智力兼困，以至于亡。然其天性仁厚，親賢好學，除軍衛單丁，減蘇、松重賦，澤施未久，善政在民，是以天命雖移，人心猶結。而成祖本由逆取，復果于殘殺，一時忠義如林，蹈九死而不悔，何其酷也。至若遯山逃海諸人，流離曶昧，身之既隱，焉用文爲！而聞風感興，若將親炙，然疑交作，所由來矣。

夫據左氏傳，則程嬰、杵臼皆爲烏有，然馬遷逸事，人人樂道，故明史以爲與其過而去之，寧過而存之。忠貞之氣，屈極而伸，至今四百年後，易名列祀，折一衷而定論，存他説以闕疑，所以揭幽潛于日月，懼亂賊于春秋，豈不韙歟！【考異】按壬午殉難亡遁諸臣，野史所記，如大理寺丞劉端，刑部郎中王高，皆以孝孺坐誅，已見成祖實録。此外又有高不危者，與高巍同時死義。不危弟宣，坐謫南海衛。或曰，「不危，即巍字也。」典彙辨之，以爲別是一人。又，僉都御史司中，召見不屈，命以鐵帚刷其膚肉至盡，姻婭坐死者八十餘人。又，晋府長史龍鐔，被執不屈死，有拾其遺骸，得自書絶命贊，典彙所記略同，並載其絶命詞，凡四言十句。又，工部侍郎張安國聞燕兵入，與妻賈氏訣，賈請隱，乘舟入太湖。聞京師陷，皇帝自焚，乃鑿舟自沈死。又，胡子昭殉難，其弟子義，時爲蜀府典寶，聞其兄死，辟世丹稜，蜀獻王憐之，令爲僧，子義以親遺體辭。有二子，竟棄去，不知所終，今檢明史子昭傳亦遺之。若典彙所記，則有山西布政使理問徐讓，孝義縣丞衞健二人，俱奉詔使燕還，在軍戰没。又，御史王玭，蘇州人，以匿奸黨逮至，玭死，子孫坐誅。又，儲福，無錫人，以奸黨挨購，在録中，戍曲靖衛，舟行，忽仰天哭曰：「吾雖一介賤卒，義不爲叛逆臣。」遂不食死，妻范氏，營葬，養其姑，守節以死，里人立廟祀之。又，龔詡，年十七，爲金川門卒，兵入，詡大哭還鄉。宣德中，巡撫周忱兩薦爲崑山、太倉學官，辭不就，曰：「詡仕無害于義，恐負往日城門一痛耳。」竟隱終身，門人私謚曰安節先生。以上所記，明史皆軼其姓名。而劉端、王高之等，三編已補入族孝孺目中，其他亦大半采入，所謂「與其過而去之，毋寧過而存之」是也。又三編所載，「黄觀在外募兵，同時有金侍郎者，逸其名，募兵江西。有朱進者，常州人，隨行，俱被執就戮。」又，「金川門之陷，有編修陳忠者，鄞縣人，殉難死。」凡此又皆野史所不具者。若夫燕兵初起，湯宗告變，野史以爲靖難後被誅，入之壬午死事中，昔人辨之。今明史所列湯宗傳，尤爲確證，此又不可不辨者也。

謹按重修綱目三編在乾隆四十年，是時方敕大學士九卿等稽考明季殉難諸臣，定專謚、通謚之例，下至諸生韋布及不知姓名之流，議謚難于概見者，亦令俎豆其鄉以昭軫慰，撰爲勝朝殉節諸臣録。踰年正月，復奉上諭：「念及建文革除之際，其諸臣之仗節死難者，史册所載甚多。當時永樂以藩臣犯順稱兵，陰謀奪國，諸人義不戴天。雖齊泰、黄子澄等輕率寡謀，方孝孺識見迂闊，然迹其尊主鋤强之心，實堪共諒。及大勢已去，猶且募旅圖存，抗詞抵斥，雖隕身湛族，百折不回，洵爲無慚名教。其他若景清、鐵鉉等，或慷慨捐軀，或從容就義，雖致命不同，而志節凛然，皆可謂克明大義。下至東湖樵夫、補鍋匠之流，雖姓名隱晦不彰，其心均足嘉尚。特以永樂性成殘刻，逞志淫刑，其屠戮之慘，極于瓜蔓牽連，殆非人理。朕讀史至此，未嘗不深憤恨。因念勝朝革命之際，其抗我顔行者，尚念其忠于所事，矧建文諸臣，不幸遘遭内難，爲國捐生，成仁取義，豈可令其湮没！其應如何分别予謚之處，著同前旨交大學士等一體詳查，集議具奏，稱朕崇奬忠良有加無已之至意。欽此。」于是建文殉難諸臣，亦悉依專謚、通謚之例，附入卷末。而入祠之職官，如葉希賢、牛景先、程濟以及梁田玉等（此）人，又入祠之士民，如燕山衞卒、金川門卒、台州樵夫、樂清樵夫、河西傭、補鍋匠、雲門僧、玉山樵、塞馬先生之等，皆從附録存疑之例，均予入祠致祭。于此見褒忠之典，恩隆異代，度越千古，初未嘗以野史流傳，聽其湮没，則誠所謂忠貞之氣屈極而伸者矣。

明通鑑卷十四

紀十四起昭陽協洽（癸未），盡旃蒙作噩（乙酉），凡三年。

江西永寧知縣當塗夏　燮編輯

成祖啓天弘道高明肇運聖武神功純仁至孝文皇帝

永樂元年（癸未、一四〇三）

1 春，正月，己卯朔，上御奉天殿，受朝賀，宴文武群臣及屬國使。

2 乙酉，享太廟。

3 辛卯，大祀天地于南郊。

4 上之即位也，周王橚，齊王榑，代王桂，岷王楩，前爲建文竄逐者皆復其爵。至是詔仍故封，各令之國。谷王橞改封長沙，上以其開門迎降，尤德之，賜樂七奏，衛士三百。尋又增歲祿二千石。

5 癸巳，命保定侯孟善鎮遼東。丁酉，授宋晟爲平羌將軍，鎮甘肅。晟討涼州廣西番、苗有功，建文初，命鎮甘肅。至是以上即位入朝，進後軍左都督，仍遣還鎮。【考異】據明史紀，書「晟鎮甘肅」，證之晟傳，蓋晟本以建文時鎮甘肅，至是因入賀，復還鎮也，今參晟傳書之。

6 是月，擢陳瑛左都御史。

7 詔以北平爲北京。二月，庚戌，設北京留守、行後軍都督府、行部國子監。改北平曰順天府。

8 乙卯，遣御史分巡天下。自是遂爲永制。

9 丁巳，遣官設奠于先師。

10 戊午，祭太社、太稷。

11 己未，貽書韃靼可汗郭勒齊。舊作鬼力赤。

初，元自特古斯死，五傳至坤特穆爾，咸被弒。後郭勒齊篡而代之，自稱可汗。上即位，遣使諭以通好，賜銀幣，並及其知院阿嚕台等。

是時郭勒齊與衞喇特相仇殺，舊作瓦剌。輯覽，「衞」一作「威」。往來塞下。上敕邊將嚴兵備之。

12 徙封寧王權于南昌。

初，寧王之被誘入關也，上許以「事成中分天下」，比即位，大寧城已空，王乞改南，奏請蘇州，上曰：「畿內也。」請錢唐，上曰：「皇考以予五弟不果，建文無道，以王其弟，亦不克享。其他善地，惟弟擇焉。」遂封之南昌，上親製詩送之。詔即布政司爲王邸。

13 癸亥，耕藉田。

14 乙丑，遣司禮太監侯顯使西域，徵番僧也。

初，西域烏斯藏攝帝師納木扎勒巴勒藏布舊譯見三卷。以洪武五年朝貢至京師，太祖禮而歸之。十四年，復貢。時納木扎勒巴勒藏布已卒。有僧哈里瑪勒，舊作哈立麻。國人以其有道術，稱之爲「尚師」。上在燕邸知其名，欲致一見，乃命顯偕僧智先齎書幣往徵之，並選壯士健馬護行。自是中官銜命異域者，先後接踵矣。【考異】本紀，「二月，遣使徵尚師哈立麻于烏斯藏」，使即侯顯也。然紀不書侯顯，而于九月遣中官馬彬使爪哇，則云「初遣中官」，是以遣中官出使實始于馬彬。然則前此所遣之侯顯，非中官乎？徵尚師于烏斯藏，非出使乎？又證之鄭和傳，言「成祖鋭意通四夷，奉使多用中貴，西洋則和及王景弘，西域則李達，迤北則海童，而西番則率使侯顯。」今以先後考之，中官出使之始于顯明甚，而本紀但書遣使，不書中官侯顯。惟輯覽及三編，以顯爲中官出使之始，故其目云，「未幾，又遣馬彬使爪哇、蘇門答剌諸國，李興使暹羅，尹慶使滿剌加、柯枝諸國，于是中官銜命異域者，四出紛紛矣。」今據三編書之。○又按顯附傳，言顯出使在是年之四月，與本紀書二月遣使不合。或者以二月奉詔，四月始行，故紀傳互異耳。輯覽亦系之四月。惟重修三編改入二月，據實録也，今從之。

15 己巳，振北京六府饑。

16 辛未，命三法司五日一引奏罪囚。

17 壬申，詔瘞戰地暴骨。

18 甲戌，命高陽王高煦備邊開平。

19 是月，改户部尚書郭資刑部尚書，雒僉爲行部尚書。

20 三月，庚辰，命江陰侯吴高鎮大同。

21 壬午，改北平行都司爲大寧都司，徙保定。

初，太祖封寧王于大寧，以守北藩。馮勝之征納克楚也，築大寧、寬和、會州、富峪四城。納克楚既降，尋置泰寧、福餘、朵顔三衛于烏梁海，舊作兀良哈。以居塞下之降附者，而置北平行都司于大寧治焉。靖難師起，劫寧王以歸，選三衛士卒三千人入關助戰，數有功。天下既定，遂割大寧畀之以償其勞。于是洪武間所築諸城悉廢，並調營州五屯衛及東勝左右衛，悉遷之内地，而遼東、宣府之聲援，一旦爲之隔絶。

22 戊子，命平江伯陳瑄督海運餉北京、遼東。初，洪武間，遼東及迤北諸路用兵，悉資海運以餉軍士。至三十年，以遼餉贏羨，令遼軍屯種其地，而罷海運。至是上以北方軍儲不足，命瑄與都督僉事宣信皆充總兵官，率舟師由海道運糧四十九萬石于遼東、北京，自是歲以爲常。

23 甲午，振直隸、北京、山東、河南饑。

時編修楊溥上疏，言：「洪武間定制，每縣四境設倉，以官鈔糴穀，儲備荒歲之需，振貸斂散，皆有成規。又于縣之各鄉開濬陂塘，修築濱江近河隄岸以備水旱，此皆萬世之利。自有司雜務日繁，便民之事猝不暇及，一遇災荒，莫知所措。近聞南方官倉儲穀，十處九空，甚至倉亦無存。原開陂塘，多被土豪侵占及堙塞爲私田，隄岸坍塌，閘壩損壞，皆爲農患。大抵親民之官，得其人則百廢興，不得其人則百弊興。伏望命部行移各布政司，令有司遵依舊制，並加整理。除近被災傷外，凡豐稔之處，于現有官鈔支糴穀粟，儲以備荒。郡縣考滿，吏部計績以定殿最。各按察司分巡官及巡按御史，並取勘實蹟，歲終奏聞，有欺蔽怠事者罪之。庶幾祖宗卹民良法，不爲小人所壞矣。」疏入，從之。

24 是月，北虜寇遼東。三萬衛都指揮沈永不能禦，又不奏聞，上怒其欺蔽，誅之。

25 瀋陽軍士唐順上書，請開衛河。

其略言：「衛河源出衛輝府輝縣，西北經衛輝城，抵直沽入海，距黃河陸路纔五十餘里。若開衛河，而距黃河百步置倉廒，受南運糧餉，至衛河交運，公私兩便。」上命廷臣議之，未及行。

26 夏，四月，丁未朔，享太廟。

27 初，安南黎季犛復弒主日焜，立其子顒。已，又弒之而立顒弟𡧼。𡧼時方在襁褓中，

【考異】三編質實，云「成祖實録載陳天平奏云：『臣天平，前安南王烜之孫，奣之子，日煃之弟也。日煃卒，弟暾立，子晛繼之。晛子顒，顒子𡧼，皆爲季犛所弒。』」與史傳小異。

季犛欲篡其國，復弒𡧼，大殺陳氏宗族。遂自立，更姓名曰胡一元，名其子蒼曰胡奃，謂出帝舜裔胡公。後僭國號大虞，年號元聖。尋自稱太上皇，傳位于奃。是時靖難師起，安南自帝其國，匿不以聞。

及上即位，遣官詔告其國，奃懼，遣使奉表朝貢。及是至京師，表文自署「權理安南國事」，詭言「陳氏嗣絕。臣陳氏甥，爲衆所推，權理國事，于今四年，乞賜封爵。」事下禮部，部臣疑之，請遣官廉訪。上乃命行人楊渤等賫敕諭其陪臣耆老，詢以陳氏繼嗣之有無及胡奃推戴之誠僞，令具實以聞。

28 己酉，命户部尚書夏原吉巡視浙西，治嘉、湖、蘇、松水患。

時諸郡頻罹于水，屢敕有司治之無功。原吉既至，循覽水勢，上言：「浙西諸郡，蘇、

松最居下流，嘉、湖、常三郡顛高，環以太湖，綿亘五百餘里，納杭、湖、宣、歙溪澗之水，散注澱山諸湖以入三泖。頃有浦港堙塞，漲溢害稼。拯治之法，在濬吳淞諸浦。按吳淞江袤二百餘里，廣百五十餘丈，西接太湖，東通海，前代常疏之，而當潮汐之衝，旋疏旋塞。自吳江長橋抵下界浦百二十餘里，水流雖通，實多窄淺。從浦抵上海南倉浦口百三十餘里，潮汐淤塞，已成平陸，灩沙游泥，難以施工。嘉定劉江港，即古婁江，徑入海，常熟之白茆港，徑入江，皆廣川急流。宜疏吳淞南北兩岸安亭等浦，引太湖諸水入劉家、白茆二港，使其勢分。松江大黄浦，乃通吳淞要道。今下流遏塞難濬，旁有范家浜，至南倉浦口徑達海，宜浚令深闊，上接大黄浦以達泖湖之水，庶幾復禹貢三江入海之舊。水道既通，乃相地勢，各置石閘，以時啓閉，每歲水涸時，預修圩岸以防暴流，則水患可息。」上命發民丁開濬。原吉晝夜徒步，以身先之。

29 癸亥，萬壽節，宴百官，詔預定位次。

30 辛未，岷王楩有罪。

楩之廢于建文也，西平侯沐晟實奏其過。上即位，召還漳州，使復其國，而楩遂與晟交惡，上兩戒敕之。楩沈湎廢禮，擅收諸司印信，殺戮吏民，上怒，奪其册寶。已，念其幽繫久，復予之，僅示薄懲，降其官屬，而楩仍不悛。

31 甲戌，命襄城伯李濬鎮江西。

時永新盜起，濬捕其爲首者誅之。尋召還。【考異】據明史濬傳，蓋討永新賊也，今據書之。

32 是月，申定金銀交易之禁，循洪武舊制，通鈔法也。

自鈔法行，定制，民間交易，錢鈔兼收，而商賈大率重錢輕鈔。至是復申其禁，犯者以奸惡論。其鈔楮昏爛者，許赴行在庫倒換新鈔。然收受艱難，故法雖嚴而禁不行。

33 五月，丁丑，除天下荒田未墾者額税。

34 癸未，宥死罪以下，遞減一等。

35 丙戌，以太祖忌日，謁祭孝陵。

36 庚寅，山東蝗，命有司捕之。

未幾，河南蝗，詔免今年夏税。

37 乙未，敕諭烏梁海。

38 是月，再論靖難功，封駙馬都尉袁容、李讓皆爲侯。又以淇國公邱福等議，封都督僉事李彬爲侯，陳亨子懋、王真子通等六人皆爲伯。

39 殺右副都御史黄信。

時尚書李至剛妻父麗重法當誅，至剛乞免于上，上曰：「法司鞫獄輕重，外人何由知之？」對曰：「此黃信爲臣言。」上怒，命錦衣衛鞫，有實，遂誅信。【考異】明史紀不載，皇明通紀系之四月，國史紀聞系之五月。按殺信事見李至剛傳，傳言「信右都御史」，而七卿年表不書，（年表于副都僉都例不入。）紀聞以爲右副都御史，是也。李至剛，諸書皆作「右通政」，證之本傳，至剛于去年十二月，自右通政進禮部尚書，今據書之。

40 六月，壬子，代王桂有罪，上賜璽書戒之曰：「聞弟縱戮取財，國人苦之，告者數矣。且王獨不記建文時耶？」尋詔有司：「自今王府不得擅役軍民，斂財物。聽者並治之。」【考異】本紀書「削其護衛」。證之諸王傳，「代王有罪，降敕戒諭」，在是年之十一月。其下文云，「召入朝，不至，再召，中途遣還，革其三護衛。」則是戒諭在十一月，削護衛又在明年。蓋王妃爲仁孝皇后之妹，上特優容之。傳中所記，本之實録，今據本紀系之是月，而删去「削護衛」字。

41 癸丑，遣給事中御史分行天下，撫安軍民。有司奸貪者逮治之。

42 丁巳，上皇考尊謚曰「太祖聖神文武欽明啓運峻德成功統天大孝高皇帝」，皇妣曰「孝慈昭憲至仁文德承天順聖高皇后」。【考異】此成祖改上之謚號，非後定之二十字，今據書之。

43 曹國公李景隆等修太祖實録成，上之。

44 戊辰，命武安侯鄭亨充總兵官，率武城侯王聰、安平侯李遠鎮宣府。亨，密雲降將也，從上戰，數有功，歷遷中府左都督，遂封侯。亨至邊，度宣府、萬全、懷來形便，每數堡相距中，擇一堡可容數堡士馬者，爲高城深池，浚井蓄水，謹瞭望。寇至，夜舉火，晝鳴礮，併力堅守，規畫周詳，後莫能易。

45 秋，七月，庚寅，復貽書諭郭勒齊。

46 八月，己巳，發流罪以下墾北京田。

47 甲戌，徙直隸、蘇州等十郡、浙江等九省富民實北京。

48 九月，癸未，命寶源局鑄農器，給山東被兵窮民。

49 庚寅，遣中官馬彬使爪哇、蘇門荅剌，李興使暹羅等國。【考異】據本紀，遣彬出使在是月。是年，中官出使外域者凡四人，侯顯在二月，馬彬在九月，紀皆書之，惟李興、尹慶不見。證之外國傳，興使暹羅在九月，是與彬以同月命也。慶出使滿剌加、柯枝在十月，今據傳分月書之。又傳言「彬使爪哇，便道使蘇門荅剌，又使西洋瑣里國」，是彬出使凡三國也。

50 乙未，奪歷城侯盛庸爵。

初，上命庸鎮淮安，旋移山東，庸常不自安。都御史陳瑛誣以心懷異謀，遂削爵下獄，庸尋自殺。

瑛自廣西召還，攝臺憲事，天性殘忍，受上寵任，益務深刻，專以搏擊爲能。甫蒞事，即言：「陛下應天順人，萬姓率服。而廷臣有不順命，效死建文者，如侍郎黃觀、少卿廖昇、修撰王叔英、紀善、周是修、按察使王良、知縣顏伯瑋等，其心與叛逆無異，請追戮之。」上曰：「朕誅奸臣，不過齊、黄數輩。後二十九人中，如張紞、王鈍、鄭賜、黄福、尹昌隆，皆宥而用之。況爾所言，有不預此數者，勿問。」

後瑛閲方孝孺等獄詞，遂簿觀、叔英等家，給配其妻女，疏族外親莫不連染。大理少卿胡閏之獄，所籍數百家，號寃聲徹天，兩列御史皆掩泣。瑛亦色慘，語人曰：「不以叛逆處此輩，則吾等爲無名。」于是諸忠臣遂無遺種。及擢任左都，益以訐發爲能。自劾庸後，以次及諸勳戚，中外文武，無不側目重足矣。

51 庚子，岷王楩復有罪，削其護衛。

52 是月，鎮守雲南西平侯沐晟奏：「車里宣撫司土官刁暹答侵威遠地，虜其知州，請發兵討之。」

上謂兵部曰：「兵易動難安，一或輕舉，傷人必多。且人有不善，以理告諭，未必不從。如其不從，加兵未晚。」乃敕晟遣人諭之。刁暹答果悔懼，乃還所虜知州及威遠之地，遣人入貢方物謝罪。

53 冬，十月，乙巳朔，享太廟。

54 上之即位也，遣使詔諭外蕃諸國，日本預焉。日本王源道義遣使表貢方物，至寧波，禮官李至剛奏：「故事：番使入中國，不得私攜兵器鬻民。宜敕所司覈其舶，諸違禁者，悉籍送京師。」上曰：「外夷修貢，履險蹈危，所費實多。有所齎以助資斧，亦人情，豈可概拘以禁令？至其兵器，亦准時直市之，毋阻向化。」

55 乙卯，日本使者至京師，上優禮之，遣官護送還國，並賚道義冠服、龜紐、金章及錦綺、紗羅、細軟之物。

56 是月，遣中官尹慶使滿剌加、柯枝等國。

57 十一月，乙亥朔，頒曆于朝鮮諸國，著爲令。

58 壬辰，罷遣浚河民夫，召夏原吉還。

59 甲午，北京地震。是時山西、寧夏亦震。

60 乙未，命六科辦事官言事。

上初即位，欲周知民隱，命吏部尚書蹇義等，「凡郡縣考滿至京，選其識達治體者，令于六科辦事，俾各言所治郡縣事。」卒無言者。

上諭給事中朱原貞等曰：「郡縣之間，豈無一事可言？今在朕左右，尚猶默默，況遠在千萬里外乎？卿等可以朕意諭之，何利當興，何弊當革，皆勿隱。若今不言，有他人言之，則無所逃罪矣。」

61 丙申，征南將軍韓觀討廣西山賊，平之。

觀爲忠壯侯成之子，生長兵間，有勇略。洪武間，歷平湖南、廣西諸蠻，凡前後斬獲以萬計。建文初，練兵德州，禦燕師，無功。上即位，以觀將家子，委任如故，遂由江西改鎮廣西。而觀性鷙悍，誅罰無所假，下令如山，人莫敢犯。上既命觀節制兩廣官軍，知其嗜殺，特賜璽書，諭以「蠻民易叛難服，宜先以德義綏懷之，毋專殺戮。」

會群蠻復叛，上遣員外郎李宗輔賫敕招之。觀大陳兵，示將發狀，而遣使偕宗輔往。于是桂林蠻復業者六千家，惟思恩蠻未附。而慶遠、柳潯諸蠻，方殺掠吏民，觀乃上章請討，遂與指揮葛森等擊斬理定諸縣山賊千一百八十有奇，禽其酋五十餘人，斬以徇。獲其所掠男女，歸之于民，而撫輯其逃散者，民皆大悦。

62 閏月，丁卯，封胡奃爲安南國王。

時楊渤等奉使至安南，奃復遣使隨渤還，進其國陪臣父老所上表，如奃所以誑上者，乞即賜封爵。上信之，乃命禮部郎中夏止善賫敕賜封。奃遣使謝恩，帝其國中自若。

三編御批曰：安南既列藩封，其篡弒相尋，固王法所必討。然成祖自燕邸稱兵，身冒不韙，其得國所自，與胡奃父子亦何甚逕庭？成祖既欲明正其罪，然自返慚德，何以爲辭！顧乃令具狀上聞，興師進討，其與楚靈王負慶封斧質以徇于軍者，又何以異？所以歸國之請使方來，而芹站之伏兵已起，坐爲遠夷所侮。雖由黃中等昧于機宜，亦其德不足以服遠，雖懾以兵威，終無益也。

63 十二月，甲戌，侍讀學士解縉等奉敕修古今列女傳成，上之，上親製序文頒行。

64 壬辰，詔禮部選國子監生三十餘人，分詔「天下軍民之家，有收藏高廟御製宸翰詩文者，皆送官繳進，仍重賚之。」——以建文遜去，大內毀于火故也。

65 初，衛河運糧之議，倡自唐順，而户部尚書郁新，謂「轉餉北京，由衛河交運，雖陸路五十餘里，驟難開濬，而濟以車運，實亦公私兩便之計。」乃上言：「自淮抵河，多淺灘跌坡，運舟艱阻。請別用淺船可載三百石者，自淮河、沙河運至陳州潁溪口跌坡下，復用淺船可載二百石者運至跌坡上，別用大船運入黄河，至八柳樹諸處，令河南車夫由陸運入衛河，轉輸北京，至爲近便。」上是其言。

是冬，命都督僉事陳俊運淮安、儀真倉糧百五十萬餘石赴陽武，由衛河轉輸北京，悉如新言行之。時以爲便。

66 是歲，始命内臣出鎮。【考異】此據明史本紀，書于是年之末。按三編質實云，「王世貞史料以中官出鎮始自永樂八年遣馬靖，明史本革除備遺録，始于是年，特書于本紀。」今據之。

初，建文帝御内臣嚴，燕師渡江，率逃入軍中，漏洩朝廷虛實，然上甚德之。及即位，行封賞，諸宦官言功不已，上患之。會遣顧成、韓觀、何福等出鎮貴州、廣西、寧夏諸邊，別選宦官有謀略者與之偕行，賜公侯服，位諸將上。未幾，置三大營，又命以提督監京軍。由是大權悉以委寄，遂爲一代厲階之梗云。

67 壬午之獄，凡建文諸臣，不在榜中，及捕至，自陳爲奸臣所累，不敢抗命者，皆宥而用之。時刑科給事中黃鉞，以户科左給事中召。鉞已前死，其家乃以「行至中塗溺水死」聞，避追録也。

同時並召者，又有御史曾鳳韶，廬陵人。金川之難，從建文帝出。帝以其名在榜中，恐累及其妻子宗族，麾之使去。鳳韶泣曰：「臣當以死報陛下。」遂歸。上素重鉞名。而鳳韶爲御史時，奉使至北平，請罷兵歸國，上雖不報，雅器重之。是年，以原官召，鳳韶不赴，又以侍郎召。鳳韶知不免，乃刺血書衣襟曰：「予生廬陵忠節之邦，素負剛鯁之腸。讀書登進士第，仕宦至錦衣郎。慨一死之得所，可以含笑于地下而不愧吾文天祥。」屬妻李氏、子公望：「勿易我衣，即以此斂。」遂自殺，時年二十九。李亦守節死。【考異】黃鉞、曾鳳韶之召，據野史，皆在永樂元年。而鉞已前死，故其家以溺水聞，所謂「避追録」者是也。鳳韶則以金川門陷後，因建文不許其從亡，遂歸廬陵。明年復召，乃自殺。野史有謂鳳韶亦以建文四年自殺者，蓋因從亡中無其人也，今仍據明史本傳。

靖難師之初起也，遼王植畏其偪，自泛海歸京師，王府紀善績溪程通從焉。入朝，上封事數千言，陳禦備策，進左長史。上即位，從王徙荆州。有言其前上封事多指斥者，械至，死于獄，家屬戍邊，並捕其友人徽州知府黄希范，論死。

一時先後坐事就逮者，有黄彦清，歙人，官國子博士，以前在梅殷軍中私謚建文帝被誅。蔡運，南昌人，歷官四川參政，勁直不諧于俗。罷歸，復起知賓州，有惠政，至是亦追論奸黨死。或曰「運蓋從帝出亡」云。

又，石允常，寧海人。洪武二十七年進士，官河南僉事，廉介有聲，坐事謫常州同知。建文末，率兵防江，軍潰，棄官去，後追録廢周藩事，繫獄二年，免死戍邊。

68 建文之初，朝鮮國王李旦，表陳年老，以子芳遠襲位，許之。上頒即位詔于朝鮮，芳遠遣使至京師朝貢者六。自是歲時貢賀以爲常，又遣使請冕服書籍，許之。

二年（甲申、一四〇四）

1 春，正月，乙卯，大祀南郊。

2 丁巳，定屯田賞罰例。

時尚書郁新上言：「河南等處管屯都指揮劉英等上屯田歲入之數，臣部核計，一人所耕，不足自供半歲之食。請定例，凡管屯都指揮、指揮及千、百户所管軍旗，各以歲所入之數，通計一歲軍士人食米十二石之外，查均餘石數多寡以爲賞罰，由巡按御史及按察司覈實以聞。」從之。

新又言：「湖廣屯田所産不一，請皆得輸官。粟穀、穈、黍、大麥、蕎、穄二石准米一石，稻穀、薥、秫二石五斗，穇、稗三石，各准米一石，豆、小麥、芝麻與米等。」著爲令。

3 己巳，召世子高熾及高陽王高煦還京師。

4 是月，夏原吉上言：「蘇、松之水，雖由故道入海，而支流未盡疏洩，請復往治之。」上從其言，命原吉再行，浚白茆塘、劉家河、大黃浦，又以大理少卿袁復爲之副，已，復命陝西參政宋性副之。凡九月，工竣，水洩，蘇、松農田大利。原吉踰年始還。【考異】明史本紀不載，惟王氏史稿有「正月復命夏原吉治水蘇、松」之語。又證之原吉傳，言「原吉召還京師，（證之諸書，原吉召還在去年十一月罷浚河民夫之時。）以支流未盡疏濬，請復治之，乃以正月復行。」明史稿系之是年正月，是也，今據增。

5 壬午大比之歲，以靖難不舉，元年八月，始合南、北兩京及十二藩補行之。二月，會試天下貢士，以解縉、黃淮爲考試官，中式楊相等四百七十人。

6 三月，乙巳，賜曾棨等進士及第、出身有差。

7 己酉，始選進士爲翰林院庶吉士。

初，洪武乙丑，始設庶吉士，然擇進士爲之，不專屬之翰林也。至是既授一甲三人爲翰林修撰、編修，復命于第二甲擇文學優等楊相等五十人及善書者湯流等十人，俱爲翰林院庶吉士，于是庶吉士遂爲翰林之專官。尋命解縉等選才資英敏者就學文淵閣，縉等選修撰梁、編修周述、周孟簡及庶吉士楊相等凡二十八人，以應二十八宿之數。庶吉士周忱，自陳少年願學，上喜而俞之，增忱爲二十九人，時謂忱爲「挨宿」。上命司禮監月給筆墨紙，光禄給朝暮饌，禮部月給膏燭鈔人三錠，工部擇近第宅居之。上時至館召試，五日一休沐，必使内臣隨行，且給校尉騶從。是年所選王英、王直、段民、周忱、陳敬宗、李時勉等名傳後世者，不下十餘人。【考異】三編質實云，「選進士爲庶吉士，謂之『館選』。其後或間科一選，或連科屢選，或數科不選，所選多寡無定額，比三年試之。其留者，二甲授編修，三甲授檢討，不得留者爲給事中、御史、主事或外爲州縣官，謂之『散館』。宣德五年，始命學士教習，以吏、禮二部侍郎爲之。」

8 庚戌，吏部奏：「有千户薦士者。定制，武臣不得薦士，請以違制罪之。」上曰：「馬周不因常何進乎？武臣薦士，亦其忠君愛國之心。果才，授之官，否則罷之可耳。」不許。

9 戊辰，改封敷惠王允熙甌寧王，奉懿文太子祀。

10 夏，四月，辛未朔，置東宫官屬，以吏部尚書蹇義兼詹事，翰林學士解縉兼右春坊大學士，侍讀黃淮、胡廣以下皆兼庶子、中允、諭德等官。

11 壬申，以僧道衍爲太子少師，復姚姓，賜名廣孝。

道衍佐上定策起兵，凡轉戰山東、河北，在軍三年，或旋或否，戰守機宜咸取決于道衍，雖未嘗臨戰陣，然上用兵有天下，道衍力爲多。至是論功第一，拜資善大夫，上與語，呼少師而不名。命蓄髮，不肯，賜第及兩宫人，皆不受。常歸僧寺，冠帶而朝，退仍緇衣如僧服。

12 甲戌，立世子高熾爲皇太子。

初，靖難兵起，世子居守。高煦扈從，數有功，上以其類己，高煦亦以此自負，謀奪嫡。至是議建儲，淇國公邱福、駙馬都尉王寧等，皆言「高煦有功宜立」。獨兵部尚書金忠以爲不可。

忠自姚廣孝薦，以卜得幸于上，靖難師起，召置左右，決以疑事輒有驗，又時進贊畫，預機務。上即位，論佐命功，擢工部侍郎，輔世子守北京，會從召還，進兵部尚書。因議儲，在上前歷數古適孽事，上不能奪，又密以告解縉、黃淮、尹昌隆等。

一日，上詢之縉。縉言：「世子仁孝，天下歸心。」上不應。已，又頓首曰：「好聖孫！」上頷之。尋以問淮、昌隆，對皆與縉同。

先是太子未至，諸臣屢請建儲，上不允，蓋意在高煦也。一日，諸臣應制題虎彪圖。圖畫一虎領衆彪，作父子相親狀，縉援筆成四絕句曰：「虎爲百獸尊，誰敢觸其怒？惟有父子情，一步一回顧。」上感其意，立召太子歸，至是遂立之。復以忠兼詹事，與蹇義等同輔導太子。同日，封高煦漢王，高燧趙王。

高煦既不得立，又聞之國雲南，艴然曰：「我何罪，乃斥萬里之遠！」卒不肯行，以此益銜縉等。【考異】據明史金忠傳，建儲之議，始于金忠，成于解縉，而縉之中讒實始于此。郎瑛七修類稿載「縉題虎顧衆彪圖，上感其意，立召太子」，是縉之歸心太子又在前也。朱竹垞明詩綜以此爲楊廉夫作而傅會之。按縉與廉夫，相去不過數十年，安知非編詩之竄入者？且郎氏所記，本彭文憲公畜德録，今按其四語，與唐肅之賦海東青同一規諷體，故並入之，不必核其真僞也。

13 壬午，封琉球故山南王從弟應祖爲山南王。

琉球居東南大海中，自古不通中國。至洪武初，其國有三王：曰中山，曰山南，曰山北，皆以尚爲姓，而中山最强，山南次之，山北爲最弱。太祖即位之五年，遣使詔告其國。中山王朝貢在先，而山南、山北並接踵至，先後貢獻不絕。中山、山南又屢遣子弟及寨官子來請肄業國學，皆許之。建文帝嗣位，三王亦奉貢如故。上即位，詔諭如前。元年，三王並來貢，皆賜冠帶遣之歸。

是年二月，中山王世子武寧遣使告其父喪，命禮部遣官諭祭，賻以布帛，遂命武寧襲位。未幾，山南王從弟應祖，亦遣使告其故王承察度之喪，謂「故王無子，傳位應祖，乞加朝命，且賜冠帶。」上並從之。遂遣官册封。

時山南使臣私齎白金詣處州市磁器，禮部尚書李至剛請論其罪，上曰：「遠方之人，知求利而已，安知中國禁令！」悉貫之。【考異】據明史本紀書「汪應祖」，證之琉球傳，「琉球凡三國：中山、山南、山北，皆以尚爲姓。」又云，「山南王從弟王應祖。」然本紀據實録，未知實録何據也。今據傳但書故王之從弟，並記其以尚爲姓事。

14 是月，文華寶鑑成。

先是上命侍臣輯古嘉言善行可爲法鑑者，爲書以授太子，至是成。上召皇太子諭之曰：「修己治人之要，具于此書。帝王之道，貴乎知要，知要便足爲治。」

又顧講臣解縉等曰：「帝王之學，貴切己實用。秦始皇教太子以法律，晉元帝授太子以韓非，帝王之道廢而不講，所以亂亡。今此書所載皆大經大法，卿等輔導東宮，日爲講説，庶幾成其德業，他日不失爲守成令主。」

15 五月，壬寅，命豐城侯李彬鎮廣東。

彬以元年討永新寇，命率師策應李濬。未至，寇平，乃命以所統往鎮廣東。又命清遠伯王友充總兵官，率舟師沿海捕倭。

16 六月，丁亥，上諭吏科給事中曹崇曰：「官冗則坐食者衆，食衆則力本者困。生息之道，由于節儉。朕觀吏部録中外官數，比舊額增至數倍。古云：『官不必備，惟其人。』爾以此意諭吏部，令諸司汰冗員，以省國用而紓民力。」

于是吏部尚書蹇義等言：「在京各官，額外添設者送部别用，在外令所轄上官嚴行考覈。今年所取二甲、三甲進士，量留七十人，分隸諸司觀政。各王府教授伴讀缺，於第三甲内選用，餘悉遣歸進學。」從之。

17 辛卯，振松江、嘉興、蘇州、湖州饑。

少師姚廣孝奉使往賑蘇、湖，上諭之曰：「人君一衣一食，皆取之于民。民窮，君豈可不恤！君，父也，民，子也，爲子當孝，爲父當慈，各盡其道。少師宜往體朕心，毋爲國惜費。」

廣孝少好學，工詩，與王賓、高啓等友善，宋濂、蘇伯衡亦推奬之。晚佐靖難功，又著道餘録，頗詆先儒，識者鄙焉。至長洲，候同産姊，姊不納。訪其友王賓，賓亦不見，但遥語曰：「和尚誤矣，和尚誤矣！」復往見姊，姊詈之，廣孝慚而去。

18 甲午，封哈密恩克特穆爾舊作安克帖木兒。爲忠順王。

哈密東去嘉峪關一千六百里，漢伊吾盧地。元末，以威武王納固爾舊作納忽里。鎮之，尋改封肅王。卒，弟恩克特穆爾立。洪武中，太祖既定輝和爾地，置安定等衛，漸逼哈密，恩克特穆爾懼，將納款。會上即位，遣官招諭之，許其以馬市易，即遣使來朝，貢馬百九十匹。元年冬，至京師，上賜賚有加。並命有司給直，收其馬四千七百四十匹，擇良者十四入内廄，餘以給守邊騎士。至是復來貢請封，詔封爲忠順王，賜金印，復貢馬謝恩。踰年，爲韃靼可汗郭勒齊毒死，國人以病卒聞。

19 是月，命翰林院更試會試下第貢士，擇文詞優等者，得張鉉等六十人。上召見，皆賜冠帶，送國子監肄業。【考異】據憲章録、通紀諸書所載，皆在是月。證之選舉志，言「永樂初會試下第，輒令録其優者，俾入學，給以教諭之俸」，即指此也，今據書之。

20 秋，七月，壬戌，有鄱陽儒士朱季友，年七十餘，詣闕上所著書，多斥濂、洛、關、閩之説。上覽之，怒曰：「此儒之賊也！」遣行人押送饒州。會同府縣官聲其罪，杖之，悉焚所著書。

21 丙寅，振江西、湖廣水災。

22 是月，山東郡縣有野蠶成繭，有司以聞。禮部尚書李至剛請百官表賀，上曰：「野蠶成藺，不過衣被一方。必天下之民皆飽煖而無饑寒，方可爲朕賀也。」不許。

23 八月，丁酉，故安南國王陳日熞弟天平來奔。

先是胡奃以誑上得封，旋侵奪我思明邊境，上敕令還，不聽。尋復據占城訴稱：「安南侵掠，脅彼國爲屬臣，又邀奪天朝賜物。」上惡之，方遣官切責，而安南故陪臣裴伯耆詣闕告難，言：「臣祖父皆執政大夫，死國事。而賊臣黎季犛父子，弑主篡位，屠戮忠良，滅族者以百十數，臣兄弟妻孥亦並遭害。臣棄軍遁逃，伏處山谷，思詣闕廷披瀝肝膽，展轉數年，始見天日。竊惟季犛乃故經略使黎國髦之子，世事陳氏，叨竊寵榮，及其子蒼，亦蒙貴任。一旦篡奪，更姓易名，僭號改元，忠臣良士，無不痛心疾首。臣不自量，敢效申包胥之忠，哀鳴闕下。伏願興弔伐之師，隆繼絶之義，蕩除奸凶，復立陳氏，臣死且不朽！」上得書感動，命有司周以衣食。

未幾，復據老撾國送天平至，上言：「臣天平，前王烜之孫，奣子，日熞弟也。黎賊盡滅陳族，臣越在外州獲免。臣僚佐激于忠義，推臣爲主。方議興師討賊，而賊衆我寡，兵敗見迫，倉皇出走，竄伏巖谷，萬死一生，得達老撾。恭惟皇帝陛下入正大統，臣有所依歸，匍匐萬里，哀愬明廷。陳氏後裔，止臣一人，臣與此賊，不共戴天。伏乞聖慈垂憐，迅發六師，用章天討。」上益感動，命所司館之。

會胡奃遣使來賀明年正旦，上出天平示之，皆錯愕下拜，有泣者。伯耆責使者以大義，亦皇恐不能答。上曰：「奃父子悖逆，鬼神所不容。而國中臣民，共爲欺蔽，一國皆罪人也。」且遣使詰責，令具其篡弒之實以聞。

24 九月，丙午，周王橚來朝。

時橚畋于鈞州，獲騶虞，獻之，群臣稱賀。上曰：「祥瑞之來，易令人驕。是以古之明王，皆遇祥自警，未嘗因祥自怠，警與怠，安危繫焉。騶虞若果爲祥，在朕更當修省。」

25 丁卯，徙山西民萬户實北京。

26 上謂吏部尚書蹇義曰：「往慮守令未必得人，故命御史監察。比聞御史至郡邑，但坐公館，召諸生及庶人之役于官者詢之，輒以爲信，如此何由得實？宜入其境，如其田野闢，人民安，禮讓興，風俗厚，境無盜賊，吏無奸欺，即守令之賢能可知。無是數者，即守令無足取矣。且詢言非一人，好惡不同則毀譽亦異。若但憑在官數人之言以定賢否，其君子中正不阿，小人賂遺求譽，而即墨及阿之毀譽出矣。故孟子論取舍，必徵之國人。自今御史巡行察吏，毋得摭拾人言，賢否皆具實蹟以聞。」

27 解縉等七人之預機務也，上嘗諭之曰：「爾七人朝夕左右，朕嘉爾勤慎，時爲宮中言之。但恒情慎初易，保終難，願共勉焉！」因各賜五品服。命七人命婦朝皇后于柔儀殿，后勞賜備至。又嘗以立春日賜縉等金綺衣，與尚書埒。縉等入謝，上曰：「代言之司，機密所繫。且旦夕侍朕，裨益不在尚書下也。」

一日，上御奉天門，諭科臣直言，因顧縉等曰：「王、魏之風，世不多見。若使進言者無所懼，聽言者無所忤，天下何患不治，願與爾等共勉之！」

是月，始出胡儼爲國子祭酒，不預機務，縉等六人寵任如故。

28 福建布政司奏，「有番船漂至海岸，詰之，則云暹羅與琉球通好，因籍其貨以聞。」上曰：「二國修好，此甚美事。不幸遭風，正宜憐惜，豈可因以爲利！其令所司治舟給粟，俟風便遣還。」

29 冬，十月，丁丑，河決開封，壞城。

初，河決率由開封北東行，洪武之季，下流淤塞，河遂決而之南。【考異】據本紀在是月，五行志系之九月者，蓋河決在九月，十月乃奏報之日月也。今據紀系之是月丁丑。

30 乙酉，蒲城河津黃河清。

31 是月，籍長興侯耿炳文家，炳文自殺。

先是刑部尚書鄭賜，都御史陳瑛，劾「炳文衣服器皿有龍鳳飾，玉帶用紅鞓，僭逆不道。」詔籍其家。炳文懼，遂自殺。

炳文長子瓚，前軍都督僉事，尚懿文太子長女江都公主，建文初，進駙馬都尉。炳文北伐，瓚勸直擣北平，不聽。上即位，瓚杜門稱疾，坐罪死，公主亦以憂卒。次子瓛，後軍都督僉事，建文時守山海關，嘗勸楊文攻永平以動北平，不聽，後與弟尚寶司卿瑄同坐罪死。

炳文雖太祖功臣，而以建文肺府之戚，故賜等希指劾之，遂坐誅。【考異】明史紀系之二年十月，證之功臣表，云「二年國除」，而諸書皆作「元年十月」。又，炳文傳言「燕王稱帝之明年」，疑被劾在元年，誅在二年也，今仍據本紀書之。

32 十一月，甲辰，上御奉天門録囚，諭錦衣衛等官曰：「此等囚久在獄中，而初至朕前，欲辯則無及，欲言則不敢。爾等更以朕意從容審之，如得其情，猶可及時平反也。」

33 癸丑，京師地震。時濟南、開封亦地震。敕群臣修省。

34 戊午，蠲蘇、松、嘉、湖、杭五府水災田租。

35 是月，上以海運但抵直沽，別用小船轉運北京，命于天津置露囤千四百所，以廣儲蓄。

36 十二月，壬辰，同州韓城黃河清。

37 是月，以禮部侍郎宋禮爲工部尚書。

38 曹國公李景隆有罪，籍其家，錮之。

初，景隆以迎降功，加太子太保、左柱國，班諸臣之首，衆皆不平。會周王來朝，發其建文時在邸受賕事，詔勿問。已，成國公朱能等復劾其與弟增枝謀逆有狀，詔削勳號，絶朝請。至是李至剛復訐其家居不道事，遂奪爵，並增枝及妻子數十人，錮之私第，没其財產。景隆遂廢。

三年（乙酉、一四〇五）

1 春，正月，庚戌，大祀南郊。

2 甲寅，遣御史李琦、行人王樞齎敕諭責安南。

3 庚申，復免順天、永平、保定田租二年。

4 是月，韃靼索和爾舊作掃湖兒。請内屬，許之。索和爾者，阿嚕台之別部也，與其部人察罕達嚕噶舊作達魯花。等皆先後來歸。

5 二月，己巳，行部尚書雒僉有罪誅。僉自刑部改北京，至是以言事忤上意，陳瑛遂希指劾僉貪暴，下獄論死。【考異】本紀作「行部尚書」，是時建北京，設行部也。僉本刑部尚書，元年二月改行部，見七卿年表。行部例不入表，故不書其誅之月日，明史稿作「刑部尚書」，誤也。皇明通紀云「北京行部尚書」，最爲明析。

6 癸未，命趙王高燧居守北京。

7 是月，封哈密托克托舊作脱脱。爲忠順王。【考異】明史紀但書恩克封忠順王于去年，是年恩克之死及再封托克托皆不書。今考哈密傳，在是年之二月，據增。

上聞恩克特穆爾卒，遣官賜祭。托克托者，恩克兄子也，自幼俘入中國，上拔之奴隸中，俾列宿衛。至是欲令其歸嗣封爵，恐其國不從，遣官問之，不敢違，請還主其衆。乃册封，遣之國，並賜其祖母及母綵幣。托克托旋遣使貢馬謝恩。

8 三月，甲寅，免湖廣被水田租。

9 夏，四月，壬申，除直隸、浙江、湖廣、四川、廣東、江西、福建、河南户絶田租，計田三萬五千一百八十餘頃。【考異】明史本紀不書，今據三編增入，其日分據實録增。

10 是月，改工部尚書黄福于行部。

11 五月，以書戒諭周、楚、齊、蜀諸王。

12 六月，己卯，遣中官鄭和使西洋諸國。

建文帝之出亡也，有言其在海外者，上命和蹤跡之，且藉以耀兵異域，示中國富强。乃命和及其儕王景弘等將士卒三萬七千餘人，多賫金幣，造大舶修四十四丈、廣十八丈者六十二，自蘇州劉家河泛海至福建。自福州五虎門揚帆，首達占城，以次徧歷西南洋諸國，宣天子詔，因給賜其君長，使之朝貢。有不服者則以兵懾之。

自侯顯至西域後，中官奉使外蕃，後先相望，而和與顯尤著云。

13 庚辰，遣中官山壽等率兵出雲州。

時上命武城侯王聰出覘邊塞，別遣壽率騎兵出雲州北行會之，人齎一月糧，每三十里置五騎，以待馳報。

自上即位後，中官出使，歲以爲常，此又典兵之始云。

14 甲申，振蘇、松、嘉、湖饑。

時户部尚書夏原吉再治浙西水利，工竣還，上復命偕僉都御史俞士吉、大理少卿袁復往，並發粟三十萬石，給牛種。有請召民佃水退淤田益賦者，原吉馳疏止之。姚廣孝還自浙西，稱原吉曰：「古之遺愛也。」

原吉初至浙西，上使士吉齎水利書賜之，因留督浙西農政。湖州逋糧至六十萬石，有司欲減其數以聞，士吉曰：「欺君病民，吾不爲也。」具以實奏，悉得免。

原吉奉使月餘，會户部尚書郁新卒，復召原吉還，掌部事。

15 初，户部以鈔法不通，由于出鈔太多，收斂無法，請暫行户口食鹽法，計口納鈔。因議大口月食鹽一斤，納鈔一貫，小口半之。至是以農民不便，免其納鈔。

16 庚寅，安南胡奃遣使謝罪。

方李琦等至安南，詰奃篡弒之實，國人莫敢隱。會雲南寧遠州復訴奃侵奪七寨，掠其婿女，奃益懼，乃遣其臣阮景真從琦等入朝，抵言「未嘗僭號改元，請赦其罪，願迎天平歸國，奉以爲主。」且請退還寧遠及前所侵奪思明地。上不虞其詐，諭以「果迎天平歸，事以君禮，即當建爾上公，封之大郡」，命行人聶聰賚敕偕景真往。

17 秋，八月，戊辰，禮部尚書李至剛坐事下獄。【考異】本紀不載，七卿表系之是月，今據實録日分。

至剛以言事得上心，而務爲佞諛，然其所建白，亦多不用。上既立太子，令兼左春坊大學士，直東宮講筵，與解縉後先進講。至是得罪，尋釋之，謫爲禮部郎中。以縉嘗疏其附勢不端，遂與縉有隙。

18 九月，丁酉，蠲蘇、松、嘉、湖水災田租凡三百三十八萬石。

19 丁巳，徙山西民萬户實北京。

20 是月，改刑部尚書鄭賜爲禮部尚書，擢真定知府吕震爲刑部尚書。

21 冬，十月，乙丑，殺駙馬都尉梅殷。

先是殷家居，上嘗遣中官伺察，詞色恒不平。于是陳瑛希指，劾「殷招納亡命，私匿塞外人，與女秀才劉氏朋邪咒詛。」上曰：「朕自處之。」因諭部臣考定公侯駙馬儀仗從人之數，而別命錦衣衛執殷家人送遼東。至是殷入朝，前軍都督僉事譚深、錦衣衛指揮趙曦，擠殷笪橋下溺死，以「殷自投水」聞。都督同知許成發其事，上命治深、曦罪，對曰：「上命也。」【考異】據明史紀書「盜殺」，蓋本實録之文而歸罪于譚深、趙曦二人，故書之曰「盜」。其實殷之被殺，成祖使之，事詳寧國公主傳中。今據三編删「盜」字，並據通紀增入「對曰上命也」五字。上大怒，立命力士以金瓜落二人齒，斬之。遣官爲殷治喪，謚榮定，而封許成爲永新伯。

初，殷之死也，寧國公主謂上果殺殷，牽上衣大哭，問：「駙馬安在？」上曰：「爲主跡賊，毋自苦！」尋官殷二子順昌爲中軍都督同知，景福爲旗手衛指揮使。賜公主書曰：「駙馬殷，雖有過失，兄以至親不問。比聞溺死，兄甚疑之。許成來首，已加爵賞，謀害之人，悉置重法，特報妹知之。」踰月，進封寧國長公主。

鄂爾和舊作瓦刺灰。者，降人也，事殷久，謂深、曦實殺殷，請于上，斷二人手足，刳其腸祭殷，遂自經死。

22 丁卯，齊王榑有罪。

榑之復國也，益驕縱，上召入朝，面諭以毋忘患難時。而榑不悛，陰蓄刺客，招異人術士爲咒詛，又以護衛兵守青州城，禁守吏往來。上聞之，賜書戒敕。

時周王橚亦中浮言，上書謝罪，上命封其書以示榑。【考異】據本紀，但書「戒敕齊王」。證之諸王傳，「時周王亦中浮言，上書謝罪，上封其書以示榑，」故通紀並書之，今據列傳增。

戊子，頒祖訓于諸王。

23 十一月，癸巳，加封信安伯張輔爲新城侯，增禄三百石。輔，玉之長子也。玉戰没于東昌，輔嗣職，從入京師，論靖難功封伯，上又册其妹爲妃。至是邱福、朱能言「輔父子功高，未可以私親故薄其賞」，遂進爵。

同日，又封平羌將軍宋晟爲西寧侯。是時晟在甘肅，招徠降附有功，故進侯爵。晟前後四鎮涼州，凡二十餘年，威信著絶域。上以其舊臣，有大將材，專任以邊事，所奏請輒報可。御史劾晟自專，上曰：「任人不專，則不能成功。况大將統制一邊，寧能盡拘文法？」即賜晟書褒諭之，仍敕以「便宜從事，毋恤人言。」

24 是月，下忠誠伯茹瑺于獄。瑺以首勸進功得封，又詔選其子鑑爲秦府郡主儀賓，命瑺出營郡主府第。還朝，坐不送趙王得罪，尋放歸爲民。

25 殺庶吉士章朴。朴坐事與序班楊善同詿誤，家藏有方孝孺詩文，善借觀之，遂密以聞。上怒，逮朴，戮于市，而復善官。——是時詔天下有收藏孝孺詩文者，罪皆至死，故朴及之。孝孺門人王稌，隱居山中，絕意仕進，輯孝孺遺文，潛録爲侯城集，遂得行世。——稌，忠文公褘之孫，國子博士紳之子也。

26 十二月，戊辰，西平侯沐晟討八百大甸，降之。【考異】明史本紀書「討八百，降之。」證之土司傳，言「永樂初置軍民宣慰司二，以土官刀招你爲八百者乃宣慰司，招你弟招散爲八百大甸宣慰司。」其邀阻朝使，乃八百大甸之刀招散，非招你也，今據三編增入「大甸」二字，並據其目書之。

八百者，相傳其部長有妻八百，各領一寨，故又名八百媳婦國。以洪武二十一年入貢，置宣慰司，自後頻入貢，賜予如例。上即位之二年，置軍民宣慰使司凡二，以土官刀招你爲八百者乃宣慰使，以其弟刀招散爲八百大甸宣慰使，令五年一貢。已而遣内官齎敕諭孟定、孟養等部，道經八百大甸，爲招散所阻，上遣使敕諭，不從。至是始命晟率車里諸宣慰兵至八百境内，破其猛利石崖及者荅二寨，又至整線寨，木邦兵破其江下等十餘寨。八百恐，遣人詣軍門伏罪。奏聞，敕晟班師。

27 是月，聶聰自安南還。胡奃復遣其臣阮景真從聰等入朝，具報請迎天平歸。聰又力言「奃無貳心，宜可信。」上從其言，庚辰，敕廣西左、右副將軍黄中、吕毅，將兵五千護送天平還安南，聰亦偕行。

28 是歲，日本復來貢。

初，上册立皇太子，日本遣使來賀。會對馬、臺岐諸島賊抄掠濱海居民，令使者歸諭其王捕之。王發兵殲焉，縶其魁二十人，以修貢之便，俘送至京師。上嘉之，遣鴻臚少卿潘賜偕中官王進賜其王九章冕服及錢鈔、錦綺加等，而還其所送之人，令其國自治之。使者至寧波，盡置其人于甑，蒸殺之。

29 上即位之初，有西洋剌泥國回回哈只、馬哈没奇等來朝，附載胡椒，與民互市。有司請徵其稅，上曰：「商稅者，國家抑逐末之民，豈以爲利。今夷人慕義遠來，乃侵其利，所得幾何，而虧辱大體多矣。」不許。

是年，以諸番貢使益多，乃置驛于福建、浙江、廣東三舶司以館之，福建曰來遠，浙江曰安遠，廣東曰懷遠。厥後平安南，復設交阯、雲南市舶提舉司，接西南諸國朝貢者，悉以中官領之。番舶既多，抽分牟利，而海上紛紛多事矣。

明通鑑卷十五

紀十五起柔兆掩茂（丙戌），盡上章攝提格（庚寅），凡五年。

江西永寧知縣當塗夏　燮編輯

成祖文皇帝

永樂四年（丙戌、一四〇六）

1 春，正月，丁未，大祀南郊。

2 丙辰，初御午朝。

上謂六部及侍臣曰：「早朝四方奏事者多，君臣之間，不得盡所言。午後事簡，卿等有所欲言，可以從容陳論，毋以將晡，疑朕倦于聽納。朕有所欲言者，亦可及此時與卿等商榷行之。」

3 是月，陳天平陛辭，上厚賚之。並敕封胡奩順化郡公，盡食所屬州縣。

4 遣侍郎俞士吉賫璽書賜日本，封其國之山爲壽安鎮國之山，御製碑文，頒立山上。

5 二月，河南南陽盜起。

上謂兵部曰：「此雖小醜，不治將大，元末可鑒也。」時豐城侯李彬方自廣東召還，與新城侯張輔率師討平之。【考異】傅氏明書系之二月，國史紀聞系之正月，明史紀不載，今入之二月之下。

6 三月，辛卯朔，上幸太學，釋奠于先師孔子，服皮弁，行四拜禮。御彝倫堂，賜講官及大臣翰林坐。祭酒胡儼、司業張智等，皆序進講堯典、泰卦，畢，賜百官茶，還宮。

7 甲午，設開原、廣寧馬市凡三：一在開原南關以待海西，一在開原城東，一在廣寧，以待朵顏三衞。既而城東、廣寧皆廢，（准）〔惟〕南關市獨存。

8 乙巳，賜廷試進士林環等及第、出身有差。

9 丙午，安南胡奃襲殺陳天平于芹站。

先是黄中等送天平至邱温，奃遣陪臣黄晦卿來迎。中等以奃不至，遣騎覘之，無所見，而迎者壺漿相望。中不虞其詐，遂徑進，度雞陵關。將至芹站，寇伏兵邀殺天平。時大理卿薛嵓謫廣西，中舉以輔行，遇伏，自經死。中等亟整兵擊之，寇斬絶橋道，不得進，引兵還。奏聞，上大怒，遂議興師。【考異】明史本紀記「大理卿薛嵓死之」，證之國史紀聞，又有

「行人聶聰」。按聰以去年使安南還，復令再使，故與嵩並遇伏而死。惟諸書不載聰死事，附識于此。

10 夏，四月，上視朝暇，御便殿閱書史，召翰林儒臣，問：「文淵閣經史子集皆備否？」解縉對曰：「經史粗備，子集尚多闕耳。」己卯，命禮部遣使四出，購求遺書。

11 五月，丁酉，振常州、廬州、安慶饑。

12 庚戌，齊王榑來朝。廷臣復劾榑罪，榑厲聲曰：「奸臣喋喋，又欲效建文時事邪？會盡斬此輩。」上聞之不懌，留之京邸，削其官屬護衛。

時廷臣請罪王府教授葉垣等，上曰：「王性凶悖，朕温詔開諭至六七猶不悛，教授輩如王何！垣等先自歸，發其事，可勿問。」

13 是月，録囚。

諭法司曰：「決獄貴明而無滯。前見刑部引奏，遼東衛官縱軍士往高麗者，一指揮專理屯田，未嘗預知，而一概逮繫，久不疏決，至于病危誤死，是枉殺之也。今天氣已熱，徒流以下，令所在發遣。」

14 六月，己未朔，日有食之。

是日，陰雲不見，尚書鄭賜請賀，上曰：「天下至大，他處見者多矣。且陰陽家言，日食而陰雲不見者，水將爲災，可賀乎？」不許。

15 丙寅，南陽獻瑞麥。諭禮部曰：「比郡縣屢奏祥瑞，獨此爲豐年之兆。」命薦之宗廟。

16 是月，回回國進玉椀，上曰：「朕朝夕所用磁器甚適意，奚事此。且受之則必厚賚之，後將有奇異于此者接踵而至矣。」命却之。

17 西南夷大古剌、小古剌等部落皆來朝貢，詔于雲南置宣撫使司二，長官司五，統之。

【考異】據皇明通紀，「是時因西南夷大古剌、小古剌來貢，置雲南宣撫使司二，長官司五，以統之。」明書亦載大古剌來貢于是年五月之末，惟明史本紀，是年朝貢之國無之。大古剌之名，惟見土司八百國傳中，其地在八百國之西，通紀以爲西南夷者是也。明會典，宣撫司凡六：湖廣則施南、忠建、散毛、容美凡四，四川則石砫、酉陽凡二。而據明史土司傳，則四川有永寧宣撫司，雲南有干崖宣撫司、南甸二宣撫司。又，平麓川，分其地置隴川宣撫司，皆見明一統志。通紀但云「置雲南二宣撫司」，一統志言「雲南之干崖、南甸，皆西南夷地」，未知所置即此否也？今據通紀，系之是年六月下。

18 秋，七月，辛卯，大發兵討安南，以成國公朱能爲征夷將軍，沐晟、張輔副之。命兵部尚書劉儁參贊軍務，行部尚書黃福、大理寺卿陳洽督餉，敕沐晟率兵由雲南臨安府，朱能等率兵由廣西思明府，分道進發。

詔曰：「安南皆朕赤子，惟黎季犛父子首惡必誅，他脅從者皆釋之。罪人既得，立陳氏子孫賢者。毋怙亂，毋翫寇，毋毁廬墓，毋害禾稼，毋攘財貨、掠子女，毋殺降。有一于此，雖功不宥。」

癸卯，禡祭出師。

19 乙巳，申嚴誹謗之禁。

20 初，上以北平爲北京，尚書李至剛，以爲「興王之地，宜爲首善之區。」上是其言，與近侍大臣密計數月，先以爲行在。

閏月，壬戌，始下詔，以明年五月建北京宮殿，分遣大臣宋禮等采木于四川、湖廣、江西、浙江、山西等處，命泰寧侯陳珪董治其事。

21 八月，丁酉，詔通政司：「凡上書奏民事者，雖小必以聞。」

22 齊王榑既被留，益懷怨望，上乃召其子至京師。癸丑，並廢爲庶人。

23 九月，戊辰，振蘇、松、常、杭、嘉、湖流民復業者十二萬餘户。

24 是月，設苑馬寺于北京、遼東、平涼、甘肅。【考異】明史紀不載。據職官志在是年。明書系之九月，今據之。

25 冬，十月，戊子，成國公朱能至龍州，卒于軍。追封東平王，謚武烈。

能既卒，張輔代領其衆，詔以輔爲征夷將軍，制詞以李文忠代開平王常遇春爲比，且敕乘冬月瘴厲未興，及時滅賊。

輔自廣西憑祥進兵，度坡壘關，望祭安南境内山川，檄胡奎父子二十罪。乙未，連克隘留、雞陵二關，長驅至芹站。安南伏兵邀擊，敗而走，遂抵新福。會沐晟自雲南至，庚子，會于白鶴。

安南有東西二都，依宣、洮、沲、富良四江爲險。寇緣江南北岸立柵，聚舟其中，築城于多邦隘，連亘九百餘里，兵衆七百萬，欲據險以老我師。輔乃自新福移軍三帶州，伐木造船以圖進取。

26 是月，平江伯陳瑄督海運至遼東。舟還，會倭寇沙門，追擊至朝鮮境上，焚其舟，殺溺死者甚衆。

27 十一月，己巳，甘露降孝陵松柏，醴泉出神樂觀，薦之太廟，賜百官。

28 是月，户部人材高文雅上書言時政，通政司據以奏聞。書中首舉建文事，次及救荒恤民事。陳瑛劾其狂妄，請置之法，上曰：「草野之人，何知忌諱！其言苟可采，奈何以直廢之！」諭鄭賜曰：「不罪直言，則忠言進，諛言退。瑛刻薄，非助朕爲善者。」命吏部量授文雅官。

29 十二月，辛卯，赦天下殊死以下。

是時法司進月繫囚數率數百人，大辟十之一。上曰：「寒沍淹禁，必有死不當罪者。凡雜犯死罪以下，約二日悉發遣。」至是遂大赦。

30 張輔軍次富良江北，遣驃騎將軍朱榮破安南兵于嘉林江，遂與晟合軍進攻多邦城。

丙申，都督黃中等將死士，人持炬火銅角，以夜四鼓越重濠，雲梯傅其城。都指揮蔡福先登，軍士蟻附而上。角鳴，萬炬齊舉，城下兵鼓譟並進，遂入城。賊驅象迎戰，輔以畫獅蒙馬衝之，翼以神機火器，象反走。賊大潰，斬其帥二人。追至繖圓山，盡焚緣江木柵，遂拔其城。

丁酉，克東都。吏民降附來歸者日以萬計，皆撫輯之。又遣別將李彬、陳旭取西都。癸卯，亦克之。黎季犛率衆來援，皆大敗。一時三江州縣，望風送款。季犛窮蹙，乃焚宮室倉庫，遁入海。

31 辛亥，甌寧王允熙邸第火，王暴薨。謚曰哀簡。是時廣澤、懷恩二王，皆自漳州、建昌召還，錮之鳳陽，先後卒。

初，建文帝太子文奎，遇燕師入城，宮中火起，莫知所終。少子文圭，時方二歲，幽之中都廣安宮，號曰建庶人。

32 是月，西番尚師哈里瑪勒隨侯顯至京師。

33 是歲，琉球中山王遣寨官子六人入國學，並獻閹豎數人。上曰：「彼亦人子，無罪刑之，何忍！」命禮部還之。部臣言：「不受則阻其歸化之心，請但賜敕止其再進。」上曰：

「諭以空言，不如示以實事。今不遣還，彼必將繼進。天地以生物爲心，帝王乃可絶人類乎！」竟還之。

五年（丁亥、一四〇七）

1 春，正月，丁卯，大祀南郊。

2 己巳，張輔、沐晟大破安南兵于木丸江。先是季犛父子遁，泊黄江。輔等偵知其去交州不遠，令清遠伯王友率兵悉破其江中寨，盡得其舟，遂乘勝定東潮、諒江諸府州。賊悉舟師來援，遇于木丸江，大敗之，斬首萬餘級，溺死者無算。

3 直隸及浙江諸郡軍民，披剃爲僧，赴京請度牒者千八百人，禮部以聞。上怒曰：「皇考之制，民年四十以上始聽出家，今犯禁者何多也！」命付兵部籍爲軍，發戍遼東、甘肅。

【考異】諸書皆系之二月，今據實録改入正月。

4 是月，以右都御史吴中爲工部尚書。

5 二月，庚寅，出翰林學士解縉爲廣西參議。縉以迎附驟貴，才高，勇于任事。然好臧否，無顧忌，廷臣多忮其寵。又因建儲事，獨歸心太子，與邱福等異議，高煦以此深恨之。會朝議發兵討安南，縉獨以爲不可，失上意。而太子既立，高煦寵益隆，禮秩踰適，縉復諫曰：「是啓争也。」上不懌，以縉離間骨肉，恩禮浸衰。四年，賜黄淮等五人二品紗羅衣，獨不及縉。而福等議稍稍傳播外廷，高煦遂譖縉洩禁中語。至是有劾其上年廷試讀卷不公事，遂有是謫。禮部郎中李至剛，挾下獄之嫌，謂縉實中傷之，乃奏言縉怨望。尋改交阯，命督餉化州。【考異】諸書或系之正月，或系之二月，今據明史本紀，與實録同。

6 三月，丁巳，封西番尚師哈里瑪勒爲大寶法王。

哈里瑪勒之至也，上迎見于奉天殿，尋賜宴華蓋殿，賞賚優厚。至是命建普度大齋于靈谷寺，爲高帝、后薦福，凡七日，上躬自行香。卿雲、甘露、青鳥、白象之祥，連日畢見，上大悦，侍臣多獻賦頌。于是封哈里瑪勒爲法王，領天下釋教，其徒孛隆逋、瓦桑兒加等皆爲大國師。已，命哈里瑪勒赴五臺山建大齋，再爲高皇帝、后薦福，賜予加渥。

7 辛巳，張輔等追安南賊至富良江，命都督柳升以舟師横擊，大破之。斬馘數萬，江水爲赤。季犛父子以數小舟遁去。

8 是月，下駙馬都尉胡觀于獄。——觀，東川侯海子也。

初，陳瑛劾「觀强取民間女子，娶娼爲妾，預李景隆逆謀」，詔以至親勿問，罷其朝請。

至是，瑛又劾其怨望，遂逮之下獄。

9 守衛官有於皇城下誦經不輟者，上召諭之曰：「爾身備宿衛，不用心防奸，乃一志誦經，可乎？若存心忠孝，不越分違法，自然有福。如無是數者，而望有福無禍，得乎？今後仍於宿衛之所誦經者，必罪不宥。」

10 夏，四月，辛卯，皇長孫瞻基出閣就學，時年十歲。【考異】明史本紀不載，輯覽、三編系之是年四月。據傅氏明書在四月辛卯，據實録也，今從之。

上使少師姚廣孝等侍講讀，諭之曰：「朕長孫天資明睿，宜盡心開導。凡經史所載孝弟仁義，與夫帝王大訓，可以經綸天下者，日與講解，不必如儒生繹章句、工文詞也。」

11 己酉，振順天、河間、保定饑。

12 五月，甲子，張輔等生禽安南黎季犛父子，檻送京師，安南平。

先是季犛父子以小舟遁至海門涇鵲淺，時天晴水涸，賊棄舟走。官軍至，驟雨，水漲數尺，舟畢渡，抵茶籠縣，循舉厥江，至日南州奇羅海口。衛卒王柴胡等生禽季犛及其子澄，尋爲土人鄉導，又獲僞王黎蒼即胡奃，並其僞太子芮于高望山。

時上命輔等訪求陳氏子孫，安南耆老千餘人詣軍門言：「陳氏爲黎賊殺盡，無可繼者。安南本中國地，請仍入職方，同郡縣。」輔等以聞，上詢之群臣，皆曰：「設郡縣便。」

從之。

13 是月，以禮部侍郎趙羾爲本部尚書。羾以事每爲言者所劾，上不問。至是進官，賜宴華蓋殿，撤膳羞遺其母。

14 河南饑，命逮治有司匿災者。諭都察院曰：「河南郡縣，洊罹旱澇，有司匿不以聞。有言雨暘時若，禾稼茂實者，及遣人視之，所收十不及四五或十不及一，至掘草實爲食。朕聞之惻然，亟發粟振之，已有饑死者。此朕任用匪人之過，已悉置之法。其榜諭天下，凡有司遇災傷不以聞者，皆罪之不宥。」

15 六月，癸未，以安南平，詔告天下。

改安南曰交阯，設交州、北江、諒江、三江、建平、新安、建昌、奉化、清化、鎮蠻、諒山、新平、演州、乂安、順化，凡十五府，分轄三十六州，一百八十一縣。又設太原、宣化、嘉興、歸化、廣威五州，直隸布政司，分轄二十九縣。置三司，以都督呂毅掌都司事，黄中副之，以前工部侍郎張顯宗、福建布政司左參政王平爲左、右布政使，前河南按察使阮友彰爲按察使，又命行部尚書黄福兼掌布、按二司事。其他要害，咸設衛所控制之。【考異】明史本紀，「置交阯布政司」，其設府州縣，具安南傳中。輯覽所載，謂「設府十七，直隸州五」，證之明史傳殊不合。蓋初以太原、宣化爲直隸州，後升府治，故有十七之數，若是年置郡，止十五也。其直隸州，則宣化名與府複，而演州係府治，改入之直隸州中，又于十七府中增入升華，疑亦先後建置更易也。重修三編載實録最詳，具質實中，今從之。

16 己丑，以山陽民丁鈺爲刑科給事中。

鈺居山陽，見時嚴誹謗之禁，乃訐其鄉人里社賽神事，指爲聚衆謀不軌，坐死者數十人。法司因希指謂「鈺才可用」，立擢之。由是陰伺百僚，有小過輒以聞，舉朝側目。卒以貪黷被劾戍邊。

17 甲午，詔：「自永樂二年六月後，犯事去官者悉宥之。」

18 征南將軍韓觀在廣西，值大兵討安南，由憑祥入坡壘關。觀率所部營關下，伐木治橋梁，給軍食。既平安南，命觀措置交阯緣邊諸堡，而柳、潯諸蠻乘觀出復叛。觀還師，抵柳州，賊望風遁匿。觀乃上書，請移征交阯兵討之，且請俟秋涼深入，上敕張輔分兵協助。乙未，輔遣都督朱廣、方政率兵往會。上又遣使發湖廣、廣東、貴州三都司兵俟期進討。

19 癸卯，命張輔訪交阯人才，禮遣赴京師。

是時安南方入版圖，上加意綏懷，除黎氏一切苛政，遭刑者悉放免，居官者仍其舊，與新除者參治。凡有懷才抱德之彦，敦遣赴京。至是又詔訪求山林隱逸、明經博學、賢良方正、孝弟力田、聰明正直、廉能幹濟，下及書算兵法、技藝術數之等，悉以禮敦送至京録用。于是輔等先後奏舉九千餘人。

20 初，僉都御史俞士吉，與大理少卿袁復先後爲陳瑛所劾，同繫獄。復死獄中。士吉謫爲事官，仍令治水蘇、松。是月，召還復職，上聖孝瑞應頌，——蓋指是年春番僧薦福事也。上不懌，曰：「爾爲大臣，不言民間利病，乃獻諛耶！」擲還之。

21 秋，七月，乙卯，皇后徐氏崩。

后好讀書，嘗爲上言：「當世賢才皆高皇帝所遺，陛下不宜以新間舊。」又言：「帝堯施仁自親九族始。」上嘉納之。嘗召六卿命婦入見，諭之曰：「婦之事夫，奚止饋食衣服而已，必有助焉。朋友之言，有從有逆，夫婦之言，婉順易入。吾旦夕侍上，惟以生民爲念。願共勉之！」嘗采女憲、女戒作内訓二十篇，又類編古人嘉言善行作勸善書，頒行天下。

至是疾革，惟勸上愛惜百姓，廣求賢才，恩禮宗室，毋驕畜外家。崩，年四十有六。上悲慟，爲薦大齋于靈谷、天禧二寺，聽群臣致祭，光禄爲具物。

22 丙辰，敕禮部定喪儀。

丁卯，河溢河南。

23 是月，西寧侯宋晟卒。

晟嘗請入朝，報曰：「西北邊務，一以委卿，非召命毋輒來。」尋命營河西牧地及圖出塞方略，會晟病，遂卒。

24 八月，乙酉，命都督何福移鎮甘肅。

25 庚子，録囚，雜犯死罪減等，諸戍流以下釋之。

26 黎季犛既禽，餘黨竄山谷中，出没爲寇。是月，都督僉事高士文敗之廣源。益兵進圍其寨，垂破，賊突走，士文與戰，中飛石死。

事聞，追封建平伯。

27 九月，壬子，鄭和還。西洋諸國皆遣使者隨和入朝，並執舊港酋長陳祖義至。舊港者，故三佛齊國也，古名干陀利，以洪武三年入貢，九年請封。而是時爪哇强，已威服三佛齊而役屬之，聞天朝封其國爲王，與己埒，大怒，遣人誘朝使，邀殺之。會胡惟庸之亂，貢使遂絶。三十年，禮部以諸番久缺貢奏聞，太祖乃傳諭暹羅，託言「將遣使至爪哇，恐中途爲三佛齊所阻，令暹羅諭意爪哇，使轉諭三佛齊。」

維時三佛齊已爲爪哇所併，改其名曰舊港。而爪哇不能盡有其地，于是華人流寓者，往往起而據之，遂有廣東人梁道明、陳祖義，先後自稱頭目，于上即位之四年各遣使朝貢，而祖義復爲盜海上，邀截往來貢使。是年和自西洋還，遣人招諭之，祖義詐降，謀邀劫。有施進卿者告于和，祖義來襲，遂爲和所禽。至是俘獻入朝，命戮于都市。

28 乙卯，都督柳升俘送黎季犛及其子蒼等至京師，上御奉天門受之。詔季犛父子及其僞將相悉付獄，赦其子孫澄、芮等，令有司給衣食。

大賚征安南將士。

29 冬，十月，甲午，册謚皇后曰仁孝皇后。【考異】據明史后妃傳，皇后崩在七月乙卯，下云：「甲午，謚曰仁孝皇后。」按七月無甲午，傳中牽連記之，脱月分耳。諸書皆系之十月，蓋十月甲午也，今從之。○又，是月辛巳朔，明書及國史紀聞皆書日食，明史及三編删之，蓋以曆推，是月無日食也。凡日食皆據正史，後仿此。

30 韓觀討潯、柳蠻，平之。

時諸軍並集，分道進剿。觀自以貴州、兩廣兵由柳州攻馬平、來賓、遷江、賓州、上林、羅城、融縣，皆破之。與大兵會于象州，進攻武宣、東鄉、桂林、貴平、永福，斬首萬餘級，禽萬三千餘人，群蠻復定。

捷聞，上嘉勞之。

31 是月，授交阯明經甘潤祖等十一人爲諒江等處同知。

32 增設北京苑馬寺，凡六監，二十四苑。

33 十一月，甲子，冬至，以皇后喪，免朝賀。

34 丙寅，彗星見。諭趙王高燧曰：「彗星見燕分，爾宜謹出入，慎邊防，毋稍怠忽。」【考異】事據三編，又證之明史天文志，在是月丙寅。惟實録則云「是夜彗星不見」。（蓋亦陰雨之類。）諭趙王事在前一日。今據正史。

35 是月，特命户科給事中胡濙頒御製諸書，並訪仙人張邋遢，徧行天下州郡鄉邑。

時鄭和已還，上終疑建文帝遜國事，故以訪異人爲名，陰物色之。濙奉詔出，垂十年乃還，所至亦間以民隱聞。

36 修永樂大典，書成，上之。

初，上即位之元年，諭學士解縉等曰：「天下古今事物，散載諸書，篇帙浩繁，未易檢閱，朕欲悉采各書所載事物類聚之而統之以韻。嘗觀陰氏韻府群玉、錢氏回溪史韻二書，事雖有統而紀載太略。卿等其如朕意，凡書契以來經、史、子、集、百家，至于天文、地志、陰陽、醫卜、僧道、技藝之言，備輯爲一書，毋厭浩繁。」縉等奉詔編纂，依韻排次，于二年十一月上之，賜名文獻大成。

既而上覽所進書尚多未備，復敕太子少師姚廣孝、刑部侍郎劉季篪與縉重修。三人總其事，復命學士王景、王達等五人爲總裁，侍讀鄒輯，修撰梁潛、曾棨等凡二十人副之。既又徵儒士陳濟，擢爲都總裁，又簡中外官及四方老宿有文學者充纂修，選國子監及郡縣生員能書者繕寫。開館于文淵閣，命光祿寺給朝暮膳。至是書成，凡二萬二千九百三十七卷，一萬一千九十五册，更賜今名，上親製序弁其首。

濟，武進人，以布衣入館，發凡起例，區分鈎考，秩然有條。書成，授右贊善。

37 十二月，甲申，朝鮮貢馬三千匹至遼東，送之京師。

38 甲午，以太祖戒飭功臣鐵榜及敕旨頒賜武臣。

39 是歲，魏國公徐輝祖卒。

時上詔群臣：「輝祖與齊、黃輩謀危社稷，朕念中山王有大功，曲赦之。今輝祖死，中山王不可無後。」遂命輝祖長子欽嗣爵。

40 左中允楊士奇奉宮僚職甚謹，是年，進左諭德。

會廣東布政徐奇載嶺南土物饋廷臣，或得其目，籍以進，上閱，無士奇名，召問，對曰：「奇赴廣時，群臣作詩文贈行，臣適病弗預，以故獨不及。今受否未可知，且物微，當無他意。」上即命取其籍燬之。

41 中官尹慶至滿剌加。

其地在占城南，昔役屬于暹羅，無王號國號。慶至，宣示朝廷威德，其酋大喜，以三年隨慶入朝。上嘉之，始封爲滿剌加國王，厚賚之，復命慶往。其使者言：「王慕義，願同中國列郡，歲效職貢，請封其山爲一國之鎮。」許之。是年，始遣使入貢。

六年（戊子、一四〇八）

1 春，正月，丁巳，岷王楩復有罪，削長史以下官屬。

2 辛酉，大祀南郊。

3 初，朝鮮國王李芳遠嗣位，請立其子禔爲世子，從之。是月，世子禔來朝，賜織金、文綺。及歸，上親製詩賜之。

4 二月，丁未，除北京永樂五年以前逋賦，免諸色課程三年。

5 肅王楧在國，以捶殺衛卒三人及受哈密進馬，詔逮其長史官屬。

6 三月，癸丑，命寧陽伯陳懋佩征西將軍印，鎮寧夏。

7 乙卯，詔河南、山東、山西永樂五年以前逋賦亦除之。

8 韃靼知院阿嚕台，以郭勒齊非元裔，殺之，而迎元之後布尼雅實哩舊作本雅失里。于巴什伯里，舊作別失八里。立爲可汗。上聞之，是月，以書諭布呢雅實哩曰：「自元運既訖，順帝後凡六傳，瞬息之間，未聞一人善終者。我皇考高皇帝，于元氏子孫加意撫恤，來歸者輒令北還，如遺脱古思歸爲可汗，此南北人所共知。朕之心即皇考之心。兹元氏宗族不絶如綫，去就之機，禍福由分，爾宜審處之。」不報。【考異】郭勒被弑，明史本紀及三編俱系于六年之末，證之明史韃靼傳，蓋是年之春也。國史紀聞系之是年三月，今從之。

9 夏，四月，雲南巡按御史陳敏言：「雲南自洪武中已設學校，請如各布政司三年一試。」從之。

丙申，始詔雲南以本年八月舉行鄉試。

10 五月，壬戌夜，京師地震。

11 六月，庚辰，詔：「罷北京諸司不急之務及買辦，以蘇民困。流民來歸者復三年。」

12 丁亥，張輔等班師還。上交阯地圖，東西相距千七百六十里，南北二千八百里，户三百十二萬。

自唐之亡，交阯淪于蠻服四百餘年，至是復入職方，上大悦，爲賦平安南歌。

13 是月，禮部尚書鄭賜卒。以劉觀爲禮部尚書。

14 秋，七月，癸丑，論平交阯功，進封張輔英國公，沐晟黔國公，王友清遠侯。封都督僉事柳升安遠伯，餘各陞賞有差。

初，交阯平，上問夏原吉：「遷官與賞孰便？」對曰：「賞費于一時有限，遷官爲後日費無窮也。」至是從之。

原吉雖居户部，遇國家大事，輒令詳議，召語移時。

15 八月，丙子朔，以明年春巡幸北京，命禮部翰林院定巡狩儀上之。

16 乙酉，交阯復亂。

時交阯方爲郡縣，中朝所置吏，務以寬厚輯新造，而蠻人自以非類，數相驚恐。有陳氏故官簡定者，先降，將遣詣京師，偕其黨陳希葛逃去，與化州僞官鄧悉、阮帥等謀叛。定乃僭大號，紀元興慶，國曰大越，出没化州、乂安山中，伺大軍還，即出攻盤灘、鹹子關，扼三江府往來孔道，寇交州近境，慈廉、威蠻、上洪、天堂、應平、石室諸州縣皆響應。

事聞，詔沐晟爲征夷將軍，統雲南、貴州、四川軍四萬人由雲南征討，復命尚書劉儁參贊沐晟軍務。

17 丙戌，詔曰：「成周營洛，肇啓二都，有虞勤民，尤重巡省。朕君臨天下，統御之初，已陞北平爲北京。今國家無事，省方維時，將以明年二月巡幸北京。命皇太子監國。親王止離王城一程迎候，官吏軍民于境内朝見，非經過之處，毋得出境。凡道塗供應皆已節備，有司不得有所進獻。」

尋命禮部頒巡狩禮。並行直省：「凡有重事及四夷來朝與進表者，俱達行在所，小事達京師，啓皇太子奏聞。」

18 是月，浡泥國王來朝。【考異】明史紀，凡外番朝貢皆系之歲終。據浡泥傳，蓋在是年八月，明書作九月，今從明史。

浡泥地近爪哇、闍婆等國，洪武間始一貢。上即位之三年，其王麻那惹加那遣使入貢，上遣官封爲國王，王大悅。至是率妃及弟妹子女陪臣泛海來朝，次福建。守臣以聞，上遣中官迎勞，遂至京師。王執禮致詞甚恭，上慰勞再三，宴于奉天門，妃以下饗于他所。禮訖，送入會同館。

踰兩月，王卒于館中。上爲輟朝三日，遣官致祭。有司具棺椁明器，葬之安德門外石子岡，樹碑神道，建祠墓側，有司春（慰）〔秋〕祀以少牢。謚曰恭順。又賜敕封其子遐旺嗣爲國王。

19 九月，己酉，命刑部疏滯獄。

時科臣劾「刑部都察院淹禁罪囚，瘐死者衆」，上切責尚書呂震等，期三日内悉疏雜犯死罪以下囚。

20 癸亥，遣鄭和復使西洋。

21 冬，十月，右庶子楊榮有母喪。

榮以五年奉使甘肅，經畫軍務，歸，奏所過山川形勢及軍民城堡，上大悅。踰年，以父喪給傳歸。既葬，起復視事。至是連遭母喪，乞歸，上以北巡期迫，不許。

22 十一月，丁巳，録囚。

23 十二月，丁酉，沐晟及安南賊簡定戰于生厥江，敗績。參贊尚書劉儁，行至大安海口，颶風作，揚沙晝晦，且戰且行，爲賊所圍，自經死。交阯都司呂毅、參政劉昱皆力戰，深入陷陣，死之。

24 是月，命安遠伯柳升、平江伯陳瑄率舟師沿海捕倭。

25 改刑部尚書呂震于禮部，劉觀改刑部。

七年（己丑、一四〇九）

1 春，正月，癸丑，詔以上元節張燈，弛夜禁，賜百官假十日。著爲令。

2 乙卯，大祀南郊。

3 初，洪武中，設茶馬司，令番人進馬者給以茶，上馬一匹給茶百斤內外，中、下以次減之。上即位，招徠遠人，遞增其數。至是碉門茶馬司用茶八萬觔僅易馬七十匹，由是市馬者多而茶恒不足，茶禁亦稍弛，馬又多瘦損，乃詔申嚴茶禁，增設洮州茶馬司，又設甘肅茶馬司于陝西行都司地。【考異】明史本紀不載，輯覽、三編皆書之目中，言「洪武中以茶易馬，上馬給茶八十斤，中下以次減之」，據實録之文也。明史食貨志，言「洪武初置茶馬司，河西番商以馬入雅州易茶，由四川巖州衛入黎州始達。茶馬司定價，馬一匹茶千八百斤，于碉門茶課司給之。番商往復迂遠，而給茶太多，巖州衛乃請置茶馬司于巖州，而改貯碉門茶于其地，且驗馬高下以爲茶數。詔茶馬司仍舊，而定上馬一匹茶百二十斤，中七十斤，駒五十斤。」與實録「上馬八十斤」不合。其後嚴私茶出境互市之禁，馬價稍減，則茶價宜稍增。然洪武之末，太祖語户部尚書郁新，謂「用陝西漢中茶三百萬斤，可得馬三萬匹」，是所給之茶，以馬之上、中、下牽算，則上馬給茶，亦當在百斤内外。志又言「太祖嚴私茶之禁，駙馬都尉歐陽倫以私茶坐死，（誅倫在洪武三十年。）乃製金牌信符，命曹國公李景隆賫入諸番，定要約。牌凡四十一面，共納馬一萬三千八百匹，三歲一遣官合符。其通道有二：一出河州，一出碉門，運茶五十餘萬斤，獲馬萬三千八百匹。」然則馬價之賤，通牽上、中、下三等，不過五十斤内外之茶數，則又減前價之半矣。若其初詔所定上馬給茶之數，仍據食貨志大略書之。

4 二月，乙亥，遣使于巡幸所經郡縣存問高年，八十以上賜酒肉，九十加帛。

5 丙子，徵致仕知府劉彥才等九十二人，分署府、州、縣。

6 辛巳，以北巡告天地宗廟社稷。

7 壬午，車駕發京師。皇太子監國。命吏部尚書蹇義、兵部尚書金忠、右春坊大學士黃淮、左諭德楊士奇留輔太子，户部尚書夏原吉、右諭德金幼孜、翰林學士胡廣、右庶子楊榮扈從。

8 交阯之叛，復命英國公張輔、清遠侯王友益發南畿、浙江、江西、福建、湖廣、廣東、廣西軍四萬七千人，助沐晟討之。

9 戊子，謁鳳陽皇陵。

10 庚子，次濟寧州，魯王肇煇迎跪道旁，召見行殿，厚賚之。

11 是月，茹瑺下獄死。

瑺釋歸爲民，其家人復告瑺不法事，逮至京。久之，復釋還，道經長沙，不謁谷王，王以爲言。時方重藩王禮，陳瑛遂劾瑺違祖制，逮下錦衣衛獄。瑺知不免，命子銓市毒藥服之，死。瑛又劾「銓毒其父，請以謀殺父母論」，尋以銓實承父命，減死，與兄弟家屬二十七人謫戍河池。

12 禮部試天下貢士，中式陳璲等八十四人。以上巡幸北京，詔寄監讀書，俟辛卯三月車駕還京，始舉廷試。

13 三月，甲辰，車駕次東平州，望祭泰山。

辛亥，次景州，望祭恒山。

14 乙卯，行後府都督僉事平安自殺。安自靈壁被執，送北平。上憐其材，即位，以爲北平都指揮使，尋進是職。至是上北巡，將至，覽章奏，見安名，語左右曰：「平保兒尚在耶？」安聞之，遂自刎。命以指揮禄給其子。

15 壬戌，車駕至北京。【考異】明史紀書壬戌，諸書皆作「壬辰」，誤也。三月無壬辰，今從本紀。

癸亥，大賚官吏、軍、民。

丙寅，詔：「起兵時將士及北京效力人民，雜犯死罪咸宥之。充軍者，官復職，軍民還籍伍。」

16 壬申，柳升大破倭于青州海中，追至金州白山島，奉敕還師。

17 江淮饑。都御史虞謙、給事中杜欽巡視兩淮，啓「軍民乏食，請發廩振貸。」皇太子遣人馳諭之曰：「軍民困乏，嗷嗷待哺，尚從容啓請待報，獨不聞汲黯事耶？亟發廩振之，毋緩！」

18 是月，以夏原吉兼署行在禮、兵二部及都察院，禮部尚書趙羾兼署行在刑部、兵部侍郎，方賓晋本部尚書兼署行在吏部。

19 夏，四月，癸酉朔，皇太子攝享太廟。

20 壬午，海寇犯欽州，副總兵李珪遣將擊敗之。

21 閏月，戊申，諭尚書蹇義等：「皇太子所決庶務，令六科逐月類奏以聞。」

22 丙辰，行在法司奏請録囚，諭曰：「發遣以上，皆五覆奏，庶不失欽恤之意。」

23 五月，己卯，營山陵于昌平，封其山曰天壽山。

24 乙未，封衛喇特舊作瓦剌，三編又作威拉特。瑪哈穆特舊作馬哈木。爲順寧王，太平爲賢義王，巴圖博囉舊作把圖孛羅。爲安樂王。

衛喇特者，蒙古部落也，在韃靼西。元亡，其强臣孟克特穆爾舊作猛可帖木兒。據之，上自起兵北平，即與通好。已而孟克死，衆分爲三：曰瑪哈穆特，曰太平，曰巴圖博囉，其酋長也。上即位，遣使往告，復使鎮撫諭之，賜以文綺。去年冬，瑪哈穆特等始遣諸觀達什舊作暖荅失。等來貢馬請封，至是遂封之，並特進金紫光禄大夫，賜之印誥，蓋藉以控制韃靼也。

25 上之北巡也，遣御史考覈郡縣長吏賢否以聞。六月，壬寅，御史還，言「汶上知縣史誠祖，治行第一。」上賜璽書勞之曰：「守令承流宣化，所以安利元元。朕統御天下，夙夜求賢，共圖治理，往往下詢民間，皆言苦吏苛急，能副朕心者實鮮。爾敦厚老成，恪共乃職；持身勵志，一于公廉；平賦均徭，政清訟簡；民心悦戴，境内稱安；方古良吏，亦復何讓。特擢爾濟寧知州，仍視汶上縣事。其益恭乃職，慎終如始，以永嘉譽。欽哉！」並賜以上尊衣鈔。

誠祖，解州人。洪武末，詣闕陳鹽法利弊，太祖嘉納之，擢授是職。是時上過汶上，欲徙其民數百家于膠州，誠祖奏免之。屢當遷職，輒爲民奏留，閲二十九年，卒于任。

同時有貝秉彝者，上虞人，任東阿縣，善決獄，能以禮義導民。歲大祲，上平糶備荒議，詔頒行各郡縣邑。西南有巨浸，積潦爲田害，秉彝相視高下，鑿渠引入大清河，涸之，得沃壤數百頃，民食其利。尤善綜畫，凡廢鐵敗皮，朽索故紙，悉藏之，暇，令工匠煮膠鑄杵，擣紙絞索，儲之庫。會上北巡，敕有司建席殿，秉彝出所儲濟用，工速竣。上嘉其能，將召之。東阿耆老百餘人詣闕請留，許之。詔進一階。

上即位以來，守令多久于其任。有遷擢者，率令帶升銜，仍在任視事。先後間有錢唐知縣黄信中，開化知縣夏升，青田知縣謝子襄，並九載課最當遷，其部民相率訴于上官，乞再任。巡按御史及布、按等以聞，上嘉之，即擢信中杭州知府，升衢州，子襄處州，俾得治其故縣。

而吉水知縣錢本忠，有廉名，詿誤罷官，父老奔走號泣乞留，郡人胡廣力保之，得還任。民聞本忠復來，空閭井迎拜。後卒，官民哀慕，請留葬邑中，爭負土營其壙云。【考異】明史本紀書是月「壬寅，察北巡郡縣長吏，擢汶上知縣史誠祖治行第一。」證之循吏傳，言「汶上知縣史誠祖治行第一，上賜璽書勞之，擢爲濟寧知州，仍視汶上縣事。」又言「是時上過汶上，欲徙其民數百家于膠州，誠祖奏免之。」而同時有「東阿令具秉彝，亦以上過東阿，知其能，欲召之，東阿耆老百餘人詣闕請留，許之，詔進一階。」是二事同在一時也，今並前後守令之績著于循吏傳者附入誠祖後。

26 御史又上言：「今貪吏虐民，無如易州同知張騰。」立徵下獄。

27 辛亥，命給事中郭驥使韃靼。

時布尼雅實哩擾邊境，獲其部曲二十二人。上復使驥齎書往諭之，不聽，遂殺驥。

【考異】憲章録系之四月，今據明史本紀月日。

28 丁卯，召御史張循理等廿八人，詢其出身，有洪秉等四人，皆吏也。上曰：「用人雖不專一途，然御史爲朝廷耳目之寄，宜用有學識達治體者。」乃黜秉等爲序班。詔：「自今御史勿復用吏。」踰年，復申諭吏部。著爲令。

29 是月，都御史陳瑛在臺，黨附者率恃瑛爲奥援，瑛又恃上寵，搏擊無忌。太子之監國也，有御史袁綱、覃珩，俱至兵部索皁隸，兵部主事李貞不應。綱等銜之，遂附瑛謀陷貞，謂「貞受皁隸葉轉等四人金」，瑛奏請下貞獄。無何，貞妻擊登聞鼓訴冤，太子命六部大臣廷鞫之。自辰至午，貞等不至，惟葉轉至，訊之，云：「貞不承，不勝拷掠死，三皁隸皆笞死三日矣。貞實未嘗受金。」于是刑科給事中耿通等言：「瑛及綱、珩朋奸蒙蔽，擅殺無辜，請罪瑛。」太子曰：「瑛大臣，蓋爲下所欺，失覺察耳，置勿問。」械繫綱、珩，以其罪狀奏行在。

時又有學官坐事謫充太學膳夫者，太子令法司與改役，瑛格不行，中允劉子春等復劾「瑛方命自恣」，太子謂瑛曰：「卿用心刻薄，不明政體，殊非大臣之道。」由是深惡瑛，而以上方寵任，無如何。久之，上亦寖疏瑛。【考異】三編系李貞、方恢事于是年二月下，蓋因太子監國，牽連記之也。李貞事，實録入之六月，方恢事入之七月，今從之。

30 秋，七月，癸酉，命淇國公邱福爲征虜大將軍，武城侯王聰、同安侯霍親舊作火真。副之。靖安侯王忠、安平侯李遠爲左、右參將，率精騎十萬，北討布尼雅實哩，諭以「毋失機，毋輕犯敵，一舉未捷俟再舉。」

31 是月，御史方恢以附陳瑛匿父喪，皇太子發其事，執送行在，罪之。

32 八月，甲寅，淇國公邱福敗績于臚朐河。福及副將軍王聰、霍親、左右參將王忠、李遠皆死之，全軍皆敗没。

福之北征也，時布尼雅實哩已爲威喇特所襲，與阿嚕台徙居臚朐河。福率千餘騎馳至河南，遇遊兵，擊破之。軍未集，福乘勝渡河，獲虜部尚書一人，飲之酒，問布尼雅實哩所在，尚書言：「聞大兵至，皇恐北走，去此可三十里。」福大喜曰：「當疾馳禽之。」

初，福奉命已行。上慮其輕敵，連賜敕，謂「軍中有言敵易取者，慎勿信之。」至是諸將請俟大兵集，偵虛實而後進。福不從，以所獲尚書爲鄉導，薄敵營，戰二日，每戰，敵輒佯敗引去。福鋭意乘之，李遠諫曰：「將軍輕信敵間，懸軍轉鬥，敵示弱誘我，深入必不利，退則懼爲所乘。獨可結營自固，晝揚旗伐鼓，出奇兵綴之，夜多然炬鳴礮以張軍勢。俟我軍畢至，併力進攻，即其不捷，亦可全師而還。始上與將軍言何如，而遂忘之乎？」王聰亦力言不可。福皆不聽，厲聲曰：「有不用命者斬！」即先馳，麾士卒從行，控馬者皆泣下，諸將不得已與俱。

俄而敵大至，圍之數重，聰戰死。遠率五百騎突陣，殺數百人，馬蹶，與福等皆被執，不屈死之。上聞，震怒，以諸將無足任者，遂決計親征。

33 庚申，張輔敗安南賊于鹹子關。

時阮帥等推簡定爲上皇，别立陳季擴爲帝，紀元重光。季擴，本蠻人，詭言陳氏後，于是交人不忍陳氏之亡，信而歸之，賊勢益熾。

輔初至，以賊負江海，不利陸師，乃駐北江仙游，伐木叱覽山，大造戰艦，而撫諸逋寇使爲前驅，遂連破慈廉、廣威諸營栅。偵其黨鄧景異扼南策州盧渡江太平橋，乃進軍鹹子關。

僞將軍阮世每，衆二萬，對岸立寨栅，列船六百餘艘，樹樁東南爲捍蔽。會秋令，西北風急，輔督諸將陳旭、朱廣等，悉載划船乘風齊進，礮矢颷發，斬首三千級，生禽僞監門將軍潘低等二百餘人，奪船四百餘艘。進擊景異，景異先走，乃定交州、北江、諒江、新安、建昌、鎮蠻諸府。

是役也，張輔遣都指揮同知徐政守盤灘，賊黨鄧景異來攻，政與戰，飛鎗貫脅，猶督兵力戰敗賊，賊退，腹潰死。【考異】徐政之死，實録系之八月辛丑，今類記于張輔敗安南賊之下。

34 九月，庚午朔，日有食之。

35 韃靼布尼雅實哩等徙居臚朐河，欲收諸部潰卒窺河西。北征之役，上敕總兵官何福嚴兵爲備，于是迤北王子、國公等及司徒以下十餘人，率所部駐額齊訥路，即亦集乃，見前。乞内附。福以聞，上命庶子楊榮往，佐福經理其衆，至是悉降。

福親至額齊訥鎮撫之，送其酋長于京師。上嘉其功，詔榮即軍中封福寧遠侯，且詔福軍中事先行後聞。【考異】明史何福封侯，詳本傳中，稽之功臣年表，則九月庚子也。按是月庚午朔，無庚子，傅氏明書系之是月朔日食之下，則表中「子」字乃「午」字之誤，今刊改。

36 張輔率兵追安南賊于太平海口，鄧景異以三百艘迎戰，復大破之。

37 甲戌，贈北征死事李遠莒國公，王聰漳國公。以二人力諫邱福，故獨得褒卹。

38 丙子，命武安侯鄭亨，壬午，命成安侯郭亮，同備邊開平。

39 冬，十月，丁未，上憶北征之敗，歎曰：「邱福不用朕言，以致剛愎喪師。」詔削封爵，徙其家屬于海南，王忠、霍親亦坐除爵。

40 乙卯，定行在諸司常朝及朔望儀。

41 是月，上以北征餽運艱難，謂夏原吉曰：「工部所造武剛車，足可輸運，然道遠，人力難繼。朕欲以所運糧緣邊築城貯之，量留官軍守護，以俟大軍之至，此法良便。」于是原吉等議：「用武剛車三萬兩，約運糧二十萬石，踵軍而行。過十日程築一城，再十日程亦如之。每城斟酌貯糧以俟回軍，仍留軍守之。如寇覺而遁，則躡其後，亦如前法築城貯糧。」詔如法行之。

42 十一月，安南賊屢敗，陳季擴懼，遣人詣大軍，自言陳氏後，求紹封，輔叱曰：「向者徧索陳氏後不應，今詐也。吾奉命討賊，不知其他。」遂遣裨將朱榮、蔡福等以步騎先進，輔率舟師繼之，自黃江至神投海，會師清化，分道入磊江。戊寅，禽簡定于美良山中，及其黨真，送京師誅之。

43 十二月，庚戌，賜濟寧至良鄉民頻年遞運者田租一年。

44 乙丑，召英國公張輔班師還。

45 是月，内官有誣奏城門郎罪者，皇太子命治之。【考異】三編書「始令内官刺事」，然目中言「太子治内官罪，仍榜示『今後内使有言事不實及挾私枉人者，置之重典。』」是令内官刺事，不始于是年也，今但記太子罪刺事内官于是年之末。

46 是冬，進封寧陽伯陳懋爲寧陽侯。懋鎮寧夏，招降故元丞相瞀卜及平章、司徒、國公等十餘人。已而平章都連等叛去，懋追至黑山，禽之，盡收所部人口畜牧，遂論功進侯爵。

八年（庚寅、一四一〇）

1 春，正月，辛未，召陳懋扈從北征。

2 己卯，皇太子攝祀南郊。

3 癸巳，免去年揚州、淮安、鳳陽、陳州水災田租。又詔：「被災軍民有典鬻子女者，官爲贖還。」

4 張輔討安南，惟陳季擴走乂安未獲。而季擴之黨有阮師檜者，與僞金吾上將軍杜元措等別據東潮州安老縣之宜陽社。師檜僭稱王，有衆二萬餘人。是月，輔進擊之，斬首四千五百餘級，禽其黨范支、陳原卿、阮人柱等二千餘人，悉斬之，築爲京觀。

輔將班師，上言：「季擴、鄧景異等尚在演州、乂安，近逼清化，而賊黨又塞神投福成江口，踞清化要路，出没乂安諸處。若諸軍盡還，恐沐晟兵少不敵，請留都督江浩、都指揮俞讓、花英、師祐等軍佐晟守禦。」從之，並命雲陽伯陳旭副晟以討季擴。【考異】明史本紀不載，惟於七年十月書「召張輔還」。蓋輔將班師，以陳季擴之黨未靖，故平後始還也。今據實録在是月，諸書同。

5 二月，戊戌，上將親征，命皇長孫瞻基留守北京，命户部尚書夏原吉輔導，兼掌行在部院事。

6 辛丑，以北征詔天下。

7 乙巳，皇太子録囚，奏貰雜犯死罪以下，報可。

8 丁未，車駕發北京，學士胡廣、庶子楊榮、諭德金幼孜從。

癸亥，遣祭告所過名山、大川。

乙丑，大閱。

9 三月，丁卯朔，命清遠侯王友督中軍，安遠伯柳升副之，寧遠侯何福、武安侯鄭亨督左、右哨，寧陽侯陳懋、廣恩伯劉才督左、右掖，都督劉江督前哨。

戊辰，駐蹕興和。乙亥，復大閱誓師。

丙子，過大伯顔山、小伯顔山，登凌霄峰絶頂，望漠北，萬里蕭條，語侍臣曰：「元盛時，此皆民居也。」

丙申，駐蹕清水原。其地水鹹苦不可飲，人馬俱渴。行數里，忽有甘泉溢出，上取親嘗之，賜名曰神應泉，勒銘山上。

10 夏，四月，癸卯，駐蹕元石坡，勒銘于立馬峰。

戊申，次楊林。

甲寅，至廣武鎮。

庚申，至威虜鎮。是日，行程無水，命以橐駝自清泠泊載水給衛士。上視軍士食罷，始進膳。

甲子，次長清塞，有泉水甚清，賜名曰玉華泉。夜漏初下，上立行帳殿前，指北斗語金幼孜等曰：「此爲極北之地。遥望北斗，皆在南矣。」

丙寅，駐蹕順安鎮。

11 五月，丁卯朔，發順安。行十餘里，見山中多白雲，賜名曰白雲山。度一岡，遂臨臚朐河。上立馬久之，賜名曰飲馬河，又名其河上地曰平漠鎮。

己巳，發平漠，行一日，次蒼山峽。會哨馬營遇虜騎，擊走之，得箭一枝、馬四匹而還。

甲戌，獲虜騎，知寇去此不遠，于是大兵遂渡飲馬河。

乙亥，令王友駐兵河上，留金幼孜在營，上率輕騎前進，人齎二十日糧，以方賓、胡廣從。

諜報布尼雅實哩遁，己卯，上率輕騎追及于鄂諾河。舊作斡難河。布尼雅實哩拒戰，上麾兵奮擊，一呼，敗之。布尼棄輜重孳畜，以七騎遁去。——鄂諾河者，元太祖始興地也。

上之出塞也，布尼雅實哩聞之懼，欲與阿嚕台俱西，阿嚕台不從。其衆潰散，于是君臣始各爲部，布尼雅實哩西奔，阿嚕台東奔，至是布尼遠遁。

車駕還，次飲馬河。丙戌，下詔，移兵征阿嚕台。

12 丁亥，回回哈剌馬牙殺都指揮劉秉謙等，據肅州以叛，千户朱迪等討平之。時回回約赤斤蒙古爲援。赤斤不應，率部下禽其賊六人以獻。上嘉之，改赤斤蒙古千户所爲衛，擢其長塔力尼爲指揮僉事，其部下授官者三人。

13 是月，沐晟討安南陳季擴于虞江，季擴棄栅遁。追至古靈縣及會潮、靈長海口，斬首三千餘級，獲僞將軍黎弄。季擴大蹙，尋上表乞降。【考異】追季擴及獲黎弄事，明史本紀不載。

三編據實録書之是年十二月目中，繫以「先是」二字，蓋實録分書追季擴于是年五月丁丑也。今系之五月之末。

14 六月，丁酉，車駕經庫楞舊作闊灤。海子，遥望水高如山，自上而下，茫無津岸。上謂金幼孜等曰：「此水周圍千餘里，鄂諾、臚朐凡七河，皆注其中。」因賜名曰玄冥池。

庚子，至青楊戍。

癸卯夜，度飛雲壑。

甲辰，遇阿嚕台于靜虜鎮，命諸將嚴陣以待，遣人諭之降。阿嚕台欲（來）〔降〕，衆不可，遂率所部來犯。上自將精騎，徑衝虜陣，大敗之，追北百餘里。丁未，及之回曲津，又大敗之。

己酉，車駕發廣漠戍，見虜騎尚出没山谷間，欲以躡後邀我輜重。上自率精騎殿後，禽數十人，殲焉。遂班師。

15 是月，皇太子奏免潁州等處水災田租，從之。

16 秋，七月，丁卯，車駕次開平，宴勞軍士。

初，上在軍中，每日暮，中官具進膳，上曰：「軍士未食，朕何忍先飽！」至是謂諸將侍臣曰：「朕自出塞，久素食，非乏肉也，念軍士艱苦，食不甘味耳。」是日宴賚，始復常膳。

17 壬午，車駕至北京，御奉天殿受朝賀，賜夏原吉等鈔幣。甲午，論功行賞有差。

18 是月，命西寧侯宋琥佩將軍印，鎮甘肅。——琥，晟之次子也。以尚上女安成公主，遂嗣封。

19 八月，壬寅，進封柳升安遠侯。

20 乙卯，寧遠侯何福自殺。

初，上以福舊臣，寵任踰諸將，福亦善引嫌，有事未嘗專決。在鎮，嘗請取西平侯家犨昌蓄馬充孳牧，上報曰：「皇考時，貴近家多許養馬，以示共享富貴。爾所奏雖爲國，然非待勳戚之道。」不聽。至是從征，數違節度，群臣有言其罪者，都御史陳瑛遂劾福怨望。福懼，自經死。爵除。

21 庚申，河溢開封，壞城二百餘丈，民被災者萬四千餘户，没田七千五百餘頃。上以國家藩屏重地，特遣工部侍郎張信往視。

信，河間王玉之從子也。舉建文二年鄉試第一，歷刑科都給事中，數言事。而從兄英國公輔尤重之，屢薦其賢，遂擢侍郎，尋有是命。

22 是月，長沙妖人李法良作亂。時豐城侯李彬備倭海上，皇太子命移師討平之。【考異】明史本紀不載，惟李彬傳言「彬時備倭海上，皇太子命移師討平之。」彬之備倭，正在是年，諸書系之八月，今從之。

23 九月，己巳，車駕幸天壽山。

24 是月，上聞周王橚于國中作殿祀太祖，賜書告以「支子不祭」，及「諸侯不敢祖天子」諭之，乃止。【考異】明史本紀及傳皆不載，諸書言「周王請祀太祖于國中。」按成祖英嚴，周王未敢請祀，故實録以爲出自上聞，蓋私祀也，今據書之。

25 冬，十月，丁酉，車駕發北京。

26 癸卯，御製務本訓成。

上以皇長孫生長深宮，欲其知稼穡之艱難，因巡幸，命之侍行，使歷觀民情風俗及農桑勞苦之事，且舉太祖創業之難及往古興亡得失可爲鑒戒者。書成，賜名務本云。【考異】諸書不載，此據憲章録月日。

27 是月，倭寇福州，平海衛千户繆真戰没。

28 十一月，甲戌，車駕還京師。

29 十二月，癸巳朔，阿嚕台遣使貢馬，納之。

30 戊戌，河決汴梁，壞城。上聞黄河水高三尺，亟遣官往視之。

31 丁未，以書諭阿嚕台。

32 戊午，宥安南陳季擴罪，以爲交阯右布政使。初，安南之降，上心知其詐，姑許之，並其黨阮帥、鄧景異、陳原樽、潘季祐等，皆授都指揮、參政、副使等官。季擴卒不受命，尋復反。

33 是歲，復命中官王安、王彦之等監都督譚青等軍，又命馬靖巡視甘肅，馬騏鎮交阯。内臣監軍出鎮，率以爲常。

34 碩尼堪舊作失捏干。寇黄河東岸。寧夏都指揮王俶敗没。——碩尼堪，阿嚕台之子也。【考異】據明史本紀系于是年。證之韃靼傳，失捏干，即阿嚕台子也。是年五月，征本雅失里，旋移師征阿嚕台。失捏干入寇當在是時，今據紀系之是年之末。

明通鑑卷十六

紀十六起重光單閼（辛卯），盡彊圉作噩（丁酉），凡七年。

江西永寧知縣當塗夏燮編輯

成祖文皇帝

永樂九年（辛卯、一四一一）

1 春，正月，甲戌，大祀南郊。

2 丙子，安遠侯柳升鎮寧夏。

3 己卯，復命英國公張輔爲征虜副將軍，會沐晟討交阯。上以輔爲交人所憚，復命討之。輔至，申軍令。都督黄中違節制，詰之不遜，斬以徇。將士惕息，無不用命。【考異】斬黄中事，永樂實録不載，明史張輔傳中及之，疑本葉氏水東日記。弇州考誤謂「考之正史及碑誌，俱不言輔戮黄參將事，惟三下南交録略及之而不詳。」按黄中初以都督僉事同吕毅送陳天平還國，爲黎季犛所賺，殺天平。後大軍南討，毅爲鷹揚將軍，中無職寄，從軍自效，擊敗賊于生厥、潭舍二江。其後賞功典下，謂吕毅、黄中先失律敗事，後雖有功，不在賞典，尋命掌交阯都司。黔公之敗，毅以戰死，再用輔率師南討，簡定等伏誅。中時在軍，而論功姓名絶不之及，豈其時中不用命，爲輔所戮耶？葉文莊之所記者，謂「文廟初以是怒張英公，而正史不及，豈爲其功成而寛之，且諱之耶？」今按斬黄中，三編、明史皆據書之，必别有確據也，今據之。

4 丙戌，命豐城侯李彬、平江伯陳瑄率浙江、福建兵捕海寇。

5 二月，辛亥，陳瑛有罪，下獄誅。

初，瑛爲都御史，劾勳戚、大臣十餘人，多希上旨，上以其能發奸，寵任之。一時傾陷善類不可勝計。上亦知其殘刻，所奏讞不盡從。會自北京還，聞其諸不法狀，下獄論死，天下快之。

6 上以交人好亂，恐陳季擴之黨脅聚日多，丙辰，詔：「自九年二月以前，有嘯聚山林者，咸赦其罪，軍復原伍，民復原業。其官吏軍民有犯，毋論已發未發，俱赦除之。」

7 丁巳，倭掠廣東，陷昌化千户所，殺千户王偉，敕副總兵李珪戴罪討之。【考異】明史本紀書于二月丁巳，三編並書其殺守將事，證之典彙，蓋千户王偉也。李珪之討，亦據三編，蓋珪時以副總兵官鎮廣東也。

8 己未，命工部尚書宋禮初開會通河。

會通河者，元故運道也。元至元中，壽張尹韓仲暉請自東平安民山鑿河至臨清，引汶絶濟，屬之衛河，爲轉漕道，名曰會通。然岸狹水淺，不任重載，終元之世，海運爲多。太祖定天下，輸餉遼東、北平，亦用海運。洪武二十四年，河決原武，絶安山湖，會通遂淤。上初建北京，命平江伯陳瑄兼督淮、海二運，海運險遠，多失亡，而淮運漕東南之粟浮淮入河，至陽武，陸輓百七十里入衛河，歷八遞運所，民亦苦其艱。至是濟寧同知潘叔正上言：「舊會通河四百五十餘里，淤者不過三之一，濬之便。」乃命禮偕刑部侍郎金純、都督周長往治之。

禮以會通之源必資汶水，而汶有大、小二河，其會合之處，經寧陽北、堽城西南流百餘里至汶上。其支流曰洸河，亦經堽城西南流三十里，會寧陽諸泉，經濟寧，東與泗水合。元初于堽城左汶水陰作斗門，導汶入洸後，又分流，北入濟，由壽張過臨清入海，而汶流遂弱。乃用汶上老人白英策，築堽城及東平之戴村壩，遏汶水使南無入洸，北不歸海，匯諸泉之水盡出南旺，中分爲二道，以四分南流接徐、沛，六分北流達臨清。南旺地勢高，以爲脊，決其水南北分注。因相地勢，置閘三十有八，以時蓄洩。凡發山東及徐州、應天、鎮江民三十萬，蠲租一百十萬石有奇，二十旬而工成。自是輓漕北京，尋罷海運，公私便之。

9 三月，甲子，集己丑禮部貢士補赴廷對，賜蕭時中等進士及第、出身有差。

10 壬午，浚祥符縣黄河故道。

初，張信奉詔至開封相視黄河，上言：「祥符縣魚王口至中灤下二十餘里，有舊黄河，岸與今河面平，若濬而通之，使循故道，則水勢可殺。」因繪圖以進，從之。發民丁十萬，命興安伯徐亨、侍郎蔣廷瓚偕金純相視，並命宋禮總其役。

11 戊子，命中軍都督劉江鎮遼東。

12 夏，五月，倭寇浙東盤石衛。【考異】明史本紀不載，證之日本傳，「是年寇盤石」。盤石在浙東温州府樂清縣，地理志，「縣西有盤石衛，洪武廿二年置」。又，吾學編書「是年五月倭寇浙東」，憲章録書「五月倭寇盤石」，今據增。

是時日本國王源義持嗣位，海上屢以倭警告。上遣官諭義持剿捕，尋獲海寇以獻。上嘉之，遣中官王進賚敕褒賚。進歸，收市物貨，義持與其臣謀，阻進不使歸，進潛登舶從他道遁還。倭寇仍不絶，自是不入貢者數年。

13 六月，乙巳，鄭和自西洋還，俘錫蘭國王亞烈苦奈兒以獻。

初，和出使至錫蘭山，其王亞烈苦奈兒欲害之，和覺，去之他國。王又不睦鄰境，數邀劫往來使臣，諸番皆苦之。及和歸，復經其地，謀誘和至國中，發兵五萬劫和，塞歸路。

和先覺之，乃率步騎二千，由間道乘虛攻拔其城，生禽亞烈苦奈兒及妻子、頭目以還。廷臣請誅之，上憫其無知，並妻子皆釋，且給以衣食，命擇其族之賢者立之。有邪把乃那者，諸俘囚咸稱其賢，乃遣使賫印敕封爲王，其舊王亦遣歸。自是海外諸番益服天子威德，貢使載道。

14 是月，下交阯右參議解縉于獄。

初，縉自化州督餉入奏事，會上北征，縉謁皇太子而還。漢王高煦因言：「縉伺上出，私覲太子徑歸，無人臣禮。」上震怒。

時檢討王偁亦以罪謫交阯，縉偕偁道廣東，覽山川，上疏請鑿贛江通南北。奏至，逮縉下獄，拷掠備至。詞連大理丞湯宗，宗人府經歷高得暘，中允李貫，贊善王汝玉，編修朱紘，檢討蔣驥、潘畿、蕭引高，並及李至剛，皆下獄。汝玉、貫、紘、引高、得暘，俱瘐死獄中。

貫與縉及王艮皆同里，又與艮成進士，同爲一甲，金川門陷，唯艮死之。至是貫臨卒歎曰：「吾愧王敬止矣！」

15 秋，七月，張輔督軍二萬四千，與沐晟會討交阯。

時賊據月常江，樹樁四十餘丈，兩崖置柵二三里，列船三百餘艘，設伏山右。丙子，輔、晟等水陸並進，阮帥、鄧景異等來拒。輔令朱廣等連艦拔樁以進，自率方政等以步隊剿其伏兵，水陸夾攻，賊大敗，帥等皆散走。生禽僞將軍鄧宗稷、黎德彝、阮忠、阮軒等，獲船百二十艘。

16 丁亥，柳升破寧夏叛將于靈州，以捷聞。

17 是月，黃河故道成。

自洪武間河決原武，會通河淤，而元賈魯所治之故道亦淤，河遂自此南徙，則河南受災獨重。至是金純等濬河，自封邱、金龍口，下魚臺、塌場會汶水，經徐、呂二洪，南入于淮。是時會通河已開，黃河與之合，漕道既通，而河南水患亦稍息。

18 九月，壬午，諭户部：「凡屯田軍以公事(防)〔妨〕農務者，免徵子粒。著爲令。」

19 是月，通政司上言：「黃巖縣民告豪民持建文時士人包彝古所進楚王書，聚衆觀之。書中多干犯語，請下法司究治。」上曰：「此必與豪民有怨而欲報之。朕初即位，命百司：『凡建文中上書有干犯者，悉毁之，有告者勿行。』今復行之，是號令不信也。」命勿論。

20 是秋，禮部尚書趙羾，以朝鮮使臣將歸，例有賜賚，不奏，上怒，下之獄，尋釋之。

21 冬，十月，乙未，寬北京謫徙軍民賦役。

22 癸卯，封哈密推勒特穆爾舊作兔力帖木兒。爲忠義王。

推勒者，托克托從弟也。托克托受封之國，上眷遇特厚。而托克托顧凌侮朝使，沈湎昏聵，不恤國事，其下交諫不從。上聞之怒，遣官賜敕戒諭，未至而托克托以暴疾卒。訃聞，遣官賜祭，遂以推勒特穆爾嗣位。又擢都指揮同知哈剌哈納爲都督僉事，鎮守其地。自是哈密修貢惟謹。

23 乙巳，詔重修太祖實録。

時上以前監修官李景隆、茹瑺等心術不正，又限期迫促，未及精詳，至是復命姚廣孝、夏原吉爲監修，胡廣、楊榮、楊士奇、金幼孜等爲總裁、纂修等官。太祖實録，自建文至此凡三修，士奇皆預焉。【考異】此三修之實録，即今明史所據之本也。據野獲編，士奇三修皆秉筆，今據書之。

24 十一月，戊午，蠲陝西逋賦。

25 癸亥，張輔等進兵，追剿陳季擴。其黨僞龍虎將軍黎蕊等，斷鋭江浮橋，阻大軍于生厥江。輔督水師擊敗之，斬首千五百級，追殺餘賊殆盡。

26 丁卯，立皇長孫瞻基爲皇太孫。上親冠太孫于華蓋殿，冕服如皇太子，玉圭如親王。

27 壬申，以韓觀爲征夷副將軍，改鎮交阯，仍佩征南將軍印，總兵事。又命都指揮葛森鎮廣西。

28 丙子，敕法司決遣罪囚，毋淹滯。

29 是月，浙江海溢，堤圮自海門至鹽城凡百三十里，詔平江伯陳瑄以四十萬卒築治之，爲捍湖隄萬八千餘丈。

已而瑄又言：「嘉定瀕海地，江流衝會，海舟停泊，無高山大陵可依，請于青浦築土山，方百丈，高三十餘丈，立堠表識。」踰年成，賜名寶山，上親爲文記之。

30 十二月，壬辰，詔切責福餘、朵顔、泰寧三衛。

初，上既以三衛地畀烏梁海，其頭目來朝貢者，皆授以官，令掌三衛事，又令通馬市。四年，三衛饑，請以馬易米，上命有司第其馬之高下，各倍價給之。久之，三衛陰附韃靼，掠邊戍，復假市馬來窺伺。上既敕責，尋宥之，令其以馬贖罪。

31 是月，阿嚕台遣使納款，請得役屬吐蕃諸部，求朝廷刻金作誓詞，磨其金酒中，飲諸酋長以盟。朝議欲許之，左庶子黄淮獨不可，曰：「彼勢分則易制，合則難圖矣。」上顧左右曰：「黄淮論事，如立高岡，無遠不見。」遂不許。

32 閏月，丁巳，命府部諸臣陳軍民利弊。又詔：「京官七品、外五品以上及縣正官，各舉賢能廉幹一人，由吏部考驗擢用。」

33 是歲，浙江、湖廣、河南、順天、揚州水，河南、陝西疫，遣使振之。

十年（壬辰、一四一二）

1 春，正月，己丑，命入覲官千五百餘人各陳民瘼，不言者罪之，言有不當勿問。

2 丁酉，大祀南郊。

3 癸丑，振平陽饑。

時蒲州等處耆老，言「歲歉民饑，采蒺藜，掘蒲根以食」。上惻然，命逮治布政司及郡縣官不奏聞者。

4 是月，諭吏部曰：「守令郡邑之長，牧守之寄甚重。近聞諸司造作雜務，輒遣經營，此不識大體，其禁止之。」

5 二月，辛酉，蠲山西、河南八年以前逋賦。

6 庚辰，削遼王植護衛。

植之改封荆州也，「請止給一衛以備使令，而留其三衛于廣寧防邊。」然上終以起兵時植貳于己，至是並一衛削之，僅留軍校廚役三百人備使令。

7 三月，丁亥，命豐城侯李彬往甘肅，與西寧侯宋琥經略降酋。【考異】此據李彬列傳。其討叛寇事在是年之冬，明史本紀並系之三月，今分書之。

8 戊子，賜馬鐸等進士及第、出身有差。

9 甲辰，免北京水災租稅。

10 是月，陞順天府爲府尹，秩正三品，設官如應天府。

11 夏，四月，復命工部尚書宋禮治衛河。

禮以去年八月還，受上賞，並賜潘叔正衣鈔。至是御史許堪上言：「會通河成，則衛河與之合。而自臨清以下，堤岸數決，請命禮并治之。」禮言：「衛輝至直沽，河岸多低薄，若不究源析流，但務堤築，恐復潰決，勞費益多。請自魏家灣開支河二，泄水入土河，復自德州西北開支河一，泄水入舊黄河，使至海豐大沽河入海。」上從其言，命俟秋成後爲之。【考異】本紀不載，證之禮傳，在開會通河之明年，正是年也。又，「許堪上書，上從其言，命俟秋成後爲之」，則事在是年之春、夏間。明書、憲章録俱系之四月，今從之。

12 六月，甲戌，諭户部：「凡郡邑有司及朝使，目擊民艱不言者悉逮治。」

13 秋，七月，丙戌，以水災，免直隸吴江、長洲、崑山、常熟四縣田租。

14 癸卯，禁中官干預有司政事。

15 八月，癸丑，張輔擊交阯賊于神投海。賊舟四百餘，分三隊，鋭甚。輔率兵衝其中堅，賊却，左右隊迭進，官兵與相鉤連，殊死戰，自卯至巳，大破賊，禽渠帥七十五人。進軍乂安府，賊將降者相繼。

16 己未，敕邊將自宣化之長安嶺迤西至洗馬林，皆築石爲垣，濬深壕塹，以固防禦。

17 九月，以都水主事藺芳爲工部侍郎，宋禮薦之也。

初，河決陽武中鹽堤，漫中牟、祥符、尉氏，上遣芳按視。芳言：「堤當急流之衝，夏、秋汛漲，勢不可驟殺。宜捲土樹樁以資捍禦，無令重爲民患。」又言：「中灤導河分流，使由故道北入海，誠萬世利。但緣河隄埽，止用蒲繩泥草，不能持久。宜編木成大囷，貫樁其中，實以瓦石，復以木橫貫樁表，牽築堤上，爲殺水固隄之長策。」詔悉如其法爲之。

18 是秋，殺大理寺右丞耿通。

初，上北巡，太子監國。漢王高煦謀奪嫡，陰結上左右爲讒間，宮僚多得罪者，監國所行事，率多更置。通從容諫上：「太子事無大過誤，可無更也。」數言之，上不悅。至是復有言「通受請託故出人罪」者，上震怒，命都察院會文武大臣鞫之午門，曰：「必殺通無赦！」群臣如旨，當通罪斬。上曰：「失出，細故耳。通爲東宮關說，壞祖法，離間我父子，不可恕，其置之極刑。」廷臣不敢争，竟論姦黨磔死。【考異】殺耿通事，諸書不載，今按明史本傳在是年之秋，據增。

19 冬，十月，丁卯，命皇太孫演武于方山。

戊辰，上出獵城南武岡。

20 十一月，壬午，命庶子楊榮經略甘肅。【考異】明本紀作「侍講楊榮」，三編據實録改，今從之。

先是上遣李彬至甘肅，與宋琥會討叛番，先後禽酋長捌爾思、朵羅歹等，別遣土官李英防野馬川。會涼州酋婁達衮舊作老的罕。叛，都指揮何銘戰没，英追躡，盡俘其衆，惟婁達衮遁走赤斤蒙古衛。

宋琥以聞，上使榮往會李彬，議進兵方略。榮還，奏言：「隆冬非用兵時，且有罪不過數人，兵未可出。」而是時彬亦以道遠餉艱，宜緩圖之。乃賜敕詰責赤斤蒙古衛指揮僉事塔力尼，令縛獻之。明年，復以彬代琥鎮甘肅，塔力尼果禽婁達衮以獻，如榮等言。

21 丙申，命鄭和復使西洋。【考異】明史，「十一月丙辰，鄭和使西洋。」按十一月無丙辰，證之三編質實，和以是年十一月往，則非十二月也。明史稿作「丙申」，在十一月十五日，今從之。

22 十二月，宋禮治河還。

初，上將營北京，命禮取材川、蜀。禮伐山通道，得神木數株，不勞人力，朝廷以爲瑞。至是河工成，復使禮採木入蜀。

23 殺浙江按察使周新。

新，南海人，由鄉舉爲御史，彈劾不避權貴，時謂之「冷面寒鐵」。遷雲南按察使，尋改浙江，數有異政，名震一時。

時錦衣衛指揮紀綱方用事，使千户緝事浙中，作威受賕，新捕治之，千户脱走，訴于綱。綱誣奏新罪，上遽命逮新。旗校皆錦衣私人，在道榜掠無完膚。既至，伏陛前，抗聲曰：「在内都察院，在外按察司，朝廷法官也。臣奉法捕惡，奈何罪臣！」上怒，命戮之。臨刑，大呼曰：「生爲直臣，死當作直鬼，臣無憾矣！」上尋悟其冤，惜之。

十一年（癸巳、一四一三）

1 春，正月，辛巳朔，日有食之。

先是鴻臚寺奏元旦賀儀，上召禮部翰林官問曰：「正旦日食，百官賀禮可行乎？」尚書呂震，謂「日食與朝賀之時先後不相妨」，侍郎儀智曰：「終是同日，免賀爲宜。」上以問楊士奇，對曰：「日食，天變之大者。前代元旦日食，多不受賀。宋仁宗時，元旦日食，富弼請罷宴撤樂，呂夷簡不從，弼曰：『萬一契丹行之，爲中國羞。』後有自契丹回者，言是日罷晏，仁宗深悔。今免賀誠當。」上從之。敕曰：「朕乖治理，上累三光，衆陽之宗，薄食元旦。群臣尚勉輔朕躬，消弭災變，朝賀宴會，其悉罷免。」

2 壬午，諭通政司禮科給事中：「凡朝覲官，境内災傷不以聞，爲他人所奏者，罪之。」

3 辛卯，大祀南郊。

4 丁酉，以天壽山陵成，命漢王迎仁孝皇后之喪于京師。

5 辛丑，前大理寺左丞王高，右丞劉端，以縱姦惡外親棄市。

高與端，皆南昌人。方孝孺之下獄也，二人同在法司，以縱孝孺息樹陰，事覺，棄官去。至是捕得之，詰其逃，則曰：「存身以圖報耳。」上怒，命劓其鼻，端厲聲曰：「鼻雖去，猶留面目，地下見皇祖耳。」上怒，立命誅之。【考異】此事重修三編補入族孝孺目中，並引成祖實録，事在永樂十一年正月。今按「奸惡外親」，似即指孝孺。而二人以棄官去坐逮，十年始得之，似與野史所記無大牴牾。今參書之，並據實録月日。（「左丞」王高，三編作「刑部郎中」，今據實録。）

6 詔李彬鎮甘肅，召宋琥還。

7 是月，倭寇昌國衛之爵溪，守禦所擊敗之。

8 詔宥建文諸臣姻黨。

時錢習禮，吉水人，以去年成進士，授庶吉士，與練子寧爲姻戚。先是逮治奸黨，習禮偶獲免，然恒爲鄉人所持，不自安，以告學士楊榮。榮乘間以聞，上曰：「使子寧今日在此，朕猶當用之，況習禮乎！」即日，下令禁止。尋授習禮爲檢討。

9 二月，辛亥，始設貴州布政使司。

貴州，古西南夷地也，元時置軍民宣慰使司以羈縻之。太祖既克陳友諒，聲威遠振，而思南宣慰田仁智，思州宣撫田仁厚，率先後歸附，即以故官授之，命世守其地，時元至正二十五年也。及洪武五年，則有貴州宣慰靄翠及普定女總管之等先後來歸，皆予以故官世襲。朝廷爲立貴州長官司，即其地設衛，命顧成爲指揮使。是時雲南未定，仁智等恪修職貢，賦税聽其自納，未及置郡縣也。

上即位後，思南宣慰田宗鼎者，仁智之孫，素凶暴，與其副使黄禧搆怨，奏訐累年。朝廷以田氏世守此土，又先歸誠，曲宥之，改禧爲辰州知府。未幾，思州宣慰使田琛者，仁厚之孫，亦與宗鼎争沙坑地有怨。禧遂與琛結，合攻思南，宗鼎挈家走，琛殺其弟，發其祖墳，並戮其母屍，所過無不殘害。宗鼎訴于朝，屢敕琛、禧赴闕自辨，拒命不至，且有逆謀。上命行人蔣廷瓚往召之，而令鎮遠侯顧成率兵五萬壓其境，遂禽琛、禧，械送京師，皆引服。上欲治琛罪，宥宗鼎，復職，遣還思南，而宗鼎必欲報怨。上以其免禍不自懲，乃更逞忿，亦留之。而宗鼎怨望，出誹言，上復命刑部正其罪。

諭户部尚書夏原吉曰：「思州、思南苦田氏久矣，不可令遺孽復踵爲亂。其思州、思南三十九長官地，可更郡縣，設貴州布政司總轄之。」乃命成以勦爲撫，諸苗悉定。踰年，遂分其地爲八府、四州，以蔣廷瓚爲布政使。貴州爲内地自此始。于是兩宣慰廢，田氏遂亡。【考異】田氏興廢，具詳明史土司傳中。諸書所記互異，蓋沿田汝成炎徼紀聞之誤，弇州史乘考誤辨之。今據本傳。

10 癸亥，令北京民户牧馬。

初，洪武間，設群牧監，初令應天、太平、鎮江、廬州、鳳陽、揚州六府，滁、和二州民皆牧馬，既而復令飛熊、廣武、英武三衛軍五人共養一馬，歲課一駒。二十八年，罷群牧監，悉歸有司，專令民牧，江南十一户，江北五户，各養馬一匹，免其身役，課駒如三衛軍。至是上命行之北京。計丁養馬，十五丁以下養馬一，十六丁以上養馬二，其以事編發者，七户養馬一，除其罪爲良民。自是馬孳生日蕃，更推行之山東、河南，民漸苦之。

11 甲子，上幸北京，皇太孫從，以尚書蹇義、學士黄淮、諭德楊士奇、洗馬楊溥輔皇太子監國。

12 乙丑，車駕發京師，令給事中、御史所過存問高年，賜酒肉及帛。

13 營天壽山于昌平成，命曰長陵。

丙寅，葬仁孝皇后于長陵。

14 辛未，車駕次鳳陽，謁皇陵。

15 夏，四月，己酉，車駕至北京，御奉天殿受朝賀，並于是日祭告天地，及遣官祭北京山川城隍之神。

16 五月，丁未，山東曹縣獻騶虞。禮部尚書呂震請表賀，上不許。震固請，上曰：「大臣當以道事君，汝不見宋之李沆耶？」震慚而退。

17 是月，端午節，上幸東苑，觀擊毬、射柳。皇太孫連發皆中，上喜。宴群臣，盡歡而罷。

18 定死罪納贖例。命法司按情輕者，斬八千貫，絞六千貫，准納贖免死。流徒以下，納鈔有差，無力者發天壽山種樹。

19 上命吏部、翰林簡老成人侍皇太孫，蹇義舉禮部侍郎儀智，上曰：「得之矣。此人雖老，識大體，能直言。向元旦日食，呂震欲行賀，唯此老與楊士奇力言不可。」遂令侍太孫。

20 六月，甲寅，上聞徐州水災，敕户部遣人馳驛振之。

21 秋，七月，戊寅，封韃靼知院阿嚕台爲和寧王。

時阿嚕台爲衛喇特所攻，率其部落南竄，保塞外，遣使奉表入貢，且言：「願輸誠内附，爲故主復仇。故主，即韃靼布呢雅實哩，事見後。請發兵討賊，自率所部爲先鋒。」上義之，故有是封。

22 八月，甲子，北京地震。【考異】此據明史本紀及三編，皆本實録。惟明史五行志承「六年五月，壬戌」，並云「京師地震」，蓋誤「北」爲「南」也。今從本紀。

23 乙丑，顧成及都督同知梁福討思州、靖州叛苗，平之。

24 九月，壬午，詔：「郡、縣官每歲春初，行視境內，有蝗蝻害稼，即捕絶之。不如詔者，並罪其布、按二司。」

25 冬，十月，丙寅，以璽書命皇太子録囚。

26 十一月，戊寅，以野蠶繭爲衾，命皇太子薦太廟。

27 壬午，衛喇特犯邊。

初，瑪哈穆特以詔許阿嚕台入貢，怨之，遂拘留敕使不遣，復請以甘肅、寧夏歸附韃靼者多其所親，請給還。上怒，命中官海童切責之。至是復擁兵飲馬河，將入犯，而揚言襲阿嚕台。于是阿嚕台告警，上命開平守將嚴兵備之。

28 甲申，詔寧陽侯陳懋、都督譚青、馬聚、朱崇巡寧夏、大同、山西邊。尋命陝西、山西及潼關等五衛兵駐宣府，中都、遼東、河南三都指揮使司及武平等四衛兵會于北京，將親征衛喇特也。

29 乙巳，命應城伯孫巖率練兵備開平。

30 十二月，壬子，張輔與沐晟合軍至順州。會安南賊黨阮帥等設伏于愛子江，據昆傳山之險，列象陣迎敵。輔戒士卒，一矢落象奴，二矢射象鼻，象遂奔潰，自蹂其衆。我軍乘勢進擊，矢落如雨，賊大敗，生禽僞將軍潘徑、阮徐等五十六人。唯季擴逃乂安山中未獲，阮帥亦遁去。

31 丙辰，命陳瑄、宣信領舟師運糧于北京。

32 癸亥，湖廣沔陽州水災，請折輸鈔帛，從之。

33 是歲，韃靼布尼雅實哩，爲衛喇特、瑪哈穆特等所殺。

上之北征也，瑪哈穆特上言，「請得早爲滅寇計」，許之。至是布尼雅實哩被弒，乃立塔爾巴舊作答里巴。爲可汗。時阿嚕台已數入貢，上亦厚報之。而衛喇特懼其爲故主報仇，乃託言「欲獻故元傳國璽，恐爲阿嚕台所邀，請中國除之」，又請賞賚，賜軍器，上曰：「衛喇特驕矣，然不足校。」賚其使而遣之。【考異】明史紀、傳同。諸書則云，「十年，馬哈木逐其主本雅失里」，無被弒事，直至二十年，書「阿嚕台弒其主本雅失里」。據此，則本雅被弒在二十年，弒主者阿嚕台，非馬哈木也。今據正史，並識其異于此。又，此事明史傳中系之十年，今據本紀。

十二年（甲午、一四一四）

1 春，正月，庚寅，思州苗平。【考異】憲章録，「是年正月丙子朔，日食，免朝賀」，又，「六月壬寅朔，日食」，明史、三編删之。證之實録，「正月丙子，御殿受賀」其爲野史之誤明矣。凡明史不書日食者，皆野史之誤。

2 辛丑，發山東、山西、河南及鳳陽、淮安、徐、邳民十五萬運糧赴宣府，備親征也。

3 是月，張輔禽交阯賊鄧景異，又追斬阮帥于南靈州，並獲季擴家屬。

4 二月，己酉，大閲。

庚戌，下詔親征衛喇特。命安遠侯柳升領大營，武安侯鄭亨領中軍，寧陽侯陳懋、豐城侯李彬領左、右哨，成山侯王通、都督譚青領左、右掖，都督劉江、朱榮爲前鋒。凡馬步軍五十餘萬。

5 庚申，振鳳翔、隴州饑，並按長吏不言者罪。

6 三月，癸未，張輔追禽陳季擴于老撾。

初，季擴逃入乂安之竹排山，輔遣都指揮師祐襲之，遂走老撾。祐躡其後，老撾懼大軍躪其地，請自縛以獻。輔檄令祐深入，克其三關，賊黨盡奔，遂獲季擴及其弟僞相國驪等，悉送京師。交阯平。

7 庚寅，車駕發北京，【考異】明史本紀作「庚寅」，國史紀聞作「庚辰」，「辰」字誤也。金幼孜北征後録，是月庚寅爲三月十七日。 皇太孫從，學士胡廣、金幼孜、庶子楊榮等並扈行。

上語諸侍臣曰：「皇長孫聰明英睿，智勇過人，宜歷行陣，俾知兵法，且可悉將士勞苦，知征伐不易。然文事武備，不可偏廢，每日營中閒暇，卿等仍與之講論經史，以資典學。」

8 夏，四月，甲辰朔，車駕次興和，大閱。

己酉，頒軍中賞罰號令。

庚戌，設傳令紀功官。

乙卯，駐蹕大石鎮。夜，坐行幄，召楊榮問兵食計，對曰：「擇將屯田，訓練有方，耕耨以時，則兵食足矣。」上嘉納之。

9 丁卯，車駕次屯雲谷，博囉布哈等來降。舊作孛羅不花。

10 五月，癸酉，駐蹕楊林戍，復大閱軍士。

丁丑，命尚書、光禄卿、給事中爲督陣官，糾軍士不用命者。

11 六月，甲辰，前鋒劉江遇衛喇特兵于剛哈拉海，舊作康哈里孩。擊走之。上度其必大至，命嚴陣以待。乙巳，獲諜，知瑪哈穆特去此百里，兼程進。

戊申，駐蹕和拉和錫衮。舊作忽蘭忽失温。瑪哈穆特及太平、博囉三部，掃境逆戰，上命以鐵騎挑之。寇奮而下，乃命柳升等攻其中，陳懋、王通攻其右，李彬、譚青、馬聚攻其左，上自率鐵騎馳擊，大敗之，斬其王子十餘人，部衆數千級。追奔度兩高山，寇勒餘衆復戰，又敗之。窮追至圖拉河，瑪哈穆特脱身遁。

皇太孫請及時班師，從之。

庚戌，命宣捷于阿嚕台。

戊午，駐蹕三峰山。阿嚕台遣使來朝，仍賜犒遣歸。

己巳，以敗衞喇特詔告天下。

是役也，鄭亨追敵于和拉和錫衮，中流矢，指揮滿都死之。內侍李謙恃勇，導皇太孫追敵于九龍口，幾敗，上大驚，亟遣人追還，謙懼罪自經死。

12 秋，七月，戊子，次紅橋，詔：「六師入關，有踐田禾，取民畜産者，以軍法論。」

己亥，次沙河，皇太子遣使來迎，兵部尚書金忠齎表至。

13 八月，辛丑朔，車駕至北京，御奉天殿受朝賀。

14 丙午，蠲北京州縣租二年。

15 戊午，賞從征將士及運糧官軍。

16 九月，丁丑，榜葛剌國獻麒麟，禮官呂震等請賀，不許。

17 癸未，命成安侯郭亮、興安伯徐亨備邊開平。——亨，祥之孫也。

18 丙戌，靖州苗平。

19 甲午，命都督費瓛鎮甘肅，劉江鎮遼東。

20 是月，封平陽王濟熿爲晉王。

濟熿，晉恭王棡之庶子也。洪武之季，恭王薨，子濟熺嗣。上即位，封其弟濟熿爲平陽王。濟熿幼很戾，失愛于父。及長，就學京師，與高煦等相比，不爲太祖所愛。會上即位之初，濟熺坐縱下，黜其長史，懼，欲上護衛，不許。至是濟熿嗾諸郡王及府中官校，日訴濟熺過于朝。上信之，奪濟熺爵，並其子美圭皆爲庶人，守恭王園，而以濟熿襲晉封。【考異】明史本紀，「是年十一月庚戌，廢晉王濟熺爲庶人」，而不載濟熿襲封，亦不載濟熺之世子美圭同廢事。按此非國除之比，但書廢不書封，似是漏脱。惟三編封廢並書，同系之十一月。證之實録，封濟熿在九月，廢濟熺及其子美圭在十一月，蓋濟熺已廢，此據其至京師之月日也，今並系之九月下。

21 閏月，甲辰，逮東宮官屬尚書蹇義、學士黄淮、諭德楊士奇、洗馬楊溥、芮善及司經局正字金問等。

先是上至北京，義等輔皇太子居守。時漢王高煦謀奪適，日夜譖太子，並及義等。會上北征回，以太子遣使奉迎緩，且書奏失辭，歸咎于輔導之官，遂有是逮。中途，有旨宥義還南京，淮先至，下獄。次日，士奇及問繼至，上曰：「士奇姑宥之。朕未嘗識金問，何以得侍東宮？」命法司鞫之。

尋召士奇問東宮事，士奇叩頭言：「太子孝敬，凡所稽遲，皆臣等罪。」上意稍解。行在諸臣復交章劾「士奇不當獨宥」，遂下錦衣衛獄，已而釋之。淮及溥等遂長繫獄中。【考異】明史本紀不書徵蹇義，證之諸書，義以中途宥還，故不入下獄之數，今據書之。

22 甲子，召江陰侯吳高還。

時高守大同，被劾，踰月，遂免爲庶人，爵除。

23 丁卯，命都督朱榮鎮大同。

24 冬，十一月，甲辰，録囚。

25 庚申，蠲蘇、松、杭、嘉、湖五府水災田租凡四十七萬九千石有奇。

26 是月，命儒臣胡廣、楊榮、金幼孜等纂修五經、四書、性理大全。

十三年（乙未、一四一五）

1 春，正月，丙午，塞居庸以北隘口，防北寇也。

2 丁未，衛喇特瑪哈穆特謝罪，貢馬，且還前所留使，詞甚卑。上曰：「衛喇特不足較。」納其馬，館其使者。

3 壬子，上元節，北京午門火，都督馬旺焚死。

4 戊午，敕内外諸司蠲諸宿逋。將士、軍官犯罪者悉宥之。

5 是月，前交趾參議解縉死于獄。

時錦衣衛紀綱上囚籍，上見縉姓名，曰：「縉猶在耶？」綱遂希指醉縉酒，埋積雪中，立死，年四十七。籍其家。妻子、宗族徙遼東。【考異】解縉之死，明史本紀不載，三編類系之九年下獄目中。證之縉傳，縉死在十三年，諸書皆系之正月下，今從之。

6 二月，癸酉，遣指揮劉斌、給事中張磐等十二人巡視山西、山東、大同、陝西、甘肅、遼東軍操練屯政，覈實以聞。

7 甲戌，命行在禮部會試天下貢士于北京。

8 癸未，張輔等征交阯師還。

戊子，賞征南將士。

9 乙未，釋工作囚徒。

先是上命出繫囚輸作贖罪，既而多亡者，有司請捕之，上曰：「此皆衣食空乏，出于不得已。」遂命見役者悉遣還，共釋四千九百餘人。

10 三月，己亥，上策士于行在，賜陳循等進士及第、出身有差。

11 丙午，廣西蠻叛，都指揮同知葛森討平之。

12 是月，貴州布政使蔣廷瓚上言：「去年北征詔至，思南府大巖山有聲呼萬歲者三。」禮官呂震復請賀，上曰：「呼譟山谷，空虛之聲相應，理或有之，布政司不察，以爲祥。爾爲國大臣，不能辨其非，又欲進表獻諛，豈以道事君之義耶！」震慚而止。

13 夏，四月，戊辰，張輔班師。甫還，會韓觀卒，復命佩征夷將軍印，鎮交阯。討餘寇陳月湖等，平之。

14 是月，兵部尚書兼詹事金忠卒。

先是上北征還，悉徵東宮官屬，而以忠勳舊，不問。已，密令審察太子事，忠言無有，上怒。忠免冠頓首流涕，願連坐以保之，以故太子得不廢，而宮僚黃淮、楊溥等亦以是獲全。忠起卒伍，至大位，甚見親倚，每承顧問，知無不言，然慎密不洩。處僚友，恒推讓不自居。至是卒，詔給驛歸葬，命有司治祠墓，復其家。後追贈少師，謚忠襄。

進陳洽爲兵部尚書，仍參贊交阯軍務。

15 五月，丁酉朔，日有食之。

16 初，宋禮治河還，言：「海運經歷險阻，每歲船輒損壞，有漂没者；有司修補，迫于期限，多科斂爲民病，而船亦不堅。計海船一艘，用百人而運千石，其費可辦河船容二百石者二十艘，每艘用十人，可運四千石。以此而論，利病較然。請發鎮江、鳳陽、淮安、揚州及兖州糧合百萬石，從河運給北京。其海道則三歲兩運。」

是時平江伯陳瑄兼督江淮漕運，議造淺船二千餘艘，初運二百萬石，寖至五百萬石，河運大便。于是始罷海運。惟江南漕舟抵淮安，率陸運過壩，踰淮達清河，勞費尚鉅。

至是瑄用故老言，「請鑿清江浦以通東南漕運」，詔行之。

乙丑，瑄督工發人夫，自淮安城西管家湖鑿渠二十里爲清江浦，導湖水入淮，築四閘，以時宣洩，又緣湖十里築堤引舟。由是漕舟直達于河，省費不貲。一時又浚呂、梁洪以殺水勢，開泰州白塔河以通大江，又築高郵湖堤，于堤内鑿渠四十里，避風濤之險，又自淮至臨清，置閘四十有七。淮上置常盈倉四十區，貯江南之漕，北至徐州、濟寧、臨清、德州，皆置倉以利轉輸。

乃定支運法，江西、湖廣、浙江之糧至淮安倉，分遣官軍就近輓運，自淮至徐以浙、直軍，自徐至德以京衛軍，自德至通以山東、河南軍，以次遞運，歲凡四次，可五百萬餘石。其法，支者不必出當年之民納，納者不必供當年之軍支，通數年以爲裒益，期不失常額而止。由是海、陸二運皆罷。

一時漕運在齊、魯間者，宋禮功爲多，在江、淮間者，陳瑄功爲多云。

17 是月，改封漢王高煦于青州。

初，高煦不欲之雲南，遂從上巡北京，嘗力請並其子歸南京，上不得已聽之；又請得天策衛爲護衛，輒以唐太宗自比，所爲益恣。黄淮等之下獄也，上徐察太子無過，讒間不行。至是以高煦不欲遠行，遂封之近地，然猶遷延不肯之國，上始疑之。【考異】高煦改封青州，明史本紀不載。證之諸王傳，言「十三年五月改封青州，又不行，上始疑之。」明書系之是年五月，與史合，今從之。

18 六月，振北京、河南、山東水災。

19 改劉觀爲左都御史。

20 秋，七月，癸卯，鄭和自西洋還，俘蘇門荅剌老王之弟蘇幹剌以獻。

蘇門荅剌國，在西洋滿剌加之西，或曰，即洪武十六年來貢之須文達那也。上即位，遣中官尹慶使爪哇，便道至其國。踰年，遣使隨慶入朝，始封爲蘇門荅剌國王。和至此凡三使其國。

先是其國王之父，與鄰國花面王戰，中矢死，王子年幼，王妻號于衆曰：「孰能爲我復仇者，我以爲夫，與共國事。」有漁翁者，率國人往擊，馘其王而還，遂與王妻合，國人稱曰「老王」。既而王子年長，潛與部領謀，殺老王而襲其位。

老王弟蘇幹剌，逃山中，連年率衆侵擾。至是和使其國，蘇幹剌以頒賜不及己，怒，統數萬人邀擊。和勒部卒及其國人禦之，大破其衆，追至南渤利，禽之，俘以歸。其王旋遣使入謝。

21 乙巳，蜀山都掌蠻叛，都督同知李敬討平之。

22 八月，庚辰，振山東、北京、河南州縣饑。

23 九月，壬戌，北京地震。

24 冬，十月，甲申，獵于近郊。

25 壬辰，法司奏侵冒官糧者，命戮之。及覆奏，上曰：「朕過矣，其論如律！自今死罪皆五覆奏，著爲令。」

26 是月，吏部員外陳誠使西域還。

初，誠偕中官李達等奉使，出嘉峪關，歷哈密、土魯番、火州、哈烈、撒馬兒罕等，凡十七國，各遣使隨誠等詣闕朝貢。誠還，備録其所歷山川人物風俗之異，爲西域記，上之，詔宣付史館。【考異】陳誠自西域還，事見明史傳中。明書、憲章録俱系之是年十月，永樂實録是月癸巳。

27 十一月，麻林國進麒麟，請賀，仍不許。

28 十二月，詔蠲順天、蘇州、鳳陽、浙江、湖廣、河南、山東州縣水旱田租。

十四年（丙申、一四一六）

1 春，正月，己酉，振北京、河南、山東饑，凡發粟一百三十七萬石有奇，又免十二年以前逋賦。

2 辛酉，命都督金玉討山西廣靈山寇，平之。

賊首劉子進，煽惑鄉民，自言「在石梯嶺遇道人，授以異術，能驅役鬼神」，衆信之，糾集山民劉興、余貴等，妄署職名，以皂白旗爲號，奪太白王家莊驛馬，殺大同衛卒，官軍不能制。

玉至，擊敗之，禽子進等百三十五人，械送北京。上曰：「此輩未必皆莠民，或因饑寒，或爲官府虐害，不得已相率爲盜。可罪其首惡以示懲戒，餘悉發交阯充軍。」尋召玉還。

3 三月，癸巳，都督梁福鎮湖廣、貴州。

4 壬寅，阿嚕台與衛喇特戰，敗之，遣使獻俘。詔賜賚有差。

5 是月，改封趙王高燧于彰德。【考異】明史紀不載，憲章録及明書系之是年三月，通紀則與改封漢王並系之十三年之三月，吾學編又並系之十四年之三月，皆牽連記事體也。今據實録分書之。又，實録封趙王在是年三月甲辰。

時高煦尚居南京，上賜敕曰：「既受藩封，豈可常居京邸？前以雲南遠憚行，今封青州，又託故欲留侍，前後殆非實意。茲命更不可辭。」然高煦遷延如故。

6 以禮部侍郎金純爲本部尚書。

7 夏，四月，甲子，詔曰：「奸臣齊、黃等惡類已翦，凡遠親未發覺者悉宥之。」

8 壬申，禮部郎中周訥上書言：「今天下太平，四夷賓服，請封禪泰山，刻石紀功，垂之萬世。」尚書呂震謂宜如訥請，上曰：「今天下雖無事，四方多水旱疾疫，安敢自謂太平！且六經無封禪之文，事不師古，甚無謂也。」

時學士胡廣亦以爲不可，因上却封禪頌，上益親愛之。乙亥，擢廣爲文淵閣大學士，仍兼坊職。【考異】明史本紀但書「震請封禪，上不許」云云，證之震傳，則郎中周訥所請而震贊之。明史稿所載較詳，今據之。惟本紀以壬申系之三月之下，三月無壬申，蓋倒誤也。明史稿載壬申于四月甲子之下，今據以刊正後修明史之誤。

9 六月，丁卯，都督同知蔡福等備倭山東。

10 秋，七月，丁酉，遣使捕北京、河南、山東州縣蝗。

11 壬寅，河決開封州縣十四，經懷遠，由渦河入于淮。

12 乙巳，錦衣衛指揮使紀綱有罪，伏誅。

綱便辟詭黠，善鉤人意，上愛幸之，令典詔獄。都御史陳瑛，滅建文朝忠臣數十族，親屬被戮者數萬人。綱希上指，廣布校尉，日摘臣民陰事。上悉下綱治，深文誣詆，上以爲忠，遂擢掌錦衣衛事。

綱益恣横，又多蓄亡命，造刀甲弓弩萬計。會端午節，上射柳，綱屬鎮撫龐瑛曰：

「我故射不中，若折柳鼓譟，以覘衆意。」瑛如其言，無敢糾者，綱喜曰：「是無能難我矣。」遂謀不軌。內使讎綱者發其罪，命給事、御史廷劾，下都察院按治，具有狀，即日，磔綱于市，家屬無少長皆戍邊，天下快之。

13 八月，癸酉旦，壽星見。禮官請表賀，不許。

14 丁亥，作北京西宮。

15 是月，改工部尚書吴中于刑部。

16 九月，癸卯，京師地震。【考異】據明史本紀、三編皆作「京師」，時尚未遷都，指南京也。五行志作「北京」，今不從。

17 戊申，車駕發北京。

18 是月，初命監察御史巡鹽。

19 冬，十月，丁丑，車駕次鳳陽，祀皇陵。

癸未，還自北京，謁孝陵。

20 十一月，上自北京還，遷都意決。工部請擇日營建，上曰：「此大事，須集廷臣議之。」

壬寅，詔文武群臣集議遷都之宜，乃上疏曰：「北京乃聖上龍興之地，北枕居庸，西峙太行，東連山海，南俯中原，沃壤千里，山川形勝，足以控四夷，制天下，誠帝王萬世之都也。宜敕所司營建。」從之。

21 丙午，召張輔還。

輔凡四至交阯，前後建置郡邑及增設驛傳遞運，規畫甚備。交人所畏惟輔，輔還而交人復萌叛志。

22 戊申，削漢王高煦二護衛。

初，上巡北京，高煦居南京，私選各衛健士，又募兵三千人，不隸籍兵部，縱使劫掠。兵馬指揮徐野驢捕治之，高煦怒，手鐵瓜撾殺野驢，衆莫敢言，遂僭用乘輿器物。至是上還，盡得其不法數十事，切責之，褫冠服，囚繫西華門內，將廢爲庶人。皇太子涕泣力救，乃削兩護衛，誅其左右狎暱數人。

23 是月，徙山東、山西、湖廣流民于保安州，賜復三年。

24 周王橚、楚王楨皆來朝。

25 十二月，丁卯，鄭和復使西洋。

26 初，上在北京，以璽書諭皇太子，命翰林儒士編輯歷代名臣奏議。壬申，書成，上之。上諭侍臣曰：「致治之道，千古一揆。君能納善言，臣能盡忠無隱，天下何患不治！」遂命刊布，賜皇太子、皇太孫及諸大臣。

十五年（丁酉、一四一七）

1 春，正月，丁酉，大祀南郊。

2 壬寅，上元節。上以長女永安公主薨，命罷張燈宴。

3 壬子，平江伯陳瑄督漕，兼運木赴北京，備營建也。

4 是月，倭寇浙東金鄉、平陽等衛。

5 二月，癸亥，谷王橞有罪，廢爲庶人。

橞恃開門功，益驕肆，奪民田，侵公稅，殺無罪人。長史虞廷綱數諫，誣以誹謗，磔殺之。招匿亡命，習兵法戰陣，造戰艦弓弩器械，日與都指揮張成、宦者吳智、劉信謀，呼成「師尚父」，智、信「國老令公」。僞造圖讖，以己爲高皇帝十八子，與讖合。謀于元夕獻燈，潛入禁中，伺隙爲變。其護衛張興懼禍及，因奏事北京，白之，上不之信。興過南京，復啓皇太子，且乞他日無連坐。

橞又致書蜀王椿，爲隱語，欲結椿爲援，椿移書切責，不聽。會椿子崇寧王悅㷿，得罪逃橞所，橞因詭衆曰：「我開金川門出，建文帝今在邸中，我將爲伸大義。」蜀王聞之，上告變，上歎曰：「朕待櫶厚，張興常爲朕言，朕不忍信，今果然。」立命中官馳敕諭櫶，歸悅燇于蜀。且召櫶入朝，示以蜀王章，櫶伏地請死。

諸大臣請援大義滅親誅之，上曰：「櫶，朕弟也，且令諸兄弟議之。」是時周、楚二王皆入朝未行，各上議：「櫶違祖訓，謀不軌，蹤跡甚著，大逆不道，誅無赦。」上曰：「諸王群臣奉大義，國法固爾，吾寧生櫶。」于是並櫶二子皆廢爲庶人。官屬多誅死，惟興以先發，得不坐。

是時谷王之反，上疑長沙有通謀者，夏原吉請以百口保之，乃得寢。

6 谷王之反也，前中允尹昌隆坐焉。先是禮部尚書呂震用事，性刻忮。昌隆以解縉之獄，改禮部主事，震屢屈辱之。昌隆以皇太子故，見親幸，震因奏「昌隆假託宮僚樹黨，潛蓄無君心」，遂逮下獄。上每巡幸，輒載獄中重囚以從，昌隆預焉。

至是谷王事發，震以王前奏昌隆爲長史，坐同謀，詔公卿雜問。昌隆辯不已，震折之。獄具，置極刑死，夷其族。後震病且死號呼，言「見昌隆守而殺之」云。【考異】尹昌隆坐谷王黨死，事見本傳，今據增。

7 丁卯，命豐城侯李彬佩征夷將軍印，鎮交阯。

8 壬申，命泰寧侯陳珪仍督北京營繕事。

珪以四年董建北京，經畫有條理，甚見奬重。至是命鑄繕工印給珪，並設官屬，兼掌行在後府，又命安遠侯柳升、成山侯王通副之。

9 三月，丁亥，交阯始貢士至京師。

10 丙申，宥雜犯死罪以下囚，令輸作北京贖罪。

11 丙午，徙封漢王高煦于樂安州。

先是上怒高煦，漸得其奪適陰謀，以問尚書蹇義，義不敢對。復問諭德楊士奇，對曰：「臣與義俱侍東宮，外人無敢爲臣兩人言漢王事者。然漢王兩遣就藩，皆不肯行，今知陛下將徙都，輒請留守南京，此其心路人知之。惟陛下早善處置，以全父子之恩。」上默然。至是因其有罪，徙之樂安，並趣令之國，毋久留。

12 壬子，上北巡，發京師，命皇太子監國，以胡廣、楊榮、金幼孜扈從。

13 夏，四月，丁巳，頒五經、四書、性理大全于兩京六部、國子監及天下府、州、縣學。

14 己巳，車駕次郲城。申禁軍士毋踐民稼，有傷者，除今年租稅，或先被水旱逋租亦除之。

15 癸未，北京西宮成。

16 五月，丙戌，車駕至北京。

17 閏月，交阯復亂。

大軍之還也，交人故好亂，會中官馬騏以採辦至，大索境內珍寶，人情騷動，桀黠者從而鼓煽之。于是陸那阮貞，順州黎核、潘强，與土官、同知、判官、千户之等，一時並反，順州土官段公丁、陳思齊死之。李彬初至，遣將分討。六月，丁酉，斬黎核，然反者猶不止。

18 己亥，中官張謙使西洋還，敗倭寇于金鄉衛，捕數十人，械至京師。廷臣請正法，上曰：「威之以刑，不若懷之以德，宜還之。」乃命刑部員外郎吕淵等賫敕責讓，令悔罪自新。中華人被掠者亦令送還。

19 是月，以陳諤爲順天府尹。

諤，廣東番禺人。初以鄉舉入太學，授刑科給事中。遇事剛果，彈劾無所避。每奏事，大聲如鐘，上令餓之數日，奏對如故，曰：「是天性也。」每見，呼爲「大聲秀才」。嘗言事忤旨，命坎瘞奉天門，露其首，七日不死，赦出，還職。已，復忤旨，罰修象房，貧不能僱役，躬自操作。適駕至，問爲誰，諤匍匐前，具道所以，上憐之，命復官。至是擢爲順天府尹。

20 秋，七月，册皇太孫妃胡氏。【考異】明史紀不載，據后妃列傳在是年。吾學編、明書皆系之是月，今從之，爲後廢張本。

21 衛喇特順寧王瑪哈穆特死。

會中官海童奉使歸，言：「衛喇特拒命由順寧，今順寧死，賢義、安樂皆可撫也。」上乃復使海童諭衛喇特，勞太平巴圖博囉，賜綵幣布有差。

22 八月，甲午，行在通政司言甌寧縣人進金丹及方書，上曰：「此妖人也。秦皇、漢武，一生爲方士所欺，求長生不死之藥，此又欲欺朕。朕無所用金丹，令自餌之；方書亦並毁之，毋令别欺人也。」

23 九月，丁卯，修曲阜孔子廟成，上親製文勒石。

24 冬，十月，李彬敗交阯賊楊進江，斬之。

25 十一月，癸酉，改禮部尚書趙羾爲兵部尚書，巡視塞外，凡軍民利弊及邊務不便者，具以聞。

明通鑑卷十七

江西永寧知縣當塗夏燮編輯

紀十七起著雍掩茂（戊戌），至昭陽單閼（癸卯），凡六年。

成祖文皇帝

永樂十六年（戊戌、一四一八）

1 春，正月，甲寅，交阯俄樂縣土官巡檢黎利反。利初事陳氏，爲金吾將軍，歸命後，授巡檢，常怏怏。及大軍還，遂反，僭稱平定王，以弟石爲相國，與其黨段莽、范柳、范宴等放兵劫掠。李彬遣將朱廣討之，禽宴，斬以徇。利敗走。

2 甲戌，倭陷松門衛。時浙江按察司僉事石魯不設備，寇薄城下，踰城遁。事聞，坐誅。

3 是月，命興安伯徐亨、都督夏貴備邊開平。

4 戒諭朝覲官，有過者姑貰之。

5 陝西耀州民獻玄兔。群臣以爲瑞，上表稱賀，又有獻詩文者。上封以示皇太子曰：「一兔之異，喋喋爲諛。夫好直言則德日廣，好諛言則過日增，汝其審之！」【考異】陝西民獻玄兔事，明史本紀不載，憲章録系之是年正月，證之實録則正月丙寅，今據增，並據實録補入諭皇太子語。

6 二月，辛丑，交阯故四忙縣知縣車綿之子三，殺知縣歐陽智以叛，李彬遣將擊走之。是時乂安知府潘僚，南靈州千户陳順慶，乂安衛百户陳直誠等，皆乘機作亂。其他奸宄范軟起浮樂，武貢黄汝典起偈江，儂文歷起邱温，陳木果起武定，阮特起快州，吴巨來起善誓，鄭公證起同利，陶强起善才，丁宗老起大灣，范玉起安老，皆自署官爵，殺長吏，焚廬舍，而僚與玉尤猖獗。

僚者，故乂安知府季祐子也，嗣父職，不堪馬騏虐，遂反。玉爲塗山寺僧，自言天降印劍，遂僭稱羅平王，紀元永寧，署相國、司空、大將軍官號，攻掠城邑。彬東征西剿，日不暇給。

7 是月，行在禮部試天下貢士。

三月，甲寅，賜李騏等進士及第、出身有差。

8 命都督僉事劉鑑充總兵官，備邊大同練兵。

9 戊寅，姚廣孝卒。上震悼，輟視朝二日，命有司治喪，以僧禮葬。追贈榮國公。上親製神道碑誌其功。

10 是月，改令民運。

自支運法行，東南之漕運至淮安倉，即由官軍遞運入北，歲以爲常。至是因連年征討，官軍悉以供調遣，仍令民自運，輸之北京。

11 夏，四月，乙巳，日本遣使隨呂淵等來貢，託言：「海寇旁午，貢使不能上達。其無賴鼠竊者，實非下國所知，願貸罪容其朝貢。」上以其詞順，許之，禮使者如故。然海上之警猶不絶。

12 代王桂自奉戒敕，稍稍斂戢，己酉，命復其護衛及官屬。

13 五月，庚戌，重修太祖實録成，尚書夏原吉等上之，共二百五十七卷，爲二百五十冊。又寶訓十五卷，爲十五冊。上御殿以受，令別録藏古今通集庫，頒賞有差。實録自是始定。

14 丁巳，胡廣卒。

廣與同里解縉迎附，擢爲閣臣，同預機務。而廣獨以醇謹見幸，從上北征，與楊榮、金幼孜數召對帳殿，或至夜分。過山川阨塞，立馬議論，行或稍後，輒遣騎四出求索。再北征，皇太孫從，上命廣與榮、幼孜軍中講經史。凡所獻納，委蛇求合上意。又性縝密，在上前所言及所治職務，未嘗告人，故始終得保恩寵，時人以方漢胡廣。卒，贈禮部尚書，謚文穆。——文臣得謚自廣始。

初，廣與縉同侍宴，上曰：「爾二人生同里，仕又同官，縉有子，廣女可妻之。」廣頓首曰：「臣妻方娠，未卜男女。」上笑曰：「定女矣。」已，果生女，遂約婚。縉敗，子禎亮徙遼東，廣欲離婚，女截耳誓曰：「薄命之婚，皇上主之，大人面承之，有死無二。」及赦還，卒歸禎亮。時人以此少廣而重其女云。

15 辛未，以行在主事李時勉爲翰林侍讀，陳敬宗侍講。——時勉，安福人。敬宗，慈谿人。

16 皇太子之監國也，上在北京，相隔數千里，而諸小人陰附漢、趙者讒搆百端，侍從監國之臣，皆朝夕惴惴，人不自保。

會有陳千户者，擅取民財，事覺，太子令謫交阯立功，數日，念其有軍功，復宥之。有譖于上曰：「上所謫罪人，太子曲宥之矣。」上大怒，立逮千户，殺之。

是月，又逮東宮官屬贊善梁潛、司諫周冕。于是上復疑太子。

17 六月，遣禮部侍郎胡濙巡江浙諸郡。

陛辭，諭曰：「人言東宮多失德，汝至京師，可多留數日，試觀何如，密奏來！奏字須大，晚至即欲觀也。」濙至京師，居稍久，楊士奇等疑之，趣之行，濙以治冬衣爲辭。比行至安慶，以皇太子誠敬孝謹七事密奏之，自是上疑始釋。【考異】明史成祖本紀不載，惟仁宗紀書胡濙出使覘太子事於十六年。證之列傳，濙巡江浙、湖湘諸府在十七年。據皇朝通紀、紀事本末，皆系之是年六月，言「遣濙出巡江浙諸郡，陛辭，上面諭東宮多失德，汝至南京多留數日，試觀何如，密奏」云云。按是年五月，成祖以太子宥陳千户事大怒，殺千户，並逮東宮官屬梁潛、周冕，故踰月有遣濙出巡江浙之命，使過南京就訪太子也。諸書言「濙至南京，居稍久，楊士奇謂『公爲命使，宜亟行』，濙權詞答以製冬衣未完。至安慶，始以所見七事密奏。」據此，則濙至安慶，已在冬暮春初。其時訪察太子事畢，遂膺出巡之命，歷江浙、湖湘諸府，傳中系之十七年者似不誤。惟傳言「太子監國南京，漢王爲誹語謗太子，帝改濙官南京，因命廉之」云云。按是時尚未遷都，安得有改南事？又，濙以奉命巡湖湘，便過南京，至冬即行，並無授官之事。

18 秋，七月，己巳，敕責陝西諸司：「比聞所屬歲屢不登，致民流莩，有司坐視不恤，又不以聞，其咎安在？其速發倉儲振之。」

19 甲戌，下梁潛、周冕于獄，以輔導皇太子有闕也。

潛等至行在，上親詰之，具以實對。上謂楊榮、吕震曰：「事豈得由潛！」然卒無人爲白者，遂與冕俱論繫。未幾，有言冕放恣者，上怒，遂並潛誅之。潛妻楊氏，痛潛非命，不食死。【考異】明史本紀系之是月己巳，今據實録日分。紀事本末系之五月。蓋是時成祖在北京，諸書皆據逮冕等之月日，而實録則據其至北京下獄之月日也，今分書之。至冕等被誅，又在七月之後，並據潛傳牽連記之。

20 冬，十二月，戊子，申嚴官吏犯贓禁。

諭法司曰：「唐太宗惡官吏貪濁，有犯贓者必置于法。故吏尚清謹，民免掊克，貞觀之治所以爲盛。朕屢敕中外諸司，不許妄役一夫，擅斂一錢，而官吏恣肆自若，百姓苦之。繼今有犯贓官吏，必論如法。」

21 辛丑，陝西旱，命成山侯王通偕户部官馳傳往振。諭之曰：「民饑朝不保夕，譬之赴救水火，當速往毋緩。」于是振饑民九萬八千餘户，給米十萬四千三百餘石。

22 是歲，衛喇特瑪哈穆特之子托懽，舊作脱懽。遣使隨中官海童來貢，請襲爵。詔封托懽爲順寧王。而海童撫諭太平、巴圖博囉等，皆聽命。自是衛喇特三部皆奉貢。

十七年（己亥、一四一九）

1 春，正月，安定王尚炌有罪，廢爲庶人。——尚炌，秦愍王之庶子也。

2 二月，乙酉，命興安伯徐亨備邊興和、開平、大同。

3 三月，詔吏部尚書蹇義起復。義以父喪歸，上及皇太子皆遣官致祭。尋奪情起視事。【考異】蹇義丁父喪起復，證之本傳在是年，而七卿表不載。證之實錄，在是年之三月，今增入。

4 夏，五月，交阯賊黎利復出踞可藍堡。丙午，李彬遣都督方政擊之，獲其僞將軍阮箇立等。利匿走老撾。

5 六月，壬午，免順天府去年水災田租。

6 戊子，遼東總兵劉江大破倭寇于望海堝。初，江守遼東，以不謹斥堠爲海寇所乘，邊軍致敗。上怒，遣人斬江首，既而宥之，使圖後效。江巡視各島，至金州衛金線島西北望海堝上，其地特寬廣，可駐兵防禦，詢之土人，云：「洪武初，都督耿忠曾于此築堡備倭，去金州城七十餘里，凡寇至，必先經此，實濱海咽吭之地。」上疏請于此築城堡，設烽堠，嚴兵以待寇，詔從之。一日，瞭者言東南夜舉火有光，江度寇將至，亟引兵赴堝上。倭至王家山島，乘海艏直逼堝下，登岸魚貫行，一賊貌獰惡，揮兵率衆，勢鋭甚。江令犒師秣馬，略不爲意，别遣都指揮徐剛伏兵山下，百户江隆率壯士潛燒賊船，斷其歸路，自以步卒迎戰，佯却。賊悉衆赴之，一時旗舉礮發，伏兵盡起。賊大敗，走入空堡中，江開西壁縱之。復分兩翼夾擊，盡覆之，斬首千餘級，生禽數百人，無一逸者。

倭頻年入寇，至此始受大創，不敢復窺遼東。捷聞，賜敕褒美。【考異】此據明史本紀，江，即列傳之劉榮也。弇州史乘考誤云：「望海之捷，遼東志以爲劉江，水東日記載其事而遺其姓名。考之國史，榮父名江，卒于戍，榮仍父名補伍，累功至右都督。當奏捷之日尚名江，及封伯，始具其事，遂更名榮。」按榮之更名，明史本傳亦言之，蓋本之實録也。又考功臣年表，劉榮以是年九月壬子封，是破倭在六月，論封在九月，今分書之，並於封爵下著其更名事。

7 秋，七月，庚申，鄭和使西洋還，凡歷滿剌加、古里等十九國，咸先後遣使朝貢。

8 八月，癸未，官兵敗交阯于乂安，潘僚率衆走玉麻州。

9 九月，壬子，封都督劉榮廣寧伯。

榮冒其父江名，曾給事燕邸，從起兵爲前鋒，至是以破倭功論封，始更名榮。

10 丙辰，卿雲見。禮官請表賀，不許。

11 是月，召刑部尚書宋禮還。

12 冬，十一月，學士楊榮疏陳十事，皆指斥府、部法司積弊。上覽之，密諭榮曰：「卿言甚當。但侍臣腹心之臣，若進此言，恐群臣相猜疑，不若使御史言之。」于是御史鄧真疏入奏，衆皆請罪，詔「諸司即日悛改，怙終者不赦」。

13 十二月，庚辰，諭法司曰：「刑者，聖人所慎。匹夫匹婦不得其死，足傷天地之和，召水旱之災，甚非朕寬恤之道。自今在外諸司，死罪咸送京師審録，必三覆奏，然後行刑。」

14 乙未，遣工部侍郎劉仲廉等覈實交阯户口、田賦，察軍民利病以聞。

15 是月，巡按交阯御史黄宗載上言：「交阯人民新入版圖，勞來安輯，尤在得人。而郡縣官多兩廣、雲南舉貢，未歷國學，遂授遠方牧民之任，若俟九年黜陟，恐益廢弛。宜令至任二年以上者，巡按御史及兩司覈實舉按以聞。」從之。因謂行在吏部曰：「守令，民之師率，不得其人，民受其殃。前除交阯郡縣官，出一時之宜，今御史所言良是，自今宜慎選之！」【考異】黄宗載請定交阯考績，諸書皆系之是年十二月，據實録也。事見明史本傳中，今增入。

十八年（庚子、一四二〇）

1 春，正月，癸卯，李彬及都指揮孫霖、徐源敗交阯黎利于磊江。

利伺方政等還，潛出，殺玉局巡檢，已，復出磊江劫掠。官兵追擊，敗之。

是時群盜次第殄滅，而利益深匿不出。

2 閏月，丙子，以學士楊榮、金幼孜爲文淵閣大學士。

3 庚辰，擢薦舉人材布衣馬麟等十三人爲布政使參政、參議。

4 二月，己酉，山東妖婦唐賽兒作亂，詔安遠侯柳升率師討之。

賽兒，蒲臺縣民人林三之妻，自稱「佛母」，以幻術往來諸州縣，煽惑鄉民，奸人董彥昇等率衆附之，據益都之卸石柵寨。詔升率京軍往勦，都指揮劉忠副之。

時青州衛指揮高鳳率兵往捕，賊乘夜衝擊，官兵潰，鳳等陷没，賊勢益張。

5 三月，辛巳，柳升師至益都，圍卸石寨。賊遣人詭乞降，云「寨中食盡，且無水，東門舊有汲道，議趨之」。升自以大將，意輕賊，信之，即往據汲道。夜二鼓，賊襲官軍營，都指揮劉忠力戰，中流矢死，賽兒遁去。比明，升始覺，追之，不及，僅獲其黨劉俊等男婦百餘人。

時賽兒之别黨賓鴻等攻安邱急，知縣張旟，縣丞馬撝，集民夫八百餘人，以死拒戰。賊復下莒、即墨，合衆并力攻之，聲言屠城，城中人兇懼。會都指揮僉事衛青備倭海上，亟率千騎晝夜馳至，甲申，奮擊，敗之。賊收合餘衆再戰，又大敗之，斬馘六千餘人。時城垂陷復完，青之力也。比三日，升始至，青迎謁，升怒其不待己，捽出之。而鰲山衛指揮王真，亦同時敗賊于諸城。賊遂平，惟賽兒卒不獲云。

上以三司縱寇殃民，戊子，徵山東布政使儲埏、張海，按察使劉本等下獄，誅之。

于是刑部尚書吳中劾奏：「升征勦失機。當賊憑高無水，又乏資糧，宜坐困之，升乃全不爲意。及賊夜斫營，殺傷將士，劉忠身先士卒，升不救援。衛青解安邱圍，反忌其功而摧辱之。請治其罪。」上曰：「升方命失機，媢功忌能，罪不可宥。」戊戌，徵升下獄，尋釋之。

6 夏，四月，戊午，廣寧伯劉榮卒。

榮爲將，驍果善戰，馭士卒，明紀律。有恩信于諸夷，凡款塞者，綏輯有方。既卒，人悲思之。追贈侯，謚忠武。

7 五月，壬午，命左都督朱榮鎮遼東。

8 上以交阯久不平，命榮昌伯陳智爲左參將，助李彬討賊。

又降敕責彬曰：「叛寇潘僚、黎利、車三、儂文歷等，迄今未獲，兵何時得息，民何時得安？宜廣設方略，速奏蕩平。」彬得書皇恐。

會黎利出没交阯，剽掠郡縣。左參政馮貴，練土兵二萬餘人，每出戰有功，馬騏疾之，盡奪其兵，僅餘羸卒數百人。右參政侯保，亦率民兵築堡捍禦，而賊勢披猖，官軍失援。庚寅，貴、保等禦黎利不克，皆力戰死之。

9 六月，丙午，北京地震。

10 秋，七月，丁亥，命徐亨備邊開平。

11 是月，擢刑部郎中段民爲山東左參政。

時上以唐賽兒久不獲，慮削髮爲尼，或混處女道士中，乃下詔大索，盡逮山東、北京尼，已，又盡逮天下出家婦女，先後凡幾萬人。民至，加意綏撫，凡株連者，悉曲爲矜宥，人情始安。【考異】諸書皆系之七月，三編、輯覽彙記于二月賽兒作亂目中。惟吾學編所載年月同，而傳中則系之十九年之冬，誤也。又，民後升刑部侍郎，以宣德九年卒，而吾學編記其卒于永樂九年八月，此尤舛誤。

12 八月，丁酉朔，日有食之。

13 是月，置東廠于北京。

初，上命中官刺事，皇太子監國，稍稍禁之。至是以北京初建，尤鋭意防奸，廣布錦衣官校，專司緝訪。復慮外官瞻徇，乃設東廠于東安門北，以内監掌之。自是中官益專横，不可復制。【考異】設東廠，諸書皆系于是年之八月，三編系于是年之末，輯覽則彙記于元年内臣出鎮下。（注云，「設東廠在十八年。」）按七年令中官刺事，是廠衛之設已久，此以將遷北京，命復設耳，今增入「北京」二字。

14 九月，己巳，上定都北京。欽天監奏明年正旦吉，宜御新殿。遂遣户部尚書夏原吉齎敕召皇太子，尋敕太孫從行，期十二月終至京師。

15 丁亥，詔：「自明年正月，改京師爲南京，北京爲京師，設六部，去行在之稱。」並取南京各印信給京師諸衙門，別鑄南京諸衙門印信，皆加「南京」二字。

16 是月，復遣中官侯顯使西域。

初，顯以通榜葛剌國使，隨貢麒麟，上悦之。至是榜葛剌國王賽佛丁遣人來告，以己居東印度之地，爲西境沼納樸兒所侵。上乃命顯復往宣諭，賜金幣，遂罷兵。顯自元年奉使西域，至是凡五出，與鄭和相亞云。【考異】顯以是年九月使西域，事見宦官傳，今據增。

17 擢教授藺從善、林長楙、教諭徐永達並爲翰林院編修，侍皇太孫講讀。

18 冬，十月，壬子，皇太子發南京。

19 庚申，都督方政追黎利于老撾，敗之。

時老撾請官軍毋入境，當盡發所部兵捕利送大軍，許之，然仍匿利不遣。

20 是月，有告周王橚謀反者。上察之有驗，乃發金符召王，期以明年二月至京師。

21 十一月，戊辰，以遷都北京詔天下。

22 是月，振青、萊饑。

23 皇太子過鳳陽，謁祭皇陵。耆老進謁，有知太祖隆興時事者，留從容與語，賜勞優厚。過鄒縣，歲荒民饑，耆老迎謁者皆賜之鈔，問以所苦，輟所食賜之。時山東布政使石執中來迎，太子命亟發官粟振之。執中請人給三斗，太子曰：「與六斗。汝勿以擅發爲懼，吾見上，當自奏也。」

24 十二月，己未，皇太子、太孫至京師。

太子因奏山東發粟振饑事，上曰：「善！昔范仲淹之子，猶能舉麥舟濟其父之故舊，況百姓固吾之赤子乎！」

25 癸亥，北京郊廟宮殿成。

論營建功，進封薛祿陽武侯。擢工部郎中蔡信爲工部右侍郎。

26 是月，以右副都御史李慶爲工部尚書，尋兼領兵部事。以右副都御史王彰爲右都御史。

十九年（辛丑、一四二一）

1 春，正月，甲子朔，上恭詣太廟奉安五廟神主，命皇太子詣郊壇奉安天地神主，皇太孫詣社稷壇奉安社稷神主，黔國公沐晟詣山川壇奉安山川諸神主。

上御奉天殿受朝賀，大宴群臣。

2 甲戌，大祀南郊。

3 戊寅，詔曰：「朕荷天地祖宗之祐，統馭萬方，祇勤撫綏，夙夜無間。乃者仿成周卜洛之規，建立兩都爲永遠之業。爰自經營以來，賴天下臣民，殫心竭力，趨事赴工。今宮殿告成，祇祀天地社稷，眷懷黎庶，嘉與維新，弘敷寬恤之仁，用洽好生之德。其大赦天下！」

4 癸巳，命鄭和復使西洋。

5 是月，户部奏直隸開州等州縣民饑，上命復申先振後聞之令。

6 禮部尚書呂震言于皇太子曰：「殿下前在南京，數遣中使進案牘，每以殿下過失上聞，上斥其妄，今宜疎此人。」皇太子曰：「吾豈能無過！今至尊既不信之，我又與人計較耶？」卒置之。

7 二月，辛丑，命都督僉事胡原率舟師巡海捕倭。

8 是月，阿嚕台貢使至邊，邀劫行旅。上謂楊榮、金幼孜曰：「阿嚕台爲衛喇特所攻，窮而歸我，我待之甚厚，生聚畜牧，日以滋蕃，遂慢我使者，既拘留之，又時窺我邊塞。吾欲北征，何如？」榮等請先遣使敕諭，從之。乃遣使者齎敕諭其部落，然阿嚕台終不悛。

9 周王橚至京，上示以所告詞，王頓首謝罪。上憐之，不復問，遣歸國。王歸，獻還三護衛。

10 三月，辛巳，賜曾鶴齡等進士及第、出身有差。

11 夏，四月，庚子，奉天、華蓋、謹身三殿災。

詔群臣直陳闕失，其略曰：「朕仿古建二京，不意三殿同災，實惟祗懼。意者敬天事神，禮有怠歟？祖法戾，政務乖歟？小人在位，賢士隱遯歟？刑獄冤濫歟？讒慝交作歟？掊克及田里歟？蠹財妄費，用無度歟？租稅太重，徭役不均歟？軍旅未息，征調無方，饋餉乏歟？工作過度，民力敝歟？奸人附勢，群吏弄法，有司闒茸不治歟？爾文武群臣其盡言無隱！」

12 乙巳，以三殿災，詔罷不便于民及不急諸務，蠲十七年以前逋賦，免去年被災田糧。

13 己酉，萬壽節，以殿災止賀。

14 癸丑，敕尚書蹇義等二十六人分巡天下，問軍民疾苦，及文武長吏擾民者奏黜之。

15 是月，殺主事蕭儀。【考異】明史紀不載，諸書多系之九月，三編系之四月殿災之下，並李時勉下獄書之，蓋牽連記事體也。重修據明史本紀，時勉下獄在十一月辛巳，而分書殺蕭儀于四月，皆據實録，今從之。

時言者多以建都北京不便，致召天災，而儀言之尤峻。上大怒曰：「方遷都時，朕與大臣密議數月而後行，非輕舉也。」遂坐儀誹謗，下獄誅。

一時言者因劾大臣，上命跪午門外質辨。諸大臣爭詈言者，惟尚書夏原吉獨奏曰：「彼應詔無罪，惟臣等備員大臣，不能協贊大計，罪在臣等。」上意稍解。或尤原吉背初議，原吉曰：「吾輩歷事久，言雖失，幸上憐之。若言官得罪，所損不細矣。」衆始歎服。

16 翰林院侍講鄒緝應詔上封事。其略曰：「陛下肇建北京，工作之大，調度以百萬計。農民終歲供役，不暇力作，猶且征求無藝，至伐桑棗以供薪，剥桑皮以爲楮。加之官吏横征，日甚一日。本非土産，動科千百，民相率斂鈔，購之他所。及其進納，又多留難，往復展轉，甚至竭二萬貫之鈔，不足供一柱之用。又自營建以來，工匠小人，假託威權，驅迫移徙，號令方施，廬舍已壞；及遷移甫定，又復驅之他徙，至有三四徙不得息者；迨其既去，所空之地，經月踰時，工猶未及。此陛下所不知，而人民疾怨者也。

貪官污吏，虐取苛求，無有限量。朝廷每遣一人，有司承奉惟恐不及，因而貨賂公行，剥下媚上，有同交易。夫小民所積幾何，而誅求若此！今山東、河南、山西、陝西，水旱相仍，民至剥樹皮草根以食，老幼流移，顛踣道路，賣妻鬻子以求苟活。而京師聚集僧道萬餘，日耗廩米百餘石，此奪民食以養無用也。

朝廷歲令天下織錦鑄錢，遣内官市馬外番，所出常數十萬，而所取曾不能一二。馬多駑下，責民牧養，及至死傷，勒令賠補，甚至鬻妻子以供養馬。此尤害之大者。漠北降人，陛下賜居室，盛供帳，意欲招其同類也。不知來者豈真遠慕王化，靡不有意窺覘。宜于來朝之後，遣歸本國，不必留爲後日子孫患。

至宫觀禱祠之事，有國者所當深戒。古人有言：『淫祀無福』，況事無益以害有益，蠹財妄費者乎！

凡此數事，上違天道，下失民心。奉天殿，實明堂也，而災首及焉，可不儆乎！國家所恃以長久者，惟天命人心，而天命常視人心爲去留。今天意如此，不宜勞民。願陛下毋聽小人之言，復有興作，以誤于後也。」

書奏，不省。——緝，吉水人。

同時翰林院侍讀李時勉上書，條時務十五事。

時勉性剛鯁，慨然以天下爲己任。上建都北京，方招徠遠人，而時勉極言營建之非，及遠國入貢人不宜使群居輦下，忤上意。已，覩其他説，多中時病，抵之地，復取視者再，然終以斥時政銜之。

惟緝得無罪，居數月，進右庶子，仍兼侍講。

17 五月，乙丑，出給事中柯暹、御史鄭維桓、何忠、羅通、徐瑢等俱爲交阯知州。

時上遇災而懼，下詔求直言，而言者多觸時忌。于是工部尚書李慶等復希旨詆言者，請罪之。上以夏原吉言，宥不問，尋有是謫。【考異】出建言諸臣于交阯，是謫也，憲章録誤以爲陞，且云「言者語侵工部李慶等，數請罪之，上恐慶等謀害諸人，故悉陞外任」。此語全非事實。今據明史柯暹等傳並參夏原吉傳書之。

18 庚寅，豐城侯李彬上言：「交阯地遠，不通餽運，乞依各都司衞所例，分軍屯田以供糧餉，度地險易，爲屯守征調之多寡。」詔從之。

19 六月，甲辰，發倉粟，振蘇州之吴縣，浙江之西安，江西之瑞昌。乙卯，又振安慶之潛山，河間之東光。

20 是月，西僧大寶法王來朝。上欲郊勞之，尚書夏原吉以爲不可。及法王入，原吉見，但長揖不拜，上笑曰：「卿欲效韓愈邪？」

21 秋，七月，己巳，上將北征阿嚕台，敕都督朱榮領前鋒，安遠侯柳升領中軍，寧陽侯陳懋領御前精騎，永順伯薛斌、恭順伯吴克忠領馬隊，武安侯鄭亨、陽武侯薛禄領左、右哨，英國公張輔、成山侯王通領左、右掖。

22 八月，辛卯朔，日有食之。【考異】吾學編、國史紀聞皆作「是月辛巳朔日食」，誤也。今據本紀，證之實録同。

23 九月，李彬奏「老撾久不遣黎利，觀望持兩端。」上敕彬拘其頭目，送京師詰之，老撾懼，乃逐利。【考異】吾學編、紀事本末皆書赦黎利授清化知府於是年之十月。證之明史安南傳，是時利方在老撾，安得有敕赦授官之事？直至仁宗踐阼，以中官山壽自安南還，力言「利可撫，請往諭之」，乃有遣壽賫敕赦利授官之事，而利仍寇清化不已。今據安南傳，但敘老撾逐利事，而改系赦黎利于二十二年寇清化下。

24 冬，十月，阿嚕台復寇邊。

25 十一月，辛酉，分遣中官楊實、御史戴誠等查勘兩京及天下庫藏遞年出納之數，覈實以聞。

26 丙子，上銳意親征沙漠，召户部尚書夏原吉、禮部尚書呂震、兵部尚書方賓、刑部尚書吳中等議，皆言兵不宜出。未奏，會上召賓，賓力言軍興費乏，上不懌。召原吉問邊儲多寡，對曰：「比年師出無功，軍馬儲蓄，十喪八九，災眚迭作，内外俱疲。況聖躬少安，尚須調護，乞遣將往征，勿勞車駕。」上怒，立命原吉出理開平糧儲。而吴中入對如賓言，上益怒，乃召原吉還，並中繫之内官監，又繫大理丞鄒師顏，以嘗署户部也。賓懼，自縊死。上遂欲殺原吉等，召楊榮，問原吉等平日所爲，榮力言其無他，上意稍釋。乃籍原吉家，自賜鈔外，惟布衣瓦器而已。

上既繫原吉等，乃以震兼領户、兵部事，震亦自危。上令校官十人隨之，曰：「若震自盡，爾十人皆死。」蓋是時論北征事，惟震獨無迕，又乘間言賓等憸邪、誣罔，故上獨任之。

27 辛巳，下侍讀李時勉于獄。

上雖可時勉奏，終惡其言近訐直。會有大臣希旨詆以謗訕者，于是上發怒，並諸言者先後下獄。

28 甲申，命侍郎張本等分往山東、山西、河南、順天及應天五府，滁、和、徐三州，督造糧車，發丁壯輓運，期以明年二月集宣府。

29 是歲，（威）〔衛〕喇特賢義王、太平安樂王巴圖博囉來朝。

二十年（壬寅、一四二二）

1 春，正月，己未朔，日有食之。免朝賀，詔群臣修省。

2 辛未，大祀南郊。

3 壬申，豐城侯李彬卒。

詔榮昌伯陳智代鎮交阯。贈彬茂國公。

4 二月，乙巳，詔北征軍餉分前後運，前運隨大軍行，後運繼之。以隆平侯張信總前運，兵部尚書李慶、侍郎李昶副之，保定侯孟瑛總後運，遂安伯陳英副之，各率騎兵千人，步兵五千人護行。凡前後運用驢三十四萬，車一十七萬七千五百兩有奇，役民夫二十三萬五千有奇，運糧三十七萬石。——瑛，善之子，英，志之孫，俱以靖難功襲封者。

5 三月，丙寅，詔：「有司遇災，先振後聞。」

6 乙亥，阿嚕台復大舉寇興和，殺守將都指揮王喚。【考異】「喚」，諸書作「煥」，又作「瑛」，惟三編據明史及實録作「喚」，今從之。

7 丁丑，上親征，告廟。命皇太子監國。

8 戊寅，車駕發京師。

9 辛巳，駐蹕鷄鳴山。

阿嚕台聞上親征，懼而宵遁，諸將請追之，上曰：「虜非有他計，譬之狼，貪得所欲即走，追之徒勞。少俟草青馬肥，道開平，踰應昌，出其不意，直抵窟穴，破之未晚也。」

10 夏，四月，辛丑，師次龍門。

戍卒言虜倉猝遁去，遺馬二千餘匹于洗馬嶺，勑宣府指揮王禮盡收入城。

乙卯，次雲州，大閲。

11 是月，倭寇浙東之象山。

12 五月，辛酉，駐蹕獨石。以端午節，賜從征文武群臣宴。

乙丑，度偏嶺，命將士獵于道旁山下。

丁卯，復大閱諸將，諭侍臣曰：「兵行猶水，水因地而順流，兵因敵而作勢，水無常行，兵無常勢，能因敵變化取勝者，得勢者也。然必先使之熟習行陣，猝遇寇至，麾之左右前後，無不中節矣。」

戊辰，觀士卒射。有一卒射小旗，三發皆中，賜牛羊鈔錠。上自製平虜曲，俾將士歌之。

13 辛未，車駕發隰寧，次西涼亭。

亭爲故元往來巡遊之所，上望其頹垣遺址，樹木森然，謂侍臣曰：「元氏創此，將遺子孫爲不朽之業，豈計有今日？書云：『常厥德，保厥位。厥德匪常，九有以亡。』況一亭乎！」因下令，禁軍士斬伐樹木。

14 壬申，大閱于西涼亭，命自張輔以下皆就營馳射，上親觀之，惟輔及陳懋連中，餘或半中。應城伯孫亨以不中被罰，罷其領兵之任。張信托病不至，降充辦事官。

15 癸酉，次閔安。下令，「軍中樵採不得出長圍二十里外。」時營陣，大營居中，營外分駐五軍，建左、右哨、掖以總之。步卒居內，騎卒居外，神機營在騎卒之外，神機外有長圍周二十里。

乙酉，次開平。

16 六月，壬辰，令軍行出應昌，結方陣以進。

癸巳，次威遠。會開平來報，寇攻萬全，諸將請分兵還擊，上曰：「詐也。彼慮大軍擣其巢穴，欲以牽制我師，敢攻城哉！」

甲午，次陽和谷。攻萬全者果遁去。

17 秋，七月，己未，車駕次沙琿原，阿嚕台大懼。

初，上封阿嚕台，並其母、妻皆爲王太夫人、王夫人。至是聞大軍出，其母、妻皆詈之曰：「大明皇帝何負爾，而必爲逆？」于是阿嚕台盡棄其輜重馬畜于庫楞海，以其帑北徙。上命焚其輜重，收其馬畜，遂班師。

方阿嚕台之入寇也，大寧三衛之衆，實陰附之。至是上謂諸將曰：「阿嚕台恃烏梁海爲羽翼，二寇相結，邊患無已時，今當移師翦之。」

庚申，簡步騎二萬，五道並進。諭曰：「軍至，寇且西走，邀之必獲。」庚午，師次奇拉爾河，舊作屈裂兒河。三衛數萬之衆果驅牛馬車輛西走，倉猝遇大軍，迎戰。上麾騎夾擊，自率前鋒衝之，斬首數百級，餘皆走散。其地背河，面左皆山，大軍依山而軍。上乘高望之，見其衆稍聚，乃麾兵繞出其右，分兵渡河，斷其後，衆突至，盡獲之，又麾兵繞出其左。先伏神機弩于深林中，又命嚴陣山下以待。已而其衆盡棄輜重走左，上麾騎合山下兵馳追之，及林間，伏發，遂大潰。追奔三十里，斬部長數十人，虜牛羊十餘萬，蕩其巢而還。

辛未，復分兵徇河西，捕斬甚衆。

甲戌，烏梁海餘黨詣軍門降。

18 是月，皇太子奏免南、北畿、山東、河南郡縣糧芻共六十一萬有奇，以五、六月間霪雨傷禾稼也。

19 工部尚書宋禮卒。禮自蜀召還，以老疾免朝參，至是卒于官。禮治河著績，卒之日，家無遺財。洪熙改元，禮部尚書呂震請予祭葬如制。

20 八月，戊戌，車駕次玻瓈谷。諸將分道者俱來獻捷。

辛丑，以班師詔天下。

21 壬寅，命武安侯鄭亨、陽武侯薛祿守開平。

22 是月，中官鄭和自西洋還。

23 九月，壬戌，車駕至京師。

24 癸亥，下左春坊大學士楊士奇于獄。丙寅，下吏部尚書蹇義、禮部尚書呂震于獄。時皇太子屢遭讒搆，上以士奇輔導有闕。會呂震壻張鶴，朝參失儀，太子以震故，宥之。上聞之，怒義不能匡正，于是並震及士奇等俱先後下獄。尋皆釋之。踰年，皆復官。

25 辛未，録從征功，封左都督朱榮武進伯，都督僉事薛貴安順伯。

26 冬，十月，癸巳，分遣中官及朝臣八十人覈天下倉儲出納之數。

27 十二月，辛卯，命朱榮鎮遼東。

28 閏月，戊寅夜，乾清宮災。【考異】明人野史皆書阿嚕台弒本雅失里于是年十二月，（憲章録、吾學編則系之閏十二月。）與正史全異。惟證之楊文敏北征記，言「永樂二十二年金忠來歸，言阿嚕台弒主虐民，數爲邊患」，似即指本雅失里近事也。文敏身歷之事，不應岐異，今據正史書之十一年，而附識其異于此。

二十一年（癸卯、一四二三）

1 春，正月，乙未，大祀南郊。

2 癸卯，榮昌伯陳智追交阯黎利于寧化州車來縣，敗之。利自被老撾逐後，竄入車來，至是復遁去。

3 二月，壬戌，蜀獻王椿薨。

王以洪武二十三年就藩成都，性孝友慈祥，博綜典籍，容止都雅，太祖嘗呼爲「蜀秀才」。既至蜀，聘禮方孝孺、陳南賓等。王禕死于滇，其子紳往求遺骼，王聞其賢，資給之，聘至蜀，待以客禮。時諸王皆備邊，練士卒，王獨以禮教守西陲。前代兩川之亂，多因內地不逞者鈎致爲患，有司私市蠻中物，或需索啓争端。王定繒錦香扇之屬以爲常貢，此外悉免需索，蜀人由此安業，日益殷富。川中不被兵革者二百年，王之力也。至是薨。世子先卒，孫靖王友堉嗣。

4 己巳，柳州蠻叛，廣西參政耿文彬會桂林衛指揮鹿榮討平之。

5 三月，庚子，監察御史王愈及刑部錦衣衛官會決重囚，誤殺無罪四人。上怒，命法司執愈等抵罪，即日皆棄市。

6 是月，盜竊大祀壇蒼璧二，黄琮二。

7 夏，四月，衛喇特托歡攻阿嚕台，敗之。【考異】明史本紀不載，列傳則但記其宣德元年敗阿嚕台之事。據吾學編、憲章録，于是月書云，「瓦剌脱懽攻阿嚕台，敗之。」按是年七月親征詔書，已有「聞阿嚕台爲瓦剌所攻」之語，又紀事本末記知院等來降，言「今夏阿嚕台爲瓦剌所敗」，今據系之四月。

8 五月，癸未，免開封、南陽、衛輝、鳳陽等府去年水災田租。

9 己丑，常山護衛指揮孟賢等謀逆伏誅。

初，趙王高燧與漢王高煦謀奪嫡，時時譖太子。後上漸聞其恃寵不法事，誅其長史顧晟，褫高燧冠服，以太子力解得免。

至是上不豫，其護衛賢等，結欽天監官王射成及内侍楊慶養子，造僞詔，謀進毒于上，俟晏駕，詔從中下，廢太子，立趙王。時總旗王瑜姻家高以正者，爲賢等畫謀，謀定，告瑜，瑜乃上變。上曰：「豈應有此！」立捕賢等，得所爲僞詔。上顧高燧曰：「爾爲之耶？」高燧大懼，不能言。太子又力爲之解，曰：「此下人所爲，高燧必不預知。」乃得免。賢等悉伏誅。陞瑜遼海衛千户。

10 六月，庚戌朔，日有食之。

11 秋，七月，戊戌，復親征阿嚕台。

時邊將言阿嚕台將率衆南犯，上曰：「去秋寇犯興和，朕率大兵擣其巢穴，復剿其黨烏梁海，其窮甚矣。今以朕既得志，必不復出，朕當率兵先駐塞外以待之。彼不虞我出而輕肆妄動，我乘其勞而擊之，破之必矣。」

于是部分諸軍，命安遠侯柳升、遂安伯陳英領中軍，武安侯鄭亨、保定侯孟瑛領左哨，陽武侯薛禄、新寧伯譚忠領右哨，英國公張輔、安平伯李安領左掖，成山侯王通、興安伯徐亨領右掖，寧陽侯陳懋領前鋒。——忠，淵之子；安，遠之子也。

12 庚子，釋李時勉于獄，尋以學士楊榮薦，復其官。

13 辛丑，命皇太子監國。

壬寅，車駕發京師。

甲辰，次土木河，大會諸將，命學士楊榮參決軍務。

戊申，次宣府，敕居庸關守將止諸司進奉。【考異】明史本紀，「七月壬寅，車駕發京師。」是月庚辰朔，壬寅二十三日也。是月小建，八月己酉朔，大閱，時駐宣府，即在宣府出關也。紀事本末、典彙書發京師于八月癸丑，誤。今據本紀。

14 是月，朝鮮國王李裪遣使朝貢。

裪，芳遠子也。芳遠初立世子禔，後請廢之，詔聽王所擇，乃立裪。是時芳遠已卒，裪嗣位，以上遷都北京，密邇朝鮮，于是事大禮益恭。先是敕裪貢馬萬匹，至是如數獻之，賜白金綺絹。裪又請立適子珦爲世子，從之。【考異】事見明史朝鮮傳，言「廿一年七月，李裪請立適子珦爲世子。先是敕裪貢馬萬匹，至是如數進之」云云。明史本紀例書藩貢於本年之末，是年不書，漏脱耳。明史稿是年朝鮮入貢者三，今增入。

15 八月，己酉朔，大閱軍士。

甲寅，車駕發宣府，次沙嶺，賜諸將內廄馬。

庚申，詔塞黑峪長安嶺諸邊險要。

16 丁丑，免南、北京及山東郡縣水災田租，皇太子奏也。

17 九月，己卯朔，駐蹕沙城。故晉王濟熺及子美圭謁行在，上見濟熺病，惻然，乃封美圭平陽王，令奉父居平陽，並撥恭王故連伯灘田予之。

初，濟熿以搆濟熺，得爲晉王。既立，益横暴，至進毒弒嫡母謝氏，逼蒸恭王侍兒吉祥，幽濟熺父子，蔬食不給。父兄及故侍從宮人多爲所害，莫敢言。其後有恭王宮中老媪，走訴于上，乃即獄中召晉府故承奉左微問之，盡得濟熿讒搆狀，立命微馳召濟熺父子。

時濟熺幽空室已十年，微以濟熺故牽連繫獄。或傳微死已久，及至，一府大驚。微入空室，釋濟熺父子，相抱持大慟。至是，偕詣行在，故有是封。【考異】晉王濟熺之謁行在及封其子美圭事，明史本紀不載，但于宣德二年書「晉王濟熿有罪，廢爲庶人」，三編則彙記濟熺、美圭事于二年目中。今證之諸王傳，言「濟熺幽空室十年，至是帝北征，駐蹕沙城，乃與其子謁行在，帝見濟熺病，惻然」云云。據此，則正是年九月次沙城之日也，今據增。

18 戊子，車駕次西陽河。

癸巳，韃靼故知院人等來降，言：「今夏阿嚕台爲(威)〔衞〕喇特所敗，部衆潰散。今聞大軍出，疾走遠遁，不復萌南向意。」上命賜之酒，俱授正千户，遂班師。

19 冬，十月，甲寅，師次上莊堡。先鋒陳懋追寇至飲馬河。會蒙古王子額森托噶舊作也先土干。率妻子部屬來降。時六師深入，寇已遠遁，上方恥無功，見懋偕額森托噶來，大喜，賜姓名曰金忠。庚申，封忠爲忠勇王，又授其甥及部屬七人皆爲都督都指揮等官，賜冠帶織金襲衣。

上曰：「昔唐突厥頡利入朝，太宗矜言胡越一家，朕所不取。然天下之人，皆遂其生，邊境無患，兵甲不用，此朕志也。」遂下詔班師。

20 十一月，戊寅朔，車駕次懷來。

甲申，至京師，陳鹵簿。上乘御輦入，告祭天地宗廟社稷，御奉天門受朝賀。時諸番貢使咸集闕下，群臣上表稱賀。

明通鑑卷十八

紀十八 起閼逢執徐（甲辰），盡旃蒙大荒落（乙巳），凡二年。

江西永寧知縣當塗夏燮編輯

成祖文皇帝

永樂二十二年（甲辰、一四二四）

1 春，正月，甲申，阿嚕台復犯大同、開平。

初，金忠來歸，數言：「阿嚕台弒主虐民，實爲邊患，請討之，願爲前鋒自效」，上不許。至是大同、開平守將先後報虜侵塞，群臣皆勸上如忠言，遂決意親征，敕邊將整兵俟命。

丙戌，徵山西、山東、河南、陝西、遼東五都司及西寧、鞏昌、洮、岷各衛兵，期三月會北京及宣府。

2 戊子，大祀南郊。

3 癸巳，復命鄭和使西洋。

時舊港酋長請襲宣慰使職，上詔和齎敕印往賜之。

4 是月，下朝覲官錢糧不完者于獄，既而釋之。

5 三月，戊寅，大閱。諭諸將親征，命柳升、陳英領中軍，張輔、朱勇領左掖，王通、徐亨領右掖，鄭亨、孟瑛領左哨，薛禄、譚忠領右哨，陳懋、金忠領前鋒。——勇，成國公能之子也。

6 己卯，賜邢寬等進士及第、出身有差。

7 夏，四月，己酉，車駕發京師。命皇太子監國，以大學士楊榮、金幼孜扈從，楊士奇留輔太子。

8 庚午，車駕駐隰寧。

金忠部將獲寇諜者，言：「阿嚕台去秋聞大軍至遠遁。及冬，大雪丈餘，孳畜多死，部曲離散。比聞朝廷復出兵，走往達蘭納穆爾河。」舊作答爾納木兒。上曰：「寇去此不遠。」命諸將速進。

甲戌，次開安。

9 五月，己卯，車駕次開平。是日雨，士卒有後至霑溼者。

時北地尚寒，上指示諸將曰：「士卒者，將帥所資以成功名，撫之至則報之厚。古人言：『視卒如嬰兒，可與赴深谿；視卒如愛子，可與之俱死。』今方用此輩，可勿恤諸！」

10 甲申，上召楊榮、金幼孜至幄中，諭之曰：「朕昨夕三鼓，夢有若世所畫神人者告朕，言『上帝好生』者再，豈天屬意此寇乎？」榮等對曰：「陛下好生惡殺，上格于天。此舉固在除暴安民，然火炎昆岡，玉石俱焚，唯陛下留意。」

時上意亦厭兵，謂榮等曰：「卿等言合朕意。朕豈以一人有罪，罰及無辜！」即命草敕，遣中官及所獲北寇齎至阿嚕台部落，諭之曰：「往者阿嚕台窮極來歸，朕所以待之者，皆爾等所知。今何負于彼，而比年以來，寇奪我邊鄙，虔劉我黎庶，其自取之禍也。朕以天人之怒，統六師征之。彼之危猶洪鑪片雪，豈復有餘命哉！然朕體上帝好生之仁，不忍荼毒無辜。今所罪者，止阿嚕台一人，其所部頭目以下，悉無所問。有能順天意來歸者，當待以至誠，優與恩賚，仍授官職。朕之斯言，上通天地，毋懷二三，以貽後悔。」

時比年用兵，白骨蔽野，上惻然。乙酉，命柳升等率軍士拾道中遺骸瘞之，上親爲文祭焉。

11 戊子，諭諸將曰：「古謂武有七德，禁暴，除亂，是其首也。又謂止戈爲武。今罪人惟阿嚕台耳，脅從之衆，有歸降者，宜加意撫綏。非持兵器向我師者，縱勿殺。」

壬辰，次長樂，諭侍臣曰：「漢高祖過柏人，慮迫于人。今朕至長樂，思與天下同樂，何時而庶幾也！」

丙申，次應昌。是日雨，重車皆在後。諭諸將曰：「兵無輜重，危道也。」命分兵往迎之。

12 丁酉，宴從征文武大臣于應昌，命中官歌太祖御製詞五章，曰：「此先帝所以垂戒後嗣也，雖在軍旅不敢忘。」

己亥，次威遠州，復宴群臣，自製詞五章，述敬天、法祖、勤政、恤民意，亦命中官歌之。

13 是月，皇太子奏免廣平、順德、揚州及湖廣、河南郡縣水災田租。

14 大名府濬縣蝗蝻生，知縣王士廉以失政自責，率僚屬齋戒，禱于八蜡祠。越三日，有鳥數萬食蝗盡。皇太子聞而嘉之，顧侍臣曰：「此誠意所格耳。」

15 浙、閩麗水、政和二縣山寇周叔光、王均亮等聚衆劫掠，巡按御史王復奏請發兵剿之。上以問楊榮，對曰：「此愚民無知，或爲有司所苦，或窘于衣食，不得已相聚山谷以求苟活耳。兵出，將益聚不可解，宜遣使招撫，當不煩兵。」從之。盜果息。【考異】此與上王士廉捕蝗事，憲章録、皇明通紀俱系之是年五月，明史本紀不載。按浙江山寇事，見楊榮傳，云「在永樂之末」，正是年事也，今據增。

16 六月，甲辰朔，車駕次祥雲屯。

丙午，次翠玉峰，命前鋒陳懋、金忠覘敵馳奏。

癸丑，次金沙濼，懋等得虜寇馬九匹來進。上曰：「醜虜多詐，安知非以是誘我也！」命再覘之。

戊午，次玉沙泉，以達蘭納穆爾河已近，令諸將各嚴兵以俟。

庚申，次天馬峰，懋等遣人奏言：「臣等已至達蘭納穆爾河，彌望不見寇跡，亦無車轍馬跡可尋，疑竄遁已久。」上復遣張輔、王通等分兵窮搜山谷，卒無所見，皆引兵還。癸亥，懋等亦以糧盡還。

于是輔等奏：「願假臣等一月糧，率騎深入，罪人必得。」惟楊榮、金幼孜從容言宜班師，上從之。

甲子，次翠雲屯，召輔等，諭曰：「古王者制夷狄之道，驅之而已，不窮追也。且今寇孽所存無幾，茫茫廣漠，譬如求一粟于滄海，可必得邪！吾寧失有罪，誠不欲重勞將士。」乃班師。

乙丑，議分兵兩路，上率騎士東行，命鄭亨等領步卒西行，期會于開平。

17 壬申夜，南京地震。

18 秋，七月，庚辰，車駕次清水源，命大學士楊榮、金幼孜刻石于崖上，以紀親征所過，使後世知之。

丁亥，次翠微岡，上御幄殿，憑几坐，榮、幼孜侍。上顧問內侍海壽曰：「計程何日至京師？」對曰：「其八月中矣。」上頷之。尋諭榮等曰：「東宮涉歷年久，政務已熟，還京後，軍國重事，悉以付之。朕得優游暮年，享安和之福矣。」榮等對曰：「殿下孝友仁厚，天下歸心，允稱皇上付託。」上喜，賜榮等羊酒而退。

戊子，遣尚書呂震以旋師諭皇太子詔告天下。

19 己丑，車駕次蒼厓戍。上不豫，下令將士嚴部伍，謹哨瞭。時上疾已久，思夏原吉之言，顧左右曰：「原吉愛我！」

庚寅，次榆木川，帝大漸，召英國公張輔受遺命，傳位皇太子。喪服禮儀，一遵太祖儀制。辛卯，帝崩，年六十有五。

時內臣馬雲等，以六師在外，祕不發喪，密召大學士楊榮、金幼孜入謀，鎔錫爲椑以斂，載以龍轝，所至朝夕上食如常儀。

20 壬辰，靈轝次雙筆峰，大學士楊榮，少監海壽，奉遺命馳赴皇太子。

壬寅，次武平鎮，鄭亨等率步軍來會。

21 八月，癸卯朔，靈轝度開平，次雙塔。

甲辰，遣詔至京師，皇太子即日遣太孫迎喪于開平。

22 丁未，釋夏原吉、黄淮等于獄，並告原吉以先帝遺言。原吉伏地哭不能起。

23 己酉，次鵰鶚谷。皇太孫至軍中，始發喪。

壬子，及郊，皇太子迎入仁智殿，加斂，納梓宮。

明史贊曰：文皇少長習兵，據幽、燕形勝之地，乘建文孱弱，長驅内向，奄有四海。即位以後，躬行節儉，水旱朝告夕振，無有壅蔽。知人善任，表裏洞達，雄武之略，同符高祖。六師屢出，漠北塵清。成功駿烈，卓乎盛矣！然而革除之際，倒行逆施，慚德亦曷可掩哉！

24 丁巳，皇太子即皇帝位，大赦天下。詔以明年爲洪熙元年。

罷西洋寶船、迤西市馬及雲南、交阯採辦，從夏原吉之奏也。

25 戊午，復夏原吉、吴中官。

26 己未，命武安侯鄭亨鎮大同，保定侯孟瑛鎮交阯，襄城伯李隆鎮山海，武進伯朱榮鎮遼東。——隆，濬之子也。

27 復置三公及三孤官。

初，洪武置三公官，以李善長爲太師，徐達爲太傅，三孤無兼領者。建文、永樂間，罷公、孤官，至是復設，以公、侯、伯、尚書兼之。

28 進楊榮太常寺卿，金幼孜户部侍郎，仍兼大學士，楊士奇禮部左侍郎兼華蓋殿大學士，黄淮通政使兼武英殿大學士，俱掌内制，楊溥翰林學士。

時上以輔導功，欲加蹇義及士奇秩，士奇謂：「漢文即位，首進宋昌，史以爲貶，請先扈從征行之臣。」仍與榮、幼孜等並進秩。

士奇謝恩畢，聞惜薪司奏請歲例賦山東、北京棗八十萬斤，供宫中香炭用，復入奏，言「恩詔減歲供，甫下二日，不宜反汗」。上從之，立命減半。尋顧義、原吉及士奇曰：「汝三人，朕所倚非輕，有事須盡言，以匡朕之不逮。」

方原吉在獄，有母喪，至是乞歸終制。上曰：「卿老臣，當與朕共濟艱難。卿有喪，朕獨無喪乎！」厚賜之，令家人馳傳歸葬，有司治喪事。原吉不敢復言。

29 辛酉，命鎮遠侯顧興祖充總兵官，討廣西平樂、潯州叛蠻。興祖，成之孫也。

30 甲子，上以古者官不必備，今設官太冗，廉污無别，賢否並處，詔汰其不稱職者。

31 乙丑，召漢王高煦入京。

先是大行在外，高煦子瞻圻居京師，覘朝廷事馳報，一晝夜六七行。高煦亦日遣人潛伺京師，幸有變。上知之，顧益厚遇，遺書召至，增歲祿，賜賚萬計，仍敕歸藩。

32 戊辰，官吏謫隸軍籍者，悉放還鄉。

33 己巳，詔文臣年七十致仕。

34 是月，詔歸解縉妻子、宗族。尋官其子禎亮爲中書舍人。【考異】明史本紀不載，據明書、皇朝通紀皆系之八月。證之縉傳，言「上即位，歸縉妻子、宗族。」仁宗以是年八月即位，今據增。

初，文皇手書蹇義等十人姓名，令縉疏其短長。奏上時，帝在東宮，以付太子。太子因問尹昌隆、王汝玉，縉對曰：「昌隆君子而量不弘，汝玉文翰不易得，惜有市心耳。」至是上念縉議建儲舊功，因取其所疏諸人示楊士奇曰：「人言縉狂，觀所論列，皆有定見，不狂也。」

35 改禮部尚書金純于工部，居二月，又改刑部。工部尚書李慶久署兵部，至是實授之。

36 九月，癸酉朔，交阯黎利寇茶籠州，都指揮方政敗績，指揮同知伍雲，力戰死之。

37 丙子，召尚書黃福于交阯。

福在交阯凡十九年，編氓籍，定賦稅，興學校，置官師，數召父老宣諭德意，戒屬吏毋苛擾，一切鎮之以靜，上下帖然。時群臣以細故謫交阯者衆，福咸加拯恤，甄其賢者與共事，由是至者如歸。鎮守中官馬騏，怙寵虐民，福數裁抑之。騏誣奏福有異志，文皇察其妄，不問。至是召還，命兼詹事，輔皇太子。交人感其德，扶老攜幼走送，號泣不忍別。

福既還，交阯賊遂劇，訖不能靖。

38 以兵部尚書陳洽掌交阯布、按二司事。

洽以參贊李彬軍務，留交阯數年，至是命代黃福。

39 庚辰，河溢開封，遣右都御史王彰撫振之，並免今年糧稅。

40 壬午，上大行皇帝尊謚廟號曰太宗文皇帝。

41 工部奏修軍器，請徵布漆于民，上命給鈔市之。敕：「自今官司所用物料，于所產地計直市之。有科派病民者，罪不宥。」

42 癸未，禮部尚書呂震奏，「請遵太祖遺詔，仿漢文以日易月之制，以二十七日易吉服」，不報。震以語群臣，惟楊士奇不可。于是蹇義兼取二說以進，亦不報。

明旦，上視朝，素冠麻衣絰，惟士奇及英國公張輔服如之。朝罷，上顧左右曰：「大行在殯，易服豈臣子所忍言，士奇執是也。」既而嘆曰：「張輔知禮，六卿乃反不及！」

43 乙酉，增諸王歲禄。

44 丙戌，以風憲官備外任，出給事中蕭奇、李謙等三十五人爲州縣官。

45 丁亥，黎利復寇清化。

初，利屢爲官軍所敗，率衆求撫，而仍匿俄樂，造軍器不已。榮昌伯陳智奏請進兵，會上方以踐阼赦天下，因敕智善撫之。

初，中官山壽鎮守交阯，與利善，至是還朝，力言利可撫狀，請往諭之，必來歸。上曰：「此賊狡詐，若爲所紿，將不可制。」壽請以死保之，乃遣壽齎敕授利清化知府，敕甫降而利已寇清化，都指揮陳忠死之。利得敕，無降意，但借撫愚守臣而寇掠不已。【考異】授黎利清化知府，見明史安南傳，而本紀佚之，但書利寇清化事。今據三編增入九月，又據明史稿系之丁亥下。

46 戊子，始設南京守備，以襄城伯李隆爲之，兼領中軍都督府事，爲南畿要職。

47 乙未，諭兵部尚書李慶，以畿内民所養官馬分給諸衛所，念民力，恐廢耕桑也。

48 上既設公、孤官，乃進蹇義少傅，楊士奇少保，又進楊榮太子少傅兼謹身殿大學士，金幼孜太子少保兼武英殿大學士——增設謹身殿大學士，自榮始爲之。

戊戌，賜義等四人銀章各一，曰「繩愆糾繆」，諭以「協心贊務，凡有闕失宜言者，用印密封以聞」。

49 是月，上念山林川澤皆與民共，命「自居庸以東與天壽山相接，禁民樵採，餘悉弛之」。

50 出前太常少卿周訥爲交阯知府。訥以憂去官，至是起復還朝。上以其曾請封禪，鄙之，故有是謫。

51 冬，十月，壬寅，革南、北京户部行用庫。初，行用庫之設，倒易新鈔，兼收民間金銀。至是上用夏原吉之言，罷金銀交易之禁，並廣收民間鈔入官，取昏軟者悉毁之。乃增市肆門攤諸税，折收舊鈔，俟鈔法通仍復其舊。

52 乙巳，復魏國公徐欽爵。初，欽既襲爵，以縱恣爲言官所劾，文皇宥之，令歸就學。永樂十九年來朝，不辭徑去，文皇怒，罷爲民。至是上即位，追念中山王功，復其故爵。

53 戊申，通政司請以四方雨澤章奏送給事中收貯，上曰：「祖宗令天下奏雨澤，欲前知水旱以施振卹。積之通政司，已失之矣；今又令收貯，是欲上之人終不知也。自今奏至即以聞。」

54 己酉，册妃張氏爲皇后。后父騏，永城人。太祖册后爲燕世子妃，授騏兵馬副指揮，早卒。后自爲上妃，得文皇及仁孝皇后懽。上在東宫，數爲漢、趙二王所間。體肥碩，不能騎射，文皇恚，至減太子宮膳，瀕易者屢矣，卒以后故得保全云。

55 壬子，立皇長子瞻基爲皇太子。封子瞻埈爲鄭王，瞻墉越王，瞻墡襄王，瞻堈荆王，瞻墺淮王，瞻塏滕王，瞻垍梁王，瞻埏衛王。

56 乙卯，詔：「京、外官薦舉德行惇篤、行止端方、材能出衆、政績顯著或文學堪稱、識見優遠者，量材擢用。薦後有犯贓者，更立舉主連坐之法。」

57 丁巳，令三法司會大學士、府、部、通政六科于承天門録囚，並諭楊士奇、楊榮、金幼孜曰：「比年法司之濫，朕所深知。所擬大逆不道，往往出于文致。今後審決重囚，卿等三人必往同讞，有冤抑者，雖細故必以聞。」

58 增京官及軍士月廩。

諭户部尚書郭資曰：「往年百官軍士扈從，月給米五斗，今建都于此，皆有家室，恐不足以資生。往往守義者困于饑寒，玩法者恣無忌憚，朕欲悉加倍給之。京倉之儲，不乏用否？」資對曰：「不乏。」遂命增給，著爲令。

59 丁卯，擢歷事監生徐永潛等二十人爲六科給事中。

60 是月，衍聖公孔彦縉來朝。

彦縉，訥之孫也，以永樂八年襲爵，時甫十歲，文皇命肄業太學，久之，遣歸。

至是以上登極入覲。上語侍臣曰：「外蕃貢使，皆有公館，今以先聖子孫，令其假館民家，非崇儒重道之意也。」乃命賜宅于東安門外。【考異】孔彥縉賜宅，明史稿、明書皆系之十月甲辰。明史本紀不載，今據增。

61 召前峽山知縣弋謙爲大理少卿。

謙初爲御史，巡按江西，言事剴切，上時在東宮，心識之。後謙以忤旨謫峽山知縣，復坐事免。至是召至京師，遂有是擢。【考異】諸書系之九月，憲章録系之十一月，今據實録在是月。

62 改刑部尚書吳中于工部。

63 十一月，壬申朔，詔：「建文諸臣家屬，在教坊司、錦衣衛、浣衣局及習匠功臣家爲奴者，悉宥爲民，還其田土，言事謫戍者亦如之。」

先是上謂諸臣曰：「建文諸臣，已蒙顯戮。然方孝孺輩，皆忠臣也。」越日，遂有是命。時齊泰一子，甫六歲，免死戍邊，至是赦還。黃子澄一子，變姓名爲田經，遇赦，始復姓，家于湖廣。孝孺獨無後。惟克勤弟克家，有子曰孝復，洪武二十五年，詣闕上書，請減湯和所加寧海賦，謫戍慶遠衛，以軍籍免。孝復子琬，尋亦釋爲民。

64 癸酉，詔「有司條政令之不便民者以聞。凡被災不即請振者罪之」。

65 阿嚕台聞上踐阼，遣使來貢馬，詔宥其罪，納其馬。自是阿嚕台仍歲修職貢。【考異】

明書系之九月。明史本紀及三編月日與實録同，今據之。

66 甲戌，詔曰：「朕承大統，君臨億兆，亦惟賴文武賢臣共圖康濟。矧屬亮陰之際，尤切倚毗之心。嗣位初首詔直言，而涉月累旬，言者無幾。夫京師首善地，民困于下而不得聞，弊膠于習而不知革。卿等宜極言時政之得失，輔以至誠，毋慮後譴。」

67 乙亥，遣使敕諭烏梁海官民曰：「朕承大統，凡四方萬國，罪無大小，悉予赦宥。若爾三衛官民，敬順天道，仍前朝貢，朕當許其自新，悉聽往來生理。」諭侍臣曰：「彼有過而不宥之，既無所容，將來必爲邊患，朕不吝屈己以安百姓也。」

68 詔近畿官軍更番詣京師操練，從英國公張輔、兵部尚書李慶之請也。

69 丙子，遣御史巡察沿邊諸衛、稽部曲，申號令。

70 癸未，遣御史湯濙等十四人分巡天下，考察官吏。諭曰：「國以民爲本，民安則國安。比年牧守官不體朝廷恤民之意，侵削擾害，民不聊生，今令爾等分行考察。然人才器不同，當明白具實以聞。無惑于小人，毋屈于勢要，毋私于親故，詢之于衆，斷之以公，可也。至御史，朕之耳目，勉副朕心，必先自治，乃可治人。若棄廉恥，違禮法，朕亦不貸。往勉之！」

71 甲申，平陽王美圭來朝，奏言「先帝所撥賜恭王田，濟熿卒不與」。上以書諭之，濟熿卒不奉命。

72 丙戌，進蹇義少師，楊士奇少傅。夏原吉以太子少傅進少保，亦賜「繩愆糾繆」印章。

【考異】明史本紀，但書賜夏原吉銀章事，證之七卿表，「是年十一月，晉蹇義少師。」又楊士奇晉少傅，夏原吉晉少保，皆在是月，今據明史稿增入。

時太子少師呂震，班在原吉上，上命鴻臚引震列其下，尋有是擢。又命原吉仍兼太子少傅尚書如故。原吉以食三禄，固辭，乃聽辭太子少傅。

一日，上御西角門，閱廷臣誥詞，顧謂士奇及楊榮、金幼孜曰：「卿三人及蹇、夏二尚書，皆先帝舊臣，朕方倚以自輔。嘗見前代人主，惡聞直言，雖素所親信，亦畏威順旨，緘默取容。賢良之臣，言不見聽，退而卷舌。朕與卿等宜深以爲戒！」因取五人誥詞親增二語云：「勿謂崇高而難入，勿以有所從違而或怠。」曰：「此實朕心，卿等勉之！」

73 己丑，禮部奏，冬至節，請朝賀，不許。

74 庚寅，敕諸將嚴邊備。

75 辛卯，上諭夏原吉曰：「古者寓兵于農而不奪其時，民無轉輸之勞而兵食足。後世莫善于漢之屯田。先帝立屯種法，用心甚至，而有司數以征徭擾之，既失其時，遂無其效，以致儲蓄不充，罷于轉運。」乃詔天下衛所官：「凡屯田軍士，毋得擅役，違者罪之。」

76 壬辰，詔都督方政同榮昌伯陳智鎮交阯。

是時黎利復圍茶籠州，智暗懦，素無將略，因借撫以愚朝廷，且與政迕，坐視不救。會山壽至，力持撫議，以故賊益猖獗不能制。【考異】明史本紀但書「九月黎利寇茶籠州」，證之安南傳，利兩圍茶籠，其再寇在十一月，正命陳智鎮交阯之時，智坐視茶籠之圍而不救；閱七月糧盡，故明年五月有旨切責。今本紀但書十一月智鎮交阯而不及再圍茶籠事，今增入，並分書之。

77 是月，召浙江巡按御史虞謙還，擢大理寺卿。

謙因應詔上書，言七事：「一曰用人。用得其人則治道興，非其人則治道隳。二曰興學校。教育之道，本于師範，不在于備而在得人。三曰端風憲。都察院爲耳目綱紀之官，今俾之專治獄，非設官本意。四曰廣儲蓄。頻年用兵，京師困乏，宜預爲備。五曰惜民力。畿内之民，困于牧養，宜分給無馬郡縣。六曰通鈔法。鈔法不行，由于出多而入少，宜多方收之而不輕出，則自然流通。七曰治奸宄。畿民多盜賊，宜編爲里甲，使互相覺察。」上以其言皆切中時務，命議行之。

未幾，有言「謙奏事不密，市恩于外」者，上怒，改少卿。一日，楊士奇奏事不退，上問：「欲何言？」士奇因具白其誣，且言「謙歷事三朝，得大臣體。」上曰：「吾亦悔之。」尋復謙官。又諭士奇曰：「頃群臣頗懷忠愛，朕有過方自悔，而進言者已至，良愜朕心。」

上之監國也，御史舒仲成以言事忤旨，出爲湖廣按察副使，至是欲逮治之。士奇曰：「陛下即位，詔向忤旨者皆得宥。若治仲成，則詔書不信，懼者衆矣。如漢景帝之待衞綰，不亦可乎？」即罷弗治。

78 加户部尚書郭資太子少師，命致仕。

資治錢穀，有能稱。蹇義、夏原吉以其偏執，數誤事，且多病，請令致仕。上以資舊臣，不忍棄之，復以問士奇，對曰：「資性强毅，人不能干以私。然蠲租詔數下，資不奉行，使陛下恩澤不流者，是其過也。」上乃命資致仕，仍優其秩，復其家。

79 上以交阯之亂，由馬騏以採辦虐民激變，甫登極，即召之還。至是騏復矯旨下內閣書敕，復往交阯採辦金珠。內閣以聞，上曰：「朕安得有此言！騏在交阯，荼毒軍民，卿等獨不聞乎？自騏召還，交人如解倒懸，豈可再遣！」然亦竟不誅也。

80 十二月，癸卯，宥建文諸臣外親全家戍邊者，留一人在戍所，餘悉放還。

81 辛亥，諭尚書蹇義等曰：「庶官賢否，軍民休戚所係。昔唐太宗書刺史名于屏，朝夕省覽，遇有善政，各疏于下，故當時百官皆思奮勵，致治太平，以至斗米三錢，外户不閉。皇考亦嘗書中外官姓名于武英殿兩廊。今五府、六部，朝夕接見，得詢察其賢否。若三司官，朕既不識，又不悉姓名，雖或聞其賢否，久則易忘。夫人臣有善而上忘之，誰肯自勉！有不善而上忘之，誰復知戒？如此，何以望治！」乃命書天下都司及布、按二司姓名于奉天門之西序。

82 癸丑，免被災税糧。

83 庚申，葬文皇帝于長陵。

84 丙寅，顧興祖討廣西叛蠻，平之。

85 是月，禮科給事中黄驥以曾三使至西域，因上疏言：「西域貢使，多商人假託。無賴小人，投爲從者，乘傳役人，運貢物至京師，賞賚優厚。番人慕利，貢無虚月，致民失業妨農。比其使還，多齎貨物，車運至百餘輛，丁男不足，役及婦女，所至辱驛官，鞭夫隸，無敢與校者。乞敕陝西行都司，惟哈密諸國王遣使入貢者，許令來京，止正、副使得乘驛馬，陝人庶少甦。至西域所産，惟馬切邊需，應就給甘肅軍士。其硇砂、梧桐、鹻之類，皆無益國用，請一切勿受。則來者自稀，浮費益省。」

上嘉納之，以示尚書吕震，且讓之曰：「驥嘗奉使，悉西事。卿西人，顧不悉耶？驥言是，其即議行！」

86 進大學士楊榮工部尚書。

初，解縉等入文淵閣，皆編、檢、講、讀之官，不得專制諸司，諸司奏事亦不得相關白。上踐阼以來，士奇、榮等皆東宮舊臣，俱掌内制，不次超遷。然居内閣者，必以尚書爲尊。自榮後，諸入文淵閣者皆相繼晋尚書，于是閣職漸崇。

87 作觀天臺于禁中。

88 封漢庶子瞻垐等以下五人皆爲王。是冬，漢世子瞻坦率諸王皆來朝。

89 是歲，寧王權聞上即位，上書欲來朝，詔止之。權又言「南昌非其封國」，上報曰：「南昌乃叔父受之皇考，二十餘年，非封國而何？」權在文皇時，頗自韜晦，上自踐阼以來，優禮諸藩，法禁稍弛，因乘間言之，卒不許。

仁宗敬天體道純誠至德弘文欽武章聖達孝昭皇帝

洪熙元年（乙巳、一四二五）

1 春，正月，壬申朔，御奉天門，受朝，不舉樂。先是群臣習朝正旦儀，尚書吕震請用樂，惟大學士楊士奇、黄淮以爲不可，上疏請止，未報。士奇復奏，待庭中至夜漏十刻，報可。朝罷，謂士奇曰：「呂震每事誤朕，非卿等言，悔無及。」尋晉士奇兵部尚書兼故官，並食三祿。士奇辭尚書祿，許之。

2 乙亥，詔内外群臣修舉職業。諭曰：「朕祇紹洪圖，仰惟祖宗創業守成之難，夙夜惓惓。嗣位以來，蠲逋負，赦有罪，不急之務，一切停罷。選任賢良，共圖維新之治，期天下安于太平。今天下庶事未盡理，生民未盡安，斯朕之責，亦爾文武群臣之責，尚思勉之！」

3 己卯，享太廟。

4 建弘文閣于思善門左，選諸臣有學行者入直。楊士奇薦侍講王進、儒士陳繼，蹇義薦學録楊敬、訓導何澄，詔以繼爲博士，敬編修，澄給事中，日直閣中。楊溥掌閣事，進佐之。溥以東宮故一繫十年，獄中惟發奮讀經史諸子，上憐而敬之。至是親授閣印，曰：「朕用卿左右，非止學問，欲廣知民事，爲治道輔。有所建白，封識以進。」

5 癸未，以時雪不降，敕群臣修省。

6 丙戌，大祀南郊，奉太祖、太宗配。

7 壬辰，朝臣予告歸省者，皆賜鈔有差，著爲令。

8 己亥，遣布政使周幹、按察使熊槩、參政葉春巡視南畿、浙江，察民利病以聞。

9 是月，布政使及守令皆來朝。

兵部尚書李慶上言：「今歲畜馬蕃息，除給軍外，尚餘數千。今朝覲官並集京師，請淮民間例，人給一馬令牧之，歲課其駒。」楊士奇力陳不可，曰：「朝廷選賢授官，而使之牧馬，是貴畜而賤士也，何以示天下後世！」上許中旨罷之，已而寂然；士奇復力言，又不報。至是上御思善門，召士奇，謂曰：「朕向者豈真忘之！聞呂震、李慶輩皆不喜卿，朕念卿孤立，恐爲所傷，不欲因卿言罷耳。今有詞矣。」因手出陝西按察使陳智言養馬不便疏，命士奇草敕行之，士奇頓首謝。上曰：「今後政令有不便，密以告朕。李慶輩不識大體，不足與語，朕以先朝舊人，不忍遽退也。」

10 進黄淮少保兼户部尚書，金幼孜禮部尚書。

11 二月，辛丑，頒將軍印于諸邊將。

初，鎮守邊將有佩將軍印者，多係特命，謂之「掛印將軍」。至是始頒各鎮將軍印，雲南曰征南將軍，兩廣曰征蠻將軍，遼東曰征虜前將軍，大同曰征西前將軍，宣府曰鎮朔將軍，甘肅曰平羌將軍。

是時陳智鎮交阯，亦頒征夷副將軍印。

12 戊申，祭社稷，奉太祖、太宗同配。

13 命中官鄭和領下番官軍守備南京。

和使舊港，以去年還，而文皇已晏駕，至是命之。

14 丙辰，上親祀先農，耕藉田。

15 丙寅，奉太宗神主祔太廟。

16 是月，南京地連月屢震，凡十有六。六安衛亦震。【考異】明史本紀于是年二月、三月、四月皆書「南京地屢震」。明史稿，二月南京地震凡六，三月南京地震凡十六，四月南京地震凡三；又于五月書云，「辛未南京地震」。三編、輯覽皆書之二月，目云，「凡十有六震，四月又三震，五月復震」，與明史稿稍異。證之明史五行志，是歲南京地震凡四十有六，是又一年之震數也。今據三編書之二月，而據五行志增入六安地震于二月下。

17 遣漢王高煦次子瞻圻守鳳陽皇陵。

初，瞻圻憾父殺其母，在京師，屢發其父過惡，文皇曰：「爾父子何忍也！」及上即位，高煦入朝，悉上瞻圻前後覘報事。上召瞻圻示之，曰：「汝處父子兄弟間，乃讒搆至此！稚子不足誅。」遂不封。至是謫之。

18 國子祭酒胡儼以疾乞致仕。

儼以桐城知縣爲副都御史練子寧所薦，謂其「學達天人，足資帷幄」，建文帝召之。比至，燕師渡江，文皇即位，以解縉薦，授翰林檢討，同直文淵閣。已而有忌之者，謂「儼學行堪師表」，遂改祭酒。永樂二年。

儼居國學二十餘年，以身率教，動有師法。至是乞休，上賜敕獎勞，進太子賓客，仍兼祭酒，遣歸，並復其家。

19 三月，壬申，前光祿署丞權謹，以孝行擢文華殿大學士。

謹奉母至孝，以省侍告歸。母年九十終，廬墓三年，不御酒肉。有司上其行，驛召至京，上出其事狀，令侍臣廷誦之，遂有是拜。謹辭，上曰：「朕擢卿，以風天下之爲子者。」——謹，徐州人。【考異】據明史孝義傳，言「謹以孝行特拜是職」，傳中記其母終廬墓，有泉湧兔馴之異，三編據之，載入目中。證之紀聞、通紀諸書，但有廬墓語，而通紀類記其時有王讓者，亦以孝行舉，有廬墓湧泉之異，似湧泉者又一人也。今但記其廬墓不御酒肉，餘皆略之。

20 甲戌，賜先朝大臣金忠等以下九人贈官予謚，許思温等以下九人贈官。

21 丁丑，詔求直言。

初，上即位，首召弋謙，擢任大理。謙直陳時政，極言「官吏貪殘，非復洪武之舊，及有司誅求無藝，民所不堪」，上多采納之。既復陳五事，詞太激，上不懌。于是尚書呂震、吳中等劾謙誣罔，都御史劉觀令衆御史合糾謙賣直沽名。上以問楊士奇，對曰：「謙不諳大體，然心感超擢之恩，欲圖報耳。主聖則臣直，惟陛下優容之！」上乃不罪謙。然每見謙，詞色甚厲，士奇從容言：「陛下詔求直言，不宜以謙言觸怒。今四方朝覲之臣皆集闕下，見謙如此，將謂陛下不能容直言。」上惕然曰：「此固朕不能容，亦呂震輩迎合以益朕過。自今當置之。」遂免謙朝參，令專視司事。

至是上以言事者益少，復召士奇曰：「朕怒謙矯激過實耳，朝臣遂月餘無言。卿宜語諸臣白朕言。」士奇曰：「臣空言不足信，乞親降璽書！」遂令士奇就榻前草敕引過曰：「朕即位以來，臣民上章，以數百計，未嘗不欣然聽納。間者弋謙所言多非實事，群臣遂交章奏其賣直，請置諸法。朕皆不聽，但免謙朝參，而自是言者益少。今自去冬無雪，春亦少雨，陰陽愆和，必有其咎，豈無可言？而爲臣者懷自全之計，退而默默，何以爲忠！朕于謙一時不能含容，未嘗不自愧咎。爾群臣勿以前事爲戒，於國家利弊，政令未當者，直言勿諱。謙朝參如故。」

尋因中官採木四川，貪橫，上以謙清直，命往治之，擢爲副都御史，並敕罷採木之役。

22 戊子，隆平饑。時柏鄉縣多貯官麥，有司請以貸之，上曰：「即振之，何貸爲！」

23 己丑，詔曰：「刑者，所以禁暴止邪，導民于善，非務誅殺也。吏或深文傅會以致冤濫，朕深憫之！自今其悉依律擬罪。或朕以嫉惡故，法外用刑，法司執奏。五奏不允，同三公大臣執奏，必允乃已。諸司不得鞭囚背及加人宫刑，有自宫者，以不孝論。非謀反，勿連坐親屬。古之盛世，采聽民言，用資儆戒。今奸人往往摭拾，誣爲誹謗，法吏刻深，鍛鍊成獄。刑之不中，民則無措，其除誹謗之禁，有告者一切勿治。」

嘗諭刑部尚書金純曰：「近日法司務爲羅織，而言者輒以誹謗得罪，甚無謂也。」純亦承上意務寬大，每戒屬吏，不得妄椎擊人。一時獄中無瘐死者。

24 庚寅，命陽武侯薛祿爲鎮朔大將軍，充總兵官，率師巡邊開平、大同。時虜寇雲中，祿督兵追至大松嶺，斬獲甚衆，益祿五百石，尋有是命。

25 辛卯，上以陳智討交阯久不克，命安平伯李安往佐之，與智同鎮交阯。

26 戊戌，上欲還都南京，詔北京諸司悉稱行在，復北京行部及行後軍都督府。

27 是月，趙王高燧之國彰德，奏辭三護衛，許之。

28 加賜姚廣孝少師，張玉河間王，朱能東平王，與涇國公王真並配享文皇廟廷。

上念前兵部尚書劉儁，參贊交阯，陷賊不屈而死，有司未請褒卹，至是敕責禮官呂震曰：「婦人盡節于夫，尚有卹典，況大臣捐軀爲國者乎！其贈儁太子少傅，賜諡節愍。」

【考異】據明史朱能傳，與姚廣孝配享在元年三月，贈劉儁官諡，見儁本傳，亦在三月。諸書或系之二月，今據列傳。

29 夏，四月，壬寅，上聞山東及淮、徐民乏食，有司徵夏税方急，乃御西角門，召大學士楊士奇草詔，免今年夏税及秋糧之半。士奇言：「上恩至矣，但須户、工二部與聞。」上曰：「救民之窮，如救焚拯溺，惟恐不及。付之有司，將以國用不足，轉致遲疑。」遂命中官具楮筆，令士奇就門樓書詔。上覽畢，即用璽，付外行之，顧士奇曰：「今可語部臣矣。」

30 設北京行都察院。

31 壬子，命皇太子謁孝陵。

時南京屢奏地震，廷臣請以親王及重臣鎮之，上曰：「無踰太子矣。」遂命太子居守南京，大學士權謹扈從。

32 乙卯，上朝罷，顧蹇義、楊士奇曰：「朕監國二十年，爲讒慝所搆，心之艱危，吾三人共之。賴皇考仁明，以有今日。」言已，泫然。義等亦流涕，對曰：「先帝之明，亦陛下孝誠之感也。」

即日，賜義璽書曰：「曩朕監國，卿以先朝舊臣，日侍左右。兩京肇建，政務方殷，卿勞心焦思，不恤身家，二十餘年，夷險一節。朕承大統，贊襄治理，不懈益恭，朕篤念不忘。兹以己意創製『蹇忠貞』印賜卿，俾藏于家，傳之後世，知朕君臣共濟艱難，相與有成也。」

又賜士奇璽書曰：「往者朕膺監國之命，卿侍左右，同心合德，徇國忘身，屢歷艱虞，曾不易志。及朕嗣位，嘉謨入告，期予于治，正固不二，簡在朕心。茲創製『楊貞一』印賜卿，尚克交修以成明良之譽！」【考異】野史載「是月癸丑夜星變，十四日甲寅，上朝罷，顧蹇義、楊士奇等」云云。按明史天文志不載是月星變，惟此事見楊士奇三朝聖諭録，附識于此。

33 戊午，車駕至天壽山，謁長陵。己未，還宮。

34 是月，振河南四州、二十三縣及大名饑。

35 南京地震凡三。

36 時廷臣有上書頌太平者，楊士奇進曰：「陛下雖澤被天下，然流徙尚未歸，創夷尚未復，民尚艱食。更休息數年，庶幾太平可期。」上然之，因顧蹇義等曰：「朕待卿等以至誠，實賴匡弼。數月以來，惟士奇五上章，卿等皆無一言，豈果朝政無闕，天下太平邪？」義等慚謝。

37 改南京兵部尚書張本爲行在兵部。

38 五月，辛未，南京復震。

39 癸酉，詔修文皇帝實録，以英國公張輔、尚書蹇義、夏原吉爲監修，大學士楊士奇等爲總裁。

40 翰林院侍讀李時勉復上疏言事。

其略曰：「臣聞上有仁聖之君，斯下有忠直之臣。臣願陛下節民力，謹嗜慾，勤政事，務正學。

伏惟陛下新登寶位，恩澤所加，遠近無間。未幾土木遽興，重勞民力。聞内官催木，疾如風火，折辱郡縣，箠楚小民。苟民力既殫，而或加以饑饉，臣恐陛下赤子，無復如前日矣，所願節民力者此也。

三年之喪，自天子達于庶人，一也。斬焉衰絰之中，正以禮導民之日。側聞中官遠自建寧，選取侍女，百姓驚疑。且大孝尚未終，正宮尚未册，恐乖風化之原，所願謹嗜慾者此也。

自古人君莫不以勤而興，以逸而廢。高皇帝在位三十餘年，未嘗見日而臨百官。今或旭日已旦，朝儀方肅，似非古人庭燎待賢之意。若謂天下大安，可以優游于庶政，則飛蝗蔽天，民食寡乏，誠戰兢惕厲之日，所願勤政事者此也。

程子曰：『人君一日之中，接賢士大夫之時多，親寺人宮女之時少，自然氣象變化，德器成就。』臣願陛下于萬幾之暇，選一二儒臣，以侍左右，備顧問，或求帝王經世之要，古人治亂之由，參究天人之蘊，察知稼穡之艱，俾涵養既深，本心自正，則逸樂無益之事無自而萌芽，佛老異端之說無自而眩惑矣，所願務正學者此也。」

疏入，上怒甚。召至便殿，對不屈，命武士撲以金瓜，脅折者三，曳出，幾死。己卯，改時勉交阯道御史，命日慮一囚，言一事。章三上，乃下錦衣衛獄。

時侍講羅汝敬，亦以言事改御史，同下獄。

41 諭吏部慎選御史以清風紀，又令咨訪可爲都御史者，以爲十三道御史之表率。

時都御史劉觀，以劾弋謙爲輿論所鄙，有言其「受賕交通諸道，相率爲貪縱」，上漸疎之。

42 庚辰，上不豫，召蹇義、楊士奇、黄淮、楊榮至思善門，命士奇書敕，遣中官海壽馳召皇太子于南京。辛巳，大漸，遺詔傳位皇太子。是日，帝崩于欽安殿，年四十八。

帝自靖難師起，以世子居守，全城，濟師。其後文皇御極，歲出北征，東宫監國，朝無廢事。然中更漢、趙二王之媒孽，屢瀕于危，而終以誠敬獲全。故其告人曰：「吾知盡子職而已，不知其他也。」是可爲萬世子臣之法矣。在位一載，用人行政，善不勝書，論者以爲與周之成、康，漢之文、景比隆云。

43 皇太子方謁孝陵，聞喪，即日就道。

時南京頗傳凶問，又傳漢王高煦謀伏兵于道邀太子。群臣請整兵衛，或請從間道，太子不可，曰：「君父之義，誰敢干之！」驛道馳還。

六月，辛丑，至良鄉，内官監楊瑛、尚書夏原吉等捧遺詔至，宣訖，皇太子哭盡哀。入宮，始發喪。

庚戌，即皇帝位，以明年爲宣德元年，大赦天下。【考異】仁宗之崩，野史書「不發喪，鄭、襄二王監國」。明史本紀不載，但于六月太子至良鄉下書「發喪」二字。蓋是時因高煦有異謀，則「不發喪」之語近之。惟「鄭、襄二王監國」，但見通紀，今刪之。

44 辛亥，敕邊將及南京等處嚴守備。

45 甲寅，中官在外採辦者悉召還，並罷所市物。

46 秋，七月，己巳，上大行皇帝尊謚曰昭皇帝，廟號仁宗。

47 乙亥，尊皇后張氏爲太皇太后。冊妃胡氏爲皇后。

48 辛卯，命鎮遠侯顧興祖討潯州大藤峽蠻，平之。

49 乙未，諭法司慎刑獄。

50 是月，罷浙江布政使參議王和、袁昱、陝西按察司僉事韓善爲民。

和等坐贓，遇赦，吏部奏擬還職，上曰：「士大夫首重廉恥，貪污之吏，豈可復任方面！」

51 閏月，戊申，命安順伯薛貴、清平伯吳誠、都督僉事馬英、都指揮梁成率師巡邊。——誠初名買驢，以歸附更賜姓名。「誠」，七卿表作「成」。

52 乙丑，罷弘文閣，詔王進等各還本任。召楊溥入直文淵閣，與楊士奇等共掌機務。

53 是月，敕修仁宗實録，以張輔、蹇義、夏原吉及成山侯王通爲監修，大學士黄淮、金幼孜、楊榮、學士楊溥與楊士奇同爲總裁，蓋兩朝實録並修也。【考異】明史本紀及三編皆不載，證之吾學編、典彙，皆書於是年閏月，沈氏野獲編所記尤詳。蓋是時太宗實録尚未成，此修仁宗實録者，即修太宗實録之原人，惟監修加入王通耳。故通紀于是月書「敕修太宗仁宗兩朝實録」，今並記之。

54 八月，戊辰，都指揮李英討安定、曲先叛番，大敗之。

初，洪武間，于西番地置安定、曲先二衛，尋授故元宗室卜因特穆爾爲安定王。未幾，王爲沙剌所弑，其子撒兒只失加爲其兄所殺，部衆離散，子亦攀丹，流寓靈藏。永樂十一年，五月，率衆來朝，自陳家難，乞授職。文皇念其祖率先歸附，令襲封安定王，賜印誥，自是朝貢不絶。

二十二年，中官喬來喜、鄧誠使烏斯藏，次黄羊川，安定指揮哈三孫散哥及曲先指揮散即思等率衆邀劫，殺朝使，奪駝馬幣物而去。

時仁宗御極，敕英偕河州衞指揮康壽討之。英等率西寧諸衞及十二番族之衆，深入追賊，賊遠遁。至是英等踰昆侖山，西行數百里，抵雅令闊之地，遇安定、哈三等，擊敗之，斬首四百八十餘級，生禽七十餘人，獲駝馬牛十四萬有奇。曲先聞風遠竄，追之不及而還。安定王懼，隨大軍詣闕謝罪。

尋論功，封英會寧伯。【考異】據明史本紀書是月「戊辰，都指揮李英討安定曲先叛番，大敗之；安定王桑兒加失夾等詣闕謝罪。」證之西域傳，所謂撒兒只失加者，即桑兒加失夾也。惟據傳言「安定王被弑，（安定王本元之宗室，太祖就封之，即卜烟帖木兒者是也。）其子撒兒只失加爲其兄所殺，部衆潰散。子亦攀丹流寓靈藏，于永樂十一年率衆入朝，自陳家難，乞授職。帝念其祖率先歸附，令襲封安定王，賜印誥，自是朝貢不輟。」據此，則是年因敗謝罪之安定王，乃撒兒只失加之子亦攀丹也。蓋明史據實録所記，仍其父之名書之，又譯音互異耳。今據西域傳。

55 壬申，敕諭吏部：「令在京五品以上及御史、給事中，在外布、按二司正佐官及府、州、縣，各薦所知，務取廉潔公正堪以牧民者。」並定舉後犯贓連坐律。

56 癸未，詔大理寺卿熊概、參政葉春巡撫南畿、浙江。

先是概與周幹奉命巡視南畿、浙江，幹還，劾「左參政岳福庸懦不任職，土豪肆惡爲民患。」仁宗監國時，嘗命概以御史署刑部，知其賢。及是使還，擢任大理，遂令與春同往巡撫。——巡撫之設自此始。

概幼孤，隨母適胡氏，遂冒胡姓。洎巡撫自浙還朝，始請復姓。

57 九月，壬寅，葬昭皇帝于獻陵。

58 是月，大學士權謹，扈上南京監國還，自陳年老，乃改通政司參議，令致仕。

是時晉擢東宮舊僚，以左庶子陳山爲户部侍郎，洗馬張瑛爲禮部侍郎，戴綸爲兵部侍郎，中允徐永達爲鴻臚寺卿，贊善藺從善、王讓爲翰林侍講。惟中允林長楙以扈從南京後至，出爲鬱林知州。尋又出綸參贊交阯軍務。

初，永樂間，綸與長楙俱侍皇太孫講讀，時文皇命太孫習武事，太孫亦雅好之。而綸與長楙，以太孫春秋方富，不宜荒學問而事游畋，時時進諫，又具疏爲帝言之，帝出綸奏付太孫，由是遂銜之。上即位，綸復以諫獵忤旨，遂有是命。

未幾，二人皆坐怨望，下錦衣衛獄。上臨鞫之，綸抗辯，觸上怒，立箠死，籍其家。長楙遂繫獄十年。

59 冬，十月，戊寅，南京地震。

60 戊子，敕公、侯、伯、五府、六部、大學士、給事中審覆重囚，著爲令。

61 是月，改兵部尚書李慶于南京。

62 十一月，戊戌，顧興祖討思恩叛蠻，平之。

初，蠻寇覃公旺等作亂，據思恩縣大、小富龍三十餘峒，固守險阻，以拒官軍。興祖督兵分道攻之，禽公旺并其黨千五十餘人，悉誅之。

捷聞，上曰：「蠻民亦朕赤子，殺至千餘，豈無脅從非辜者！以後宜開示恩信，撫而降之，如賈琮戍交州可也。」

[63]辛酉，遣鎮朔大將軍薛禄率師巡邊。

先是禄備邊開平、大同，上即位，召還，陳備邊五事。至是復遣之。

[64]交阯黎利圍茶籠七月，城中糧盡。巡按御史以聞，奏至而仁宗崩。

上即位，尚書掌布、按二司陳洽上言：「利雖乞降，内攜貳。既圍茶籠，復結老撾及玉麻土官同惡。始言俟秋涼，今秋已過，復言與參政梁汝笏有怨，而招集徒衆，日益滋蔓。乞敕總兵官速行剿滅。」奏上，降敕切責陳智等，期以來春平賊。智等猶不爲意。

是月，茶籠陷，乂安知府署州事琴彭死之。【考異】明史本紀，「宣德元年三月，陳智、方政等討黎利于茶籠州，敗績，乂安知府琴彭死之。」按智等討黎利敗績，事在明年之三月，而茶籠之陷，琴彭之死，實是年冬事也。證之安南傳，茶籠被圍在永樂二十二年之冬，閱七月糧盡，巡按御史以聞，則正洪熙元年之四、五月間，故傳以爲「奏至而仁宗已崩，宣宗即位」，正是時也。迨宣宗切責智等，智等不爲意，于是茶籠遂陷。其時陳洽上言，「賊勢滋蔓，乞命總兵官速行剿滅，上復切責智等，期以來春平賊」，智等始懼，乃有元年三月之役。傳中敘事，前後分明，蓋茶籠陷後，謀起兵克復，又爲利所敗也。紀事本末、典彙等書，皆系茶籠被陷、琴彭死難于是年之十一月，輯覽作「十月」。三編統記其事于元年三月智等敗績之下，亦云「洪熙元年冬，茶籠陷，琴彭死之」，與紀事本末諸書所載同。又輯覽，「元年四月命王通討黎利」

下目中，書「茶籠被圍」，注云，「在去年十月」。（即是年也。）又，「陳智、方政討之，敗績」，注云，「是年三月」。（即指元年三月也。）然則琴彭之死，非方政等敗績之時明矣。明史紀因元年敗績，故牽連並記，遂及琴彭之死耳，于此見三編、輯覽書法之詳而核也。

65 上之即位也，平江伯陳瑄上疏陳七事，其一謂「南京根本之地，宜嚴守備。」又言：「歲運糧餉，湖廣、江西、浙江及蘇、松諸府，並去北京遠，往返踰年，上逋公租，下妨農事。宜轉至淮、徐等處，別令官軍接運。」上是其言，至是遂命瑄鎮守淮安，仍督漕運。

66 十二月，甲申，顧興祖移師討廣西宜山蠻，平之。

67 是歲，始更定科舉法。

初，洪武鄉試取士，雖有定額，自十七年再行，詔從實充貢，毋以額限，嗣後遂多寡不一。

仁宗改元，與侍臣議定其額。楊士奇請兼取南北士，乃定鄉試：「南京國子監及南直隸共八十人，北京國子監及北直隸共五十人，江西如之，其次浙江、福建，又次湖廣、廣東，又次河南、四川，又次陝西、山東、山西，皆自五而殺，廣西二十人，雲南、交阯各十人，貴州應舉者，就試湖廣。會試取士不過百人，南人十六，北人十四。」仁宗從之。未及行而上即位，遂詔頒式于天下，著爲令。

明通鑑卷十九

江西永寧知縣當塗夏燮編輯

紀十九起柔兆敦牂（丙午），盡彊圉協洽（丁未），凡二年。

宣宗憲天崇道英明神聖欽文昭武寬仁純孝章皇帝

宣德元年（丙午、一四二六）

1 春，正月，丙申朔，御奉天殿受朝，不舉樂。

2 癸卯，享太廟。

3 甲辰，南京地震。

4 丁未，大祀南郊。

5 癸丑，赦死罪以下，令運糧宣府自贖。

6 己未，遣吏部侍郎黄宗載十五人清理天下軍伍。

初，仁宗時，興州左屯衛軍范濟言：「衛所勾軍，州縣多不以實。無丁之家，誅求不已，有丁之户，行賄得免。」仁宗謂尚書張本曰：「軍伍不清，弊多類此。」至是上即位，諭兵部曰：「朝廷於軍民，如舟車任載，不可偏重。有司宜審實無混。」遂有是命。自後遣京卿、給事中、御史以爲常。

時宗載奉使至浙江。

7 是月，詔大學士金幼孜起復。

幼孜乞歸省母，至是母卒，遂奪情。

8 漢王高煦遣人獻元宵燈。或言其藉以窺伺朝廷，上曰：「吾惟推至誠以待之耳。」乃以諒陰却不受。【考異】諸書載漢王獻燈事，蓋覘朝廷也。明史本紀不載，今增入。

9 二月，戊辰，祭社稷。

丁丑，耕藉田。

10 戊寅，南京復震。【考異】南京正月、二月地兩震，明史本紀不書。五行志云，「是年南京地震者九」，則又不止正、二兩月也。今據三編。

11 丙戌，謁長陵、獻陵。丁亥，還宮。

12 是月，盡除開荒田逋稅。

時巡按山西御史張政上言：「民人先有逃徙，荒廢田土，逋負稅糧。近奉詔赦宥，令其復業，所有積逋，悉予蠲免，歡騰遠邇，莫不來歸。臣見山西民人多復愁沮，緣初逃時，有司懼罪，未申户部，無從開豁。今來歸，將復徵之，恐又逃徙。」上謂夏原吉曰：「大赦之後，何逋不除，豈可謂初未申聞，便要徵納！其即下有司，悉予蠲免。」

13 三月，己亥，征夷副將軍陳智、都督方政討黎利于茶籠州，敗績。先是茶籠陷，智等擁兵不救，賊勢益熾。尋陷諒山，知府易先力竭，自經死之。迨智等奉敕切責，始與政率兵薄可留關，爲利所敗；還，至茶籠，又敗。政勇而寡謀，智懦而多忌，素不相能；而山壽專招撫，逗留乂安不救，是以屢敗。【考異】紀事本末、典彙書「茶籠、諒山先後陷，琴彭、易先死之。」琴彭之死，恰在去年之冬，惟易先死，無月日可考，今于方政敗績下牽連記之。

14 癸丑，進行在禮部侍郎張瑛兼華蓋殿大學士，直文淵閣。瑛以東宮舊恩起用，然善承風旨，雖參機務，委蛇受成而已。

15 夏，四月，乙丑，詔授成山侯王通爲征夷將軍，充總兵官，都督馬瑛爲參將，討黎利于交阯，仍命尚書陳洽參贊軍務，平安伯李安掌交阯都司事。陳智、方政俱奪職，充爲事官，從通立功自贖。

16 是月，呂震卒。以胡濙爲行在禮部尚書。——時京師仍稱行在也。

震爲人，佞諛傾險，然有精力，能强記，才足以濟其爲人。嘗兼三部事，奏牘益多，皆自占奏，情狀委曲，背誦如流。故歷事三朝，雖不見重，亦竟以功名終。

濙以仁宗改元召爲行在禮部侍郎，上書陳十事，力言「建都北京非便，請還南京，省南北轉運供億之煩」，帝皆嘉納。既聞其嘗有密疏，疑之，不果。召轉太子賓客兼南京國子祭酒。上即位，仍遷禮部左侍郎。至是來朝，留之行在禮部，遂進尚書。

17 上以載籍所記前代外戚及臣下善惡，足爲鑒戒，乃採其事製外戚事鑑、歷代臣鑑。至是書成，頒賜外戚及群臣。

諭曰：「朕惟治天下之道，必自親親始；至文武諸臣，亦欲同歸于善。前事之不忘，後事之師也。故于暇日采輯其善惡吉凶之迹，彙爲是書，以示法戒。其擇善而從，以保福禄。」並手自製序頒之。

18 五月，甲午朔，録囚。

諭三法司曰：「古者孟夏斷薄刑，出輕繫，仲夏拔重囚，益其食，所以順時令，重人命也。祖宗時，遇隆寒盛暑，必命法司録囚。今天氣嚮炎，不分輕重悉繫之，非欽恤之道。其即量輕重區別之，務存平恕，毋致深刻。」

19 丙申，詔赦交阯黎利，許自新。

時渠魁未平，小寇蠭起，美留潘可利助逆，而宣化周莊、太原黄菴等結雲南寧遠州紅衣賊大掠。上敕黔國公沐晟剿寧遠，又發西南諸衞軍，悉赴交阯受王通節制，通未至而黎利復犯清化。于是下詔赦利罪，許以降者仍授官職，又停採辦金銀香貨，冀以弭衅。

初，茶籠之陷也，上責智等，期以來春平賊。召楊士奇、楊榮于文華殿，上曰：「昨諭榮昌伯等敕已行，朕有一言，獨與卿二人知之。昔在南京，皇考曾與朕言：『太祖定天下，安南最先歸化。黎氏篡陳，法所必討，求陳氏之後不得，故郡縣其地。若陳氏尚有後，立之，猶是太祖之心，而一方亦得安静。』此語藏之朕心未嘗忘。」士奇、榮對曰：「永樂三年初征黎賊，凡誥勅皆臣等親承面命。聖志惓惓，在于興滅繼絶。」上曰：「其時朕雖髫年，尚記一二聖語，亦如卿等所言。卿二人意與朕合，三二年内，朕必行之。」

及茶籠再敗，敕王通等既出。一日，上御文華殿，蹇義、夏原吉及士奇、榮侍。上曰：「交阯自建郡縣以來，用兵無寧歲。昨遣將出師，朕反復思之，欲如洪武中使自爲一國，歲奉常貢，以全一方民命。卿等以爲何如？」義、原吉對曰：「太宗皇帝平定此方，勞費多矣。二十年之功，棄于一旦，臣等以爲非是。」上顧士奇、榮曰：「卿兩人云何？」對曰：「交阯，唐、虞、三代俱在荒服之外；漢、唐以來，雖爲郡縣，叛服不常。漢元帝時，以賈捐之議罷珠崖郡，前史稱之。元帝中主，猶能布行仁義，況陛下父母天下，與此豺豕較得失耶！」上頷之。至是遂有赦利之詔。

20 壬寅，册孫氏爲貴妃。

初，妃父忠，任永城縣主簿。皇太后母彭城伯夫人，故永城人，時時入禁中，言忠有賢女，遂得入宫，方十餘歲，文皇命今皇太后育之。已而上婚，詔選胡氏爲妃，而以孫氏爲嬪。及上即位，孫氏有寵，至是遂封爲貴妃。

故事，皇后金寶金册，貴妃以下有册無寶。上特請于太后，製金寶賜焉。——貴妃有寶自此始。

21 丙午，敕郡縣瘗遺骸。

22 庚申，召陽武侯薛禄還。【考異】此與上丙午瘗遺骸，明史稿系之四月下。四月無丙午、庚申，蓋上文漏却「五月」二字耳。今據明史紀。

23 是月，禮部奏：「錦衣衛總旗衛整女，母病，割肝煮液飲之，遂愈，宜旌表。」上曰：「身體髮膚，受之父母，不敢毁傷。刳腹割肝，此豈是孝？若致傷生，其罪尤大。況太祖時已有禁令，今若旌表，使愚人效之，豈不大壞風俗！女子無知，不必加罪。所請不允。」並敕禮部仍著之律。

24 六月，行在刑部都察院奏：「南京輕重録囚，俱解赴行在，道中亡故者多。況其囚已經大理寺審允，又赴行在則複矣。宜令南京刑部、都察院，除軍民、職官、命婦犯輕重罪及旗軍、校尉、力士、餘丁犯徒、流、死罪，皆監候奏請，其餘皆就地依律決遣。」從之。

25 秋，七月，癸巳，京師地震。

26 乙未，免山東夏税。時山東旱，無麥也。

27 己亥，諭六科給事中，「凡中官傳旨，必覆奏始行。」時中官有傳旨徑行者，命下法司治之，遂有是諭。

28 壬子，罷湖廣採木。

時湖廣發民運糧，調軍征討。會遇旱災，民皆艱食。工部勘合採杉松大材七萬株，巡按御史劉鼎貫奏請罷役，從之。尚書吴中請罷其半，不許。

29 是月，巡按御史李驥奏：「請變通薊州軍户畜馬。初以薊州之東，地廣草肥宜畜牧，令永平衛軍，人牧牝馬一，兩歲責納一駒，免其他役。後軍士調發既多，畜者皆老幼殘疾之人，一人有畜至二三十匹者。責駒既難，種馬亦耗，宜分給諸衛馬少者均養之。」詔從其議。

30 自六月至是月，江水大漲，襄陽、穀城、均州、鄖縣緣江民居，漂没者半。又黄、汝二水溢，滎開封十州縣及南陽、汝州、河南嵩縣。

31 始立內書堂，教習內官監也。

初，洪武間，太祖嚴禁宦官毋得識字。後設內官，監典簿，掌文籍，以通書算小內史爲之。又設尚寶監，掌御寶圖書，皆僅識字，不明其義。及永樂時，始令聽選教官入內教習之。

初，上即位，下詔求直言，有湖廣參政黃澤，上書言十事。其言遠嬖倖曰：「刑餘之人，其情幽陰，其慮險譎，大姦似忠，大詐似信，大巧似愚。一與之親，如飲醇酒，不知其醉，如噬甘腊，不知其毒，寵之甚易而遠之甚難。古者宦寺不使典兵干政，防患于未然也。涓涓不塞，將爲江河，漢、唐已事，彰彰可監。」上雖嘉嘆，不能用。

至是開書堂于內府，改刑部主事劉翀爲翰林修撰，專授小內使書，選內使年十歲上下者二三百人讀書其中。其後大學士陳山亦專是職，遂定翰林官四人教習以爲常。

自此內官始通文墨，司禮、掌印之下，則秉筆太監爲重。凡每日奏文書，自御筆親批數本外，皆秉筆內官遵照閣中票擬字樣，用硃筆批行，遂與外廷交結往來矣。【考異】設內書堂事，明史本紀不載，三編、輯覽特書之于是年之七月，據實録也。明書所載月分同，今據之。

32 八月，壬戌，漢王高煦反。

初，高煦之國樂安，未嘗一日忘反。及仁宗崩，上即位，賜高煦及趙王視他府特厚，高煦日有請，皆曲徇其意。由是益自肆，乃遣其親信枚青等潛至京師，約英國公張輔爲內應，輔執之以聞。

時高煦已約山東都指揮靳榮等，又散弓刀旗幟于衛所，盡奪旁郡縣畜馬，立五軍、四哨。部署已定，僞授指揮王斌、知州朱恒、長史錢巽、千户盛堅、典仗侯海、教授錢常等爲太師、尚書、都督、侍郎等官，其餘各以差授職。議先取濟南，然後犯闕。御史樂安李濬，以父憂家居，高煦遣人招之不往，變姓名，間道詣京師上變。

上猶不忍加兵，遣中官侯泰賜高煦書。泰至，高煦盛兵見泰，南面坐，大言曰：「靖難時，非我出死力不得至是。太宗輕聽讒言，削我護衛，徙我樂安。仁宗徒以金帛餌我，今上動以祖制繩我。我安能鬱鬱久居此！」尋以兵馬軍器示泰觀之，曰：「以此横行天下可也。歸報爾主，亟縛奸臣夏原吉等來，徐議我所欲。」泰懼，不敢言，歸，亦不敢以實對。錦衣官從泰往者，具陳其狀，上怒。

已而高煦遣百户陳剛進疏，更爲書與公侯大臣，多所指斥，上歎曰：「漢王果反矣！」

初，議遣陽武侯薛禄往討之，夜，召諸大臣入，屏左右密語。大學士楊榮首勸上親征，曰：「彼謂陛下新立，必不自行。今出其不意，以天威臨之，事無不濟。」時英國公張輔在侍，奏曰：「高煦素懦。願假臣兵二萬，禽獻闕下。」原吉曰：「獨不見李景隆已事邪？臣昨見所遣將，命下即色變，退語臣等泣，臨事可知。且兵貴神速，卷甲趨之，所謂『先人有奪人之心。』榮言是也。」議遂決。

33 癸亥，召鄭亨、陳英自大同、永平還。

34 丙寅，宥武臣殊死以下五百二十人罪，復其官。

丁卯，釋軍士徒罪以下，令從軍自贖。

35 己巳，諭諸將親征。詔鄭王瞻埈、襄王瞻墡居守，廣平侯袁容、武安侯鄭亨、大學士黃淮、尚書黃福等協守。又敕遣指揮黃謙同平江伯陳瑄率兵防淮安，勿令賊南走。

36 辛未，車駕發京師。命薛禄等率兵二萬爲先鋒，少師蹇義、少傅楊士奇、少保夏原吉、太子少傅楊榮、太常卿楊溥扈行。

37 癸酉，車駕過楊村，馬上顧從臣曰：「度高煦計安出？」或曰：「樂安城小，彼必先取濟南爲巢窟。」或曰：「彼昔請居南京，今必引兵南下。」上曰：「不然。濟南雖近，未易攻；聞大軍至，亦不暇攻。護衛軍家屬皆在樂安，肯棄之南走乎？高煦外强而中怯，敢反者，輕朕年少新立，必不肯親征；他將之來，以甘言厚利誘之，僥幸成事。今聞朕來已膽落，敢出戰乎！至即禽矣。」

丙子，發哨騎二百前行。戊寅，獲樂安歸正人，言：「高煦初約靳榮取濟南，山東布、按二司覺之，防榮，不得發。又有進計言引精兵取南京者，衆以家在樂安，不從。初聞陽武侯等進兵，攘臂喜曰：『此易與耳。』及聞親征，始懼。」上厚賞之，給榜，令還樂安諭其衆。仍遺高煦書曰：「朕惟張敖失國，本之貫高；淮南受誅，成于伍被。今大師壓境，王出倡謀者禽以獻，朕與王削除前過，恩禮如初。自古小人事藩國，欲因之以圖富貴；事如不成，則又反噬以圖苟安。王如執迷不悟，大軍既至，一戰成禽；又或麾下以王爲奇貨，縛之來獻，朕雖欲保全，不可得矣。其審圖之！」

38 庚辰，薛禄等前鋒至樂安，高煦約以詰朝出戰。禄馳報，上令大軍蓐食兼行。夜分，至陽信縣，一時陽信吏人，皆入樂安城，無來朝者。

辛巳，駐蹕樂安城北，大軍壁其四門。賊乘城舉礮，大軍發神機銃箭，聲震如雷，城中兇懼。諸將請即攻之，上不許，仍以書諭高煦，不報。又以敕繫矢射城中，諭逆黨禍福，于是城中人多欲執高煦以獻者。高煦狼狽失據，乃密遣人詣行幄：「願假今夕訣妻子，即出歸罪。」上許之。

壬午，移蹕樂安城南。高煦將出，王斌等固止之，曰：「寧一戰死，毋爲人所禽！」高煦紿斌等，復入宮，潛從間道出見上。群臣請正典刑，不允。以劾章示之，高煦頓首言：

「臣罪萬萬死，惟陛下命。」上令高煦爲書召諸子，皆至，餘黨悉就禽。赦城中罪，凡脅從者皆不問。

癸未，改樂安曰武定州，命薛禄及尚書張本鎮撫之。

乙酉，遂班師。

39 庚寅，駐蹕獻縣之單橋，大學士陳山迎駕。山見上，言：「趙王與高煦共謀逆已久，宜移兵彰德禽之。否則趙王反側不自安，異日復勞聖慮。」楊榮亦從中贊決，惟楊士奇不可，曰：「事當有實，天地鬼神可欺乎？」榮厲聲曰：「汝欲撓大計邪？今逆黨皆云趙實與謀，何謂無辭？」士奇曰：「太宗皇帝三子，今上惟兩叔父。有罪者不可赦，其無罪者宜厚待之。疑則防之使無虞而已，何遽加兵，傷皇祖在天意！」

時惟楊溥與士奇合，約入諫，閽者不納。上尋召蹇義、夏原吉入，二人以士奇言白上。上亦初無罪趙王意，移兵事得寢。

40 九月，丙申，車駕還京師。

41 戊戌，法司鞫高煦同謀者，詞連趙王高燧，晉王濟熿，命勿問。

時户部主事李儀請削趙王護衛，尚書張本亦以爲言。上召士奇諭曰：「言者論趙王益多，如何？」對曰：「今日宗室惟趙王最親，陛下當保全之，毋惑群言！」上曰：「吾欲封群臣章，示王令自處，何如？」士奇曰：「善！更得一璽書，幸甚！」于是遣廣平侯袁容、都御史劉觀至趙，齎書示之。容等至，趙王大喜曰：「吾生矣！」上書謝恩。明年，復獻護衛。由是言者始息。

上待趙王日益親而薄陳山，謂士奇曰：「趙王所以全，卿力也。」賜之金幣。

42 庚子，廢高煦爲庶人，錮于西内，築室居之，曰逍遥城。王斌、朱恒等皆伏誅，惟長史李默以嘗諫，免死，謫爲民。天津、山東諸都指揮，以預謀誅死者六百四十餘人，餘皆戍邊。

上親製東征記書其事，明不得已而用兵也。

43 冬，十月，戊寅，釋李時勉于獄，復以爲侍讀。

初，時勉以諫先帝，授挟瀕死。既下獄，與錦衣千户某有恩，千户適莅獄，密召醫，療以海外血竭，得不死。仁宗之大漸也，謂夏原吉曰：「時勉廷辱我！」言已，勃然怒，原吉慰解之。其夕，帝崩。

至是有言時勉得罪先帝狀，並及遺言，上震怒，命使者：「縛以來，朕親鞫，必殺之！」已，又令王指揮「即縛斬西市，毋入見！」指揮出端西旁門而前，使者已縛時勉從端東旁門入，不相值，上遥見，罵曰：「爾小臣，敢觸先帝，疏何語？趣言之！」時勉叩頭曰：「臣言諒陰中不宜近妃嬪，皇太子不宜遠左右。」上聞言，色稍霽。徐數至六事止，上令盡陳之，對曰：「臣皇懼，不能悉記。」上意益解，曰：「是第難言耳。草安在？」對曰：「焚之矣。」上乃太息稱其忠，立赦之，並復其官。比王指揮詣獄還，則時勉已襲冠帶立階前矣。

44 己卯夜，大雷電雨。

45 十一月，乙未，成山侯王通擊黎利于應平，敗績，兵部尚書陳洽死之。

通以九月至交阯，會榮昌伯陳智遣都指揮袁亮擊黎利弟善于廣威州。亮遣指揮陶森、錢輔等渡河，中伏並死，亮亦被執。善遂分兵三道犯交州，其攻下關者，爲都督陳濬所敗，攻邊江小門者，爲安平伯李安所敗，善夜走。

適通至，亦分兵三道出擊。參將馬瑛敗賊于清威，至石室，與通會，俱至應平之寧橋。諸將言：「地險惡，恐有伏，宜且駐師覘之。」通不聽，麾兵徑渡。人馬行泥淖中，不能成列。伏四起，軍潰，遂大敗，死者二三萬人。通中脅走。洽獨躍馬入賊陣，創甚，墮馬。左右欲扶還，洽張目叱曰：「吾爲國大臣，食禄四十年，報國在今日，義不苟生。」揮刀殺數賊，自剄死。黎利自清化聞之，鼓行至清潭，攻北江，進圍東關。

通以父真死事封，素無戰功，朝廷不知其庸劣，誤用之，一戰而敗，心膽俱喪。乃陰許爲利乞封，而割清化迆南畀利，悉撤官吏軍民還東關。清化知州羅通不從，曰：「不奏朝命而棄土地，是賣城也。」與指揮打忠堅守。利移兵攻之，不能下。别賊萬餘攻隘留關，百户黄彪等遇害，百户萬琮自南門大呼奮擊，乃退。

初，利攻乂安，都督蔡福以糧盡降賊。賊逼福詣諸城説降，至清化，通大駡而去。福之降也，其千户包宣，先通于賊，脅福，並降之。惟指揮僉事周安憤甚，潛與衆謀，俟官軍至爲内應。宣覺之，以告利，利收安，將殺之，安曰：「吾天朝臣子，義不死賊手。」與指揮陳麟躍起奪賊刀，殺數人，皆自刎死。所部九千餘人悉被殺。

寧橋之敗，王通詭與賊和，而請濟師于朝，爲賊所遮，不得達。時何忠爲政平知州，會利遣使奏表入謝，通乃遣忠及副千户桂勝與偕行，以奏還土地爲詞，陰令請兵。至昌江，中官徐訓泄其謀，賊遂拘忠、勝，臨以白刃。二人瞋目怒駡不屈，並忠子皆被害。

上聞洽死，嘆曰：「大臣以身殉國，一代幾人！」追贈少保，謚節愍。後上聞安等之死，亦嘆息如之。

46 是月，左都御史劉觀等言：「高煦之黨，同謀者皆伏法。其護衛軍丁，居他州者尚多，當罪之。」上曰：「凡先調衛及商販在外者，皆不預逆謀，其釋之，勿窮治。」

47 十二月，辛酉，免六師所過地方秋糧。

48 辛未，命行在刑部、都察院、錦衣衛，三日内悉上所鞫獄囚罪狀。上親覽決，真犯死罪，依律連坐，以下免死、謫戍追贓、流徒以下，運磚贖罪及罰鈔釋免有差。凡宥免三千餘人。

49 上聞王通之敗，大駭，乙酉，命安遠侯柳升爲征虜副將軍，充總兵官，保定伯梁銘副之，都督崔聚爲右參將，尚書李慶參贊軍務，由廣西進討黎利。又命黔國公沐晟爲征南將軍總兵官，率興安伯徐亨、新寧伯譚忠從雲南會之。

尚書黄福奉使南京，陳洽之代福也，累奏乞福還撫交阯。至是召福赴闕，諭曰：「卿惠愛交人久，交人思卿，其爲朕再行！」仍以工部尚書兼詹事，領交阯布、按二司事，與升等同行。並敕王通守城練兵，俟升至同進。

50 是歲，以錢塘于謙爲監察御史。

謙生七歲，有僧奇之，曰：「他日救時宰相也。」中永樂十九年進士。上即位，授御史，奏對，音吐鴻暢，上爲傾聽。尋扈蹕樂安。高煦出降，上命謙口數其罪，謙正詞崭崭，聲色震厲，高煦伏地戰慄稱萬死。上大悦，師還，賞賚與諸大臣等，遂命巡按江西。【考異】于謙授監察御史，吾學編系之是年。證之明史謙傳，「謙從上樂安還，賞賚與諸大臣等，遂命巡按江西」，是謙授御史已在前也。今系于是年之末。

二年（丁未、一四二七）

1 春，正月，庚子，大祀南郊。

2 丁未，有司奏歲問囚數。上謂「百姓輕犯法，由于教化未行」，命申教化。

3 是月，詔申明屯田法。

諭户部及侍臣曰：「海内無事，軍士量留守備，餘悉屯種，所收足以給衣食，則國家可省養兵之費。然朕以爲立法固善，尤在任用得人。其令兵部移文所司，選老成軍官提督屯田，仍命風憲官以時巡察。」

4 南京地震。

5 上既命柳升等出師，一日，御文華殿，召楊士奇、楊榮諭曰：「前論交阯事，蹇義、夏原吉拘牽常見。昔楚子討陳，夏徵舒縣陳，申叔時以爲不可，乃復封陳，古人之服義如此。前太宗初定交阯，即欲爲陳氏立後，時廷臣不能順承。今朕欲承先志，但叛賊在所必得，稍寧，當求陳氏立之。」士奇等對曰：「此盛德事，惟陛下斷自聖心。」上于是益決意罷交阯兵。

6 二月，癸亥，進行在户部侍郎陳山爲本部尚書兼謹身殿大學士，直文淵閣。又進禮部侍郎張瑛爲本部尚書。

上雖不重山，然以東宮舊恩，故與瑛先後命之。

7 乙丑，黎利犯交阯，王通擊敗之，斬其僞太監黎祕及太尉、司徒、司空等官，獲首級萬計。

利破膽遁走，諸將請乘勢追之，通逗留三日。賊知其怯，復立寨濬濠，四出剽掠。未幾，勢復張。

8 是月，上御文華殿，賜輔臣銀章各一，楊士奇曰「端方貞靖」，榮曰「方直剛正」。尋又賜尚書蹇義銀章曰「忠厚寬弘」，夏原吉曰「含弘貞靖」。【考異】諸書皆紀賜輔臣四人銀章各一，其實蹇、夏二人非輔臣也。又證之二人傳，賜銀章在三年，亦非同時事。今牽連並記，仍分別書之。

9 三月，辛卯，賜馬愉等進士及第、出身有差。——愉，臨朐人。

自洪武開科，惟三十年夏榜賜韓克忠第一人，蓋專試北士也。是科，始分南、北、中卷取士，而北人預首選亦自此始。

禮部尚書胡濙請復洪武舊制，以朔日臨軒策士，上曰：「設科求賢，國家大事。」從之。

10 是月，敕戒群臣曰：「執德以廉爲要，廉者法之公而政得其平；治人以仁爲本，仁者施之厚而下蒙其澤。忠以奉國，敬以勤事，古之良臣，率由斯道，其勖之哉！」

又與夏原吉語及古人信讒事，曰：「讒慝之人，能變白爲黑，誣正爲邪，聽其言似忠，究其心實險。是以舜堲讒説，孔子遠佞人，唐太宗以爲國之賊。朕于此輩，每切防閑，不使奸言得入，枉害忠良。汲黯正直，奸邪寢謀，卿等亦宜以爲法。」

11 黎利自犯清化不克，以昌江爲官軍往來要道，率衆八萬餘攻之。時上復敕調武昌、成都護衞、中都留守及各省都司、行都司兵凡三萬五千人，從柳升、沐晟征討。而賊勢方熾，道路梗絶，奏報不通。傳聞昌江被圍急，上敕升等亟進援。

而賊懼大軍將至，攻之益力。

夏，四月，庚申，利陷昌江，都指揮李任、指揮顧福、劉順及中官馮智皆死之。

任等守昌江凡九月餘，賊知不能克，乃逼降將蔡福招任降。任於城上大罵曰：「汝爲大將，不能殺賊，反爲賊用，狗彘不食汝餘！」發礮擊之。賊擁福去，大集兵、象、飛車、衝梯，薄城環攻。任與顧福率精騎出城掩擊，燒其攻具。賊築土山，臨射城中，鑿地道潛入城，任、福隨方禦之，誓以死守，而諸將率觀望不援。至是城陷，任、福猶率死士三戰三敗賊。賊驅象大至，不能支，皆自刎死，智及順亦先後自經。城中軍民婦女不屈死者數千人。

時諒江被圍亦九閱月，知府劉子輔與守將集民兵死守，與昌江先後同陷。子輔曰：「吾義不污賊刃。」自縊死。一子、一妾皆死。【考異】明史本紀，「是月庚申，黎利陷昌江，都指揮李任、指揮顧福、劉順、知府劉子輔、中官馮智死之。」證之陳洽傳，「利犯昌江，李任、顧福、劉順、馮智四人，皆以守昌江抗節死。時劉子輔爲諒江知府，與昌江先後陷，子輔與一子、一妾皆死之。」是子輔乃諒江知府，守諒江而死者，明史紀但書知府，不書諒江，同入之李任等四人之列，蓋牽連並記耳。今據陳洽傳分别記之。

12 甲子，晉王濟熿有罪，廢爲庶人。

初，濟熿不與美圭田，又聞朝廷賜濟熺王者冠服及他賚予，益怨望。仁宗崩，不爲服，使寺人代臨。幕中廣致妖巫，爲詛咒不輟。

上即位，密遣人結高煦謀不軌。寧化王濟焕，恭王第五子也，上告變。比禽高煦，又得濟熿交通書，上皆不問。而濟熿所遣使高煦人，懼罪及，走京師首實。内使劉信等，告濟熿擅取屯糧十萬餘石，欲應高煦，並發其宫中事，皆實。召至京，廢爲庶人，幽之鳳陽。同謀官屬及諸巫悉論死。

13 己巳，王通許黎利和，爲進表及方物。

通自寧橋之敗，志氣沮喪，舉動乖張。賊圍交州久，雖獲城下一勝，終不敢出。昌江、諒江既陷，賊遂并力以攻交州，通益恇懼，度柳升師雖出，未能猝至，道路多梗。會利遣人請和，願上表謝罪。通欲許之，集衆議，按察使楊時習曰：「奉命討賊，與之和而擅退師，何以逃罪！」通厲聲叱之，衆莫敢言。遂以利書聞，遣人偕利使至京。

14 五月，癸巳，命陽武侯薛禄佩鎮朔大將軍印，充總兵官，督師防護糧餉赴開平，時備禦都指揮唐銘等屢奏寇出没邊境故也。

銘等又言：「孤城荒遠，薪芻並難，猝遇寇至，別無應援，請添官軍神銃守備。」下英國公張輔及群臣議，皆以爲：「添軍則餽給愈難。宜准禄初奏，于獨石築城，立開平衛。以開平備衛家屬移于新城，且耕且守，而以開平及所調他衛官軍，選其精壯，分作二班，每班一千餘人更代，于開平舊城備哨，新城守禦。官軍不足者，暫于宣府及附近衛分酌量添撥，候發罪囚充軍代還。仍敕禄于防護糧餉之餘，相宜區畫，築城安恤，以次集事。」上命俟秋成後爲之。

15 己亥，奉仁宗昭皇帝神主祔太廟。

16 丙午，上親録囚，雜犯死罪皆就徒，徒流笞杖論輕重罰工。因謂侍臣曰：「與其殺不辜，寧失不經。彼能因事改過，即爲善良。若怙終不悛，終亦不免。」又曰：「唐太宗號稱明君，除斷趾法，禁鞭背，而悔殺張藴。（古）〔故〕帝王用刑，不可不慎。」

17 是月，吏部上言：「自永樂十九年迄今，遣回庶官四千三百餘人，居鄉多不循分，持官府短長。請悉召至京考驗，才能可用者，以次銓敘，否則罷爲民。」從之。

18 六月，戊寅，録囚。

19 秋，七月，己亥，黎利復陷隘留關圍丘温。時鎮遠侯顧興祖，擁兵在南寧不援，桂林中衛指揮徐麒與南寧千户蔡顒守丘温，將吏多棄城遁，麒與顒猶率疲卒固守，城陷皆死，無一降者。上聞之，詔逮治興祖至京師。【考異】明史本紀，「七月己亥，黎利陷隘留關」。證之顧興祖傳，則陷隘留、圍邱温，皆同時事。又證之陳洽傳，「邱温被圍，將吏皆棄城遁，惟桂林中衛指揮使徐麒與南寧千户蔡顒率疲卒固守，城陷皆死，無一降者。」今據傳補出圍邱温及徐麒、蔡顒二人死節事。（附顧成。）言「宣德中交阯黎利復叛，陷隘留關，圍邱温。興祖時在南寧，擁兵不救，徵下錦衣獄。」據此，

20 庚子，録囚。

21 辛丑，四川松潘蠻叛，詔都督同知陳懷充總兵官，率師討之。

初，四川巡按御史奏：「松潘衛所轄阿用等寨蠻寇，擁衆萬餘，傷敗官軍，請討之。」上意邊將必有激之者。已而四川都司奏至，言：「番本無叛意，因千户錢弘，聞調發松潘官軍往征交阯憚行，詭言番寇至，當追捕以冀免調。又領軍突入番族，逼取牛馬，致番人忿怨。又脅以大軍將致討，番衆驚潰，遂約黑水生番爲亂。」上命逮弘等，而責諸司怠玩邊務，亟捕諸傷官軍者。遣都指揮、僉事蔣貴往，同松潘指揮吴瑋招撫番寇，令調附近諸衛軍二萬人以行。

時賊已圍松潘城，殺指揮陳傑，聚衆五萬，焚上下四關及諸屯堡，又分兵圍威茂、疊溪諸衛所，官軍屢戰皆敗。出掠緜竹諸縣，鎮撫侯璉死之。蜀王遣護衛官校七千人來援。事聞，上乃詔懷與貴合師進討，並覈諸將之貪淫玩寇者以聞。

22 丁未，鎮朔將軍薛禄敗北寇于開平。

時禄巡邊還，駐宣府。虜犯開平，無所得而退，去城三百餘里。禄率精兵晝伏夜行，三夕至，縱輕騎蹂敵營，破之，生禽鎮撫、百户等十二人，獲馬八百餘匹，牛羊四千餘頭。師還，虜躡其後，禄縱兵奮擊，又敗之。虜由是遠遁。

23 是月，令官吏軍民入米贖罪。定雜犯死罪至笞四十，分十等納米，百石至二石有差，納者皆減死罪，徒流以下悉免。惟無力納米者，雖笞杖，久繫不釋。御史鄭道寧、張純等奏言：「軍儲倉拘繫罪囚，無米輸納，自去年二月至今，死者九十六人。請以罪輕者免其追繫，發所隸州縣遣還。」從之。

24 八月，甲子，大學士黄淮以疾乞致仕，許之。

淮歷事三朝，所獻替皆嘉納。然量頗隘，同列有小過，輒以聞。或謂解縉之謫，淮有力焉，上亦以此疎之。然以舊臣故，恩禮勿替，仍賜錢萬貫遣歸。

25 免兩京、山西、河南州縣水旱被災税糧。

26 是月，以户部侍郎郭敦爲本部尚書，尋奉詔巡撫陝西。明年五月，召還復任。

27 上聞諸司於朝廷所下寬恤詔令，往往沮格不遽行，諭曰：「朝廷治天下，以信爲本。朕每下一詔令，必預度可行可守而後發，有司沮格，致朝廷失信于民，不忠孰大焉！其嚴禁之，有沮格者治以罪。」

28 九月，壬辰，録囚。

29 乙未，安遠侯柳升師次交阯，進軍倒馬坡，遇伏，死之。

升奉命久，俟諸軍集，至是始抵隘留關。黎利已與王通有成言，乃僞爲國人書，詭稱陳氏有後，請升罷兵，立陳氏裔主其地。升得書，不啓封，遣人奏聞。

時賊于官軍經處，緣途據險列栅拒守，官軍連破之，抵鎮夷關。升以賊屢敗，易之。郎中史安，主事陳鏞，言于參贊尚書李慶曰：「柳將軍詞色皆驕，驕者，兵家所忌。賊或示弱以誘我，未可知也。防賊設伏，璽書告誡甚切，公宜力言之。」時慶與保定伯副總兵梁銘皆病甚，慶强起，爲升言之。都事潘禋，亦勸升持重，廣偵探，引寧橋事爲戒。升不爲意，進薄倒馬坡，與百餘騎先馳。渡橋，橋遽壞，後隊不得進，伏四起，升陷泥淖中，中鏢死，從者皆没。其夕，銘病卒，明日，慶亦卒。

又明日，左軍都督僉事崔聚，率兵至昌江，賊來益衆，官軍殊死鬥。賊驅象大至，陣亂。聚力戰被執，賊百計降之，不屈死。官軍或死或走，無一降者。安、鏞、禋及主事李宗昉皆死之。【考異】據明史柳升傳言：「升進軍至倒馬坡，一時同陷而死者，有崔聚、陳鏞、史安、李宗昉、潘禋。而是時副總兵梁銘及參贊軍務李慶，皆以病死」，明史稿統系之死事中，非也。惟明史書法詳明，本紀是月書云：「乙未，柳升師次倒馬坡，遇伏戰死。是日，保定伯梁銘卒。丙申尚書李慶病卒。師大潰，參將崔聚、郎中史安、主事陳鏞、李宗昉死之。」與升傳合。三編亦據明史升傳，并補出「都事潘禋勸升持重，升不爲意，師潰，禋亦死之。」今據明史升傳，參之三編，并補入黃福遇賊事。

升質直寬和，善撫士卒，勇而寡謀，遂及于敗。升既敗，沐晟師至水尾縣，不得進，引兵還，王通孤軍援絶，遂決意棄交阯矣。

30 是月，工部尚書黃福行抵交阯，聞柳升敗没，退至雞陵關，爲賊所執，欲自殺。賊至是始知爲福，相與羅拜下泣，曰：「公，交民父母也。公不去，我曹不至此。」力持之。黎利聞之曰：「中國遣官吏治交阯，使人人如黃尚書，我豈得反哉！」遣人馳往守護，餽白金餱糧，肩輿送出境。至龍州，福悉取所遺歸之官，乃還。

31 冬十月，戊寅，王通以交阯畀黎利，大集官吏軍民，出城爲壇，與利盟，約退師。

先是利上柳升書，其略言：「高皇帝龍飛，安南首朝貢，特蒙褒賞，賜以玉章。後黎賊簒弒，太宗皇帝興師討滅，求陳氏子孫。陳族避禍方遠竄，故無從訪求。今有遺嗣暠，潛身老撾二十年，本國人民不忘先王遺澤，已訪得之，儻蒙轉達黼扆，循太宗皇帝繼絶明詔，還其爵祀，匪獨陳氏一宗，實蠻邦億萬生靈之幸。」至是通與利盟，復教利僞爲陳暠謝表，稱「臣暠乃先王頊三世適孫」，其餘詞意與利書略同。遂遣官偕利使奉表及方物進獻。

通既與利和，因宴利，遺以錦綺，利以重貨賂通。通不俟朝命，遂擅許之。

32 十一月，鴻臚寺進柳升封上黎利書，上頷之。越日，王通上陳暠謝表亦至。上心知其詐，然欲藉此息兵，乃以書表示廷臣集議。張輔曰：「不可許。唯益發兵討此賊，臣請任之。」蹇義、夏原吉亦言：「許之無名，徒示弱天下。」而楊士奇、楊榮知上厭兵，且屢有欲棄交阯語，因力言：「陛下卹民命以綏荒服，不爲無名，許之便。」于是朝罷，出暠表示文武群臣曰：「論者不達止戈之義，必謂從之不武。但得民安，朕何恤人言！」

尋命擇使交阯者，義薦伏伯安有口辯，士奇曰：「言不忠信，雖蠻貊之邦不可行。伯安小人，往且辱國。」上是之。乙酉，命禮部侍郎李琦、工部侍郎羅汝敬爲正使，（有）〔右〕通政黃驥、鴻臚卿徐永達爲副使，齎詔撫諭安南人民，赦黎利罪，令具陳氏後人之實以聞。敕召王通、馬瑛及三司衛所府州縣官吏，盡撤軍民北還。

33 乙未，皇長子生。

上年三十，胡皇后未有子，又善病。孫貴妃有寵，乃陰取宮人子爲己子。上以長子生，大喜，寵貴妃有加。

己亥，大赦天下，免明年税糧三分之一。

34 十二月，丁丑，振陝西饑。

諭户部尚書夏原吉曰：「昨聞關中旱饑，已命有司發廩，又命卿出京庫布帛往振之。此皆朝政闕失所至，因作詩志愧，卿亦當與朕同憂也。」時户部奉詔給絹布凡十五萬疋。

35 是月，王通不俟詔至，輒令太監山壽與陳智等由水路還欽州，而自率步騎還廣西，至南寧始以上聞。

自交阯内屬者二十餘年，前後用兵數十萬，餽餉至百餘萬，轉輸之費不預焉。至是棄去，官吏軍民還者八萬六千餘人，其陷于賊及爲賊所殺者不可勝計。天下舉疾通棄地殃民，而上不怒也。

36 是年，南京地凡十一震。【考異】明史五行志，「宣德元年，南京地震者九，二年春，復震者十。」三編則于二年正月書「南京地震」，目云，「是年凡十一震」。按三編本之實録，今據之。

明通鑑卷二十

江西永寧知縣當塗夏燮編輯

紀二十起著雍涒灘（戊申），盡上章掩茂（庚戌），凡三年。

宣宗章皇帝

宣德三年（戊申、一四二八）

1 春，正月，甲午，大祀南郊。

2 丙申，都督陳懷平松潘叛蠻。懷初至，梟錢弘于軍中以徇。尋率諸軍連敗賊于犵答壩、葉棠關，奪永鎮等橋，復疊溪，撫定祁命等十族，又招降渴卓等二十餘寨。松潘遂平。

3 是月，命都督僉事山雲佩征蠻將軍印，充總兵官，鎮廣西。【考異】明史本紀不載，證之雲傳，言「宣德二年柳慶蠻韋朝烈等掠臨桂諸縣。時鎮遠侯顧興祖以不救邱温被逮，公侯大臣舉雲，帝亦自知之。三年正月，命佩征蠻將軍印，充總兵官往鎮。」據此，則柳慶蠻之叛在二年，因顧興祖被逮，廷臣薦雲代之，乃有三年正月之命。三編系雲鎮廣西于去年之七月，蓋因柳州蠻叛及興祖被逮牽連並記耳。今據明史雲傳，統系之三年正月下。

初，廣西柳州、慶遠蠻韋萬黃、韋朝傳等，聚衆劫殺爲民害，詔鎮遠侯顧興祖討之。興祖以不救交阯被逮，公侯大臣舉雲廉勇有智略，遂有是命。

時賊方寇掠臨桂諸縣，聚衆保山巔。山峻險，挂木于藤，壘石其上，官軍至，輒斷藤下木石，無敢近者。雲夜半束火牛羊角，以金鼓隨其後，驅向賊。賊謂官軍至，亟斷藤，比明，木石且盡，衆譟而登，遂盡破之。南安、廣源諸蠻悉先後下之。尋築四城、九堡傳舍九十餘區。

廣西自韓觀卒後，諸蠻漸横，雲至始慴服。

4 二月，戊午，立皇長子祁鎮爲皇太子。

皇子生之八日，群臣即上表請立爲太子。皇后亦數上表請早定國本，孫貴妃佯驚曰：「后病痊，自有子，吾子敢先后子邪！」上不允，至是遂立。于是胡皇后始請遜位。

5 丁卯，上奉皇太后游西苑，登萬歲山，奉觴上壽。

6 是月，御製帝訓，凡二十五篇，曰：「君德，奉天，法祖，正家，睦親，仁民，經國，勤政，恭儉，儆戒，用賢，知人，去邪，防微，求言，祭祀，重農，興學，賞罰，黜陟，恤刑，文治，武備，御夷，藥餌。」至是成，上自爲之序，復題其後以詔子孫。

7 三月，癸未，廢皇后胡氏，立貴妃孫氏爲皇后。

先是上欲廢后，召張輔、蹇義、夏原吉、楊士奇、楊榮諭之曰：「朕年三十未有子，今幸貴妃生子。母以子貴，古亦有之，但中宮宜如何處置？」因舉中宮過失數事，榮曰：「舉此廢之可也。」上曰：「廢后有故事不？」義曰：「宋仁宗降郭后爲仙妃。」上問輔、原吉、士奇：「何無言？」士奇對曰：「中宮母儀天下。群臣子也，子豈敢議廢母！」輔、原吉依回其間，曰：「此大事，容臣等詳議以聞。」既退，榮、義語原吉、士奇曰：「上有志久矣，非臣下所能止。」原吉曰：「但當議處置中宮。」士奇意亦動。

明旦，上御西角門，問：「議云何？」榮懷中出一紙，列中宮過失二十事，上覽二三事，輒艴然變色曰：「曷嘗有此！宮廟無神靈乎？」士奇對曰：「漢光武廢后，詔書曰：『異常之事，非國休福。』宋仁宗廢后，後亦甚悔。願陛下慎之！」

一日，上獨召士奇至武英殿，屏左右問處置中宮事，對曰：「皇后今有疾，因其有疾而導之辭讓，則進退以禮。」上俞之。乃令后上表辭位，退居長安宮，賜號静慈仙師，貴妃遂得立。

8 壬辰，録囚。

9 是月，上召蹇義、夏原吉、楊士奇、楊榮等十有八人，從游萬歲山，命乘馬登山周覽，賜登御舟，泛太液池。上指御舟曰：「治天下猶此舟矣，利涉大川，卿等之力也。」遂賜宴于西苑。

是時上方勵精求治，諸大臣同心輔政，海内漸臻治平。上乃仿古君臣豫遊事，每歲首許百官旬休，選勝宴樂。上亦時游西苑，諸學士皆從，賦詩賡和，從容問民間疾苦，朝野傳爲盛事。

10 阿嚕台遣使四百六十人來朝，貢馬及方物。

是時阿嚕台數敗于衛喇特，部曲離散，率其屬東走烏梁海，駐牧邊塞。雖歲修職貢，不過窮蹙求撫。而衛喇特自此益强。

11 夏，四月，癸亥，詔：「凡官民建言章疏，尚書、都御史、給事中會議以聞。」

諭曰：「致治之道，莫先于廣言路。天下之大，吏治得失，民生休戚，臣民不言，朝廷何由悉知？古人謂明主視天下猶一堂，滿堂飲酒，一人向隅而泣，則一座不樂。若令天下有匹夫匹婦不得其所，實爲君德之累。今後有建言民瘼者，卿等勿諱。」

12 是月，吏部尚書蹇義奏裁内外冗員，從之。

未幾，巡撫浙江熊概，請增設杭、嘉、湖管糧布政使，上曰：「糧稅自有常。朕方裁抑冗濫，古人言，省事不如省官。」不許。

13 閏月，壬寅，録囚。

14 免山西平陽府屬八州、三十三縣旱災稅糧。

會工部郎中李新自河南還，言「山西民饑，流徙至南陽諸郡不下十萬餘口，有司遣逐，死亡者多。」上謂尚書夏原吉曰：「昔富弼知青州，民間居處飲食醫藥，皆爲區畫，山林湖泊之利，與民共之，所活五十餘萬人。今乃驅逐使之失所，不仁甚矣！」甲辰，詔各布政使及府縣官：「加意撫綏，隨所在發倉廩振之，有捕治者罪之。」

15 庚戌，王通等至京，文武諸臣交劾其「喪師棄地，請置之法」，又言「山壽曲護叛賊馬騏，激變交民」。廷鞫，皆具服。詔與陳智、馬瑛、方政及布政使弋謙俱論死，下獄，籍其家。自通外，壽騏罪尤重，而謙實無罪，皆同論，時議非之。

廷臣復劾沐晟、徐亨、譚忠逗留及喪師辱國罪，上皆不問，亦無意誅通等，長繫待決而已。時顧興祖至，亦下獄。

16 五月，壬子，李琦、羅汝敬自交阯還。

黎利遣使奉表謝恩，詭稱「暠於正月物故，陳氏子孫已絕，國人推利守其國，請俟朝命。」上亦知其詐，不欲遽封也。

17 辛酉，録囚。

18 己巳，復遣羅汝敬、徐永達等齎敕諭利及安南國人，令出訪陳氏後，并盡還官吏人民及其眷屬。

19 辛未，贈卹交阯死事諸臣。

先是交阯布政使弋謙，以都指揮、同知李任等十二人死事聞，上惻然曰：「大丈夫爲國，固當殺身成仁，舍生取義，任等可謂無愧矣！」各加贈官，予誥，賜祭。

十二人者：李任，顧福，劉順，徐麒，周安，蔡顒，何忠，桂勝，易先，劉子輔，及中官馮智。凡得贈卹者十一人，惟陳麟以嘗與朱廣開門納賊，死不掩過，故不及。

20 壬申，免北京被災夏税。

時真定、順德、廣平所屬州縣有司奏，「自去年十月至今年夏不雨，麥無秋」，故有是命。

21 是月，黎利送還官吏百五十七人，蔡福等與焉。

初，黎利攻乂安，福與都指揮朱廣、薛聚、于瓚、指揮魯貴、千户李忠等不戰而降，福又教賊造攻具以攻東關。時有官軍九千餘人，欲焚賊營，福告賊，賊盡殺之，遂進攻昌江等城，又爲賊徧説諸城降。至是福與廣等六人至京師，鞫之，服罪，皆棄市，籍其家。

22 交阯之役，土官之被脅降黎利者甚衆，亦有助官兵討賊，及嚮義自拔來歸者。永樂十七年，四忙土官之役，交阯人陳汝石、朱多蒲從方政討賊，深入陷陣，死之。又，陶季容者，世爲水尾土官，交阯内屬，以爲土知縣，歷歸化知州，遷宣化府同知。上即位之元年，季容遣所部阮執先等追賊，爲賊所獲，令執先還招季容，脅以兵，不爲動。上聞之，擢宣化知府，降敕獎勞。賊復遣人誘季容，季容執以送沐晟，而導官軍敗賊于水尾。王通棄交阯，季容率官屬入朝。

又有陳汀者，古雷縣千夫長，數從方政擊賊有功，政信倚之。王通棄地，汀北行，爲賊所得，授以官，令守交州東關。汀不從，挈其家九十餘人從間道走。賊追之，家屬盡陷，汀獨身入欽州。上嘉其義，以爲指揮，厚賚之。

他若土官阮世寧、阮公庭，皆不願從利，率所部來歸，乞居龍州、陳州之地。上命有司加意撫卹，資糧器用悉給之。【考異】陶季容、陳汀等事，均據明史王通傳增入。

23 下刑部尚書金純于獄。

先是純有疾，上命醫視療。稍間，免其朝參，俾護疾視事。會暑，敕法司理滯囚，純數從朝貴飲，爲言官所劾。上怒曰：「純以疾不朝而燕于私，可乎！」命繫錦衣獄。

既，念純老臣，釋之，落太子賓客，尋命致仕。

24 廢汝南王有爋，新安王有熺爲庶人。有爋、有熺及祥符王有爝，皆周定王橚之庶子也。橚薨，世子有燉嗣，有爋數訐其過，上爲書諭之。有爋與有熺詐爲有爝與趙王高燧書，繫箭上，置彰德城外，詞甚悖。都指揮王友得書以聞，詔逮友，訊無跡。召有爝至，曰：「此必有爋所爲。」訊之，具服。有爋少與高煦善，建文中，嘗誣定王反。文皇即位，定王請誅之，帝不忍，徙之大理，定王老，始歸。有熺喜食人肝腦，薄暮伺人于門，掠而殺之。日未晡，邸前行跡爲斷。至是亦鞫服，並削爵。宥有爝勿問。

25 六月，丙戌，免陝西西安、延安、鞏昌所屬四州、十四縣被災稅糧，旱故也。

26 丁未，遣都御史劉觀巡視河道。

先是上朝罷，召大學士楊士奇、楊榮至文華門，諭曰：「祖宗時朝臣謹飭，年來貪濁成風，何也？」士奇對曰：「永樂末已有之，今爲甚耳。」榮曰：「永樂時無踰方賓。」上問：「今日誰最甚者？」榮對曰：「劉觀。」士奇曰：「風憲所以肅百僚。憲長如此，則不肖御史皆效之。御史奉巡四方，則不肖有司皆效之。」上曰：「然。」尋有是命。

27 是月，下工部尚書吳中于獄。

中以官廠木石遺中官楊慶作私第，甚弘壯。上登皇城，望見之，問左右，得實，遂繫獄。尋釋之，落少保，奪俸一年。

28 秋，七月，戊辰，録囚。

29 是月，寧王權請乞南昌近郭灌城鄉土田，不許。

30 以通政使顧佐爲右都御史。【考異】據明史七卿年表，佐任右都在是年七月，三編亦書之，蓋因罷劉觀，命之巡河道，又，是時右都御史王彰卒，故以佐代之。諸書有記佐任右都于十月者，牽連並記耳，今據年表、三編。

佐前任應天尹，剛直不撓，人比之包孝肅。至是上出劉觀，問：「誰可代者？」大學士楊士奇、楊榮薦「佐公廉有威，歷官並著風采」。上喜，遂擢是職。

31 八月，辛卯，罷北京行後軍都督府及行部。

初，仁宗將還都南京，因設行府、行部，凡五府、六部，文移申達，必經行府、行部，往往重複稽誤。至是命公、侯、伯、尚書、都御史、翰林、學士議。于是張輔、蹇義等言：「北京既有府、部，行府、行部宜罷。」從之。會李友直自四川采木還，改授工部尚書。然諸司尚沿行在稱也。

32 上欲自將巡邊，壬辰，召公、侯、伯五軍都督府諭之曰：「北寇每歲秋高馬肥必擾邊，比來邊備，未審何似？東北諸關隘，皆在畿內。今農務方畢，朕將親歷諸關，整飭兵備，卿等整齊士馬以俟命。」

丁未，車駕發京師，蹇義、楊榮等扈從，張輔、薛祿等分將各兵。渡潞河，駐蹕虹橋。諭諸將曰：「朕深居九重，豈不自逸！但朝夕思念保民，故有此行。今渡河道路所經，皆水潦之後，秋田無獲，朕甚憫焉！其將士有擾民者，殺毋赦。」

33 是月，皇次子祁鈺生，賢妃吳氏出也。【考異】明史本紀不載，三編書之八月，蓋是月初三日壬午生也。今增入，爲後景泰立張本。

34 九月，庚戌朔，車駕次薊州。

上覽郊原平遠，山川明秀，田疇既穫，頗多遺秉滯穗，喜曰：「使四處皆如此，朕復何憂！」進其州官諭之曰：「此漢漁陽郡也。昔張堪爲政，民有樂不可支之歌。古今人材，不甚相遠，其勉爲之！」

35 辛亥，次石門驛。

諜報「烏梁海萬衆侵邊，已入會州」，上謂諸將曰：「此寇無能爲。若知朕在此，必驚遁。今須擊之，不可失也。惟喜峰口路隘且險，可單騎行。朕以精卒三千爲諸將先，出其不意，禽之必矣。」或請益兵，（立）〔上〕曰：「兵在精與和，不在多。」乃命齎十日糧以行，使西寧侯宋瑛、武定侯郭玹、豐城侯李賢、都督冀傑屯兵遵化以俟。——瑛，晟之次子，兄琥，以洪熙元年坐事奪爵，命瑛襲封。玹，洪武功臣英之孫，賢彬之子也。

36 乙卯，車駕出喜峰口，文臣惟大學士楊榮從。日暮，抵寬河，與寇遇。上親射其前鋒，殪三人，分鐵騎爲兩翼，夾擊之，飛矢如雨，神機礮並發，寇馬死者過半，遂大潰。上自將數百騎追奔，其衆望黃龍旗，知上在焉，悉下馬羅拜請降，皆生縛之，斬其酋渠。命諸將搜山谷，獲軍器馬駝無算。

戊午，饗將士于會州。

甲子，班師。

癸酉，車駕還京師。上親製詩歌勞將士，謁告于廟。

37 冬，十月，乙酉，上巡邊還，以蹇義、夏原吉、楊士奇、楊榮四人皆春秋高，賜璽書曰：「古者師保之職，論道經邦，不煩以政。少師義，少傅士奇，少保原吉，太子少傅榮，皆祖宗遺老，畀輔朕躬。今黃髮危齒，尚令典煩劇，兼有司之事，非所以優之也。其輟所務，朝夕在朕左右，討論治理，共寧邦家，其勳階爵禄並如故。」

38 是月，下都御史劉觀于獄。觀居憲職，以糾十四道御史，劾大理卿弋謙，時論鄙之。而觀素不謹，同僚宴樂，聲伎滿前，又私納賄賂，諸御史尤而效之，亦貪縱無忌。上既詢之楊士奇、楊榮等，即欲治觀以肅臺政。已，念其三朝舊臣，姑遣之出視河道。

于是御史張循理等交章劾觀並其子輻諸贓污不法事，上怒，逮觀父子，以彈章示之。觀復上疏自辯，上益怒。出廷臣先後密奏，中有枉法受賕至千金者，觀乃引伏，遂下錦衣衛獄。明年，將置之重典，楊士奇、楊榮乞貸其死，乃謫輻戍遼東，而命觀隨往，觀竟客死。

其後士奇請命風憲官考察，奏罷有司之貪污者，上曰：「然。向使不罷劉觀，風憲安得而肅！」

39 命中官郭敬鎮守大同。

時武安侯鄭亨，佩征西前將軍印鎮大同，治軍嚴肅，撫士卒有恩。而自文皇任宦官監軍分鎮，遂至擅用威福，激生事端，一時邊鎮總兵爲所脅制，往往畏之。敬至，亨獨裁之以理，與議事，無所撓。敬雖不悦，然以此憚之。

40 十一月，癸酉，錦衣衛指揮鍾法保請採珠東莞，上曰：「是欲擾民以求利也。」乃下之獄。

41 十二月，庚子，廣西總兵官山雲討忻城蠻，擒其首譚團，斬首千五百餘級，歸所掠軍民三百八十五人。【考異】據明史本紀，平忻城蠻在是月，證之山雲傳，言「是年之夏」者，因蠻叛牽連並記耳。紀蓋本之實録，今據之。

42 是歲，封哈密故忠義王弟托懽特穆爾嗣爲忠義王。

初，永樂間，封恩克特穆爾爲忠順王。恩克死，以其兄子托克托嗣；托克托死，封其從弟推勒特穆爾爲忠義王。俱見前。上即位，推勒死，遣官賜祭，命故王托克托子卜答失里嗣，仍封忠順王，並遣中官諭之，令遣故忠義王弟托懽特穆爾至京師。上以卜答失里年幼，復以托懽嗣爲忠義王，同理國事。自是二王並貢，歲或三四至，奏求婚娶禮幣，命悉予之。

四年（己酉、一四二九）

1 春，正月，己未，大祀南郊。

2 是月，兩京地震。【考異】明史五行志，「是年兩京地震」，本紀書「兩京地震」于正月。三編，「北京是年震者三，南京震者七」，皆本實録，今據三編書之。

3 上郊祀，御齋宮，召學士楊溥諭曰：「朕每念創業難，守成不易。今幸海內稍安，顧禍亂每生于不虞。邇來群臣，好進諛詞，朕頗厭聞。卿宜勉輔朕，勿憚直言。」溥頓首曰：「直言求之非難，受之爲難。」上曰：「然。」

4 二月，己丑，南京守備襄城伯李隆獻騶虞二，禮部請表賀，上曰：「朕嗣位四年，民生未能得所。騶虞之祥，于德弗類。」不許。

5 三月，羅汝敬等自交阯還。

黎利復表言：「陳氏無遺種，請別命。」因貢方物及代身金人。又言：「臣九歲女，遭亂離散，後知馬騏攜歸充宮婢。臣不勝兒女私，冒昧以請。」上心知陳氏即有後，利必不言，然終以封利無名。甲戌，復命李琦偕汝敬再往，訪求陳氏後，且以利女病死告之。

6 夏，四月，戊寅，上以書諭寧王權。

時寧王自以大父行，數有干請，上皆以理裁之。至是又以「宗室將軍不宜以祿米定品級」奏，言「高皇帝篤念親親，凡宗室子孫，舊無品級，不與異姓同。」又言：「靖江王府將軍與諸王同班，不論品級，皆行君臣禮。」又請「不避斧鉞，乞赦高煦。」語多忿戾。

上乃自爲書責之，其略曰：「來書謂高皇帝子孫舊無品級，今稽之祖訓録，内載：『凡郡王之子授鎮國將軍三品，孫輔國將軍四品，曾孫奉國將軍五品，玄孫鎮國中尉六品，五世孫輔國中尉七品，六世以下，世授奉國中尉八品。』是郡王子孫，未嘗無品級也。必如王言，則諸王兄弟子姪，同爲行列，是無尊卑之分，曷爲而可！

若靖江府鎮國將軍與群下相見之禮，則洪武二十九年欽定禮儀云：『凡鎮國將軍與駙馬、儀賓公侯相見，將軍居左，駙馬等居右，皆再拜。與文武一品至三品官相見，將軍居中，各官拜，將軍答拜。四品以下官相見，各官拜，將軍坐受。凡遇將軍于道，駙馬、儀賓，公侯讓左並行，文武一品至三品引馬側立，四品以下下馬。』令曰『鎮國將軍裔旨』，稱曰『官人』，別無行君臣禮之説。若如王言，是教子孫越禮犯分。春秋之法，天無二日，土無二王，家無二主，豈宜有此！

朕自嗣位以來，體祖宗之心，循祖宗之法，不敢毫末有所增損。往者逆賊高煦，包藏禍心，謀爲不軌，求朝廷之過不得，輒妄稱太祖高皇帝時未嘗頒給群臣誥敕，以爲擅改舊制，具本指斥，遂舉兵反。及被執至京，出洪武中諸司職掌示之，俛首無言，愧悔不及。今王輒有『不避斧鉞，乞爲赦免』之説，宗廟神靈，監臨在上，何寃何抑而代抱不平？朕覽畢，以示公侯大臣，咸謂『王意非在此，蓋託此爲名。不然，何以宣德元年八月之事而至今始發也？』

朕已悉拒群臣之言不聽，尚望謹之！或復不謹，非但群臣有言，恐天下亦將言之不已。彼時雖欲朕全親親之義不可得矣。」

權得書，乃皇恐謝罪。【考異】明史本紀不載。證之諸王傳，「寧王以宣德三年請乞南昌灌城田，明年，又論宗室不當祿米定品級，帝怒，頗有所詰責。」即是年四月事。明史稿系之戊寅，是也，今據增，並據鳳洲雜編補諭寧王語。

高煦既不得赦，一日，上偶幸西内視之，高煦伸足勾上踣地。上命舁銅缸覆之，缸重三百觔，高煦頂負之，輒動，乃命積炭于其上燃之。踰時，火熾銅鎔，高煦死。諸子皆伏誅。

7 辛巳，總兵官山雲討潯、柳二州叛蠻，誅從寇二千四百八十人，梟首境上，遂平之。

8 戊子，命工部尚書黄福、平江伯陳瑄經略漕運。

初，上即位，命瑄守淮安，督漕運，至是瑄奏：「濟寧以北，水道淤塞，計用十二萬人疏濬，半月可成。」上念瑄久勞，命福往同經理。——大臣督河、督漕，皆自近年始也。

9 是月，以吏部侍郎郭璡爲本部尚書。

初，尚書蹇義，以老，命輟部務，上欲以璡代之。璡厚重勤敏，然寡學術，楊士奇謂宜別選大臣通經術知古今者，上乃止。至是仍以命璡，並諭以呂蒙正夾袋、虞允文材館録故事。

然是時二楊用事，政歸内閣。自布政使至知府闕，聽京官三品以上薦舉，既，又命御史、知縣皆聽京官五品以上薦舉。凡要職選擢，皆不關吏部，璡亦望輕，委蛇受成而已。

10 五月，壬子，録囚，赦者二千二百餘人。

11 羅汝敬還，奏：「交阯廣源州人閔顔、岑斗烈、譚忠謹，初以龍州地歸附，授顔本貫知州，斗烈判官，忠謹吏目。黎利叛，三人義不從賊，咸歸龍州。顏臨終，屬其子元成曰：『受天朝官，不可貳心從賊。』今顏已死，乞憫其忠，量與元成等官職，處之善地。」從之。

是月，命元成仍爲龍州知州，判官、吏目皆如舊，俱于廣西布政司支俸，有司常加撫卹。

12 六月，甲午，詔：「文吏犯贓，不聽贖罪。」

時御史王翱言：「官吏害民蠹政，贓犯爲甚。今官吏罪無輕重，運磚復職，是貪黷者幸免，廉潔者鮮勸，非爲治之道。請自今，贓吏坐死，但許贖罪，不許復官。」從之。

未幾，文職有贓罪納米者，吏部請降一級用，上曰：「納米乃一時之權宜，懲貪爲立國之大法。自今官吏犯贓者，罷納贖例，仍依律治之。」

13 己亥，寇犯開平，掠赤城，鎮撫張信、百户盧讓死之。

14 庚子，命陽武侯薛禄督餉開平。

15 是月，初設鈔關。

初，仁宗即位，户部尚書郭資以太子少師致仕，至是上復召還，仍以原官掌户部事。資言：「鈔法不行，由商居貨不稅，請推廣納鈔例。」舊制有商稅而無船稅，資請「照門攤市肆居商貨之例，凡舟船受雇裝載者，計所載料之多寡，路之遠近，悉征其鈔，設關收之。」于是始置漷縣、濟寧、徐州、淮安、揚州、上新河、滸墅、九江、金沙洲、臨清、北新諸鈔關，量舟大小修廣而差其額，謂之「船料」，不税其貨。惟臨清、北新則兼收貨税，各差御史及户部主事監收。——鈔關之設自此始。【考異】明史本紀不載設鈔關事，見食貨志，在是年。明書、吾學編皆系之是年五月，三編輯覽系之六月。按請設鈔關，乃郭資在户部所請，資以永樂廿二年致仕，是年四月召還，六月以原官掌户部事，見七卿年表。今據三編系之六月，與表合。

16 秋，七月，己未，上幸文淵閣，與少傅楊士奇、太子少傅楊榮等論經史，咨政務，悉召諸學士及史官諭之曰：「國史貴詳實，卿等宜盡心。」各賜鈔有差。

17 是月，户部上户口登耗之數。

上曰：「隋文帝户口繁殖，自漢以來，皆莫能及。議者以在當時必有良法，因享國不永，故無傳焉。朕謂隋文勤于政事，自奉儉薄，足致富庶，豈徒以其法哉！大抵人君恭儉，取民有制，則生齒日繁，財賦自然充足矣。」

18 八月，丁丑，遣鄭王瞻埈、襄王瞻墡、荆王瞻堈、淮王瞻墺俱之藩。

19 己卯，太常卿楊溥以母喪告歸，上命中官護行。尋詔起復。

20 九月，癸亥，釋顧興祖于獄。

21 是月，放免南、北國子監生年五十以上學無成效及老疾者二百五十三人，令還鄉爲民。

時國子監助教王仙奏言：「學校教養人才，固當講習經史，至于書數之學，亦宜用心。近年生員止記誦文字以備科貢，其于字學算法，略不曉習。乞令天下學校生員兼習書算，由提調正官按察司巡按御史考試，以備因材之用。」從之。

22 冬，十月，庚辰，上幸文淵閣，御製詩賜楊士奇、楊榮等。

23 丙戌，上自製猗蘭操，示大臣曰：「孔子自衛反魯，傷道之不遇而作猗蘭操。朕今慮山林巖谷之賢亦有不遇者，輒擬斯篇。夫以人事君，大臣之道也，卿等宜勉副朕意！」

24 庚寅，大學士張瑛、陳山罷。

初，瑛與山皆以舊恩直機務，無所建白，上浸厭薄之。一日，御門，遥見山趨朝，問楊士奇曰：「山何如人？」對曰：「山雖侍陛下久，然其人寡學，多欲而昧大體。」上曰：「然。往者趙王事，朕幾爲所誤。」至是命山輟閣務，專授小内使書。瑛亦改南京禮部尚書。

25 甲午，上閲武近郊，召豐城侯李賢等居守，遇機密重務，詳議即行，仍馳奏。

乙未，獵于峪口。戊戌，還宮。

26 十一月，癸卯，詔薛禄仍充總兵官，巡宣府，恭順侯吴克忠副之，命都督譚廣、武安侯鄭亨各選士馬聽調。——克忠，恭順伯允誠之子，洪熙元年進侯爵。允誠，蒙古人，初名巴圖特穆爾。舊作把都帖木兒。克忠，初名達蘭，舊作答蘭。俱以歸附，賜更姓名。

27 上去年北巡，命都御史顧佐偕尚書張本等居守，還，復賜佐敕令約束諸御史，于是佐糾黜貪縱，朝綱肅然。

居歲餘，姦吏奏「佐受隸金，私遣歸」，上密示楊士奇曰：「卿不嘗舉佐廉乎？」對曰：「中朝官俸薄，僕馬薪芻資之隸。遣隸，半使出貲免役，隸得歸耕，官得資費。中朝官皆然，即臣亦然。先帝知之，故增中朝官俸。」上嘆曰：「朝臣貧如此！」因怒訴者，欲下法司治之。士奇曰：「細事不足干上怒。」上乃以吏狀付佐，令自治之。佐頓首謝。召吏言：「上命我治汝，汝改行，吾當貸汝。」上聞之，益喜，謂佐得大體。

是月，有告佐不理冤獄者，上曰：「此必重囚教之。」命法司會鞫，果千户臧清殺無罪三人，當死，使人誣佐。上曰：「不誅清，則佐法不行。」命磔清于市。

時佐既振舉臺職，而南京都御史，時擢福建按察使邵玘爲之。南京諸司，縱弛亦久，御史貪婪，贓私狼藉。玘至，考察，奏罷不職御史二十餘人，紀綱大振，與北院顧佐齊名，憲臺爲之一肅。

28 十二月，乙亥，京師地震。

29 壬辰，罷中官松花江造船之役。

先是遼東有警，鎮守征虜將軍巫凱請罷其役。既而中官復造舟，凱劾阮堯民等，下之吏，遂有是命。

30 是歲，南京地震者七。

31 免兩畿税糧十七萬有奇。

五年（庚戌、一四三〇）

1 春，正月，癸丑，大祀南郊。

2 壬戌，英國公張輔、尚書蹇義、夏原吉等進太宗仁宗兩朝實録及寶訓，上御奉天門受之。賜諸臣金幣、鞍馬有差。【考異】明史本紀不載，憲章録、吾學編皆系正月，明書則書正月壬戌。按夏原吉以戊辰卒，傳言「原吉以實録成，賜金幣，入謝，歸而卒。」據此，則壬戌正原吉卒之前六日事。今據明書日分。

3 戊辰，户部尚書夏原吉卒。

原吉歷事三朝，筦度支二十七年，善持大體。入參軍務，出扈征巡，諸所獻替，率有古大臣風烈。性寬和有雅量，人有善即采納之，或有小過必爲之掩覆。呂震嘗傾原吉，震爲子求官，上難之，原吉以震在靖難時有守城功，爲之請。陳瑄初亦惡原吉，而原吉顧時時稱瑄才。或問原吉：「量可學乎？」曰：「吾少時，有犯未嘗不怒。始忍于色，中忍于心，久則無可忍矣。」嘗夜閲爰書，撫案而嘆，筆欲下輒止，妻問之，曰：「此歲終大辟奏也，筆一下則生死決矣。」與同列飲他所，夜歸值雪，過禁門，有欲不下者，原吉曰：「君子不以冥冥墮行。」其慎如此。自奉儉約，三年，從上北巡，上取原吉橐糗嘗之，笑曰：「何惡也！」對曰：「軍中猶有餒者。」上爲之犒將士，尋賜原吉以大官之饌。上雅善繪事，嘗親畫壽星圖以賜，其他圖畫、服食、器用、玩好之賜無虚日。

至是以兩朝實録成，賜金幣、鞍馬。旦入謝，歸而卒。贈太師，賜謚忠靖，並敕户部復其家，世世無所與。

4 是月，吏部考察天下朝覲官，黜無能者五十五人，罷歸爲民，貪污者二十五人，發戍邊。

5 二月，壬辰，罷工部採木之役。

諭曰：「爲國之道，農事爲急。今國家無大營繕，當東作時而採運木植不已，豈不有妨農事？凡已採之木，隨處堆積。軍夫悉罷歸農。」

6 癸巳，頒寬恤之令。

上以四方屢水旱，召大學士楊士奇，欲蠲免災糧，寬民間追償畜馬。士奇對曰：「聖念及此，真民生之幸！但今宜寬恤者尚不止此。」因請「免積欠薪芻，量減官田租額，停採買，汰工役，理冤滯，以廣德意」。上嘉納，即命士奇草敕行之。

7 乙未，清明節，上奉皇太后謁長陵、獻陵。【考異】乙未係清明節，是年立春在四年十二月也。法傳錄系清明節于三月下，誤。

上親櫜鞬，以騎導太后輦。行至清河橋，下馬扶輦，畿民夾道拜觀。陵旁老稚皆山呼迎拜。太后顧上曰：「百姓戴君，以能安之耳。皇帝宜重念！」上奉太后過農家，召老婦問所業，有進蔬食酒漿者，太后取嘗之，以與上曰：「此田家味也，皇帝宜知之。」

時英國公張輔、尚書蹇義、大學士楊士奇、楊榮、金幼孜、學士楊溥皆扈從，朝太后于行殿，太后慰勞之。既退，上復語士奇曰：「太后爲朕言：先帝在青宮，惟卿不憚觸忤，先帝能從，以不敗事。又誨朕當受直言。」士奇對曰：「此皇太后盛德之言，願陛下念之！」

8 三月，戊申，上謁陵歸，行至昌平之東郊，見道旁耕者，以數騎往視之，禁從者勿警蹕。因下馬從容詢稼穡事，取所執耒三推。耕者初不知上也，中官語之，乃驚，羅拜。上顧侍臣曰：「朕三舉耒，已不勝勞，況常事此乎！人言勞苦莫如農，信矣。」命耕者隨至營，人賜鈔六十錠。

己酉，還宮。次日，上録其語作耕夫記，示蹇義、楊士奇等。

9 辛亥，李琦等自交阯還。

黎利遣使貢金銀器方物，復飾詞具奏，並具頭目耆老奏，請令利攝國政。

琦等既歸，上復以訪陳氏裔及還中國遺民二事諭之。然詞不甚堅，姑以此緩其封事，待復請而后許之。

10 丙辰，免山西平陽十九州縣去年旱災田租。

11 丁巳，賜林震等進士及第、出身有差。

12 是月，楚王孟烷請納兩護衛。——孟烷，昭王楨子也。

先是平江伯陳瑄密奏：「湖廣東南大藩，襟帶湖、湘，控引甌、越，人民繁庶，商賈輻聚。楚設三護衛，自始封至今，生齒日繁，兵强國富，小人行險，或生邪心。請以轉漕爲名，選其精鋭，俟至京師，因而留之，可無後患。」上曰：「楚無過，不可。」孟烷聞之，懼，遂納護衛二而留其一。上勞而聽之。

13 夏，四月，戊寅，命陽武侯薛禄築赤城等五堡。

先是禄巡邊，上言：「永寧衛團山及鵰鶚、赤城、雲州、獨石，宜築城堡，便守禦。」從之。至是詔發軍民三萬六千赴工，精騎一千五百護之，皆聽禄節制。

禄瀕行，上賜詩，以比山甫、南仲。禄，武人，不知書，以問楊士奇，士奇曰：「上以古賢人待君也。」禄拊心曰：「禄安敢望前賢！然敢不勉圖報上恩于萬一。」

14 是月，進楊榮少傅。榮請辭大學士禄，許之。

15 五月，癸卯，追奪贓吏誥敕，著爲令。

16 丙辰，詔修預備倉，出官錢收糴以備凶荒。

17 癸亥，擢郎中況鍾等九人爲知府，賜敕遣之。

上以郡守多不稱職，會蘇州等九府缺，皆雄劇地，命部、院臣舉其屬之廉能者補之。于是尚書蹇義、胡濙、大學士楊士奇等首薦儀制司郎中靖安況鍾，詔以爲蘇州知府。

一時與鍾同薦者，户部郎中羅以禮知西安，兵部郎中趙豫知松江，工部郎中莫愚知常州，户部員外邵旻知武昌，刑部員外郎馬儀知杭州，陳本深知吉安，陳鼎知建昌，何文淵知温州。九人者皆有治績，而鍾最著云。

18 六月，己卯，遣官捕近畿之永平、河間蝗。

諭户部曰：「往年捕蝗之使，害民不減于蝗，宜知此弊。」因作捕蝗詩示之。

19 是月，遷開平衛于獨石。

初，洪武三年，李文忠克元上都，設開平衛守之，置八驛，東四驛曰涼亭、泥河、賽峰、黄崖，接大寧古北口；西四驛曰桓州、威虜、明安、隰寧，【考異】三編隰寧作威自、度安。接獨石。文皇四出塞，皆道開平、興和、萬全間，嘗曰：「滅此殘寇，惟守開平，則興和、大寧、遼東、甘肅、寧夏邊圉，永無虞矣。」

已，棄大寧畀三衛，而興和亦廢，開平失援。至是以北寇數犯開平，乃置獨石堡，徙開平衛治之。自此蹙地三百里，盡失龍岡、灤河之險，而邊地益虛矣。【考異】明史本紀但書四月築五堡事，而不言徙開平衛。三編、輯覽據實録分書五堡之築在四月，徙開平衛在六月，今據之。諸書皆系移開平，治獨石于三年十一月，據薛禄之議牽連並記耳。

20 朝使自西域還，言：「曲先衛副指揮散即思等，數率部衆邀劫往來貢使，梗塞道塗。」上怒，命都督史昭爲大將，率左、右參將趙安、王彧及中官王安、王瑾，督西寧諸衛軍及安定、罕東之衆往討之。

曲先東接安定，洪武時置衛。後遭多爾濟巴之亂，部衆竄亡，併入安定衛。永樂四年，仍復先朝舊制，分爲二，即以安定指揮三即及散即思爲曲先衛正、副指揮使。雖頻年入貢，而邀劫不已。至是討之。

21 復命鄭和使西域。

上以踐阼歲久，而諸番國遠者尚未朝貢，乃命和及中官王景弘等復奉命歷忽魯謨斯等十七國。

和歷事三朝，凡先後七奉使，所歷凡三十餘國，所取無名寶物不可勝計，而中國耗費亦不貲。故俗傳「三保太監下西洋」爲明初盛事云。【考異】明史本紀于鄭和使西洋及還之日月，皆詳記之，獨是年使諸番不載，事見和傳。而三編書于永樂二年目中，亦言「宣德五年六月與王景弘奉命使西番，歷忽魯謨斯等十七國」，今據增。

22 秋，七月，癸亥，諭吏部甄別守令。

23 是月，陽武侯薛禄卒。

禄以巡邊有功，加太保。至是以築城有疾召還，尋卒。

禄勇而好謀，謀定後戰，故所至有功。善撫士卒，同甘苦，人樂爲用。贈鄞國公，謚忠武。

24 八月，己巳朔，日有食之。

時當食陰雨不見，禮官請表賀，上不許，曰：「天下之大，京師雖不見，四方必有見者。朕方圖修省以答天意，其勿賀。」

25 己卯，改工部尚書黃福爲户部尚書，命總理淮北、河南、山東屯田事。【考異】明史稿書

「户部尚書黄福」，三編、輯覽書「工部」。證之七卿表，福本任工部尚書，是年八月，以經理屯田，因改户部。明史稿但書「户部」，不言由工部改任，三編則徑作「工部」。今據年表著其改任事，並參本傳書之。

先是福上書陳足兵食、省役之要，大略謂：「永樂間，南討交阯，北征沙漠，加以營建北京，而資用未嘗乏。比國無大費而歲用僅給，若不幸有水旱征調，將何以濟？請役操備營繕軍士十萬人，于濟寧以北，衛輝、真定以東，緣河屯種，初年自食，次年人收五石，三年收倍之。既省京倉口糧六十萬石，又省本衛月糧百二十萬石，歲可得二百八十萬石。」上善之，下行在户、兵二部議。

尚書郭資、張本等言：「緣河屯田實便，請先以五萬頃爲率，發附近居民五萬人墾之。但山東近年旱饑，流徙初復，衛卒多力役，宜先遣官行視，以俟開墾。」上從之，命吏部郎中趙新等經理屯田，福總其事。

既而有言「軍民各有常業，若復分營田役，益勞擾。」本等以聞，事卒不行。

26 是月，上罷朝，諭吏部尚書郭璡等曰：「東漢初，竇融保河西，以孔奮爲姑臧長。姑臧最富饒，而奮守甚潔，光武知之，擢奮武都郡丞。夫激濁揚清，爲治之道，光武即位，未幾舉卓茂，又舉孔奮，故東漢多循良吏。今天下豈無廉吏？卿等其甄別以聞。」

一日，上與學士楊溥論人才，溥對曰：「嚴薦舉，精考課，不患不得。」上曰：「此尚非探本之論。若不豫爲教養，則人才日壞，猶濁其源而求其流之清，不可得也。」溥頓首稱善。

27 九月，丙午，擢監察御史于謙、越府長史周忱等六人爲侍郎，巡撫兩京、山東、山西、河南、江西、浙江、湖廣等處。——各省專設巡撫自此始。

謙以御史巡按江西，雪冤囚數百。上知謙可大任，至是手書謙名授吏部，擢兵部侍郎，令巡撫河南、山西。

又以天下財賦多不理，而江南尤甚，思得才力重臣往釐之，乃用大學士楊榮薦，擢忱工部侍郎，令巡撫江蘇諸府。

時與謙等同命者，吏部郎中趙新巡撫江西，兵部郎中趙倫巡撫浙江，禮部員外郎吳政巡撫湖廣，刑部員外郎曹弘巡撫北畿山東。而謙與忱任最久，績亦最著云。

28 乙卯，上巡近郊，命豐城侯李賢、尚書張本、都御史顧佐居守。己未，還宮。

29 是月，誅前南京御史嚴皚。

初，皚以受賕爲御史劉弘道所劾罷官，尋賄劉觀，得復職。及顧佐代觀，奏黜，謫遼東。踰年，皚自戍所潛還京師，復脅他賄，爲佐所奏，且言「皚將謀陷臣」。上怒，命戮皚于市。

30 冬，十月，乙亥，阿嚕台犯遼東，遼海衛指揮同知皇甫斌死之。斌忠勇有智略，遇警輒身先士卒。聞寇至，馳赴密城東峪禦之，自旦至晡力戰，矢盡援絶，其子弼以身衛父，俱戰死。千户吴貴，百户吴襄、毛觀並驍勇，出必衝鋒，至是皆死。斌等雖死，殺傷過當，寇亦引退。

事聞，詔有司褒卹。

31 丙子，上巡近郊。

戊寅，度居庸關。

己卯，獵于岔道。

壬午，駐蹕雷家站，召大學士楊士奇、楊榮等問曰：「唐太宗過此，非征遼時乎？」皆對曰：「然。」上曰：「太宗恃其英武而勤遠略，此行所喪不少，帝王之鑒戒也。」

丙戌，至洗馬林，徧閲城堡兵備，遂還。

壬辰，車駕至京師。

32 丙申，蓬星見外屏南，由東南行，經天倉、天庾，凡八日而没。

33 十一月，己未，以給事中薛廣等二十五人爲知府，皆賜敕如況鍾等。

34 是月，總兵官山雲討慶遠蠻寇，斬首七千四百，平之。

35 十二月，庚辰，先夕，大雪盈尺。是日，早朝罷，上喜而成詩，以示群臣，復賜賞雪宴。群臣進賀章，上擇其有關警戒者别録之，而自爲之序。【考異】賞雪賦詩，諸書多系之十月。惟憲章録書十二月庚辰，紀聞書之十月庚辰。是時上方巡幸在外，並無途中遇雪事。且書中記於十月壬辰回京師之後，干支倒誤，今據憲章録。

36 丁亥，有星如彈丸，見于九斿，色黄白光潤，天文家以爲含譽星。群臣請表賀，不許。凡旬有五日而隱。

37 癸巳，曲先叛番平。史昭等兵至曲先，散即思先遁。其黨托克托布哈舊作脱脱不花。等迎敵。諸將縱兵擊之，殺傷甚衆，生禽托克托布哈及男婦三百四十餘人，獲駝馬牛羊無算。散即思素狡悍，上宥其罪，仍怙惡不悛。至是人畜多損失，乃悔懼。明年，遣其弟貢馬請罪，復待之如初，令還居故地，并歸其俘。自是西番慴服。

38 閏月，己未，詔内外諸司：「久淹獄囚者罪之。」【考異】明史稿作「十二月己未」，十二月無己未也。明史係之閏十二月己未，與實録同，今從之。

是時直登聞鼓給事中年富奏：「重囚二十七人以姦盜當決，擊鼓訴冤，煩瀆不可宥。」上曰：「登聞鼓之設，正以達下情，何謂煩瀆！自後凡擊鼓訴冤，阻遏者罪直登聞鼓官，並命法司審録。」

39 以户部侍郎李昶爲本部尚書。明年十月，卒。

40 是歲，兩京地震。京師震者一，南京震者四。【考異】明史五行志，「五年正月壬子，南京地震，辛酉又震」。三編則于是年十二月書「兩京地震」，目云，「北京震者一，南京震者四。」據此，則兩京並震在十二月，南京四震，正月兩震，十二月一震，此可考者。今據三編書于是年之末。

41 築浙江海隄。

時巡撫侍郎成均言：「海鹽去海二里，石嵌土岸二千四百餘丈，水齧其石，皆已刓敝。議築新石于岸内，而存其舊者以爲外障，請如洪武中令嘉、嚴、紹三府協夫舉工。」從之。

明通鑑卷二十一

紀二十一 起重光大淵獻（辛亥），盡旃蒙單閼（乙卯），凡五年。

江西永寧知縣當塗夏燮編輯

宣宗章皇帝

宣德六年（辛亥、一四三一）

1 春，正月，丁丑，大祀南郊。

2 庚辰，大雨雷電。

3 是月，罷湖廣採木之役。

先是命侍郎黄宗載往湖、湘採宮殿大材，又發民運舊所採木赴南京。至是上聞湖廣旱災，軍民艱苦，遂罷之。

4 禮部尚書胡濙兼掌户部。

5 兵部尚書張本卒，以工部侍郎許廓代之。廓尋以明年六月卒。

6 二月，丁酉，命工部侍郎羅汝敬督陝西屯田。

時陝西參政陳瑛言：「寧夏、甘肅膏腴之地，皆爲鎮守官及各衛豪横官旗所占，並不報官輸租。其卑下瘠地，則分與屯軍，致屯糧虧欠，軍士饑困。乞遣官巡視以均之。」乃命汝敬往同三司經理。

7 己亥，濬封邱縣金龍口，引河水達徐州以便漕運。

時河南布政使又請濬祥符抵儀封黄陵岡淤道四百五十里，從之。【考異】金龍口之濬，始于永樂九年，至宣德間漸淤，宣德十年，以御史李懋言濬之。此見于河渠志者。志中所載宣德六年，則言「河南布政使請濬祥符抵儀封黄陵岡故道。」惟運河條下，言「宣德六年用御史白圭言，濬金龍口，引河水達徐州以便漕」，與本紀六年二月所書合，而云「用御史白圭言」，誤也。圭以正統六年成進士，授御史，此時安得有濬河之奏？且圭傳中亦無請濬金龍口之語。若李懋之請，事在宣德之末，不可合而爲一。紀、志參差，必有一誤。今據紀書之，仍增入志中濬黄陵岡事，而附刊其誤于此。

8 是月，下巡按御史陳祚于獄。

祚以永樂中言建都北京不便謫均州，上即位，命憲臣即均州試諸謫戍者，祚策第一，尋試吏部，復第一。遂擢御史，巡按福建，方面大吏，多被彈擊。尋按江西。

時天下承平，上頗事游獵，祚馳疏勸勤聖學。其略曰：「帝王之學在明理，明理在讀書。陛下雖有盛德，而經筵未甚興舉，講學未有程度，聖賢精微，古今治亂，豈能周知洞晰？真德秀大學衍義一書，聖賢格言，靡不具載，願陛下于聽政之暇，命儒臣進講，非有大故，無得間斷。使知古今若何而治，政事若何而得，必能開廣聰明，增光德業，而邪佞之以奇巧蕩聖心者自見疎遠，天下人民受福無窮矣。」

上見疏，大怒曰：「豎儒謂朕未讀大學邪？薄朕至此，不可不誅。」學士陳循頓首曰：「俗士處遠，不知上固無書不讀也。」上意稍解，乃下之獄。又逮其家人十餘口，隔別禁繫者五年，祚父竟瘐死。

其時刑部主事郭循諫拓西内皇城，修離宮，逮入，面詰之，循抗辯不屈，亦下獄。【考異】下陳祚獄事，明史本紀不載。證之祚傳，「祚以巡按江西，馳疏勸勤聖學，觸怒下獄」，正在是年。吾學編、明書皆系之是年二月，又言「祚禁錮五年」。故三編于宣德十年九月記陳祚之釋，並記其宣德間勸勤聖學之事，今據之。

9 三月，乙亥，命吏部考察外官，自布政、按察二司始，著爲令。

時巡撫江西侍郎趙新奏言：「今方面官雖出身不同，皆由資格陞擢，有臨政略無施設者，有貪虐爲非者，名與實異，行與言違。近吏部勘合令其考察郡縣官吏，己不能正，焉能正人！是以好惡不公，去取多謬。乞令吏部先察布、按二司賢否，分別留黜，然後可以責令考察屬吏。」上是其言，遂有是命。

10 夏，四月，戊戌，有星孛于東井，長五尺餘。

11 己酉，遣兵部侍郎柴車經理山西屯田。

時巡按御史張勖言：「大同地雖寒，平原曠野，種粟麥有收。其地多爲官軍所據，民無地可種，日以貧困。請遣官往視，占多者分與軍民便。」從之，故有是命。

12 是月，户部尚書郭敦卒。

13 溧陽妖人錢成，詐言「子死復生，云見李老君，謂其有福，可圖大事」，遂聚衆謀叛。有司捕之不獲，襄城伯李隆以聞。上曰：「道家貴清净，絶嗜欲。後來小人詐言禍福以誑惑愚民，謂不忠不孝，誦經皆可免罪，愚民無知，傾心嚮之，是以奸人多託以舉事。前代禍亂，不可悉舉。今此輩又欲爲張角耶！」勅隆發兵捕之，至是悉就獲。械成至，斬諸市。

14 五月，丁卯，交阯黎利遣使謝罪，復以前諭訪陳氏、歸軍民二事飾詞對，仍進頭目耆老奏，爲利乞封，上乃許之。

六月，己亥，遣禮部右侍郎章敞、右通政徐琦賫敕印命利權署安南國事。

15 是月，渾河溢，決徐家等口，順天、保定、真定、河間二十九州縣俱水。又河決開封，没八縣。

16 秋，七月，己巳，録囚。

17 壬午，遣錦衣指揮齎敕諭朵顔等三衛，許其來朝及往來市易。

初，上即位，三衛掠永平、山海間，上將親討之，三衛頭目悉謝罪入貢。至是仍撫納之如初。

18 是月，上幸大學士楊士奇第。【考異】明史本紀不載，事見本傳。三編系之是年七月目中，所記與吾學編、憲章録同，今據之。

時上好微行，一日，漏下十二刻，從四騎至士奇宅。士奇倉皇出迎，頓首曰：「陛下奈何以宗廟社稷之身自輕？」上曰：「朕欲與卿一言，故來耳。」越日，遣中官問士奇：「微行有何不可？」對曰：「陛下尊居九重，豈能徧洽幽隱！萬一寃夫怨卒，窺間竊發，誠不可不慮。」後旬餘，獲二盜，有異謀，上召士奇告之曰：「今而後知卿之愛朕也。」

19 八月，趙王高燧薨。

高燧自上禽高煦後，宥其罪，自是稍斂戢，遂以善終。謚曰簡。

20 九月，熒惑犯南斗。【考異】據明史天文志在是月，吾學編、憲章録同，今據增。

21 宛平民以地施崇國寺，户部請蠲其税，上曰：「地爲小民衣食之資，乃以施僧，又求免稅，甚無謂。」今還之民。

22 冬，十月，甲辰，都督陳懷復討松潘叛蠻，平之。【考異】明史稿系之十月庚子，今據明史本紀作甲辰。

23 丙午，上巡近郊。庚戌，還宮。【考異】巡近郊及還宮事，明史本紀不載。惟吾學編書于是月「丙午，上巡近郊，庚戌還宮。」明書則云「丙午上巡近郊，五日還」，五日正庚戌也。疑本紀漏脱，今據增。

24 十一月，丙子，始命官軍兑運民糧。

初，平江伯陳瑄行支運法，軍民兩便。後以官軍多所調遣，仍用民運，而道遠數愆期。上即位之四年，命尚書黄福佐瑄經略漕運，因建議復支運法。乃令江西、湖廣、浙江民運糧百五十萬石于淮安倉，蘇、松、寧、池、廬、安、廣德民運糧二百七十四萬石于徐州倉，應天、常、鎮、淮、揚、鳳、太、滁、和、徐民運糧二百二十萬石于臨清倉，令官軍接運入京、通二倉，民力稍減。

至是，瑄復上言：「江南民運糧諸倉，往返幾一年，有誤農業。若令民兑與附近衛所官軍，運載至京，給與路費耗米，則軍與民尤爲兩便。」——是爲「兑運」。上命群臣會議。

吏部尚書蹇義等上官軍兑運民糧則例，其加耗以路之遠近爲差，每石湖廣八斗，江西、浙江七斗，江以南六斗，江以北五斗；民有運至淮安兑軍者，止加四斗。如有兑運不盡，仍令民自運赴倉，其不願兑者，聽其自便。自此兑運與支運參行。而軍既加耗，又給輕齎銀爲洪閘盤撥之費，且得附載他物，皆樂從事，而民亦多以遠運爲艱。自是兑運者多而支運者少。

25 乙酉，中官袁琦等坐贓事覺，分遣御史逮治。

26 是月，以書戒諭伊王顒炔，並逮其官屬長史以下治之。

顒炔，太祖第二十五子伊厲王㰘之子也。嗣位後，縱中官擾民，洛陽人苦之。時河南知府李驥稍持以法，遂誣奏驥罪。上廉得其實，謂都御史顧佐曰：「此必王府讒邪小人教之辱驥耳。」遂誅其官屬數人而宥驥。

27 十二月，乙未，誅中官袁琦，並逮其黨十餘人皆棄市。

琦自幼侍上，恃恩縱肆，擅遣内官内侍，以採辦爲名，虐取官民財物。事覺，下錦衣衛獄。籍其家，金寶千萬計，服用僭侈非法，上怒，命磔之。

先是上以其黨所遣在外者尚多，遣太監劉寧、御史張駿、李灝等，分往直隸、福建、湖廣、江西、廣東、廣西、河南、南京、雲南等處捕之。

時裴可烈在蘇、松諸郡，貪暴尤甚。巡按御史林碩將繩以法，可烈遂誣碩毁詔書，被逮。上詢得其實，敕責可烈。方欲治之，而琦事適發，遂命械繫至京師，獄死。

內使馬俊公差還京，至良鄉，聞琦事自經，有司以聞。上曰：「此正與袁琦同惡害民者。」命戮其尸，梟首于市。

又，中官唐受，以公差南京，縱恣貪酷。事聞，捕至，具服，械赴南京，磔梟于市。其他宦黨阮巨隊、阮誥、武莽、武路、阮可、陳友、趙淮、王貴、楊四保、陳海等十人，皆下獄論死。尋命都察院榜琦等罪示天下。【考異】明史本紀書袁琦等十一人棄市，三編質實據宣宗實録，載之甚詳。蓋唐受與阮巨隊等凡十一人，其馬俊先自經于良鄉，故不在十一人之內。今據三編。

28 丁未，大學士金幼孜卒。

幼孜歷事三朝，眷遇雖隆，而自處益謙，簡易靜默，以功名終。贈少保，謚文靖。

29 庚戌，遣御史二人巡視寧夏、甘州屯田水利。

七年（壬子、一四三二）

1 春，正月，辛酉朔，日有食之。詔免朝賀，並敕群臣修省。

2 癸酉，大祀南郊。

3 是月，賜司禮太監金英、范洪免死，詔詞極褒美。——上既罪琦等，以此示賞罰之公。于是中官之寵任者如故。【考異】賜中官免死詔，事見明史宦官傳，三編據實録系之是年之正月，今從之。

4 二月，甲午，以春和，命法司録囚。

5 丙午，修南京太廟。

6 是月，上御文華殿，謂大學士楊士奇曰：「恤民詔下，已踰二歲，今更有可恤者乎？」對曰：「前詔減官田租，而户部徵如故。」上怫然，曰：「今當首行之，廢格者論如法。」士奇復請「撫逃民，察墨吏，舉文學武勇之士，令極刑家子孫皆得仕進」。又請「令廷臣三品以上及在外二司官，各舉所知，備方面郡守之選」。上皆從之。

7 三月，庚申，復下寬恤之詔。

辛酉，諭兼户部尚書胡濙曰：「朕以官田賦重，十減其三。乃聞異時蠲租詔下，户部皆不行，甚至戒約有司，不得以詔書爲詞，是計臣壅遏膏澤，使不下究也。自今令在必行，有壅遏者罪之。」乃出減租詩示廷臣。

8 章敞等自交阯還。黎利遣使齎表及金銀器方物，隨敞等入貢，以前月至京師，是月，遣還，利及使臣皆有賜。然不遽封也。

9 夏，四月，辛丑，以山西旱，蠲逋賦二百四十萬石有奇。

10 壬寅，募商中鹽輸粟入邊。

初，洪武時，定開中鹽法例，召商輸糧而給以引鹽。始行之于山西，其後各行省、邊境皆仿之。成祖即位，以北京諸衛糧乏，悉停天下中鹽，專于京衛開中，惟雲南金齒衛、楚雄府、四川鹽井衛、陝西甘州衛開中如故。數年之後，京衛糧米充羨。會安南用兵，轉餉難繼，于是諸所復召商中鹽，他省邊地亦以次及之。

洪熙初，尚書夏原吉以鈔法不通，請令有鈔之家納鈔給引。上即位，尋罷之。原吉請更定舊則，仍召商納米北京。至是户部請推之邊境，以十分爲率，六分支與納米京倉者，四分支與遼東、永平、山海、大同、宣府、萬全、甘肅納米者。又以甘肅等處道險遠，趨中者少，許寓居官員及軍餘有糧之家皆納米豆中鹽。上以開中舊制，軍儲、鹽法、邊計，相輔而行，其法至善，故復之。

11 己酉，增建國子監房舍，諸生有家室者給月糧，如南京例。

12 五月，上御便殿，閲宋史，謂侍臣曰：「宋有國三百餘年，武事終于不振，何也？」對曰：「宋太祖、太宗以兵定天下，其子孫率流于弱，致武備不飭。」上曰：「宋之君誠失之弱。然其將帥，雖才亦不得展，蓋爲小人所蔽耳。大抵宋之亡，柄用小人之過也。」

13 六月，癸卯，録囚。

時御史孫純，刑部主事王鎮，以監決重囚，誤斬首爲凌遲。法司論純等罪應斬，上宥之，命罰役以贖。既而諭侍臣曰：「凌遲本律之文，命斬首者，蓋出于朕一時之不忍。純等依律處之，非故入之比，但不能宣朕德意，故姑以此示薄罰耳。」

14 癸丑，罷遣中官入番市馬。

15 是月，太原河、汾並溢，隄壞。鎮守都司李謙，巡按御史徐傑，以便宜修治，然後馳奏，上嘉獎之。

16 巡按湖廣御史朱鑑上言：「洪武間，天下各郡縣皆置預備倉，積穀多者萬餘石，少亦四五千石。倉設老人監之，富人守之，遇水旱以貸貧民。今皆廢毀，宜遵舊制，俾旱潦有資。」從之。于是始詔天下府、州、縣修預備倉。

17 御製官箴，以戒百官。諭曰：「朕撫綏兆民，實賴中外文武群臣，同心同力，興起治功。遠臣既不得數見而人諭之，近臣朝夕相接，亦不能數以言諭。因取古人箴儆之義，凡中外諸司，各著一篇，使揭之聽事，朝夕省覽，庶幾有裨。然古之君臣，有交儆之道，凡在位之君子，有以嘉謨告朕者，尤朕所樂聞也。」

箴凡三十五篇，内自六部、九卿以及主事、行人，外自布、按二司，各府、州、縣以及儒學，武職則自都督府以及各都指揮、内外諸衛，各著其職之所宜以爲鑒戒。

18 秋，七月，庚辰，御製豳風圖詩，揭之殿壁。

時上閱内庫書畫，得元趙孟頫所繪豳風圖，因作詩一章，命儒臣書于圖右。諭曰：「此周公陳公劉、后稷之所由興以告成王，使知稼穡之艱難，實爲萬世人君之鑑。朕非愛其圖繪之精，欲以此朝夕省覽，庶幾無忘農事。」尋又製織婦詞示廷臣，以見蠶事之勞苦。

19 八月，乙未，諭京官三品以上舉賢才，吏部、都察院黜方面有司不職者。

諭曰：「近惟少傅楊士奇薦舉交阯南靈州知州黎恬等，諸臣曠旬積月，無一人焉。巖藪窟穴，豈皆虛哉！」

先是，上作招隱猗蘭詩以示廷臣，意在薦賢以自輔。比見推舉者少，而有司貪暴不職者亦不聞有所糾劾，故降敕責之。

恬以進士授御史，因上章力詆大臣，出爲南靈知州。黎利反，恬始北歸，至是以士奇薦入翰林。士奇嘗稱恬在内爲良御史，在外爲良郡守云。

20 是月，有男子大呼西華門外，語涉誹訕，守門者執至上前，呼仍不已。群臣請下法司，上曰：「古聖王設誹謗木以來諫者，此人寧可罪邪！其釋之。」

21 改户部尚書黃福爲南京户部尚書。

時上于宫中覽福奏漕事便宜疏，出以示大學士楊士奇曰：「福言智慮深遠，六卿中無倫比者。」對曰：「福受知太祖，正直明果，一志國家。永樂初，建北京行部，綏輯凋瘵，及使交阯，總藩憲，具有成績，誠六卿所不及。然福年七十矣，諸後進少年，高坐公堂，理政事，福四朝舊臣，乃朝暮奔走勞悴，殊非國家優老待賢之禮。」上曰：「非卿不聞是言。」士奇又曰：「南京根本重地，先帝以儲宫監國。福老成忠直，緩急可倚。」上曰：「然。」是時大臣多希旨承順，福持正不阿。上寖疎福，士奇亦忮之。【考異】事見明史福傳，七卿表改南京户部尚書在是年八月，今據之。惟據福本傳，言「改南京係楊士奇所請，以均勞逸」。而吾學編及李賢天順日録，則言「福以剛直見踈于宣宗。」瑣綴録記其「不看劇不著棋」等語，雖不足據，而吾學編則直云「諸大臣皆依違承順，福獨持正不阿，故以改南去」。然則「均勞逸」之語，亦士奇希旨奏也。今參吾學編書之。尋有是命。

22 釋故城縣丞陳銘，使復任。

初，上以太監劉寧清謹，命隨御史馳赴各省，捕袁琦黨解送京師。寧事畢還，道經故城，銘素惡内官，聞寧至，不問所由來，輒奮前捽寧，手擊之。御史奏丞無狀，逮至，上曰：「丞固可罪，然一時偏于所惡，姑宥之。」仍遣復任。内臣有言其「酗酒擅擊，縱宥之，亦宜罷黜爲民」，上曰：「朕既釋之，彼當因此改過也。」

23 九月，庚午，命諸將巡邊。

24 是月，蘇州知府況鍾奏言：「蘇、松、嘉、湖湖有六，曰太湖、龐山、陽城、沙湖、昆承、尚湖，永樂間，夏原吉濬導，今復淤，乞遣大臣疏濬。」上命巡撫周忱與鍾治之，並計其所用工役以聞。

25 是秋，免兩畿及嘉興、湖州水災稅糧。

26 上以江南歲稔，詔令諸府縣出官鈔平糴，以備振貸。

時蘇州官鈔所糴，得米二十九萬石。故時公、侯禄米，軍官月俸，皆支于南户部，蘇、松民轉輸南京者，石費六斗。巡撫周忱，奏令就各府支給，與船價米一斗，所餘五斗，通計米四十萬有奇，並官糴米共得七十餘萬石，與鍾悉心計議。會修倉詔下，乃合所餘所糴置倉貯之，名曰「濟農」。振貸之外，歲有餘羨，以代民間雜辦及逋租，皆依時借給，約以秋成抵還。

是時寬恤備豫之詔屢下，有司率視爲具文，其以實心行實政者，惟忱與鍾二人。終忱在任，江南數大郡小民，不知凶荒，兩稅未嘗逋負云。

27 冬，十月，八百大甸宣慰司刁之雅遣使來貢方物，因奏「波勒土酋常糾土雅之兵入境侵掠，乞發兵討之。」上曰：「八百大甸去雲南五千餘里，波勒、土雅皆未嘗歸化。此等荒服之地，豈宜勞中國爲遠人役！」不許，止降敕撫諭而已。

28 十一月，辛酉，召督漕平江伯陳瑄、巡撫侍郎趙新等歲終至京師，會議糧賦利弊。時瑄等方奏行兑運法，上以户部所定則例，恐有利于軍而不便于民者，故令議之。

29 十二月，修祖陵孝陵。

30 是歲，巡撫南畿工部侍郎周忱，蘇州知府況鍾，奏減蘇州官田租七十二萬餘石。

初，太祖籍蘇、松、嘉、湖官田賦額，而四府之糧，皆以積重，逋賦獨多。蘇賦又比他府獨重，覈計官、民田租共二百七十七萬石，而官田之租乃至二百六十二萬石，民不能堪。上即位，屢下詔減之。去年二月，用楊士奇言，詔「舊額畝一斗至四斗者各減十之二，四斗一升至一石以上者減十之三，著爲令。」其年九月，特擢忱巡撫江南，命總督稅糧。

時鍾守蘇州，奏：「所屬崑山諸縣，民以死徙從軍除籍者，凡三萬三千四百餘户，所遺官田二千九百八十餘頃，應減税十四萬九千餘石。其他官田没海者，賦額猶存，宜悉除之。臣所領七縣，秋糧二百七十餘萬石，民糧止十五萬三千餘石，其他悉爲官田，有畝徵至三石者，輕重不均如此。」又請「屬縣四年逋賦凡七百六十餘萬石，量折以鈔」，皆爲部議所格。會忱至，與鍾曲算累月，奏減七十二萬餘之鉅數，民困獲甦。

八年（癸丑、一四三三）

1春，正月，丁卯，大祀南郊。

2己巳，上元節，張燈西苑。上奉皇太后往觀，皇后、皇太子咸侍，稱觴上壽，並敕文武諸臣及四夷朝貢之使，皆得往觀。大學士楊士奇撰聖德詩十章以獻，諸學士儒臣皆有奏御之作。

陳建曰：大臣以陳善格君，匡國寧民爲職，不以阿諛媚悦爲恭。楊文貞前譏蹇義，謂不當言天下太平及勸上微行以取媚，似矣。今乃因張燈之盛，作太平聖德詩，去蹇何能以寸！噫！當時林長楙、陳祚之囚數年矣，諸公上太平聖德之詩，何如上申救二人之章之爲賢耶？宜乎李文達追憶解縉之能爲魏徵，而謂諸人之不及，深美黄福之持正不阿，而謂諸人依違承順之不暇也。

3賜文武群臣遊于西苑。

時致仕大學士黄淮，以父喪賜葬祭，詣闕謝，會燈節賜宴，亦預焉，並詔乘肩輿登萬歲山，時以爲榮。

4是月，天下朝覲官集京師。

上問吏部尚書郭璡曰：「前擢任九人爲知府，亦有來者不？」璡以何文淵等七人對，乃召入便殿，命中使傳旨獎勞。尋賜文淵等宴于廷，以御製招隱詩賜之。

5 二月，壬子，録囚，凡宥免五千餘人。

6 是月，禮部會試，命致仕大學士黄淮主試。試畢，辭歸，餞之太液池，上自製長歌送之，且曰：「朕生日，卿其復來。」

7 三月，丙辰，賜曹鼐等進士及第、出身有差。

鼐初舉鄉試，中乙榜，授代州學正，辭以「年少不堪爲人師，願改别職」，得泰和典史。時以督所部工匠至京，乞預會試，至是南宫廷試，遂膺首選。

8 庚辰，諭衛所優恤軍士，並敕内外風憲官察其苛虐者罪之。

9 是月，初宴新進士于禮部，遂爲令。

10 是春，以兩京、河南、山東、山西久旱，災民乏食，遣使發官倉糧振濟。

11 夏，四月，戊戌，以旱災，詔「蠲京、省被災逋租雜課，免今年夏税，賜復一年。軍民乏食者，有司驗口給官糧。如無官糧，勸有糧大户借貸，俟豐稔按數償之。」敕「直隸巡撫御史、在外按察使理冤獄，減殊死以下，赦軍匠在逃者罪。有司各舉賢良方正一人，巡按御史、按察使糾貪酷吏及使臣生事者。」

12 上留意文雅，是月，建廣寒、清暑二殿，悉置書籍貯之。

13 五月，丁巳，總兵官都督蕭授討貴州烏羅蠻，平之。

初，烏羅知府嚴律己奏：「所屬治古、荅意二酋長石各野等，聚衆劫掠，出没銅仁、平頭、甕橋等處，誘脅蠻賊石雞娘及筸子坪長官吴畢郎等共爲亂，招撫不從。請調官土軍分據要地，且捕且撫。」

事聞，詔授及鎮、巡諸司議。授乃築二十四堡，環其地守之，而兵力分，卒難扞禦。賊四出劫掠，殺清浪衛鎮撫葉受，勢益張。

去年，巡按御史陳斌奏言：「生苗之地，不過三百餘里，乞别遣良將督諸軍殄滅。」授言：「殘苗吴不爾等遁入筸子坪，結生苗龍不登等攻劫湖廣五寨，宜令川、湖、貴州接境諸官兵、土軍，分路併力攻剿。」上敕諭曰：「遣將調兵，恐暴師日久，轉爲寇翫。或撫或剿，朕觀成功，不從中制也。」

至是授果平蠻，奏言：「臣受命，統率諸軍進攻賊巢，破新郎等寨，前後生禽賊首吴不跳等二百一十二人，斬吴不爾、王老虎等五百九十餘級，皆梟以徇，餘黨悉平。還所掠軍民男婦九十八口，悉給所親。獲賊婦女幼弱一千六百餘口，以給從征將士。並械吴不跳等至京師。」上覽奏，謂侍臣曰：「蠻苗好亂，自取滅亡。然於朕心，不能無惻然也。」

授在鎮前後二十餘年，威服南荒。

14 丁卯，總兵官山雲討宜山蠻，平之。

先是雲討平桂林蠻，上斬馘首級之數，上曰：「蠻寇害我良民，辟之蟊賊害稼，不可不去。然殺之過多，亦所不忍。」賜雲勅，戒諭之。至是獲賊首蘇公夏等，悉散其脅從之餘黨。

15 是月，四川盜起，命副都御史賈諒討平之。

16 六月，乙酉，禱雨不應，作閔旱詩示群臣。

辛丑，詔中外疏決罪囚。

17 兩京、河南、山東、山西等處，自春徂夏不雨，有司以聞，上復命振之。又以湖廣饑，免稅糧。

18 是夏，日本國來貢。

初，上念四方蕃國皆來朝，獨倭久不貢，去年，命中官柴山使琉球，令其王轉諭日本，賜之敕。至是日本國王源義教始遣使來，上報之，賚白金綵幣。

19 秋，七月，壬申，詔免江西稅糧。

時江西自六月以後，天雨不止，瀕江八府，江水漲溢，漂没民田，溺死男婦無算。

20 八月，癸巳，汰京師冗官，凡户、兵、工三部，大理、鴻臚、光禄、太僕及順天府官共七十七員。

21 是月，交阯黎利復入貢，上命兵部侍郎徐琦等與其使偕行，諭以順天保民之道。未幾，利卒。

利雖受敕命，未得封，然已自帝其國，紀元順天。建東、西二都，分爲十三道，東都在交州府，西都在清華府，皆置百官，設學校，以經義、詩賦二科取士，彬彬有華風焉。

22 閏月，辛亥，西域貢麒麟。

23 壬子，有彗星出天倉，長丈許。

24 戊午，有三星見西北方天門，青、赤、黄各一，大如椀，明朗清潤，良久聚半月形。大學士楊士奇奏：「稽之載籍，云：『四氣和爲景星。』又云：『天子至孝，任賢使能，法令清明，制作合天，四海歡悦，則景星見。』又云：『德至于天，則景星見于天門』。」于是禮官胡濙等請表賀，上雖不許，然文臣自士奇以下皆獻頌。【考異】明史本紀系之閏月戊午，天文志亦云，「戊午景星三見。」證之通紀、紀聞等書，言「少詹王直進頌，士奇言稽之載籍當爲景星，于是自士奇以下皆獻頌。」據此，則以爲景星者，亦臆度耳。而是年閏八月彗星凡三見，二十四日乃没，今皆據實書之。

25 己巳，彗入貫索，掃七公。

26 丁丑，有黄赤色見東南方，似星非星，如雲非雲，天文家以爲歸邪星云。【考異】明史本紀不載，具見天文志中。李淳風以歸邪、含譽爲瑞星，故明臣之獻媚以此，實亦天文家臆度耳。今據書之。

27 己卯，彗星復入天市垣，掃晋星，凡二十有四日而滅。

28 九月，乙酉，遣官分赴各省録重囚。

諭三法司曰：「朕體上帝好生之德，惓惓夙夜，惟刑之恤。今法司所決重囚，憑案牘耳，外間所具，豈能保其無鍛鍊文致者？人命至重，死者不可復生。其遣廉明官分臨各處，同三司、巡按、御史及府州縣公同詳細審實。如情有可矜，獄有可疑及審訊不服者，仍監候具奏，與之辯理，切勿輕率致人冤抑。慎之，慎之！」

29 己亥，阿嚕台部笞卜寇涼州，總兵官劉廣擊斬之。

30 是秋，日本國復貢。

先是洪熙時，倭久不貢，而沿海奸民輒爲嚮導，寇掠頻聞。自奉敕之後，時復窺伺。性最黠，常載其方物戎器，出没海濱，得間則張其戎器而肆侵掠，不得則陳其方物而稱朝貢。自是遂爲東南海濱之患。

31 冬，十月，平江伯陳瑄卒。十一月，命右軍都督僉事王瑜充左副總兵官，督理漕運，鎮淮安，代之。

32 命内閣禮部選本科及前兩科進士，御文華殿親試之。拔其尤者鄭建等二十八人，進文淵閣，與修撰馬愉、曹鼐等同命詹事王直教之。其優禮給賜，一如永樂甲申之例。又命内閣試吏部就選外官六十餘人，録其優者知縣孔友諒等七人，以備任用。

33 十二月，乙亥，諭法司宥京官有過犯者。

34 是歲，天方、默德那國始來貢。

天方者，回回之祖國也，其地在西印度之西。——印度者，漢之身毒國，一曰天竺，皆譯音之異也。——印度凡五，曰中，曰東、西、南、北。中印度者，佛國也。佛滅度六百年，而西印度之耶穌出，是曰天主教。耶穌生後又六百年，而西印度之穆罕默德出，是曰天方教。穆罕默德生于默加，今四洲志作麥加，在利未亞洲界，即今所稱小西洋。行教于天方，而葬于默德那。又自紀其最初之祖曰阿丹，爲肇生人類之始，故其國總名天方。而阿丹、默德那則其所分之國，皆奉回教者也。

先是上遣鄭和七使西洋，行至古里國，始知天方在其西南。會古里遣人往天方，和因遣人齎貨物附其舟偕行，往返經歲，市奇珍異寶及麒麟、獅子歸。于是天方、默德那等隨朝使入貢，上喜，賜賚有加。

時回人居中國者，偏于各省，自元以來，用其曆法以參校授時。洪武之初，令設科，隷欽天監，與大統參用。其推算始于隋開皇十四年甲寅，蓋穆罕默德辭世之歲也。【考異】明史本紀，天方來貢，系之是年之末，外國傳同，蓋天方是年始貢也。明書系之七年，今從明史。史分天方、默德那、阿丹爲三國，其實皆回教之國，同部異名耳。

九年（甲寅、一四三四）

1 春，正月，辛卯，大祀南郊。

2 户部員外郎羅通奉詔理宣府軍餉，奏言：「朝議儲餉開平，令每軍運米一石，又當以騎士護送。計人馬資費，率二石七斗而致一石。今軍民多願輸米易鹽，請捐舊例五分之二，則人自樂輸，餉足而兵不疲。」報可。

3 二月，庚戌，振鳳陽、淮安、揚州、徐州饑。

4 乙卯，申兩京、河南、山東、山西寬恤之令。

5 是月，南京刑部侍郎段民卒。

民以山東參政召還，擢南京户部，踰年，改刑部。上以民廉介端謹，特賜敕令考察南京百官。是時以詔書寬恤，凡罪囚自十惡外，並減一等。有重囚三十餘人，例不得赦，民亦減其罪。後有旨報決，乃復追還；而逃已數人。民自陳狀，給事中年富劾民，上知民賢，不問。至是卒于官，貧不能斂，都御史吴訥裞以衣衾。事聞，詔有司爲營葬事。

6 三月，戊寅，文武群臣朝皇太子于文華殿。

7 甲申，交阯諒山府土官阮世寧，七源州土官阮公庭，各率所部來歸。時黎利已死，三子闇弱，奸臣黎問、黎察等，搆黨仇殺。世寧等請徙居廣西龍州等處，總兵官山雲以聞，詔聽隨宜居住，並敕雲戒飭邊兵，嚴謹守備。

8 是月，山雲討思恩叛蠻，平之。

時蠻首覃公砦等累年作亂，雲遣都指揮彭義率兵剿捕，斬賊首梁公成、潘通天等，梟之，仍督官軍搜捕餘黨。捷聞，上賜敕慰勞雲。

又以慶遠、鬱林苗、猺非大創不服，請濟師，詔發廣東兵千五百人，委都指揮一員赴廣西，聽雲調用。【考異】明史稿又於三月甲午書「山雲討平潯、柳叛蠻」。證之明史雲傳，言「雲先後討平潯、柳、桂林、宜山、思恩諸蠻」。見于紀者，平柳、潯在四年四月，平宜山在八年五月，討思恩在九年三月，與傳中先後次序合。明史删甲午平潯、柳蠻事，是也，今據傳增入討慶遠蠻事。

9 以王驥爲兵部尚書。——驥以侍郎屢署兵部事，至是實授。

10 夏，四月，己未，徐琦自安南還。黎利子麟遣使來告其父之喪，詔麟權署安南國事。

利僭位六年，私謚太祖。子麟，一名龍。自是其君長皆有二名，以一名奏天朝，仍貢獻如常制。

上命侍郎章敞、行人侯璡賫敕往，復遣行人郭齊、朱弼賜弔祭。

11 戊辰，録囚。

12 五月，壬午，詔瘞暴骸。

13 六月，甲子，雷震大祀壇外西門獸吻。【考異】明史本紀不載，吾學編系之是月。證之五行志，乃是月甲子也，今據書之。

14 是月，山西霍州學正曹端卒。

端字正夫，河南澠池人，以永樂戊子舉于鄉，明年登乙榜第一，授霍州學正，歷九年。丁憂，廬墓終喪，起復，補蒲州。會洪熙元年考績，兩學諸生皆請復任，而霍州章先上，遂許之。至是以朔之明日卒于霍，諸弟子號哭，一州人爲之罷市。

端自少篤志正學，見元儒謝應芳辨惑編，悦而好之，故于輪迴、禍福、巫覡、風水、時日世俗通行之説，毅然不爲所動。父爲善于鄉，而勤行佛、老之善，信其所謂因果報應者，端乃爲夜行燭一書進之，謂「佛氏以空爲性，非天命之性，老氏以虚爲道，非率性之道」，父欣然從之。

爲諸生，上書邑宰，請毀淫祠百餘，爲設里社、里穀壇，使民祈報，年荒勸振，存活甚衆。其任霍州學正，前後凡十六載，修明聖學，諸生服從其教，即一州之人皆化之，恥争訟。知府郭晟問爲政，答曰：「其公、廉乎！公則民不敢謾，廉則吏不敢欺。」晟拜受。州有樵者，拾金釵，以還其主，人以爲異，樵曰：「第不欲愧曹先生耳。」有高文質者，往觀劇，中道而返，曰：「此行豈可使曹先生知也。」

其學以力行爲主，守之甚確，一事不容假借。蓋立基于敬，體驗于無欲，而歸宿于心性。嘗曰：「欲至乎聖人之道，須從太極上立根脚。」又曰：「天下無性外之物，性即理也。理之别名曰太極，曰至誠，曰至善，曰大德，曰大中，名不同而道則一。」初，伊、洛之學，自河南許衡、洛陽姚樞倡道于北，北方之學者翕然宗之。元亡，歷鼎革三十餘載，而端起崤、澠間，倡明絶學，論者推爲一朝理學之冠。嘗作川月交映圖以擬大學，學者稱月川先生。【考異】曹端之卒，證之儒林傳在是年，紀聞系之七月，憲章録系之九月。按南雷明儒學案，言「先生卒于六月朔之二日」，此必據其門人所記，今改系之六月下。

15 秋，七月，兩京、山西、山東、河南諸州縣，蝗蝻覆地尺許，傷禾稼，有司以聞。甲申，分遣給事中御史督捕之。

16 八月，庚戌，振湖廣饑。

17 甲子，敕兩京、湖廣、江西、河南巡撫官及三司巡按御史行視災傷，蠲秋糧十之四。

乙丑，罷工部諸採辦。

18 己巳，衛喇特順寧王托懽攻殺阿嚕台，來告捷。

初，阿嚕台駐牧塞下，爲故元之後托克托布哈舊作脱脱不花。所襲，妻子死，孳畜略盡，獨與其子碩尼堪等徙居穆納山。「穆」，舊作「母」。至是托懽復襲阿嚕台，並其子碩尼堪皆殺之，遣使來獻捷，且請獻傳國璽。上賜敕曰：「王能克復世仇，甚善！至玉璽傳世久近，殊不在此，王得之，王自用之可也。」仍賜紵絲五十表裏遣之。

19 是月，寧國長公主薨。——主，梅殷妻也。

初，文皇舉兵，主貽書責以大義，不答。及至淮北，貽主書，命遷居太平門外，勿罹兵禍，主亦不答。然文皇故推重主，及殷之死，恩禮尤厚云。

20 晉楊溥禮部尚書兼學士，直内閣。【考異】溥進尚書，見宰輔表，在九年八月，本紀不書，以其直内閣如故也。諸書以溥自四年丁憂起復，並未入閣，故九年進尚書，但兼學士而已，十年正月，始入内閣。原修三編據之，後修則仍據明史紀、傳，删去「十年入内閣」之文，今從之。

21 九月，諭曰：「天下雖安，不忘武備。今穡事既成，朕將親率六師，行邊塞，飭武備。」命楊士奇、楊榮、楊溥、胡濙等扈從。

癸未，車駕發京師。

乙酉，度居庸關。

丙戌，獵于坌道。

22 乙未，阿嚕台子諤博爾濟延舊作阿卜只俺。請納款内附。上以其喪敗無依，憐而撫之。

23 丁酉，車駕至洗馬林。諸將言：「衛喇特獵所去此不遠，襲之必大克。」上以問楊榮，對曰：「陛下屢遣人招諭，令其近邊獵牧，故感恩而來。若擊之，是前敕誘之矣。且彼聞上至，必先遁，雖擊何益，徒失戎心。」上曰：「然。」乃諭諸將曰：「朕此來飭邊備耳，非爲捕寇也。」

己亥，大獵。

庚子，車駕發洗馬林。

24 冬，十月，丙午，還宫。

25 丙辰，總兵官方政、參將蔣貴討四川松潘叛蠻，平之。

初，總兵陳懷鎮松潘，討平諸蠻。尋爲御史及按察使所劾，謂「懷日荒于酒，不飭邊備，且僭侈踰分。」上怒，召懷還，遂以政代貴副之。

至是諸蠻復叛，政諭以禍福，皆聽命。惟任昌等寨梗化，政等分道進剿，以次平三十餘寨。捷聞，進政都督同知。

26 甲子，罷陝西市馬。

27 丁卯，以兩京、浙江、湖廣、江西饑，發應運南京倉米及臨清倉米振之。

28 十一月，戊戌，停刑。

29 庚子，免四川被災税糧。

時四川奏旱澇不一，所種無收，命户部分別蠲其租。

30 十二月，命監察御史巡視各倉。

時大學士楊士奇言：「南方運糧至京，人力甚艱。而倉廩無關防，奸人盜竊，動輒千萬，前者就執，後者復繼，恬無警畏，請命風憲官關防巡察。」從之。自是御史巡倉，一年一代，著爲令。

31 是月，甲子，上不豫，命衛王瞻埏攝享太廟。

十年（乙卯、一四三五）

1 春，正月，癸酉朔，上以疾不視朝，命群臣朝皇太子于文華殿。

甲戌，大漸，罷採買營造諸使。

乙亥，帝崩于乾清宫，年三十有八。遺詔：國家重務白皇太后。

帝幼爲文皇所鍾愛，及既冠，立爲皇太孫，巡幸征討皆從。仁宗在東宫，以讒故，失愛于文皇，其危而復安，太孫蓋有力焉。即位以後，吏稱其職，政得其平，綱紀修明，倉庾充羨，閭閻安樂，歲不能災。自開國歷年六十，民氣漸舒，蒸然有治平之象焉。

2 壬午，太子即皇帝位，大赦天下。詔以明年爲正統元年。

時上方九齡，外廷傳言，太后取金符入內，欲召立襄王。大學士楊士奇、楊榮率百官入臨，請見太子，太后即至乾清宮，攜上泣曰：「此新天子也。」士奇等伏謁呼萬歲。于是浮議始息。

3 丁亥，吏部尚書蹇義卒。

先是義以新君即位告祭，齋宿得疾，上遣醫往視，問所欲言，對曰：「陛下初嗣大寶，望敬守祖宗成憲，始終不渝耳。」遂卒，年七十三。

義歷事五朝，質直寬和，善處僚友間，未嘗一語傷物。楊士奇常言：「張詠之不飾玩好，傅堯俞之遇人以誠，范景仁之不設城府，義蓋兼之。」仁、宣之間，政在三楊。義雖掌銓衡，輒依違其間，無所匡拂，時亦以此少之。

卒，贈太師，謚忠定。

4 庚寅，罷十三布政司鎮守中官，惟南京守備諸邊鎮守及徐州、臨清收糧、淮浙巡鹽者如故。

5 丁酉，上大行皇帝尊謚曰章皇帝，廟號宣宗。

6 辛丑，晉户部尚書黄福少保，參贊南京機務。——留都文臣參機務自福始。

7 二月，戊申，尊皇太后爲太皇太后。庚戌，尊皇后爲皇太后。

時左右有請太皇太后垂簾聽政者，太后曰：「毋壞我祖宗法！」第罷一切不急務，斥宮中玩好之物，時時勖皇帝嚮學而已。朝廷大政，群臣白太后，太后悉令送内閣，俟楊士奇等議決然後行。太后兄彭城伯昶、都督昇，惟令朝朔望，毋得與聞國事。時楊士奇等薦昇賢，宜加委任，太后不許。

8 辛亥，封弟祁鈺爲郕王。

9 甲寅，罷諸司冗費。

10 是月，封平陽王美圭爲晉王。

晉自濟熿廢後，不立王者已八年，至是始以美圭紹封。

11 釋前鬱林知州林長懋、御史陳祚、主事郭循于獄，復其官。【考異】諸書皆在二月，三編書之九月，蓋據其復官之月分也，今牽連記之，並據明史列傳增入林長懋。

12 三月，戊寅，放教坊司樂工三千八百餘人。

辛巳，罷山陵夫役萬七千人。

13 丙申，諭三法司：「死罪臨決，必三覆奏，然後加刑。」

14 是月，江西樂安大盜曾子良等作亂，據大盤山，衆至三萬，詔都督僉事彭森討之。時陳本深爲吉安知府，與森設伏，大破之，斬子良，餘衆潰散。本深治吉安，政舉大綱，不屑苛細。大猾既殲，府中無事，晨起，鼓升堂，吏無所白，輒鼓而休。間有所訟，呼至榻前，析其曲直遣之，亦不受狀。有抑不伸者，雖三尺童子皆得往白。久之，人恥争訟，無告訐者。

15 夏，四月，丁卯，以久旱，考察天下布、按二司及府、州、縣官。

16 戊辰，畿南、山東、河南蝗，遣給事中御史督捕之。

17 五月，庚辰，録囚。

18 壬午，户部言：「浙江蘇、松荒田及舊額官田減除税糧二百七十七萬餘石，請加覆覈。」諭曰：「減除税糧，以蘇民困也。又令覈實，必增額爲民患。」不許。

19 是月，大學士楊士奇等上言：「去年十月，奉先皇帝諭，『明年春煖，東宮出學講讀，宜慎選賢良端謹之士以爲輔導。』今遺言猶在耳，皇上沖齡，此爲第一重事。伏望山陵畢日，早開經筵以進聖學。」太皇太后嘉納之。

20 詔：「自今初任者不得除風憲官。」

21 六月，丁未，令天下瘞暴骸。

22 辛酉，葬章皇帝于景陵。【考異】諸書多作是月戊申，今據明史本紀。證之甲子會紀，所載月日亦同。

23 秋，七月，丙子，蠲山西夏税之半。

24 丁亥，太白經天。【考異】明史天文志，「是月丁亥，太白晝見。」三編則云「太白經天」，今據之。

25 是月，進刑部侍郎魏源爲本部尚書。

26 八月，丙午，詔減光禄寺膳夫四千七百餘人。

27 是月，以寧陽侯陳懋爲平羌將軍，鎮甘肅。

上初踐阼，以懋勳舊，命偕英國公張輔參議朝政，至是以邊警出之。

28 九月，庚寅，龍州宣撫司以瑞麥獻，有一莖六穗、七穗者。詔曰：「今四方旱蝗相望，一方稱瑞，如天下饑民何！自今有若此類者，毋進獻。」

29 壬辰，詔：「督漕總兵及諸巡撫官歲以八月至京師，會廷臣議漕運事宜，著爲令。」

30 是月，詔修宣宗實録。命英國公張輔爲監修官，大學士楊士奇等爲總裁。

31 以王振爲司禮監。

振少選入内書堂，侍上于東宮，爲局郎，狡黠得上歡，遂越金英等數人任之。時輔臣方議開經筵，而振乃導上閱武將臺，集京營及諸衛武職試騎射，殿最之。有紀廣者，嘗以衛卒守居庸得事振，大見親暱，遂奏廣第一，超擢都督僉事。自此招權納賂，諸大臣自士奇以下，皆依違莫能制。

32 冬，十月，壬寅，遣使諭韃靼阿爾台、舊作阿台。多爾濟巴勒。舊作朵兒只伯。

先是阿嚕台死，其故所立王子阿爾台及所部多爾濟巴勒等復爲托克托布哈所窘，竄居鄂齊訥路，外爲納款，而數入甘、涼爲寇。甘肅守臣以聞，上猶欲招撫之，故有是諭。

33 辛亥，詔天下衛所皆立學。

34 十一月，戊辰朔，日有食之。

35 十二月，壬子，阿爾台、多爾濟巴勒犯涼州之鎮番衛，將軍陳懋禦之于平川，敗之，追至蘇武山，遂還。

時上命兵部左侍郎柴車協贊甘肅軍務，兵部右侍郎徐晞巡撫甘肅，儆邊備也。

36 是歲，廣西總兵官山雲討大藤峽賊，平之。

先是雲奏請濟師，剿除慶遠鬱林叛蠻，朝廷遣廣東都指揮田真率兵助之。會潯州等處蠻寇劫掠良民，雲遣真率兵禦之于大藤峽，前後斬首九十六級，歸所掠男婦二百三人。雲在鎮，先後大戰十餘，斬首萬二千二百六十，降賊酋三百七十，奪還男女二千五百八十。築城堡十三，鋪舍五百，陶磚鑿石，增高益厚。自是猺、獞屏跡，居民安堵。論功，進都督同知，璽書褒勞。

雲謀勇深沈，而端潔不苟取。廣西鎮帥初至，土官率餽獻爲故事，帥受之，即爲所持。雲始至，聞府吏鄭牢剛直，召問曰：「餽可受乎？」牢曰：「潔衣被體，一污不可湔也。」雲曰：「不受，彼且生疑，奈何？」牢曰：「黷貨法當死。將軍不畏天子法，乃畏土夷乎？」雲曰：「善！」盡却餽獻，嚴馭之。由是土官畏服，調發無敢後者。雲所至詢問里老，撫善良，察誣枉，土人皆愛戴之。

上即位，雲墜馬傷股，上遣醫馳視。以病請代，優詔不許。進右都督。

明通鑑卷二十二

紀二十二起柔兆執徐(丙辰),盡上章涒灘(庚申),凡五年。

江西永寧知縣當塗夏燮編輯

英宗法天立道仁明誠敬昭文憲武至德廣孝睿皇帝前紀

正統元年(丙辰、一四三六)

1 春,正月,丙戌,罷銅仁金場。

初,永樂間,遣官湖廣、貴州採辦金銀課,復遣中官御史往覈之,又于浙江、福建開金銀場,歲額日增。上即位,欲封閉坑穴,以次罷之,是時以貴州生苗方爲亂,遂首罷焉。

2 大學士楊士奇等上言:「國家歲用糧儲浩大,皆仰給江南軍民轉運,不勝勞苦。況河道偶有阻窒,則糧餉不充,實非經久之策。計今在京官軍數多,除操練造作應用外,餘者悉令于北京八府空閒田地屯種。倘遇豐年,必有蓄積,可省南方轉運之費。」從之。庚寅，詔發禁軍三萬就近地下屯。

士奇等又言：「前因巡邊，調選大寧都司及南、北直隸衛所官軍，更番赴京操備。今天下已靖，請不必赴京，俱令下屯，既省轉運之勞，又養精銳之氣。」上命從容行之。

3 二月，始開經筵，從大學士楊士奇等之請也。

士奇等又言：「天子就學，其事體與皇太子、親王不同，乞先命禮部、翰林院詳定講筵禮儀。」從之。

丙辰，命太師英國公張輔知經筵事，大學士楊士奇、楊榮、學士楊溥同知經筵事，少詹王直、王英、侍讀學士李時勉、錢習禮、侍講學士陳循、侍讀苗衷、侍講高穀、修撰馬愉、曹鼐兼經筵官，翰林春坊儒臣分直侍講。——經筵定儀注自此始。

4 是月，命僉都御史王翺出鎮江西。時廷議遣文武大臣出鎮，遂命翺偕都督武興行。

5 三月，己巳，賜周旋等進士及第、出身有差。

6 乙亥，上御經筵。

先是經筵進講之制，無定地，亦無定期，至是始定月講，御文華殿，詔以月之九日行之。續定每月三日，日以逢二爲期，以二、八月中旬起，四、十月末旬止，寒暑暫免。遂爲定制。

時中官王振方用事，考功郎中李茂弘，謂「今之月講，不過虛應故事，粉飾太平，而君臣之情不通，暌隔蒙蔽，此可憂也。」即日抗章致仕去。【考異】明史稿書「二月丙辰定經筵儀（註）〔注〕」，明史不書，但書御經筵于三月乙亥，蓋二月定儀（註）〔注〕，三月始御經筵也。是年三月丁卯朔，乙亥則三月九日。證之明會典，言「經筵月講，向無定日，亦無定所。正統初始著爲儀，常以月之二日御文華殿進講，月三次，寒暑暫免。」據此，則英宗初御經筵，當以三月十二日戊寅。證之王圻續文獻通考，言「正統元年春二月，始開經筵，楊士奇等定禮儀上之。制曰：『是，以今月初九、十九御經筵。』」據此，則初定儀注，以月之九日爲期，紀書「乙亥」，與制詞合。其改二爲期者，據通考言，「續定經筵儀注，每月三日，日以逢二爲期，歲率以二、八月中旬起，四、十月末旬止」云云。然則初定之期以九，後始更之以二，明史所紀，自據實録，故三編亦系之三月，是也。惟據明會典，但有逢九、逢二之期。而景泰元年開經筵，御史許士達上疏，言「舊典經筵，每月不（遇）〔過〕初六、十六、二十六三日。」似景泰初又定經筵以六爲期。蓋正統、景泰之間，或二，或六，或九，本無定期，其逢二之期，似是後來所定，故會典據之，今附識于此。

7 初，鎮番之役，平羌將軍陳懋遣兵援之，虜解去，懋以捷聞。會參贊侍郎柴車至，劾「懋失律致寇，又取所遺老弱冒爲都指揮馬亮斬獲功。」又劾「涼州副總兵劉廣喪師，不以實聞，顧冒功要賞。」詔奪懋禄，械廣至京，特賜車金幣以旌其直。

車以廉幹名，上簡用之。一時調軍給餉，悉得事宜。【考異】柴車參贊甘肅軍務，在去年之冬，此則以劾陳懋、劉廣，故賜金幣以旌其直。證之明史車傳，大略如此。吾學編則統系之是年三月，言

「車劾劉廣，上以其可當師旅之任，命贊甘肅軍務，並賜金幣文綺。」據此，則車以劾廣之故始授參贊，不知車之劾廣乃在至甘肅後也。至劾陳懋事，見懋傳，而車傳亦軼之，今據二傳增入。

8 詔：「蘇、松、浙江等處官田，準民田起科，糧四斗一升至二石以上者減作三斗，二斗一升以上至四斗者減作二斗，一斗一升至二斗者減作一斗。」

自宣德之末，蘇州逋糧至七百九十萬石，巡撫周忱、蘇州知府況鍾屢請，輒爲部議所格。至是稍稍蠲減，民困少蘇。

9 夏，四月，丁酉朔，享太廟。

上沖齡踐阼，至是始詣太廟行親享禮。

10 是月，河北旱蝗，遣工部侍郎邵旻等督所在有司分道捕之。

11 五月，丁卯，阿爾台、多爾濟巴勒寇肅州。

先是寇由鎮番入涼州，劉廣等不敢擊，大掠而去。尋犯山丹，指揮陳玘戰没。又犯大同，千户葉林等戰没。至是圍肅州，不克，亦大掠去。【考異】明史本紀系之五月丁卯。證之吾學編、典彙諸書，本年寇山丹，又入大同塞。明史稿書寇大同于二（目）〔月〕，寇山丹于三月，明史紀皆略之。且據諸書，則寇山丹在前，寇大同在後，明史稿亦似倒敘，今統書于是月寇肅州之下。又，明史稿五月及閏六月皆書「犯肅州」，蓋五月犯，至閏六月始解去也，今並系之五月下。

12 壬辰，始設提督學校官。

時南京户部尚書黄福上言：「比來生員學藝疎淺，宜令布、按二司徧歷考試，庶得真才。」于是詔：「兩畿及十三布政司皆設提學道，專理學校事，按臣不得侵越。兩畿以御史，十三布政司以按察副使或僉事。著爲令。」

是時廷臣舉堪任提學者，吏部尚書郭璡首薦薛瑄。瑄，字德温，號敬軒，河津人。舉永樂十八年河南鄉試第一，明年成進士，以省親歸。居父喪，悉遵古禮。宣德中，服除，擢御史。三楊當國，欲見之，謝不往。出監湖廣銀場，日探性理諸書，學益進。以繼母憂歸，至是服闋還朝，遂以璡薦授山東提學僉事。首揭朱子白鹿洞學規開示學者，延見諸生，親爲講授。才者樂其寬，而不才者憚其嚴，皆呼爲「薛夫子」云。【考異】明史本紀但書「是月壬辰設提督學校官。」三編、輯覽言「兩畿以御史，十三布政司以按察副使僉事」，證之明史職官志同，今增入。又，薛瑄以僉事授山東提學道，證之本傳，在正統改元之初。吾學編系之五月設提學下，今從之。

13 六月，都察院右都御史顧佐致仕。

初，佐有疾，請致仕，宣宗命熊概代理院事。踰年，概卒，佐疾良已，遂復任。是年，佐考察御史不稱者十五人，奏請降黜。時邵宗九載滿，吏部考稱，佐獨置之十五人之列，遂與尚書郭璡相奏辨。上入璡言，遂原宗而責佐，佐因上章求去。賜敕獎慰，賚鈔五十貫，命户部復其家。

佐操履清白，性嚴毅。每旦趨朝，小憩外廬，立雙藤户外，百僚過者皆折旋避之。入内直廬，獨處小夾室，非議政不與諸司群坐，一時稱爲「顧獨坐」。卒以是被擠去，家居十一年卒。

佐既罷，以陳智代爲右都御史。【考異】據吾學編、國史紀聞，皆系之是年六月。證之明史七卿表，佐以元年六月致仕，陳智任。按仁、宣以來，左、右都不並設，任授一官，而證之佐傳，佐任右都御史，並未改左。吾學編及諸書作「左都」，又以陳智所代爲「左副都」，皆與史不合，今參明史表傳書之。

14 徙甘、涼寄居回回于江南，凡五百户。又徙在京降人于河間、德州。

15 閏月，罷陝西織造駝毼。

永樂間，增設内外各織染織造局，遂及陝西之駝毼，至是以西鄙不靖罷之。

16 是月，順天、真定、保定、濟南、開封、彰德六府俱大水。【考異】是月順天等六府大水，明史本紀不具。證之明史五行志，在是年之閏六月，今據增。

17 秋，七月，訪聖賢後裔，蠲其徭役。

初，宋高宗南渡，孔子四十八代孫端友，率其子玠扈從至浙，居于衢州。高宗紹興初，端友卒，賜其子玠田五頃，命以州學爲家廟，世奉祭祀。四傳至洙，元至元間，命歸曲阜襲封。洙讓爵曲阜之弟治，元世祖嘉之，命爲國子祭酒，提舉浙東學校。然自此衢州之襲封遂罷。至是有言端友之裔孫仍有在浙者，上命訪之，並及宋儒周敦頤、程顥、程頤、司馬光、朱熹後裔，皆復之，所在祠墓傾圮者修之。【考異】據三編、輯覽，系之七月，傅氏明書系之六月之末，今從三編。其目云：「訪求南宋衍聖公孔端友後裔。」按端友從宋高宗南渡，始有南宗，而北宗已屬之金。端友既去，金人乃以其同母弟端操爲北宗。而證之明闕里志，端友之子玠，即端操之子，嗣端友而從南渡者也。元至元間，端操後絶，有言衢州之孔洙即端操之後裔，故特召之。而洙仍讓爵于居曲阜之族弟，復歸南宗。元世祖忘其本有南、北二宗，故衢州之封爵遂罷。明英宗即位，始令訪之。直至孝宗弘治末年，始訪得洙之六世孫彦繩，命主祀事，授翰林院五經博士，子孫世襲，于是南宗之祀始復。明史彦繩傳，謂「時以在曲阜者爲孔氏北宗，在西安者爲南宗」，是也。程敏政聖裔考，謂「北宗皆出于一時之訪求；必不得已，南宗猶爲近之。」因謂「闕里之大宗當歸之衢族，孔氏闕里志辨之甚詳。」蓋敏政既不知端友、端操實同母兄弟，又不知端友在衢所立爲後者即端操之子。又，其時北宗孔弘緒，與敏政同爲大學士李文達公之壻，闕里志謂二喬素不相能，雖未敢以此排斥聖裔，亦其考據之失詳也。餘詳考證中。

18 徙襄王瞻墡于襄陽，淮王瞻墺于饒州。

19 是月，南畿、陝西、湖廣、廣東皆大水。【考異】此據三編增。

20 八月，甲戌，以右都督蔣貴充總兵官，佩平虜將軍印，都督同知趙安副之，討阿爾台多爾濟巴勒也。

貴鎮守松潘，數有功。上即位，召還，進右都督。會阿爾台等數犯甘、涼，邊將告急，遂有是命。

21 是月，詔還前學士解縉所籍家産。【考異】據明史本傳在是年八月，傅氏明書同，今從之。

22 始定歲賦折銀入内承運庫。

初，洪武九年，天下税糧許以銀鈔代輸者，謂之「折色」。所折之銀俱送南京，供武臣俸禄及北京各衛官支俸以爲常。至是副都御史周銓言：「行在各官俸支米，南京道遠費多，輒以米易貨，貴買賤售，十不及一。朝廷虚（縻）〔糜〕廩禄，各官不得實惠。請于南畿、浙江、江西、湖廣不通舟楫地，折取白金布絹，解京充俸。」江西巡撫趙新、南京户部尚書黄福亦以爲言。上以問户部尚書胡濙，濙對以「太祖嘗折納税糧于陝西、浙江，民以爲便。」乃仿其制，米麥一石折銀二錢五分。南畿、浙江、江西、湖廣、福建、廣東、廣西，米麥共四百餘萬石，折銀百萬餘兩，不送南京，悉入内承運庫，謂之「金花銀」，除給放武臣俸，餘專供内用。其後概行于天下，自起運、兑運外，率糧四石折銀一兩解京，以爲永例。由是諸方賦入折銀者幾半，而倉廩之積漸少矣。

23 九月，癸卯，遣刑部侍郎何文淵、户部侍郎王佐、都察院副都御史朱與言督理兩淮、長蘆、浙江鹽課，並敕内官同往。「有不便于民者，具實以聞。其阻撓鹽法，情犯重者，械送京師。」——欽差巡鹽自此始。

24 庚申，遣兵部侍郎李郁、通政使奈亨齎敕印封黎麟爲安南國王。

初，黎利死，敕其子麟權署國事，麟遣使入貢謝恩。上即位，改元之四月，以宣宗賓天，遣使進香，又以上登極，尊上太皇太后、皇太后位號，並遣使表賀，貢方物，閏六月，復貢。上以陳氏宗支既絶，麟事大禮恭，欲使正位。下廷臣議，咸以爲宜，遂有是命。

25 冬，十月，上閱武于將臺，命諸將騎射，以三矢爲率。受命者萬餘，惟駙馬都尉井源三發三中，上喜，撤上尊賜之。觀者私相語曰：「往年王太監閱武，紀廣驟陞。今天子自來，顧一杯酒耶？」然竟無殊擢。【考異】明史紀、傳皆不載，紀事本末及通紀、紀聞皆系之十月，今從之。○駙馬都尉井源，仁宗女嘉興公主下嫁者，後死于土木之難。明書作「駙馬都尉薛桓」，誤也。證之明史公主傳，「宣宗女常德公主，以正統五年下嫁薛桓，」此時安得有駙馬都尉之稱？

26 十一月，乙卯，詔：「京官三品以上，舉堪任御史者，四品及侍從言官，舉堪任知縣者，各一人。」

27 是月，免湖廣被災税糧。

28 十二月，丁丑，下兵部尚書王驥、侍郎鄺埜于獄。

時王振初用事，欲令朝臣畏己。會驥議邊事，五日未奏，振教上召驥，面責之曰：

「卿等欺朕年幼耶？」即日，執䕫並埜下之獄，尋釋之。

未幾，右都御史陳智，劾張輔回奏稽延，並劾科道不舉奏，上釋輔不問，杖御史、給事中各二十。

自是言官承振風指，屢摭大臣過，自公、侯、駙馬、伯及尚書、都御史以下，無不被劾，或下獄，或荷校，甚至譴謫，殆無虛歲。

29 乙酉，湖廣、貴州總兵官蕭授討廣西蒙顧十六峒賊，平之。

初，授平貴州烏羅蠻，踰年，復討都勻蠻，降下合江、蔡郎等五十餘寨。會上即位，命佩征蠻副將軍印，仍鎮湖廣、貴州。又念授年老，以都督僉事吳亮副之。

先是普定蠻阿遲等叛，僭稱王，四出攻掠，授遣指揮顧勇等擣其巢，破之。而廣西蒙顧十六峒與湖廣逃民相聚蠭起，授督兵圍之，再戰，悉禽斬其酋，餘黨就誅。

捷聞，進右都督。上言：「靖州與廣西接壤，時苦苗患。永樂、宣德間，嘗儲糧數萬石備軍興。比年儲漸少，有警發人徒轉輸，賊輒先覺，以故不能得賊。乞于清浪、靖州二衛各增儲五萬石，庶緩急可藉。」報可。

30 是冬，成國公朱勇言：「近衛喇特托懽以兵迫逐韃靼多爾濟巴勒，恐既吞併，日益强大。乞敕各邊廣儲積以備不虞。」上嘉納之。

是時二部相讎殺。而阿爾台多爾濟巴勒竄居在外，非衞喇特之敵，故陽乞撫于我而陰行寇掠。未幾，復犯莊浪，都指揮江源戰没，亡士卒百四十餘人，邊事益棘。

31 是歲，上改元初政，三楊當軸，各處坑冶，悉詔封閉。撤永、宣新增之閘辦官，又罷諸處採買及造下西洋船木諸冗費，民困少蘇。内供之物，如糖蜜、果品、腒脯、酥油、茶芽、稉糯粟米、藥材，或較舊數減半，或減三之二。而上用膳食器皿，如南工部造金龍鳳白瓷諸器，饒州造硃紅膳盒諸器，即位數月，撙節頗多。而營造所之援例誅求，尚膳監之乘時乾没，上雖備帖具書，不能禁也。其後中官用事，徵索紛紜，較之舊制又變本而加厲云。

32 僉都御史魯穆奉命捕蝗于大名，還，以疾卒。

穆，天台人，永樂四年進士。家居褐衣蔬食，足跡不入州府。比謁選，有司餽之贐，穆曰：「吾方從仕，未能利物，乃先厲州里乎！」不受。除御史，仁宗監國，屢上封事，劾漢王官校諸不法狀，直聲震朝廷。遷福建僉事，理冤濫，摧豪强。泉州人李某，調官廣西，其姻富民林某，遣僕酖李于道而室其妻。李之宗人訴于官，所司納林賂，坐訴者，繫獄久。穆廉得其實，正林罪。漳民周允文無子，以姪爲後，晚而妾生子，因析産與姪，屬以妾子。允文死，姪言兒非叔子，逐之，盡奪其貲，妾訴之官。穆召縣父老及周宗族，密置妾子群兒中，咸指兒類允文，遂歸其産。民呼「魯鐵面」。時楊榮當國，家人犯法，穆治之不少貸，榮顧謂穆賢，薦之朝。上即位，遂擢是職。

卒之日，貧不能斂。始，穆入爲僉憲，行李蕭然，尚書吳中贈以器物，不受。至是中爲治棺衾，乃克殯。詔給舟歸其喪。【考異】魯穆之卒，據明史本傳，在英宗即位之明年，乃正統元年也。是年，河北旱蝗，遣官督捕，穆之還未知何時，故諸書有系之二年者，惟憲章録七年書「魯穆巡視江南」尤誤耳。今據其出使之年，牽連記之。

33 以劉中敷爲户部尚書。——中敷任山東左布政，丁憂歸，至是奪情起之。

34 宣德八年，西洋、西域來朝貢者，凡古里、柯枝、蘇門答剌及天方等共十一國，滯留未遣。是年，上始命禮部稽其使臣在京師者，悉令附爪哇貢舟還國。

二年（丁巳、一四三七）

1 春，正月，甲午，奉宣宗神主祔太廟。

2 己亥，詔大同總兵官方政、都指揮楊洪，會寧夏、甘肅兵出塞。

先是總兵蔣貴、趙安等奉命出師，未至而寇犯莊浪，巡撫甘肅徐晞上章劾貴。廷議以貴方選軍甘州，勢不相及，而莊浪正晞所統，責晞委罪，置貴不問。

未幾，諜報阿爾台、多爾濟巴勒等駐賀蘭山後，詔政與洪出大同迆西，貴與安出涼州塞會剿。貴等師至魚兒海子，都指揮安敬，言前途無水草，留十日，以芻餉不繼，欲引還。時右僉都御史羅亨信參貴軍務，讓之曰：「公等受國厚恩，敢臨敵退縮耶！死法孰與死敵？」貴不能從，遽引軍還。亨信遂上章劾貴，陝西都御史陳鎰亦言狀，詔切責貴等。

3 是月，太皇太后欲誅王振，不果。

上之初即位也，太皇太后悉委政内閣，而三楊皆累朝元老，振心憚之，未敢逞。太后嘗遣振至内閣問事，士奇擬議未下，振輒施可否，士奇愠，三日不出。太后聞之怒，立鞭振，仍令詣士奇謝罪。且曰：「再爾，必殺無赦。」

一日，太后御便殿，召英國公張輔、内閣楊士奇、楊榮、楊溥、尚書胡濙入朝。太后左右女官，雜佩刀劍，侍衛凛然。上西向立太后旁，五臣東面稍下。太后召問，人皆有奬勸之詞。及溥，乃嘆曰：「先帝念卿忠，屢形愁嘆，不意今日得相見也！」蓋仁宗監國，以讒故，宫僚多下獄，溥及黄淮一繫十年，瀕死者數矣。仁宗每于宫中言及東宫時事，慘然不樂，以故太后言之。于是溥泣，太后亦泣，因顧上曰：「此五臣先朝所簡，貽皇帝，有行必與之計，非五臣所贊成者，不可行也。」

有頃，宣太監王振至，俛伏，太后顔色頓異，曰：「汝侍皇帝起居多不律，今當賜汝死。」時女官加刃振頸，上跪爲之請，五臣皆跪。太后曰：「皇帝年幼，豈知此輩自古禍人家國！我聽帝暨諸大臣留振，此後不得令干國事也。」振自此稍斂戢。已而太皇太后病，遂跋扈不可制矣。【考異】此事明史三楊及宦官傳皆不載，皇朝通紀、紀事本末及明書皆載之。據弇州考誤，言「出自何文簡餘冬敘録，而楊文敏行狀及楊文貞三朝聖諭録皆不及。以召對言，則似影響宣宗時事，若果有誅王振之語，則文敏行實與聖諭録何故佚之？史于太后之聖政，王振之蠹國，娓娓言之，此又何所諱而不書？意者何文簡驟聞前輩之言，喜而筆之，不自知其誤也。」予謂文敏行狀及文貞三朝聖諭録，皆因王振諱也。楊榮之卒在正統五年，正王振用事之時，宜行狀不書。士奇以正統九年卒，三朝聖諭録，據其自序成于正統七年壬戌，是年，太皇太后崩，振勢益盛，大作威福，廷臣人人惴恐。士奇雖老耄之年，豈不慮異日子孫之禍？太后賜王振之死，即有其事，亦必不敢入録中。弇州之説，毋乃知其一而不知其二也！三編采入此條，系之是年正月，今從之。

御批三編曰：誠孝太后既對諸臣數責王振，且以刃加振頸，不得謂無必殺之心。使五臣能因勢而贊成之，則去大憝易於反掌。乃五臣不但不顯言其惡，且爲之長跪致請，轉若重爲申救者。良由諸臣阿順幼主，爲身後計，故爾隱忍保全，致貽奸惡之禍，而不得諉之誠孝太后之優柔寡斷矣。且如太后于兄杲、昇，皆禁其不得干預國事，可謂深知大體。而三楊則於杲、昇請加委任。私意揣摩若此，又奚有於王振乎！

4 三月，甲午，録囚。

5 戊午，遣御史金敬撫輯大名及河南、陝西逃民。

6 夏，四月，免河南被災田糧。

7 五月，庚寅，命兵部尚書王驥經理甘肅邊務。

時寇數犯甘、涼邊境，蔣貴、趙安等出塞無功，而侍郎柴車、徐晞，都御史曹翼，相繼飭防，均不能制，上乃命驥往，許以便宜行事。

驥奉命，疾驅至軍，大會諸將，問：「往時追敵魚兒海，先退敗軍者誰？」僉曰：「都指揮安敬。」驥之行也，上以僉都御史羅亨信劾貴等逗留狀示驥，並密敕驥戮敬軍中以徇，至是遂承旨縛敬斬轅門，尋奉敕責取貴死狀，一時諸將皆股栗。

驥乃大閱將士，分兵畫地，使各自防禦，邊境肅然。閱軍甘、涼，汰三之一。定更番法，兵得休息而轉輸亦省。【考異】王驥斬安敬及責蔣貴死狀一事，據弇州史乘考誤，謂「出自中旨，並非便宜行事。彭文憲爲王靖遠作墓志，有似狄招討之戮陳沔者，雖快人意，恐當以正史爲據也。」余謂王驥非能擅斬安敬、責蔣貴死狀之人，此不足辯。而證之羅亨信傳，「亨信劾貴逗留狀，上以其書示王驥等」，故驥傳亦言「承密旨縛敬斬軍」，又責貴死狀，亦云「宣敕」，其皆出自中旨明矣。明史所記，較彭志爲得其實，今據之。

8 壬寅，命刑部尚書魏源經理大同邊務，亦令以便宜行事。

先是王驥言：「邊軍怯弱，由訓練無人。」因薦千户楊洪，詔加洪游擊將軍。洪所部才五百，詔選開平、獨石騎兵益之，再進都指揮僉事。

洪以敢戰著名，而部曲多毀之者。源甫蒞邊，萬全衛指揮杜衡，部卒李全，訐奏洪罪，源素知洪能，乃奏謫衡戍廣西，而執全付洪使自治。時源遣都督僉事李謙守獨石，遂請以洪副之。

9 丁未，免陝西平涼六府旱災夏稅，並諭户部遣官勘實蠲之。

10 是月，有吉安、浮梁、淮、徐等處義民十人，各出穀千石有奇，助官振濟，賜璽書旌勞，復其家。

11 六月，乙亥，以宋儒胡安國、蔡沈、真德秀從祀孔子廟廷。

時肇慶知府王瑩等，以「安國作春秋傳，沈作書傳，真德秀作大學衍義，均有功于聖門，請從祀孔廟兩廡。」下禮部議，奏稱「瑩等言是」，故有是命。

12 庚辰，遣副都御史賈諒、工部侍郎鄭辰振河南、江北饑。

時南直隸之鳳陽、淮安、揚州諸府，徐、和、滁諸州，河南之開封諸府，奏「自四月至五月，河、淮泛漲，民居漂没，禾稼不登。」特命諒等往振之。

13 秋，九月，以都指揮僉事楊洪守獨石。

先是洪副李謙守備赤城、獨石，謙老而怯，與洪不相能，洪每調兵，謙輒陰沮之。洪嘗勵將士殺敵，謙笑曰：「敵可盡乎？徒殺吾人耳。」御史張鵬劾罷謙，因命洪代。

洪雖爲偏校，中朝士大夫皆知其能，有毀之者，輒爲曲護，洪以是得展其才，益自奮。數敗烏梁海兵，禽其酋，威名聞嶺北，稱爲「楊王」。

14 王驥經理甘肅，尋召還。未幾，甘肅守將報北寇復犯邊。冬，十月，甲子，以鎮守甘肅左副總兵任禮充總兵官，授平羌將軍，都督蔣貴、都督同知趙安副之，兵部侍郎柴車，僉都御史曹翼、羅亨信參贊軍務，討阿爾台、多爾濟巴勒，命驥及太監王貴監督之。

車盡心邊務，糾劾將帥欺玩，章前後凡數十上。或以後患怵之，車曰：「吾敢愛身以誤國也！」每有功賞，雖敕下，必覆驗而後行。

岷州土官后能，冒功得陞賞，車奏請加罪。能復請，命宥之，車反覆論其不可，曰：「詐冒如能者，實繁有徒，臣方次第按覈。今宥能，何以戢衆？若無功而得官，則捐軀死敵者何以待之？」朝廷雖從能請，然嘉車賢，遣使勞賜之，仍進從二品祿。

15 是月，敕：「方面郡守缺，令三品以上保舉擇用。」左通政陳恭言：「古者擇任庶官，例由選部，職任專而事權一。今令廷臣各舉所知，恐開私謁之門，長奔競之風。」

下吏部議。尚書郭璡遜謝不敢當，大學士楊士奇言：「宣德七年以前，布、按二司及府州縣官多不得人，致爲民害，是以宣宗皇帝敕令大臣保舉。自茲以往，多得其人。間有一二非才，亦緣舉主不察，甚或徇私，所司不行糾劾，以致如此。昔唐太宗力行仁義，命在京三品以上官舉郡守縣令，後來致天下斗米三錢之效。但所舉之人，後有犯贓，必須明正舉主之罪，則人知謹畏，不敢濫舉，官必得人矣。」詔仍如士奇言。

16 十一月，乙巳，振河南饑，免税糧。

三年（戊午、一四三八）

1 春，三月，己亥夜，京師地震。庚子，又震。甲辰，又震者再。【考異】明史本紀及五行志，皆書「三月己亥地震」。三編據實録，並增入「庚子、甲辰」，今據之。

2 是月，振陝西饑。

3 禁天下祀孔子于釋老廟宇。

4 是春，兵部尚書王驥督諸將出塞，以蔣貴爲前鋒，而自與任禮率大軍後繼。與貴約曰：「不捷，毋相見也。」貴亦感奮。

會多爾濟巴勒懼罪，連遣使入貢，敵勢稍弱，貴率輕騎敗之于狼山。追抵石城，多爾濟巴勒走，與阿爾台合。

5 夏，四月，王驥、任禮等率諸軍出鎮夷關，蔣貴將二千五百人爲前鋒。貴欲深入，副將李安沮之，貴拔劍厲聲叱曰：「敢沮軍者斬！」遂由間道疾馳三日夜抵其巢。阿爾台方牧馬，貴猝入馬群，令士卒以鞭擊弓韣驚馬，馬盡佚。敵失馬，挽弓步鬥，貴縱騎蹂擊，指揮毛哈阿奮入其陣，大敗之。

乙卯，貴分軍爲兩翼，別遣百騎乘高爲疑兵，轉戰八十里，斬首三百餘，禽僞左丞脱羅，獲金銀印各一，駝馬兵甲千計。

會驥與禮敗敵于梧桐林，至額齊訥路，禽僞樞密、同知、僉院十五人，萬户二人，降其部落，窮追至黑泉。而趙安等出昌寧，至多喇溝，舊作刁力。亦禽僞右丞、達嚕噶(爾)齊三十人。分道夾擊，轉戰千餘里，多爾濟巴勒遠遁。西邊悉平。【考異】明史本紀系之四月乙卯，據其奏報之月日也。功臣年表記封蔣貴等于是年之四月。七卿年表言「王驥以四月召還，理部事」，皆牽連記之耳。證之諸書驥等還在十月，論封及升賞王驥、柴車等皆在其時，今分書之。

6 癸未，設大同馬市。

先是刑部尚書魏源等，以衛喇特貢馬，援遼東開原例以六事聞，曰「置馬市，選貢馬，輸供具，嚴禁約，擇通事，設牙行。」上以「馬市勞軍民，不必置。待遠人宜厚，馬不必選。供具取給公帑，勿擾民。餘如議。」未幾，巡撫大同僉都御史盧睿，復言「大同宜立馬市」，從之。

7 是月，宣宗皇帝實録成。楊士奇、楊榮俱進少師，溥進少保兼禮部尚書、武英殿大學士，餘陞賞有差。

8 五月，南畿巡撫周忱奏疏通鹽課法。

去年，淮、揚水災，鹽課虧少，上命忱往視之。忱奏「令蘇州等府撥賸餘米，每縣量撥一二萬石，運赴揚州各鹽場收貯，如數出給通關，准作次年預納秋糧。令竈户將私鹽于附近場分上納，即照時價給米。」于是米貴鹽賤，官得積鹽，民得食米，公私賴之。

9 六月，癸酉，以旱，詔讞中外疑獄。

10 麓川宣慰使思任發叛。

任發，前宣慰思倫發子也。初，思倫發爲其部長刀幹孟所逐。洪武之末，太祖命黔國公沐春會都督何福討平之，歸倫發于麓川，仍爲宣慰使。分其地，設孟養、木邦、孟定三府隸雲南，設潞江、干崖、大侯、灣甸四長官司隸金齒。永樂初，陞孟養、木邦爲宣慰司。久之，孟養、木邦與緬甸相仇殺。時思倫發已卒，子行發襲，亦卒。次子任發遂襲，而狡獪踰于父兄，差發金銀，不以時納，朝廷稍優容之。會木邦與緬甸相攻，任發乘機侵奪，遂欲盡復其故地，稱兵擾邊。值宣德之末，以交阯、四川方用兵，民勞未息，遣中官齎敕撫諭，令勿與木邦爭地抗殺。而任發輒連年侵孟定、南甸、干崖、騰衝、潞江、金齒等處。

于是黔國公沐晟奏：「任發叛形已著，近已侵迫金齒，勢甚披猖。已遣諸衛馬步官軍至金齒守禦，乞調大軍進討。」是時上方命晟遣官賫金牌信符諭還所侵地，而任發卒不奉詔。乙亥，命都督方政、僉事張榮會晟討麓川。【考異】據明史本紀，系之是月。諸書或系之二年之十月，或系之三年之十月，然以命將考之，紀中系之是年之夏者爲得其實。蓋方政等出征，當以秋冬間至，而空泥之敗，政之死難，事在明年正月。以此推之，政之奉命出師，在是年之六月無疑也。政等既出師，而思任發復侵孟養。蓋是時任發方修貢以冀緩師，沐晟遽信其降，無渡江意，政不勝憤，乃獨率麾下出戰，先勝後敗。政死之後，詔切責晟不援，故晟亦懼罪暴卒，本紀系晟卒于四年三月者是也。今據本紀，參之雲南土司傳。○思倫發、思任發、思機發，父子祖孫皆以「發」名。蓋「發」即「法」，夷人稱其長爲「法」，猶中國之稱王也。紀事本末言「思任發略取孟養，逐其宣慰刀賓玉，遂屠騰衝，踞潞江，仍自稱曰『法』。『法』，滇王號也。中國遂訛爲思任發云。」按此所記，本之田汝成西南夷傳，田官于滇，故知之。(「思任」，田傳「任」作「仁」。)證之明史傳中，所記思仁逐刀賓玉，屠騰衝，踞潞江，皆思任事。是「思仁」即「思任」也。

11 秋，七月，癸未，下禮部尚書胡濙等于獄。初，行在禮部印失，上以濙故，詔勿問，命改鑄。至是又失之，遂被劾下獄。未幾印獲，釋之，復其官。

12 辛卯，下户部尚書劉中敷等于獄。初，中官俸糈，于通州支給，中敷掌户部，改在京倉支給。中官諷御史給事中劾奏，遂並侍郎吳璽等俱下獄，既而釋之。

13 八月，辛酉，順天貢院火，席舍多焚，試卷亦殘缺。

時翰林侍講學士曾鶴齡爲考官，值初試之夕，有司懼罪，不敢言更試，惟請葺號舍終事。鶴齡曰：「必更試，然後滌百弊以昭至公。不然者，即此心無私，亦欺也。」禮部官乃具二議以進，詔下，如鶴齡言。

14 乙亥，以陝西饑，令雜犯死罪以下輸銀贖罪，送邊吏易米。

是年春，平涼、鳳翔、西安、鞏昌、漢中、慶陽凡六府，皆以饑告，故有是命。

15 九月，癸巳，蠲兩畿、湖廣逋賦凡六十四萬石，以元年、二年連災故也。

16 冬，十月，癸丑，再振陝西饑。

17 是月，召王驥等還。

論平虜功，封蔣貴定西伯，任禮寧遠伯，趙安會川伯。驥以尚書兼大理寺卿支二俸，柴車陞兵部尚書。自羅亨信以下皆陞賞有差。

18 十一月，逮天下逋逃工匠四千餘人。

初，宣德間，徵天下軍民工匠，多所興造，上即位，悉罷之。未幾，建宮殿，修九門，改造五府、六部諸司公署，又廣建京城內外諸佛寺，工役繁興，匠多逃者。二年二月以後，已逃六千餘人，至是積四千二百餘人，悉命逮之，逮至者皆桎梏赴工，軍民失望。

19是月，南京國子祭酒陳敬宗請定入監事例。敬宗任南京國子監司業九年，秩滿遷是職。至是上書言：「舊制，諸生以在監久近，送諸司歷事。比年有因事予告者，遷延累歲，至撥送之期始赴，實長奸惰，請以肄業多寡爲次第。又，近有願就雜職之例，士風卑陋，誠非細故，請加禁止。」從之。

20十二月，丙辰，下刑部尚書魏源、右都御史陳智等于獄。源經理大同邊務，本年四月召還。有御史劾「源爲御史時，曾犯贓，冒領誥命」，上以源有勞，置不問。比還，與都御史陳智相詈于直廬，智以聞，詔兩責之。七月，以坐決獄不當，與侍郎何文淵俱下獄，既而釋之。

至是以上遼王貴烚罪狀不言其内亂事，遂與三法司俱繫詔獄，智亦預焉。先是巡撫湖廣侍郎吴政等，奏「遼王貴烚不友諸弟，待庶母寡恩，捶死長史杜述，居國多過。」及召訊京師，盡得其淫穢黷倫兇暴諸不法事。上以政等所奏及三司所鞫皆不當，復命英國公張輔會問，得實，乃論貴烚重典，遂並政等規避不奏論斬。

時上嚴繩臣下，大臣下獄以爲常，源一歲兩繫。論者皆以爲王振作威之漸云。【考異】明史本紀但書十二月魏源下獄事。證之源傳，源是年兩下獄，一在七月，一在十二月，均見七卿年表，今據本傳書之。○又按，明史稿書魏源下獄于七月乙未，是源初次下獄之日分也。

21 是歲，多爾濟巴勒敗走，尋爲衛喇特托懽所殺。托懽自襲殺阿嚕台後，悉收其部。未幾，又内殺賢義、安樂二王，盡有其衆，欲自立爲可汗。衆不可，乃以托克托布哈舊作脱脱不花。故元後，立之，以阿嚕台之衆屬焉。托懽自爲丞相，陽推奉之，實不承其號令。

一時朝臣、邊將，皆言「衛喇特日强，且兩虜合一，尾大勢成，非阿爾台等殘寇之比也。」上皆不省，但戒敕防禦而已。【考異】明史王驥、蔣貴傳，言「驥等追至黑泉，朵兒只伯遠遁。」三編言其「遠遁，尋爲脱脱不花所殺」，據明史韃靼傳也。傳言「瓦剌脱懽襲殺阿嚕台，收其部，欲自稱可汗。衆不可，乃以脱脱不花爲故元後，立之。」又瓦剌傳言：「脱懽内殺其賢義、安樂兩王，盡有其衆，欲自稱可汗。衆不可，乃共立脱脱不花，以先所并阿嚕台衆歸之，自爲丞相。已，襲破朵兒只伯，復誘脅三衛窺伺塞下。」據此，則脱脱不花雖爲脱懽所奉，不過空名而已。襲殺朵兒只伯，諸書皆屬之脱懽，而證之瓦剌傳，朵兒只伯之敗在正統三年，脱懽之死在正統四年，則朵兒只伯被殺即在三年敗後也。今據紀、傳，系之三年之末。

四年（己未，一四三九）

1 春，正月，壬午，都督方政討麓川蠻，窮追，敗績，死之。

先是政等出師，詔會黔國公沐晟及晟弟右都督昂共討之。思任發者，本名思任，未襲時，曾隸孟養宣慰刀賓玉部下，賓玉嘗遣詣晟，晟兒畜之。洎擁衆麓川，侵略鄰境，勢日强。南甸知州刀貢罕，奏麓川奪其所轄羅卜思莊等二百七十八村，詔思任還之，不聽。

政等將至，思任佯言修貢，以冀緩師，復略孟養地，逐賓玉，遂據潞江，自稱曰「法」。——「法」，夷人王號也。——政謀進兵，而晟輒視思任發易與，聞其降，遷延不欲渡江。任發潛遣衆萬餘沿潞江，造船三百艘，欲取雲龍。政欲出戰，晟不可；政造舟欲濟師，晟又不許。政不勝憤，乃獨率麾下與賊將緬簡戰，破其大寨。賊奔景罕，指揮唐清復擊破之。又追之高黎共山下，斬賊共三千餘級。乘勝深入，逼任發上江。——上江，賊重地也。

政遠攻疲甚，求援于晟，晟怒其違節制渡江，不遣；久之以少兵往，至夾象石又不進。政追至空泥，賊出象陣衝擊，軍殲，政死焉。

時晟抵金齒，聞敗，引軍還。

2 二月，丁巳，總兵官蕭授討貴州計沙叛苗，平之。

時苗賊首金蟲、總牌等，糾紅江生苗作亂，僞立統千侯、統萬侯號。授督兵抵計沙，分遣都指揮鄭通攻三羊洞，馬曄攻黃柏山，大破之。都督同知吳亮窮追至紅江，斬總牌，千户尹勝誘斬金蟲，于是生苗盡降。

授在鎮二十餘年，威信大行。寇起輒滅，前後諸帥莫及也。

論功，進左都督。尋以老致仕。久之，復起視事右府。越數歲卒，贈臨武伯，謚靖襄。

3 是月，大學士楊士奇乞致仕，上不許。命歸省墓，差中使護行，賜璽書金幣，曰：「卿省墓畢，即速來。毋久戀鄉土！」

士奇省墓，道南京，聞少保黃福疾，往候之。福驚曰：「公輔幼主，一日不可去左右，奈何遠出！」士奇深服其言，越二月，還朝。

4 閏月，辛丑，釋魏源、陳智等，復其官。並宥棄交阯王通、馬騏罪，及弋謙俱罷爲民。

5 三月，己酉，以春和，下寬卹詔，「殊死以下，罪無大小，咸赦除之。」並蠲逋稅。

6 壬子，賜施槃等進士及第、出身有差。

7 庚申，廢遼王貴烚爲庶人，俾守其父簡王園。已，封其弟貴燰爲遼王。

8 麓川之敗，沐晟請益軍。詔遣使者責狀，仍調湖廣官軍三萬一千五百人，貴州一萬人，四川八千五百人，令吳亮、馬翔統之，仍敕聽晟節制。

晟行至楚雄，聞詔，懼罪，丁卯，暴卒。【考異】明史本紀，系方政之敗于正月，沐晟之卒于三月，命晟弟昂總兵討麓川于五月。證之雲南土司傳及沐晟傳，方政以正月敗沒，晟以三月引軍還，行至楚雄，會朝廷方遣使者責狀，晟因懼罪自盡。而前詔發湖廣、貴州兵，仍飭晟節制，迨聞晟死，乃改命昂。紀中所記月分，次第井然，悉與傳合。諸書所記，有在二月者，有在五月者，而通紀、紀聞諸書，皆系方政之敗於五月，尤爲不合。今悉據明史紀、傳月日書之。〇又按，晟之死，據土司傳言「暴卒」，本傳言「慚懼發病，至楚雄卒」。蓋野史所記互異，史兩存之。詳三編質實中。

9 癸酉，增南京及在外文武官軍俸廩。

10 初，湖廣巡按御史陳祚，以奏遼王罪有所隱，與巡撫侍郎吴政等先後被逮下獄，至是以事定釋之，尋改南京、雲南道御史。

11 是月，左副都御史吴訥致仕。

上初御經筵，訥録所輯小學集解上之。訥議論有根柢，于性理之書，多有發明。歸家，環堵蕭然。周忱撫江南，欲新其居，不可。家居十六年卒。

12 夏，四月，倭寇浙東。【考異】明史本紀不具，據日本傳在五月，紀事本末系之四月。

初，宣德間，定日本諸國來貢，皆給信符勘合。上即位，倭遣使來貢，明年還，工部請照例給之。又定使臣貢無過三舟，使人毋過三百，毋得多攜軍器。倭初奉約束，既則貢不如期，輒滿載方物戎器，出没海濱，得間侵掠。至是載倭船四十艘，連破台州、桃渚、寧波、大嵩二千户所，又陷昌國衛，官庾民舍，焚劫一空。詔嚴兵海上備之。

13 麓川思任發既得志，遂犯景東，剽孟定，殺大侯知州刀奉漢等，脅孟璉長官等司降之。

五月，庚戌，以右都督沐昂爲征南將軍，充總兵官，都督同知吳亮副之，討思任發。

14 壬戌，京師大雨雹。

15 丁卯，録中外囚。

16 是月，京師大雨，水溢，壞官舍民居三千三百九十區。時順天、真定、保定三府州縣及河南之開封、衛輝、彰德三府俱大水。

17 六月，戊寅，彗星見畢宿旁，長丈餘，指西南，計五十有五日乃滅。【考異】據明史天文志。三編亦書于是年六月，惟「五十五日」作「五十四日」。

18 乙未，京師地震。

19 丁酉，以京畿水災，祭告天地，諭群臣修省。

戊戌，下詔寬卹，求直言。

時翰林院編修劉定之應詔言十事：一言「號令之出，宜求大公至正，久而無弊，不可苟且數易。」二言「公卿侍從，宜數召見，察其才能心術而進退之。」三言「降人處京畿者，宜漸移之南方。」四言「郡縣職宜以京朝官補，使迭相出入。」五言「薦舉之法，不當拘五品以上，宜仿唐制，遷秩時舉一人自代。」六言「武臣子孫宜習韜略。」七言「守令牧養爲先，毋徒取幹辦。」八言「僧尼蠹國，當嚴絶。」九言「富民輸粟授官者，有犯宜追奪。」十言「丁憂文臣宜永罷起復。」所言皆切中時弊，疏上，竟留中。——定之，永新人。

20 秋，七月，庚戌，免兩畿、山東、河南、江西被災税糧凡二十一萬三千餘石。

21 壬申，汰冗官。

22 是月，滹沱、沁、漳三水俱決，壞饒陽、獻縣、衛輝、彰德隄岸，敕有司修築。

23 八月，戊戌，增設沿海防倭官。

24 己亥，京師復震。

25 是月，白溝、渾河二水溢，決保定、安州隄。蘇、常、鎮三府及江寧五縣俱水，溺死男婦甚衆。

26 九月，宣大守將楊洪，追擊烏梁海于三岔河等處，連敗之。洪以去年擊寇于白顔山，馬蹶，傷足，戰益力，卒大敗之。璽書慰勞，命醫往視，賜之銀幣。

尋以總兵譚廣年老，命洪爲右參將佐之。洪建議加築開平城，增置獨石等堠臺六十所。寇至，屢却之。

27 冬，十月，增造海運船。

28 十一月，福建僉事廖謨以事杖死驛丞，大學士楊溥欲坐謨抵罪，楊士奇謂「因公致死，宜示薄譴」，互争不決，請裁于太皇太后。王振因進言：「溥與驛丞同鄉，士奇與僉事同鄉，各有私意。抵償過重，因公過輕，宜對品降職。」太后然之，乃出謨爲同知。

自是振漸摭閣臣過，侵其權，自士奇以下，皆莫能難也。

29 十二月，四川松潘祈命族番叛。丁丑，命都督同知李安充總兵官，僉都御史王翺參贊軍務，討之。

先是指揮趙得奏祈命番族桑巴舊「桑」作「商」。作亂，官軍捕禽之。其弟小桑巴復聚浦江、新塘等關，據險劫掠，至是命安等率官軍士兵二萬人往。

30 是歲，衛喇特托懽死，子額森嗣，舊作也先。稱太師、淮王，北部皆服屬，托克托布哈具空名，不復相制，每入貢，主臣並使。朝廷亦兩敕答之，稱托克托曰達達可汗，額森曰太師，賜賚甚厚，並及其妻子部長。于是額森勢益横，邊境自此多事矣。【考異】據明史衛喇特傳，脱懽之死在四年，諸書皆系之八年，誤也。正統六年，托克托布哈及其太師額森遣人貢馬，是脱懽已前死明矣。三編統系之正統七年入貢之下，目中追書脱懽之死于四年，與明史合，今從之。

五年（庚申、一四四〇）

1 春，正月，己未，大祀南郊。

2 是月，少保、南京户部尚書黄福卒。

福歷事六朝，多所建白。公正廉恕，當官不爲赫赫名，事微細無不謹。憂國忘家，老而彌篤。初，太宗手疏大臣十人，令解縉評之。惟于福曰：「秉心易直，確乎有守。」無少貶。上即位，令福以少保參贊南京機務。時襄城伯李隆守備南京，福嘗坐隆側。楊士奇寄聲曰：「豈有孤卿而旁坐者？」福曰：「焉有少保而贊守備者邪？」卒不變。然隆待福甚恭，公退，即推福上坐，福亦不辭。兵部侍郎徐琦自安南回，福與相見石城門外。或指福問安南來者曰：「汝識此大人不？」對曰：「南交草木亦知公名，安得不識！」

卒之日，贈謚不及，士論頗不平。成化初，始贈太保，謚忠宣。

3 召襄城伯李隆提督京營，以豐城侯李賢守備南京。【考異】明史本紀不書。吾學編及通紀、憲章録皆系之五年正月，證之明史本傳，是也。惟諸書以豐城侯爲李彬，不知彬已卒于永樂二十年，子賢嗣封，此時守備南京乃賢也。賢以正統初鎮大同，亦見本傳。而明史鄭辰傳，言「辰與豐城侯李彬轉餉大同」，則亦誤以賢爲彬矣，今刊正。

隆守南京十餘年，鎮以靜定，最識大體。讀書好文，尤敬禮士大夫。及召還，南都士民，流涕送之江上。

4 二月，乙亥，以翰林院侍講學士馬愉、侍講曹鼐入內閣，預機務。

先是王振用事，漸厭三楊，一日，語士奇、榮曰：「朝廷事久勞公等。今公等皆高年，倦矣。」士奇曰：「老臣盡瘁報國，死而後已。」榮曰：「吾輩衰殘，無以效力，當擇後生可任者報聖恩耳。」振喜而退。士奇以咎榮，榮曰：「彼厭吾輩矣。一旦內中出片紙令某人入閣，且奈何？及此時進一二賢者，同心協力，尚可爲也。」士奇以爲然。翌日，列愉、鼐及侍讀學士苗衷，侍講高穀名以進，愉、鼐遂先被擢用。【考異】明史本紀，馬愉、曹鼐入閣，系之是年二月乙亥。證之愉、鼐本傳（愉附楊溥傳中。）皆云「以正統五年入內閣，預機務。」又證之宰輔年表，在五年二月，與本紀合。又證之愉傳，言「楊榮答王振云云，遂于翌日列苗衷、曹鼐及愉名以進。」又高穀傳，言「英宗即位，開經筵，士奇薦高穀及苗衷、馬愉、曹鼐四人。」據此，則四人入閣，雖先後不同，皆三楊夾袋中人也。愉、鼐入閣在五年二月，衷、穀入閣在十年十月，明史紀、傳、表所載悉合。而稽之弇州史乘考誤，則所薦四人，有陳循，無馬愉，又鼐等入閣之年分，與明史絕不合，且亦與弇州自撰之輔臣年表不合。其增陳循而遺馬愉，則爲祝枝山野記之說所誤，而至謂「曹鼐之入閣在正統九年」，則尤懵懵語也。今據明史馬愉、高穀傳及三編書之，弇州之誤，別詳考證中。

5 甲申，命僉都御史張純、大理少卿李畛振撫畿內流民。

6 是月，大學士楊榮乞歸省墓，命中官護行。

7 三月，戊申，建北京宫殿。

初，永樂間，奉天、華蓋、謹身三殿災，稍稍修葺之。上即位，命中官阮安同都督沈清、工部尚書吴中等重建三殿。奉天門爲正朝，大事御正殿，其後爲華蓋，又其後爲謹身，皆較前壯麗。並修繕乾清、坤寧二宫。凡役工匠官軍七萬餘人。

8 丁巳，麓川思任發請罪，詔宥之。

9 夏，四月，壬申，免山西旱災逋賦。

10 癸未，振畿内八府饑。

11 丙戌，平松潘蠻。

桑巴者，祈命族番國師也，指揮趙諒誘執之，掠取其財，與同官趙得誣以叛狀。王翺訪得其情，至則釋桑巴于獄，奏請誅諒戍得，復桑巴國師，使招諭其弟，撫定餘黨，而松潘遂平。

12 初，開中事例，商人納米塞下給引，在于淮、浙、長蘆等處支鹽。永樂間，在場守支，有祖孫相代不能得者，乃議仿洪武中例，加鈔錠以償之，願守支者聽。至是以守支年久，少有上納者，乃定常股存積之法，以十分爲率，八分給守支商曰「常股」，二分收貯于官曰「存積」，遇邊警始召商中納。然常股價輕，循次守支，迄不可得；存積價雖重，可以不次支給。于是商人甚苦守支，而争趨存積，則常股愈壅。

13 五月，沐昂討麓川，抵金齒，畏賊盛，不敢進。參將張榮前驅至芒市，爲賊所敗。昂不救，遂棄符驗軍器奔還，敕責昂，逮吴亮、馬翔等。

14 六月，丁丑，免兩畿被災税糧。

15 戊寅，録囚。

16 是月，兩畿、山東、河南、浙江、江西大水，江、河皆溢。陝西平涼諸府，山西行都司及蔚州，皆大雨雹，深尺餘，傷稼。

17 中官王振喜僧道，每歲必一度之。是年五月以前，已度二萬一千人，至是又度，前後共二萬二千三百餘人。黄冠緇衣，布滿街市，自來僧道之多，無踰于此。

18 秋，七月，辛丑，遣刑部侍郎何文淵等分行天下，修備荒之政，從大學士楊士奇之請也。時太皇太后事以養民爲務，每遇水旱，振濟動億萬計，蠲免災糧或數百萬石，閭閻安樂，雖災不爲害。迨王振用事，悉反初政，惟蠲租振荒，尚仍之不改云。

19 壬寅，大學士楊榮還朝，行至杭州武林驛，以疾卒。

榮歷事四朝，善處君臣間。每諸大臣議事不決，觸上怒，榮至輒解。又或遇人被重譴致不測，往往以微言導上意，亦旋解。嘗語人曰：「事君有體，進諫有方，以悻直取禍，吾不爲也。」故其恩遇亦始終無間。性喜賓客，雖貴盛，無稍崖岸，士亦多歸心焉。或謂榮處國家大事不愧唐姚崇，而不拘小節亦頗類之。

嘗從文皇北征，頗通餽遺，邊將歲致良馬。帝頗知之，賴士奇力言「榮曉暢邊務，不宜以小過介意」，事乃解。榮數短士奇于帝前，至是愧之，遂相得甚歡。晚年，值王振用事，導上以重法繩臣下。榮之歸也，靖江王佐敬私餽榮金于京邸，榮固不知。振欲借以傾榮，賴士奇力解乃已。

卒，年七十，贈太師，諡文敏。

20 八月，乙未，令各邊修舉荒政。

21 九月，壬寅，蠲雲南逋賦。

22 是月，封都督張昇爲惠安伯。

昇與彭城伯昶，並太皇太后之兄，而昶已前卒。太后念外氏惟昇一人，故別封之。

23 冬，十月，庚午朔，蘭州莊浪地震十日。踰月，又屢震，壞城堡廬舍，壓死人畜。【考異】見明史五行志。據本紀，「六年正月，以莊浪地震，躬祀郊廟。」今于是年十月下據增。

24 十一月，壬寅，振浙江饑。

25 壬子，免蘇、松、常、鎮、嘉、湖水災稅糧。

26 丁巳，下河南僧楊行祥于獄。

先是有僧年九十餘，自雲南至廣西，詐稱建文帝，遣其徒清進詣思恩府土官知府岑瑛。時安遠侯柳溥，升之子也，以總兵官鎮廣西，瑛執送溥。械至京，會官鞫之。僧自言：「九十餘，且死，思葬祖父陵旁耳。」御史言：「建文帝生洪武十年，今當六十四歲。」僧詞屈，乃自陳「姓名爲楊行祥，河南鈞州白沙里人。洪武十七年度爲僧，歷游兩京、雲南，至廣西。」詔錮之錦衣衛獄，越四月死。其徒十二人皆戍邊。

或曰：「建文帝遜國後，爲僧于雲南、廣西間，好爲詩，行祥偶同寓，竊其詩，遂冒其名」云。【考異】明史、三編皆據英宗實録。蓋所械送之僧本非建文，安得有「迎入大内」之說？野史多出傅會，而薛氏憲章録誤系之正統十二年，又以思恩之升州爲府始此，弇州考誤辨之，是也。今按思恩州之升府，據明史廣西土官傳，「思恩知州岑瑛，以正統二年進職知府，仍掌州事，以其從征蠻寇有功也。後因與田州知府岑紹交惡，各具奏，下總兵三司議。于是柳溥請升思恩爲府，俾瑛、紹各守疆土以杜侵争，從之。」據此，則思恩之升府，與送異僧事無涉也，今從明史、三編一概删之。惟楊行祥之詐稱建文，野史以爲竊其詩者似之。證之萬曆間神宗問張居正建文事，因取在滇詩以進，意即此時械送之僧與詩俱上，並入之爰書供證中，今存之以爲或說。

27 乙丑，沐昂討平師宗蠻。

28 十二月，壬午，免南畿、浙江、山東、河南災糧。

29 麓川思任發請罪，廷議罷兵。而王振欲示威荒服，先已召還甘肅總兵官蔣貴等使待命，兵部尚書王驥揣知振意，力主用兵，振大悦，遂絀廷議。于是麓川之役起。

明通鑑卷二十三

江西永寧知縣當塗**夏　燮**編輯

紀二十三起重光作噩（辛酉），盡彊圉單閼（丁卯），凡七年。

英宗睿皇帝前紀

正統六年（辛酉、一四四一）

1 **春，正月，己亥朔，欽天監言日食，不應。禮官以爲當食不食，請表賀，不許。**【考異】明史本紀言「日當食不見」，非陰雨之謂，蓋推曆者失之也。典彙言「五年歲暮，敕群臣曰：『欽天監言正統六年正月朔日食九十一（抄）〔秒〕。故事，食不一分者不救護。朕惟事天之誠，雖微必謹。至期仍救護如制。』」據此，則欽天監推是年正月朔日食九十一秒，而卒不應，故禮官以當食不食請賀，而不知其爲推曆之誤也。三編則直言「日食不應」，今從之。

2 **庚戌，大祀南郊。**

[3] 乙卯，以莊浪地屢震，祀郊廟，遣使祭西方嶽鎮。

[4] 大舉征麓川。以定西伯蔣貴爲平蠻將軍，都督同知李安、僉事劉聚副之，兵部尚書王驥總督軍務，太監曹吉祥監督軍務。大會諸道兵十五萬，轉餉半天下。——皆王振主之也。

[5] 二月，大學士楊溥請歸省墓，尋還。

[6] 王驥等奉命征麓川，陛辭，上賜驥貴金兜鍪、細鎧、蟒繡緋衣、朱弓矢，許驥以便宜行事。驥又薦太僕少卿李蕡、郎中侯璡、楊寧等隨軍贊畫。

侍讀劉球上疏曰：「帝王之馭四夷，必宥其小而防其大，所以通緩急之宜，爲天下久安計也。周伐崇不克，退修德教以待其降；至于玁狁，則命南仲城朔方以備之。漢征南越不利即罷兵，賜書通好；至于匈奴雖已和親，猶募民徙居塞下，入粟實邊，復命魏尚守雲中拒之。

今麓川殘寇思任發，素本羈屬，以邊將失馭，致勤大兵，雖渠魁未殲，亦多戮群醜，爲誅爲舍，無繫輕重。璽書宥罪，使得自新，甚盛德也。邊將不達聖意，復議大舉，欲屯十二萬衆以趣其降，不降則攻之。不慮王師不可輕出，蠻性不可驟馴，地險不可用衆，客兵不可久淹。況南方水旱相仍，軍民交困，若復動衆，紛擾爲憂。臣竊謂宜緩天討，如周、漢之于崇、越也。

至于衛剌特，終爲邊患，及其未即騷動，正宜以時防禦。迺欲移甘肅守將以事南征，猝然有警，何以爲禦？臣竊以爲宜慎防遏，如周、漢之于玁狁、匈奴也。

伏望陛下罷大舉之議，推選智謀將帥，輔以才識大臣，量調官軍，分屯金齒諸要害，結木邦諸蠻以爲援，乘間進攻，因便撫諭，寇自可服。至于西北障塞，當敕邊臣巡視，濬築溝垣，增繕城堡，勤訓練，嚴守望，以防不虞，有備無患之道也。」

章下兵部，謂南征已有成命，不用。——球，安福人。

7 三月，庚子，下兵部侍郎于謙于獄。

謙巡撫山西、河南十二年，威惠大行。每入京師，無私謁，王振銜之。謙以在外久乞召還，薦參政王來、孫原貞自代。通政使李錫阿振指，劾「謙以久不遷怨望，擅舉人自代。」會謙來朝，遂下法司論死。繫獄三月，始釋之，左遷大理少卿。山西、河南吏民，伏闕上書請留謙者以千數。久之，始復原官。【考異】明史本紀系下于謙獄于三月庚子，三編亦系之三月，皆據實録也。謙傳謂「是時三楊已前卒，太監王振方用事，適有御史姓名類謙者嘗忤振。謙入朝，薦參政王來、孫原貞自代。通政使李錫阿指劾謙怨望云云，遂繫獄三月。已而振知其誤，得釋。」按此所記，即是年下獄之事。而是時三楊惟榮以去年卒，士奇、溥皆在，而忤振之御史以姓名類謙致誤者恐亦非。實録、三編、輯覽俱作「王振銜之」，是也，今從之。

8 是月，兵部尚書柴車自陝西召還。上念車久勞，命與都御史曹翼歲一更代。及期病甚，請歸治疾。未及行，越二月卒。車介特，有宴樂輒不與，至斷酒肉。

9 夏，四月，己卯，以災異屢見，遣使祭郊社山川。甲午，遣使省天下疑獄。——楊士奇請之也。

10 五月，庚戌，太白經天。【考異】明史天文志，「五月庚戌，太白晝見」，三編作「經天」。按是時以天變命理兩京刑獄，則作「經天」者是也。經天與晝見同，而經天較重，三編蓋據實録書之。

甲寅，命刑部侍郎何文淵、大理卿王文録在京刑獄，巡撫侍郎周忱、刑科給事中郭瑾録南京刑獄。

11 六月，右都御史陳智被劾免，擢王文右都御史。

12 秋，七月，丁未，振浙江、湖廣饑。

13 八月，召提學僉事薛瑄爲大理少卿。

先是王振問大學士楊士奇：「吾鄉誰可大用者？」士奇薦瑄，至是遂召之。瑄至京師，士奇使謁振，不可，曰：「拜爵公朝，謝恩私室，吾不爲也。」一日，議事東閣，公卿見振多趨拜，瑄獨屹立。振趨揖之，瑄亦無加禮。自是振遂銜瑄。【考異】明史本傳不具年分，紀聞、典彙皆系之是年八月。憲章録書于八年，因下獄牽連並記耳。今書于是年八月下。

14 九月，奉天、華蓋、謹身三殿及乾清、坤寧宫成。

15 冬，十月，丁丑，下户部尚書劉中敷、侍郎吴璽、陳瑺于獄。中敷等掌户部，以京城草束不足，請以供御牛馬分牧民間。言官劾其變亂成法，並繫獄論斬。詔荷校長安門外，凡十六日，始釋之，仍復其官。

16 庚寅，免畿内被災税糧。

17 十一月，甲午朔，上御奉天殿，賜文武落成宴。【考異】明史本紀系之十一月朔，三編系之九月。蓋三殿成于九月，其御殿賜宴則在十一月，皆牽連記事例也，今分書之。洪、永以來故事，中官不預外廷宴。是日，上遣使問：「王先生何爲？」——王先生，謂王振也。上在宫中，呼振先生而不名。——使至，振方大怒，曰：「周公輔成王，我獨不可一坐耶？」使復命，上蹙然，命開東華中門召振，至，百官候拜于門外，振始大悦。時上傾心嚮振，公侯勳戚咸呼振曰「翁父」。工部郎中王祐，以諂事振驟擢本部侍郎；都御史王文、陳鎰，俱跪門俯首；兵部侍郎徐晞屈膝，尋擢尚書。一時士大夫廉耻道喪，相與恬然。

18 以宫殿成，大赦天下。

初，仁宗欲還都南京，命北京諸司仍稱行在，至是定都北京，始去行在稱。

19 癸卯，王驥率諸軍大戰于麓川，拔其上江寨。驥馳傳至雲南，部署諸將，遣參將冉保由東路趨孟定大軍山，大軍由中路至騰衝，分道夾擊。遂與蔣貴率二萬人疾趨上江，圍其寨五日，不下。會大（氣）〔風〕，縱火焚其柵，拔之，斬首五萬餘級。

20 癸丑，免河南、山東及鳳陽等府被災稅糧，凡四十四萬三千四百餘石。

21 閏月，衛喇特額森入貢。

詔問馬駝芻菽數，户部劉中敷等不能對。王振言于上，上怒，甲戌，復下中敷及吴璽、陳瑺于獄。踰年，釋中敷爲民，璽、瑺戍邊。

中敷既罷，召倉場侍郎王佐代之。

22 十二月，王驥等克麓川。

驥等之趨上江也，令副總兵劉聚、右參將宫聚等，由夾象石渡下江，通高黎共山道，與大軍會于騰衝，長驅抵杉木籠山。賊乘高據險，築七壘相救，驥遣聚等分左、右翼，緣嶺而上，自將中軍奮擊，賊大潰，連破之。乘勝至馬鞍山，進擣賊巢。山陡絶，深塹環之，東南面江，壁立不可上。賊更從間道潛師出大軍後，驥戒軍中毋動，而令都指揮方瑛以六千人突入賊寨，斬首數百，復誘敗其象陣。——瑛，政之子也。

會冉保亦由東路破諸蠻寨，以兵來集，驥令截守西峨渡防賊軼。乃分督諸將環攻其七壘，積薪縱火，風大作，焚死及溺江死者凡數萬人。思任發僅免，攜其二子走孟養。獲其虎符金牌及宣慰司印，又所掠騰衝諸衛所印章凡三十有奇。犁其巢穴，留兵守之而還。

捷聞，上及王振皆大悅。丁未，詔班師。

是役也，惟副總兵李安駐潞江護餉，聞貴等大破賊，自恥無功，乃率兵追擊餘賊于高黎共山，敗績，都指揮趙斌等戰没，亡士卒千餘人。詔逮安下獄。

23 是歲，蘇州知府況鍾，吉安知府陳本深，皆九載秩滿，詔進正三品，仍視府事。

鍾起刀筆，然重學校，禮文儒，剛正廉潔，孜孜愛民，前後守蘇者皆莫能及。先丁母憂，郡民詣闕乞留，詔起復。至是以考最當遷，部民二萬餘人走訴巡按御史張文昌，乞再任，奏聞，遂有是命。明年十二月，卒于官，吏民聚哭，爲立祠祀之。

本深爲政，耡豪强，息争訟。尤折節士人，飾治儒學，奏新先儒歐陽修、周必大、楊邦乂、胡銓、楊萬里、文天祥祠廟。至是當遷，亦以部民留進秩，仍守吉安。又九年，政化大行。一日升堂，聞鼓樂聲，問之，則廨前民嫁女，本深笑曰：「吾來時，乳下兒也。今且嫁，我尚留此耶！」遂請老。既去，郡人肖象祀之。【考異】況鍾、陳本深進秩事，見明史本傳，在正統六年，三編系之是年十月，今據增入六年之末。

七年（壬戌、一四四二）

1 春，正月，甲戌，大祀南郊。

2 二月，庚申，車駕謁天壽山陵。越四日，三月甲子，還宮。【考異】明史稿，「三月壬戌朔，謁天壽山陵，甲子，還宮。」明史書謁天壽山陵于二月，據發京師之日也，今從之。

3 乙亥，免陝西屯糧十之五，旱故也。

4 戊寅，賜劉儼等進士及第、出身有差。

5 夏，四月，甲午，振陝西旱饑。

是月，兩畿、山東、山西、河南、陝西皆旱蝗，命吏部侍郎魏驥等分往各郡縣督有司捕之。又免山東、山西、河南被災稅糧。

6 五月，壬申，論麓川功，進封定西伯蔣貴爲侯，王驥爲靖遠伯，侯璡、楊寧以下皆陞賞有差。【考異】明史本紀系之五月壬申，功臣年表同。諸書系之三月者，王驥等以三月還，牽連並記也。證之七卿表，驥以是年三月還，五月封靖遠伯，尤爲明析，今據之。

驥受封，解部事。以侍郎徐晞爲兵部尚書。

7 戊寅，立皇后錢氏。

后族單微，上欲封其父貴爲侯，后遜謝，故后家獨無封。

8 丁亥，倭寇浙東，陷大嵩千户所，殺官軍百人，掠三百人，糧四千四百餘石，軍器無算。

9 六月，壬子，遣户部侍郎焦弘整飭浙江防倭事，兼理蘇松、福建沿海軍務。

10 是月，吴中致仕，越二月卒。

中前後在工部二十餘年，北京宫殿及長、獻、景三陵，皆中所營造，規畫井然。然不恤工匠，家貲巨萬，湛于聲色，時論鄙之。

踰月，以工部侍郎王卺陞任尚書。

11 秋，七月，丙寅，振陝西饑，贖民所鬻子女。

12 思任發之走孟養也，詔木邦、緬甸：「能效命禽任發獻者，即以麓川地予之。」既而任發走孟蒙，爲木邦宣慰所擊，追過金沙江，走孟廣，爲緬甸宣慰卜剌當所禽，于是緬人挾之以求麓川。

任發子思機發，復率餘衆據者藍，聞任發被禽，懼，遣弟招賽入貢謝罪。廷議欲因而撫之，王振不可。

13 八月，壬寅，復命王驥總督雲南軍務，率參將冉保、毛福壽等以往。未至而機發遣其弟招賽入貢，朝廷不納。會緬甸亦奏獲思任發，請麓川地，不許。敕驥以便宜討思機發，且圖緬甸。

14 九月，甲戌，陝西進嘉禾，禮臣請表賀，不許。

15 是月，始置太倉銀庫。

先是，歲賦折銀，謂之「金花銀」，入内承運庫，至是復設太倉銀庫，專以貯銀。各直省派賸麥米，十庫中綿絲、絹布及馬草、鹽課、關税，凡折銀者俱入太倉；籍没家財，變賣田産，追收店錢，援例上納者亦入焉。——銀庫之設始此。【考異】明史本紀不書，證之食貨志在是年。吾學編系之九月，憲章録系之七月，今據吾學編。

16 冬，十月，壬辰，烏梁海寇廣寧前屯，大掠而去。

時衛喇特額森正强，三衛附之，泰寧衛頭目以女妻額森，皆陰爲之耳目，入貢輒易名，且互用其印。上惡其反覆，始議討之。【考異】明史稿書寇廣寧于十月癸丑，又云，「十一月己巳，掠塞兒山。」明史不載己巳入寇事，其寇廣寧則十月壬辰也，今據明史書之。

17 乙巳，太皇太后張氏崩。

先是太皇太后大漸，命中官問大學士楊士奇、楊溥：「國家尚有何大事未舉？」士奇因上三事，其一言「建文君雖亡，曾臨御四年，當修實録，仍用建文年號」；其二言「太宗詔：『有藏方孝孺諸臣遺書者死』，宜弛其禁」；其三未及上，而太皇太后已崩。【考異】楊士奇等所上三事，語出枝山野記，三編據增入目中，今從之。遺詔勉大臣佐帝惇行仁政，語甚諄篤。太后自宣廟之崩，以上在沖齡，凡宮中玩好之物，不急之務，悉皆罷去；禁中官不得差遣，有事必關白始行；委任三楊，政在臺閣。數年來海宇休息，皆太后之力也。王振擅權，以太后故不敢逞，數年來太后有疾，漸至驕縱，及崩而振益無顧忌矣。

癸丑，上始御門視事。

御批三編曰：當〔時〕閹豎擅權肆横，流毒方深，大事無過于此者，士奇等寧當不以爲隱憂！即誠孝太后亦未嘗不慮其貽害，故爾倉猝垂詢。諸臣如果忠于爲國，當思此事機難得，一去而不可復挽，即宜列王振罪惡，亟舉入告，以請速除凶孽，或冀其萬一得行，猶可有裨國政。若建文君臣之復號弛禁，即未及陳于平時，亦無妨俟之異日，有何迫不及待，而於呼吸難留之頃舉此以塞白乎？至其三未及上，紀者亦不言其何事，則與前二條之摭拾無當，大略相同。士奇等爲相，雖亦有小節足稱，而核其實，究不免阿容守位，至是而老將及之，尤不過浮沈自全而已。史家艷稱三楊相業，果盡可爲定評耶？

18 十一月，衛喇特額森遣使入貢。

故事，衛喇特使入貢，來者不過五十人。其後利朝廷賞賚，增至二千餘人，大同供億費至三十餘萬，屢敕不奉約束。又所過多殺掠，邀索不遂，輒造釁端。是春，上以貢使太多，限三百人入關。及秋，至大同者仍二千餘人，旬日又百餘人，詔姑納之。使人以馬易弓，藏于衣篋，不可勝計。巡撫羅亨信請于居庸關詰檢之，不許。鎮守太監歲造箭簇數十甕遺其使，恃王振庇之，故上不之知，知亦不問也。

19 十二月，葬太皇太后于獻陵，上尊謚曰誠孝昭皇后。

20 是冬，以僉都御史王翱提督遼東軍務。

翱前鎮江西、陝西，上知其能，至是以遼東寇迭侵，將士不能力戰，使翱治之。翱至，諸將庭謁，責以失律罪，命曳出斬之，皆股栗叩頭，願效死贖。翱乃躬行邊塞，起山海關，抵開原，繕城垣，濬溝塹。五里爲堡，十里爲屯，使烽燧相接。練將士，室鰥寡，軍民大悅。又以邊塞孤遠，軍餉不繼，緣俗立法，令有罪得收贖。十餘年間，得穀及牛羊數十萬，邊用大饒。【考異】翱督遼東軍務，明史本紀不書，證之翱傳，在是年之冬，今從之。吾學編、通紀皆系之三月，誤。

21 初，洪武中，鑒前代宦官之禍，置鐵碑高三尺，上鑄「内臣不得干預政事」八字，在宫門内，宣德時尚存，至是振以太皇太后崩，益無忌，遂盜毀之。

八年（癸亥、一四四三）

1 春，正月，丁卯，大祀南郊。

2 是月，吏部尚書郭璡致仕。

先是六年，御史曹恭以災異請罷大臣不職者，上命科道官參議，璡及尚書吴中、侍郎李庸等，被劾者二十人，上皆切責而宥之。至是璡子亮受賂，爲人求官，事覺，御史孫毓等復劾璡。璡請致仕，許之。踰四年卒。

3 以禮部侍郎王直爲吏部尚書。

時初罷廷臣薦舉，方面大吏專屬吏部。直委任曹郎，嚴抑奔競，凡御史巡方歸者，必令具所屬賢否以備選擢，時稱得人。

直子稹，爲南國子博士，考績至部，文選郎欲改北學，留侍直，直曰：「是亂法自我始矣。」不可。

遇王振，未嘗少降辭色。每坐，直先居其右，曰：「太監四品，尚書二品也。」振無如之何，更加禮貌焉。

4 吏部侍郎魏驥，直道自持，時王振怙寵，獨嚴重驥，呼先生。振出，六卿皆斂輿避，驥一日遇振于崇文門，不爲避，振頗銜之，遂改禮部。

尋以老請致仕，吏部尚書王直，言「驥未衰，如念其老，宜令去繁就簡」，乃改南京吏部侍郎。復以老請，不允。尋進尚書。

5 二月，己丑，汰南京各衙門冗官。

6 戊戌，淮王瞻墺來朝。丙午，荊王瞻堈來朝。

7 三月，刑部尚書魏源致仕，以户部侍郎王質陞任代之。未幾，以失囚，謫降户部侍郎。

8 夏，四月，以元儒吴澄從祀孔子廟廷。

先是慈利教諭蔣明，建言「澄宜從祀」，大學士楊士奇主之，遂從明議。【考異】明史本紀系吴澄從祀于正統元年四月。證之禮志，言「八年慈利教諭蔣明請祀元儒吴澄，大學士楊士奇從之。」明會典亦系澄從祀于八年，吾學編、續文獻通考並同，疑紀誤也。今據傳年分，並據諸書，系之是年四月。

9 王驥抵金齒，檄緬甸送思任發，緬人陽聽命，持兩端。驥乃復請濟師，圖再舉，從之。

五月，己巳，復命平蠻將軍蔣貴會驥討思機發，調士兵五萬，發卒轉餉凡五十萬人。

10 戊寅，雷震奉天殿鴟吻。上輟朝祭告，敕修省求直言。壬午，赦天下。

11 侍講劉球，應詔陳十事：【考異】明史稿系劉球應詔陳十事于五月，以是月殿災求言也。明史本紀書之六月丁亥下，牽連並記耳。今分書之。「一曰勤聖學以正心德。古聖王不作無益，故心正而天不違之。願皇上勤御經筵，數進儒臣，講求至道。務使學問功至，理欲判然，則聖心正而天心自順矣。

二曰親政務以攬乾綱。政由己出，則權不下移。我太祖、太宗，日視三朝，進大臣于左順門或便殿，親與裁決庶政，總自一人。願皇上守二聖成規，使權歸于一。

三曰任大臣以崇國體。古之擇大臣者，必詢諸左右大夫國人，及其有犯，雖至大辟，亦不加刑，第賜之死。今用大臣，未嘗皆出公論。及有小失，輒桎梏箠楚之，未幾時又復其職，甚非所以待大臣也。願自今，擇任大臣，宜允愜衆論。小犯則置之，必不可容，亦宜下法司定罪，使自爲計，庶不乖共天職之意。

四曰選禮臣以隆祀典。今之太常，即古之秩宗，必得清慎習禮之臣，然后可交神明。今卿貳皆缺，宜選擇儒臣，使領其職。

五曰嚴考覈以肅吏治。古者省方巡守，所以察吏得失，問民疾苦。兩漢、唐、宋盛時，數遣使巡行郡縣，洪、永間亦嘗行之。今久不舉，吏多貪虐，民不聊生，而軍衛尤甚。宜擇公明廉幹之臣，分行天下，考察文武，庶人知勸懲而吏治亦修。

六曰慎刑罰以彰憲典。古人君不親刑獄，必有理官，蓋恐任喜怒而輕重失平也。邇法司所上獄，多奉敕增減輕重，不敢執奏。及訊他囚，又觀望以爲輕重，民用多冤，宜使各舉其職。至運磚、輸米諸例，均非古法，尤宜罷之。

七曰罷營作以蘇民勞。春秋營築必書，戒勞民也。今京師興作，五六年矣，曰不煩民而役軍，軍獨非國家赤子乎？況營作多完，亟宜罷工以紓其力。

八曰寬逋賦以恤民窮。各處水旱，有司既不振救，請減租税，或亦徒事虚文。宜令户部以時振濟，核實減免，兼安養流民，使不失業。

九曰息征討以重民命。麓川近年用兵，死者十之七八，軍貲爵賞，不可勝計。今瘡夷未瘳，又遣蔣貴遠征緬甸，責獻思任發。果禽以歸，不過梟之通衢而已。緬甸挾以爲功，必求與木邦共分其地。不與則致怨，與之則兩蠻坐大，是減一麓川，生二麓川也，設有蹉跎，兵事無已。臣見皇上每録重囚，多宥令從軍，仁心若此。今欲生致一失地之窮寇，而驅數萬無罪之衆以就死地，豈不有乖于好生之仁哉！宜敕緬人斬任發首來獻，機發既已歸罪，即量削其地，分于各寨新附之蠻，則一方可寧。

十曰飭武備以防外患。迤北貢使日增，包藏禍心，誠爲難測。宜分遣給事御史閲視京邊官軍衛卒，以時訓練。公武舉之選以求良將，定召募之法以來材勇，廣屯田之規，收中鹽之利，以廣儲蓄，庶武備無闕而外患可弭。」

疏上，王振益惡之。

12 六月，丁亥，下翰林侍講劉球于獄，王振尋使人殺之。

球疏既上，下廷臣議。惟擇太常官可行，令吏部推舉，修撰董璘遂乞改官太常奉祀事，而獄因之起。

初，球言麓川事，振固已銜之。欽天監正彭德清，球鄉人也，倚振爲奸，凡天文有變，皆匿不奏。一時公卿，以振故皆趨謁德清，球絶不與通。德清恨甚，遂摘疏中攬權語謂振曰：「此指公耳。」振益大怒。會璘疏上，振私人錦衣指揮馬順喜謂振曰：「此可以并殺球矣。」遂誣以同謀，並逮下錦衣衛獄，旋屬馬順殺球。

乙未，順深夜攜一小校，持刀至球所。球方卧，起立，大呼太祖、太宗。校直前斷其首，血流被地，體猶植立不仆。遂支解之，瘞獄户下。【考異】明史本紀書球下獄及被殺于六月丁亥，明史稿書下獄于乙未，蓋下獄在丁亥，被殺在乙未也。若甲辰則薛瑄下獄之日，明史稿牽連球事記之，今不從。

振既殺球，遂不問，獄解，璘得釋歸。球之見殺也，璘在旁，竊其血裙歸，遺球子鉞，鉞後復求得一臂，裹裙以斂。

順有子病，忽起捽順髮，拳且蹴之曰：「老賊！令爾他日禍踰我。我劉球也。」順驚悸，俄而子死。

小校者，傳爲盧氏人。球死數日，有識校者，見其貌瘠色慘，詢之，校吐實告，且曰：

「爲勢所迫不敢違。比聞劉公忠臣，吾儕小人，無故作此逆天理事，死有餘罪矣。」因慟哭悔恨不已，未幾亦死。

璘有孝行，既歸，遂不復出云。【考異】據明史球傳，記董璘遺球子血裙，並馬順子拳蹴馬順事。又云，「俄而子死，小校亦死。」紀事本末則言「此校係盧氏人，與耿九疇鄰。所云貌瘠色慘，即九疇所見。」而憲章錄謂「九疇愛其年少俊美」云云，弇州史乘考誤謂「清惠正人，不宜有此。」今采入，節而書之。

13 甲辰，下大理少卿薛瑄于獄。

振既銜瑄，欲因事搆陷之。會有指揮某死，振從子山曾與其妾通，欲納之，指揮之妻不可。妾遂訐妻毒殺夫，下都察院訊，已誣服，瑄及同官辨其冤，三却之。都御史王文承振旨，誣瑄及左、右少卿賀祖嗣、顧惟敬等故出人罪，振復諷言官劾瑄等受賄，並下獄。論瑄死，祖嗣等末減有差。

瑄繫獄待決，猶讀易自如。子三人，願一子代死，二子充軍，不允。及當行刑，振蒼頭忽泣于爨下，問故，泣益悲，曰：「聞今日薛夫子將刑也。」振頗感動。會刑科三覆奏，兵部侍郎王偉亦申救，乃得釋，罷爲民。

14 丙午，蠲湖廣逋賦。

15 秋，七月，戊午，國子祭酒李時勉荷校于國子監門，王振矯旨坐之也。

初，時勉請改建國子監，上命振往視，時勉待之無加禮，振銜之，廉其短，無所得。時勉嘗芟彝倫堂樹旁枝，振遂言「時勉擅伐官樹入家」，徑取中旨，與司業趙琬、掌饌金鑑並枷國子監前。官校至，時勉方坐東堂閱課士卷，徐呼諸生，品第高下，顧僚屬定甲乙揭榜乃行。方盛暑，枷三日不解，監生李貴等三千餘人詣闕乞貸。有石大用者，上章願以身代。諸生圜集朝門，呼聲徹殿廷。振聞諸生不平，恐激變，及通政司奏大用章，振內慚。會會昌侯孫忠生日，公卿皆爲壽。——忠，太后父也。——助教李繼因公卿請解于忠。太后使至忠家，忠言：「今歲生辰殊不樂，以公卿皆集，獨李先生荷校不至耳。」使還奏，太后言于上，上始知振所爲，立釋之。

大用朴魯，素不爲六館所知，至是名動京師。而繼官于國子監，不拘檢柙，時勉嘗規切之，繼不能盡用，然心感時勉言，至是遂得其助云。

16 八月，致仕祭酒胡儼卒。

儼家居二十年，方岳重臣咸待以師禮，儼與言，未嘗及私。自處澹泊，歲時纔給衣食。初爲湖廣考官，得楊溥文，大異之，題其上曰：「必能爲董子之正言而不爲公孫之阿曲。」世以爲知人。卒，年八十三。

17 以右副都御史金濂爲刑部尚書，兼侍經筵。

18 九月，甲子，大師抵金齒，思機發遣頭目刀籠肘偕其子詣軍門乞降，不許。

19 是月，倭寇浙東。

先是倭犯海寧、樂清，皆登岸偵伺，旋去。留二人在民村乞食，被獲，置極刑，梟其首于海上。至是復犯桃渚，浙江按察僉事陶成擊却之。

20 冬，十月，徙封鄭王瞻埈于懷慶。

時瞻埈留京邸，踰年，乃之國。

21 十一月，宣宗故后胡氏卒。

先是太皇太后崩，后慟哭不已，至是亦卒。以嬪御禮葬金山。后無過被廢，天下聞而憐之。宣宗亦嘗自悔曰：「此朕少年事。」

22 十二月，癸未，免山東逃民復業者稅糧二年。

23 丙戌，駙馬都尉焦敬荷校于長安右門，王振搆之也。

24 是冬，王驥、蔣貴等以大軍逼緬甸，索思任發。緬人佯諾不遣，潛載樓船來覘官軍，而別以他舟載思任發遁去。驥等乃與沐昂分五軍薄之，緬人亦聚衆以待。驥見緬衆盛，未易攻，又恐多一麓川敵，乃宣言犒師，而令貴潛焚其舟數百艘。緬人仍堅執予地前約，復以獻任發之故，慮其子機發致仇爲解。于是舍之而專攻思機發。

25 大學士楊士奇既耄，子稷傲很，嘗侵暴殺人。言官交章劾稷，朝議不即加法，封其狀示士奇。復有人發稷橫虐數十事，遂下之理。時士奇以老疾在告，上恐傷其意，降詔慰勉之。士奇得詔感泣，憂不能起。

九年（甲子、一四四四）

1 春，正月，辛亥朔，雷電。

2 甲寅，命右都御史王文巡延安、寧夏邊務。文至，劾都督僉事王禎、都督同知黃真等，皆逮治。邊徼爲肅。

3 辛酉，大祀南郊。

4 辛未，討烏梁海。命成國公朱勇出喜峰口，都督馬亮出劉家口，興安伯徐亨出界嶺口，都督陳懷出古北口，各將精兵萬人，同太監錢僧保、曹吉祥、劉永誠、但住等分剿之。會泰寧衛頭目與肥河衛頭目戰于鄂爾坤，大敗。衛喇特復分道截殺，建州亦出兵攻之，三衛大困。

5 二月，丙午，王驥進兵直趨者藍，擣思機發巢，破之，俘其妻子及從賊九十餘人。捷聞，詔立隴川宣慰司，命驥等班師還。

時機發竊據孟養，負固不服自如也。

6 是月，新建太學成。

先是太學因元陋，吏部主事李賢上言：「國家建都北京以來，太學日就廢弛，佛寺時復修建，舉措乖舛，何以示天下！請以佛寺之費修舉太學。」李時勉亦言之。詔始營建，至是遂成。

7 三月，辛亥朔，車駕幸太學，釋奠于先師孔子。祭酒李時勉當進講，會久病，及升堂，講尚書，詞旨清朗，上悦，賜予有加。【考異】明史本紀系車駕幸太學于三月朔日，據實録也，三編、輯覽同。稽之禮志，但有正統五年視學，無九年視學之事，秦氏五禮通考據之。或者太學未改建以前，亦有視學之事，然實録何以不書？意禮志誤以「九年」爲「五年」歟？明闕里志言「英宗視學于正統九年」，又明史李時勉傳，亦記九年視學時勉進講事。今據本紀，而附著其異于此。

8 甲子，楊士奇卒。

士奇自迎附成祖，遭遇永、洪、宣三朝，君明臣直，以此侃侃得自行其意。晚值上沖齡踐阼，王振專權，太皇太后雖委之以政，卒不能制，以及于土木之難。論者少之。

初，士奇言：「衛喇特漸强，將爲邊患，而邊軍缺馬，恐不能禦，請于附近太僕寺關領西番貢馬，亦悉給之。」士奇没未幾，額森入寇，識者猶思其言。

卒，年八十，贈太師，謚文貞。

士奇卒後，法司乃論殺稷。越二月，稷瘐死獄中。【考異】明史士奇傳，言「士奇卒後有司乃論殺其子稷。」憲章録則云，「稷逮至京，審實，斬之。士奇以疾在告，乃下敕慰諭。」一言殺稷于士奇卒後，一言殺稷于士奇卒前。弇州則云，「稷逮至京，文貞疾已甚，論死未決，故上以敕慰諭之。文貞卒兩月，而稷以瘐死獄，亦未嘗處決也。」今按弇州説是。士奇在時論死未決，卒後未遇秋決而死，此據國史，似不誤，今據書之。

9 朱勇等征烏梁海，皆以捷聞。勇奏敗敵于富峪川，亨奏敗敵于土河，懷奏敗敵于虎頭山，亮奏敗敵于黑山，然俱無大功，捕其擾邊者，奪回所掠人畜而已。至是還。

乙丑，論功，加勇太保，進亨興安侯，封亮招遠伯，懷平鄉伯，諸將士並陞賞有差。

自是巡邊者多以斬獲邀功，三衛積怨，遂爲衛喇特額森鄉導之師。

10 夏，四月，丙戌，以翰林學士陳循直文淵閣，預機務。

初，廷議天下吏民建言章奏，皆三楊主之。至是榮、士奇相繼卒，循及馬愉、曹鼐在內閣，禮部援故事請，上以楊溥年老宜優閒，令循等三人預議參決。

11 丁亥，振沙州及赤斤蒙古饑。

12 是月，旱。

13 五月，己未，命法司録在京刑獄。

辛未，命刑部侍郎馬昂録南京刑獄。

14 是月，命刑部侍郎楊寧參贊雲南軍務。

寧與侍郎侯璡，從王驥再征麓川，皆有功，詔璡與寧二年更代。至是召璡還，命寧代參贊軍務。

時麓川甫平，寧以騰衝地居要害，與都督沐昂築城置衛，設戍兵，以控諸蠻，邊方稍定。

15 六月，壬午，振湖廣、貴州饑。

16 秋，七月，己酉，下駙馬都尉石璟于獄。

璟詈其家奄，振惡其賤己同類也，遂搆之下獄。

17 初，洪武之末，浙江之温、處，福建之浦城等處，皆有銀場，歲徵其課。其後福建歲額增至三萬餘兩，浙江增至八萬餘兩，地力既竭，民不堪命。

上即位，詔封坑冶，而奸民私開，遂屢以盜礦相殺傷，嚴禁不可止。於是福建參政宋彰，浙江參政俞士悦，請「復開銀場，使利歸于上而礦盜自絶。」

下三司議。浙江按察使軒輗力持不可，謂：「復開銀場雖一時利，而百凡器用皆出民間，恐有司横加科擾，其患尤深。莫若擇官典守，嚴加禁捕，盜自衰息。」朝廷是輗言，得止。

至是處州賊葉宗留及陳鑑胡等，聚衆數千，盜開福安礦，福建參議竺淵捕之，不克，遂被殺。【考異】據三編，言「宋彰、俞士悦首請開礦」，證之明史軒輗傳，無彰名，惟丁瑄傳言「福建參政宋新，賄王振得遷左布政」，亦不言其請開礦事。三編質實云：「宋彰」，明史丁瑄傳作「宋新」，與實録異。又瑄傳亦云：「新，交阯人」，與宋彰里貫同，是宋新即宋彰也。今據三編。

18 癸丑，免河南之開封、衛輝、南陽、河南、懷慶、彰德等府所屬去年被災糧凡三十萬三千餘石。

19 是月，揚子江沙洲潮水溢漲，高丈五六尺，溺男女千餘人。

20 閏月，戊寅，復開福建、浙江銀場，刑科給事中陳傅之請也。

時中官及言利諸臣爭和之，乃命户部侍郎王質往經理。定歲課福建銀二萬一千餘兩，浙江銀四萬一千餘兩，比宣德時減半，而已十倍洪武時，官屬供億之費，較課額尚過之。自是民益困，而浙、閩之盜遂相繼起矣。三編質實引明實録，「洪武中，福建歲課二千六百七十餘兩，浙江二千八百七十餘兩。永樂中，福建增課三萬二千八百餘兩，浙江八萬二千七十餘兩。宣德中，福建增課四萬二百七十餘兩，浙江九萬四千四十餘兩。」

21 甲申，瘞暴骸。

22 壬寅，雷震奉先殿鴟吻。

23 是月，北畿七府及應天、濟南、岳州、嘉興、湖州、台州俱大水。河南山水灌衛河，沒衛輝、開封、彰德、懷慶民舍，壞衛所城。【考異】據明史本紀，書「是年兩畿、山東、河南、浙江、湖廣大水，江、河皆溢。」又據五行志所載，在七月、閏七月，今據五行志分書之。

24 八月，庚戌，免陝西被災稅糧四十八萬六千石有奇。詔有司贖民間所鬻子女。

25 甲戌，敕邊將備衛喇特額森。

時額森日强，遣人授罕東諸衛都督訥格舊作喃哥。等爲平章，又置甘肅行省名號。鎮撫陝西右都御史陳鎰以聞，故有是諭。

26 九月，丁亥，命靖遠伯王驥與都御史陳鎰巡視延綏、寧夏、甘肅諸邊。

初，寧夏諸邊軍，半歲一更。後邊事亟，三年乃更，又益選軍餘防冬，至一家有五六人在邊者，軍士日益疲困。驥請「歲一更代，當代者以十月至，而得代者留至明年正月乃遣歸，邊備足而軍不勞。」上善其議，命行之諸邊。

時陝西災沴頻仍，鎰條上撫安軍民二十四事，亦多議行之。

27 冬，十月，丙午朔，日有食之。

28 庚午，烏梁海貢馬謝罪。

29 是月，下監察御史李儼于錦衣衛獄。

時王振威勢日重，自都憲以下，見振皆跪。儼在光祿寺監收祭物，振過之，怒其應對不跪，遂下之獄，謫戍鐵嶺衛。【考異】明史本紀不載李儼下獄事。三編書于是年之十月，與紀事本末同。惟王振傳作「李鐸」，未知是一人二人否？○王振得志之秋，史言「都憲以下皆長跽」，都憲，即指陳鎰、王文也。弇州考誤謂「王直坐于王振之右，此非實錄。振得志時，抗禮者不過英國公、胡宗伯、王太宰及內閣三四人而已。成公朱勇、尚書、侍郎皆長跪，豈有敢坐其上者？」據弇州云云，則當時尚書亦有長跪者，史失其名。今仍據都憲以下書之。

30 十二月，甲子，錄囚。

31 癸酉，再振赤斤蒙古饑。

十年（乙丑、一四四五）

1 春，正月，丙戌，大祀南郊。

2 戊子，詔「舉天下智勇之士以備邊將之選。」

3 是月，天下朝覲各官至京師。

先是給事中鮑輝，「請于各官來時，敕吏、禮二部詢訪有廉能著稱、治行超卓者，禮部官引赴御前，面加獎賞，吏部具錄姓名，待其考滿，薦舉擢用」，從之。至是舉布政丁鎡等，宴于禮部，各賞衣一襲，鈔百定，候吏部遇缺陞用。尋擢鎡爲刑部左侍郎，汝寧知府李敏爲應天府尹。【考異】丁鋐擢侍郎，見通紀，憲章録在是年正月賜宴下。弇州別集卿貳表中，言鋐以十年任，今從之。

4 王振專權日甚，朝臣無敢言者。錦衣衛卒王永，心不平，乃數振罪惡，爲書揭之通衢，又揭于振姪山家，爲緝事者所獲。刑部坐以妖言論斬，詔即磔之，不必覆奏。【考異】明史本紀不載，事見王振傳。三編系之是年正月，據實録也，證之紀事本末同，今從之。

5 二月，丁巳，京師地震。

6 己未，免陝西逋賦。

7 丙寅，烏梁海復貢馬，請貸犯邊者罪，不許。詔戮其人于市。

8 壬申，車駕至天壽山。

三月，甲戌朔，謁陵。丙子，還宮。

時上謁三陵，諭百官具淺色衣服，如洪武、永樂例。又定制，每歲三月謁祭以爲常。

9 庚辰，麓川思機發遣使入貢謝罪，詔納之。

10 庚寅，賜商輅等進士及第、出身有差。

輅，淳安人，鄉會試皆首選，至是廷對復第一，時稱「三元」。

11 夏，四月，甲辰朔，日有食之。

12 庚申，詔所在有司振逃民復業及流移就食者，以頻年水旱也。

13 是月，遣御史提督浙江、福建銀場。

14 浙江寧、紹等處久旱，上命禮部侍郎兼侍讀學士王英往祀南鎮。英齎香幣，虔誠致禱。時民遭厲疫，死者甚衆。英爲民禳厲，齋宿三日，大雨，水深二尺。灌獻之夕，雨止見星。明日，又大雨，田野霑足，民疫以解，皆喜呼曰：「此侍郎雨也！」

英歷仕四朝，在翰林四十餘年，屢爲會試考官。朝廷制作，多出其手。時年七十，以三楊不喜，故屢請致仕，不許。

15 五月，畿輔饑，上命大理少卿李奎振濟。

16 六月，乙丑，振陝西饑，免田租三之二。

17 是月，以黎澄爲工部尚書。

澄，前安南王季犛之子，蒼之弟也。季犛禪位于蒼，蒼以弟澄爲衛國大王。永樂間，獲季犛父子送京師，長繫獄中，赦澄。澄善製神鎗，供事內府，以監造器仗有功，遂拜尚書，令專供內府事。【考異】據明史七卿年表，云「安南王子，即前所獲黎季犛之次子也。」弇州考誤謂「枝山野記言『季犛死，其三子皆在朝，長曰澄，改姓陳。』證之于史，澄既赦，監造內府器仗，累官工部尚書，並無改姓之説。』余謂所赦三人，乃澄與蒼及蒼之僞太子芮，亦非兄弟也。」弇州工部尚書表所載，與明史表合。惟以澄爲景泰中任，與明史不合，今據七卿表。

18 秋，七月，乙未，減糶河南懷慶倉粟濟山西、陝西饑民，從巡撫于謙之請也。

謙言：「山、陝饑民二十餘萬，皆就食于河南。訪得懷慶、河南二府倉糧，見存六十餘萬石，乞減價糶與饑民，收鈔解京。」上諭户部曰：「此古名臣救荒良策也。其諭謙速行之。」謙乃令布政使年富安輯其衆，授田，給牛種，使里老司察之，流民以安。【考異】據明史于謙傳，糶河南、懷慶倉濟山、陝，乃謙所請，典彙所記亦同，今據增。

19 是月，下霸州知州張需于獄。

需見州民游食者衆，每里置簿，列男女大小口數，計其耕桑樹畜，暇復躬自巡視，分别勸懲。于是民皆勤力，州用以饒。有中官牧馬擾民者，需笞其校卒。中官譖于王振，執需，下錦衣衛獄，箠楚幾死，卒戍邊。並坐其舉主順天府丞王鐸，罷爲民。【考異】明史本紀不載。三編系之是月，紀事本末同，今據之。

20 八月，癸丑，免湖廣旱災秋糧。

丙辰，免蘇、松、嘉、湖十四府州水災税糧。

21 九月，擢鄺埜爲兵部尚書，以徐晞致仕，代之也。

埜以元年進兵部右侍郎。明年，王驥出征，埜獨任部事，以邊陲多警，請令中外博舉謀略材武士以備任使。至是拜尚書，又言「衛喇特日盛，宜嚴爲備」，因請「增大同兵，擇智謀大臣巡視西北邊務。」尋又請「罷京營兵修城之役，令休息以備緩急。」時不能用。

22 冬，十月，戊辰，以侍讀學士苗衷爲兵部侍郎，侍講學士高穀爲工部侍郎，並入文淵閣，預機務。同日，進曹鼐吏部侍郎，馬愉禮部侍郎，陳循户部侍郎。

時内閣六人，鼐最通達政體。自楊榮没後，士奇老病不視事，閣務多決于鼐。上亦賢之。

23 以錢習禮爲禮部侍郎。

王振用事，達官多造其門，惟習禮恥爲屈，遂以講官久滯不遷。去年乞致仕，不許。至是上以六部侍郎多闕，命吏部尚書王直會大臣推舉，而特旨擢習禮。習禮力辭，不允。踰二年，再上疏乞骸骨，乃許之。家居十五年卒。

24 是月，召都御史陳鎰還，以都御史王文代鎮守陝西。

25 十二月，丙辰，緬甸始獻思任發及其妻孥三十二人，送至雲南。任發于道中不食，垂死，千户王政斬之，函首京師。

26 壬戌，復輸河南粟振陝西饑。【考異】明史書于是年十二月壬辰。按十二月無壬辰，明史稿作「壬戌」，是也，今據之。

27 是歲，衛喇特額森掠哈密，欲降之。

哈密忠順王之卒也，會上即位之初，封其子爲忠順王。王之母，額森姊也。時額森役屬西北諸部，于是沙州、罕東及赤斤蒙古諸衛皆附焉，乃挾之以侵哈密，圍其城，殺頭目，虜男婦。尋取王母及其妻北還，脅王往見。王懼不敢往，數遣使告難，朝廷敕令諸部修好，毋相侵。額森不從，惟送王母妻還哈密。未幾，又復取之去，大肆侵掠，仍數趣王往見。王外順朝命，而懼額森實甚。額森破三衛，脅朝鮮。邊將知必大爲寇，屢書奏報，朝廷迄不省。

十一年（丙寅、一四四六）

1 春，正月，己卯，大祀南郊。

2 庚辰，予太監王振姪林世襲錦衣衛指揮僉事官，並授錢僧保姪亮、高讓姪玉、曹吉祥弟整、蔡忠姪革，俱世襲副千户。——中官世襲實始于此。

3 乙未，日生背氣。白虹亘天。

4 二月，辛酉，有異氣見于華蓋殿金頂及奉天殿鴟吻。上遣官祭告天地。癸亥，詔恤刑獄。

5 三月，戊辰，下户部尚書王佐及刑部尚書金濂、右都御史陳鎰等于獄。

時安鄉伯張安與弟争禄，詔逮治。法司與户部相諉，言官劾佐、濂等，並及刑部侍郎丁鉉、馬昂、副都御史丁璿、程富等，俱下錦衣衛獄。數日，釋之。尋命安出鎮廣東。

6 壬申，遣御史柳華討礦盜。

福建銀場既開，盜礦者益衆。葉宗留爲賊首，自稱大王，詔遣户部郎中楊諶招撫。浙江參議吴昇上言：「福建礦盜，出没浙江、江西、廣東諸境，東剿則西逃，南搜則北竄。若合而爲一，其患不小，宜特遣朝臣專董剿捕。」乃命華督福建、浙江、江西軍討之。華至福建，遣兵分捕群盜，令村聚皆置隘門望樓，編民爲甲，擇其豪爲長，使自置兵器，督轄巡夫。盜稍稍戢，而宗留劫掠如故。

7 癸酉，車駕如天壽山謁陵。越七日庚辰，還宫。

8 是月，英國公張輔及諸侯、伯等奏，願偕詣國子監聽講，許之，令以月之三日往。

李時勉升師席，諸生以次立，講五經各一章。畢事，設酒饌，諸侯、伯讓曰：「受教之地，當就諸生列坐。」惟輔與時勉抗禮。諸生歌鹿鳴之詩，賓主雍雍，盡暮散去。時以爲太平盛事云。【考異】據明史李時勉傳，「輔等詣國子監聽講，帝令以三月三日行，」蓋講期也。帝以九年視學，時勉以十二年致仕，憲章録、明書系之十一年三月，是也。聽講當在三月庚午，今系之是月之末。

9 夏，四月，倭犯浙西之海寧、乍浦。

10 六月，丙辰夜，京師地震有聲。【考異】三編、輯覽所載與明史五行志合，今據之。

11 是月，免湖州等府税糧十萬有奇。

12 秋，七月，癸酉，增市廛税鈔，復設税課司領之，用户部尚書王佐議也。

初，上即位，凡課程門攤，俱遵洪武舊額，不得藉口鈔法妄增。未幾，以兵部侍郎于謙奏，革直省税課司局，領其税于有司。罷濟寧、徐州及南京上新河船料鈔，移漷縣鈔關于河西務。船料當税六十貫者，減爲二十貫。商民稱便。

至是佐掌户部，以軍旅四出，庫藏空虚，乃請置彰義門官房，收商税課鈔。尋令天下税課司局，一萬五千貫以上者，俱請復設税課司官。于是征榷漸繁。【考異】此據明史本紀，證之食貨志，作「九年」。三編據實録，亦書之是年七月，蓋志中「九」字疑誤也，今仍據本紀。

13 庚辰，大學士楊溥卒。

溥後士奇、榮二十餘年始入閣，洪、宣之際，天下清平，朝無失政，中外臣民，翕然稱「三楊」，以居第目士奇曰「西楊」，榮曰「東楊」，溥嘗自署郡望曰南郡，因目爲「南楊」。時謂士奇有學行，榮有才識，溥有雅操，皆人所不及。比榮、士奇相繼卒，馬愉、曹鼐輩，皆後進望輕，溥孤立，王振益用事。溥卒三年而有土木之變，論者追思三楊在，當不至此。

然依違中旨，以釀成賊奄之禍，則皆不能無議云。

卒，年七十五，贈太師，謚文定。

14 甲申，太白經天。【考異】三編不載，今據明史天文志增。

15 八月，戊戌，免湖廣被災秋糧。

16 庚申，下吏部尚書王直等于獄。

時光禄寺卿奈亨，諂事王振，擢户部侍郎。亨嘗以事干請吏部不行，怨郎中趙敏，搆之，詞連直及侍郎曹義、趙新，並下獄。三法司六科廷鞫，論亨斬，直、義、新俱徒。上宥直、義，奪新、亨俸，遂釋之，仍復亨職。

行人尚褫上疏言：「古者刑不上大夫，今文武大臣，偶因微眚，遽陷囹圄，事或涉虚，旋即復職。是今日衣冠之大臣，即昨日受辱之囚繫，面僚友而統屬官，寧能無愧！請自今，有犯者召至午門，大臣會問。事實則疏其輕重，請旨裁決，不實即奏還其職。」上頗然之，而惑于王振，不能改也。

褫尋授南京御史。

17 是月，謫大理寺丞羅綺戍邊。

先是綺參贊寧夏軍務，嘗以事劾指揮任信、陳斌。——二人皆王振黨也。是夏，信、斌〔許〕〔許〕綺不法，事下總兵官黄真覆覈。真謂綺嘗詈宦官爲「老奴」，以激振怒。召還京，下法司，擬贖。振改令錦衣衛再鞫，指揮同知馬順鍛鍊成獄，遂謫戍遼東。

18 九月，辛巳，廣西猺叛，執化州知州茅自得，殺千户汪義。

自山雲卒後，柳溥代鎮廣西，不能守成法，過于寬弛。雖先後討大藤峽賊及柳州叛蠻，頗有斬獲，而猺、獞相煽爲亂，訖不能靖。

19 冬，十月，甲寅，遣給事御史分賚諸邊軍士。

20 是月，上閲武于近郊。

21 十一月，壬申，減殊死以下罪。

22 是月，命襄城伯李隆巡大同邊，賜寶刀一。戒敕將士，内外凛凛。訖還，不戮一人。明年，隆卒。

23 十二月，壬寅，大雨雷電，翼日乃止。

24 是冬，額森攻烏梁海，遣使至大同乞糧，並請見守備太監郭敬。上敕敬毋見，毋予糧。

十二年（丁卯、一四四七）

1 春，正月，癸酉，大祀南郊。

2 巡撫宣大副都御史羅亨信奏：「衛喇特額森，專候釁端以圖入寇，宜預于直北要害增置城、衛爲備。不然，恐貽大患。」時王振用事，兵部尚書鄺埜不敢主其議，遂寢不行。

3 三月，癸亥，車駕至天壽山謁陵。越七日庚午，還宮。

4 丙子，免杭、嘉、湖被災秋糧凡五十一萬五千石有奇。

5 是月，選翰林院修撰劉儼、商輅等十人肄業東閣，命曹鼐等爲之師，仍命侍經筵，以備他日內閣之選。

6 國子祭酒李時勉，以王振擅權，不能諂事，屢疏乞休，至是始得請。廷臣及國子生出餞都門外者，幾三千人，鼓樂前導，觀者塞塗，或遠送登舟，俟舟發乃還，有感泣涕下者。

7 始命天下學校考取附學生員，從鳳陽知府楊瓚之請也。

瓚以趙城知縣課績爲山西最，擢守鳳陽，上言：「民間子弟多可造者，請增廣生員，毋限額。」下禮部議，從之。

于是諸生日衆。定制，食廩餼者曰「廩膳生」，增廣者曰「增廣生」，皆如舊額，以歲科兩考高等充補。其額外增取入學者曰「附學生」。——天下學校之有附學生自是始。【考異】輯覽系之十年四月。重修三編改入十二年之三月，據實録也，今從之。

8 初，永樂二年，置沙州衛，授其酋昆濟楞舊作困即來。邁珠舊作買住。爲指揮使。宣德間，沙州爲罕東、西番侵掠，不自安，乞徙察罕舊城耕牧。宣宗遣敕止之，又敕罕東、西番還其所掠人畜。會上即位，昆濟樗懼衛喇特見逼，不能自立，率部衆二百餘人，走塞下陳饑窘狀，詔發邊粟濟之。且令邊臣議所處置，請徙之苦峪，從之。自是不復還沙州，但遥領其衆。于是部衆攜貳，亡入哈密、赤斤者甚多。而罕東久駐牧沙州不去，昆濟樗訴于朝。朝廷數敕責，諸部皆不奉命。

九年，昆濟樗卒，長子訥格率其弟恭羅凌戩舊作克俄羅領古。來朝，授訥格都督僉事，其弟都指揮使，賜敕戒諭。既還，兄弟乖争，部衆叛散。甘肅總兵官任禮，欲乘其窘乏，遷之内地，會訥格亦來言欲居肅州。去年秋，禮遂遣使偕訥格先赴沙州撫諭其衆，而自率兵隨其後。比至，訥格意中變，陰持兩端，其部下多欲奔衛喇特。禮進兵迫之，收其全部入塞，居之甘州，凡二百餘户，一千二百三十餘人。詔徙之山東，居其頭目于東昌、平山二衛，分其部落爲三，屯居清平、博平二縣。于是沙州遂空，卒爲罕東所據。

初，太祖、太宗以次置哈密、罕東、赤斤、沙州四衛于嘉峪關外，屏蔽西陲，及是沙州先廢，而諸衛亦漸不能自立，肅州遂多事。【考異】徙沙州衛，明史本紀不載，事見西域傳，在是年。三編、輯覽系之十二年之三月，今據之。

9 夏，四月，丁巳，免蘇、松、常、鎮四府被災税糧凡九十八萬四千石有奇。

10 五月，己亥，遣大理少卿張驥振濟寧及淮、揚饑。

11 六月，奪英國公張輔田。

初，太監喜寧侵輔田宅，輔不從。寧弟勝，率奄奴毆輔家人妻，墮孕死，輔訴于上，上宥寧、勝而戍奄奴于邊。至是寧嗾青縣知縣奏輔占民田二十頃，上命以田還民，而置輔不問，輔實未嘗占也。

時王振視諸勳戚如奴隸，諸勳戚亦望塵頓首，惟輔獨與抗禮，振亦敬輔。輔既衰老，又數爲喜寧所侮，亦稍屈以避禍矣。

12 秋，七月，甲辰，敕各邊練軍備衛喇特。

時額森糾結諸虜共背中國。其部衆有來歸者，言「額森謀入寇，托克托布哈止之，不聽。」詔詰額森，不報。于是始以楊洪爲總兵官，鎮宣府，又命左參將石亨守萬全。

13 八月，庚申朔，日有食之。

14 九月，乙未，禮部侍郎馬愉卒。

愉端重簡默，門無私謁。論事務寬厚，嘗奏「天下獄久者多瘐死，宜遣官分道決遣」，上納之。邊警方命將，而別部使至，衆議執之。愉言：「賞善罰惡，爲治之本。波及于善，非法，乘人之來執之，不武。」上然之。

及卒，贈尚書，仍兼學士。——贈官兼職自愉始。

15 冬，十月，礦盜葉宗留反。

宗留聚衆連掘少陽、政和等坑無所得，得亦微甚不給用，謂其徒曰：「以吾之衆，即索金于市，易耳，何至自疲山谷間，恒苦不給也！」時已數百人，遂掠政和至慶元，號召得千餘人，延龍泉良葛山人葉七爲教師，訓練武藝。由浦城劫建陽，從者益衆。遂掠建寧，官民皆逃匿。會閩盜起，遂蔓延不可制。【考異】宗留之反，吾學編、憲章録皆系之是年之十月。證之紀事本末，言「宗留是年二月掘少陽坑，九月掘政和坑，皆不給用，始聚衆反。」是九年、十一年不過盜礦殺官吏而已，至此始反也，今據書之。

16 十一月，庚寅，皇長子生，貴妃周氏出也。【考異】明史英宗、憲宗紀皆不載，三編系之是年十一月。典彙作「十月」者，野史是年閏四月，明史推曆更正耳。明書系之是月庚寅，爲十一月二日。證之「景泰三年上問東宮生日，金英對以十一月初二日」，正庚寅也，今據之。

17 是月，以邊警，罷山西、河南巡撫官。設都御史，專撫山西，兼理軍務。會大理少卿于謙丁父憂，請歸治喪。尋起復，擢兵部右侍郎。

18 宣大總兵楊洪，在边北久，諸部皆憚之。至是額森致書于洪，且遺之馬。洪聞于朝，敕令受之而報以禮。自是數有贈遺，上不疑洪，洪亦嚴爲之備。

19 福建參政宋彰，與都指揮僉事鄧安進表至京，以萬金賄王振，又屬安具疏薦之，爲吏科給事中所劾。振陰爲之地，于是上竟允安請，進彰左布政使。彰抵任，計所費令縣官驗户科斂，民不堪命。由是盜賊四起。

20 是歲，逮南京副都御史周銓及十三道御史並下獄。

初，銓督南京糧儲，御史嘗劾其貪暴，遂銜之。及掌院事，置功過簿，督責諸御史，吹求詬詈。御史范霖、楊永、劉煒、盧祥、尚褫等十人不能堪，乃合疏訐銓不法事，詔徵銓詣獄。銓亦訐奏諸御史，于是盡逮十三道。銓忿，得心疾死。乃論諸御史，或降或謫，而霖、永以首建議論決。永亦忿死獄中，霖以恤刑得減死出獄，煒、祥以事白留任，霖出獄數日亦卒。【考異】逮南京十三道御史事，諸書皆不載，事見明史劉煒傳。明書系之十二年七月，今系之是年之末。

明通鑑卷二十四

江西永寧知縣當塗夏　燮編輯

紀二十四 起著雍執徐（戊辰），盡屠維大荒落（己巳），凡二年。

英宗睿皇帝前紀

正統十三年（戊辰、一四四八）

1 春，正月，丁酉，大祀南郊。

2 是月，詔釋李景隆家屬增枝等三十八人，令啓門第，得自便。

3 二月，太監王振重修慶壽寺，凡役軍民萬餘人，糜帑數十萬。寺在西長安街，元初所建。振以媚佛故，新之。【考異】三編書于上幸興隆之月，蓋是年十月也，諸書皆作「二月」。三編質實引實録，「寺以十月修，賜名大興隆寺。」慶壽乃元所建之本名也。今分書之。

4 三月，戊子，詔責孟養宣慰司使猷思機發。

初，思任發既誅，思機發竄匿孟養，屢遣使入貢，乞宥罪，詞甚哀。詔納其貢，因敕總兵官沐斌及參贊侍郎楊寧等經畫善後策以聞。

斌，晟之子也。晟卒時，斌以幼留京邸，詔昂代之。數年，昂亦卒，乃令斌以總兵官仍襲晟封爵。上既敕諭思機發，許以不死，而機發以前所遣弟招賽未歸，疑懼不敢出。時招賽安置雲南，上復遣送來京，授爲頭目，給冠帶、月糧、房屋，隸錦衣衛，其從人俱令于馴象所供役，冀以招徠機發，而機發終不至。斌請率蠻兵討之，未幾，以糧盡瘴作引還。

王振以斌師出無功，必欲生致機發，犁其巢穴，意乃慊，又慮孟養復效緬甸故智，故先以是諭之。

5 壬寅，命都督同知宮聚佩平蠻將軍印，充總兵官，率南京、雲南、湖廣、四川、貴州官軍（十）〔土〕軍十五萬人往討思機發，【考異】明史麓川傳作「官、土兵十三萬」，今據三編，本實録也。復命靖遠伯王驥總督軍務，侍郎焦弘督餉。

驥至是凡三征麓川，皆承振指也。

6 賜彭時等進士及第、出身有差。——時，安福人。

7 夏，四月，辛巳，録囚。

8是月，兩畿、山東、河南、湖廣旱蝗，陝西、江西水，浙江亦被災。免浙江、江西秋糧六十六萬有奇，湖廣秋糧八十九萬有奇。

9初，礦盜之亂，有江西人鄧茂七者，與弟茂八，殺人避仇，走福建，依寧化縣豪民陳政景，假信義，集無賴，爲衆所推。御史柳華之編里甲也，茂七兄弟皆爲甲長，益役屬鄉民。閩俗，佃人輸粟于田主，例餽少物，茂七倡其黨人佃者毋餽，田主自往受粟。田主訟于縣，縣逮茂七，不至，下巡檢追攝，茂七拒捕，殺弓兵數人。事聞上官，遣軍三百往勦之，被殺幾盡，巡檢、知縣並遇害。茂七遂刑白馬，歃血誓衆，舉兵反，攻沙縣、尤溪，政景亦率黨攻汀州，推官王得仁與守將及知府劉能擊敗之，禽政景等八十四人，械政景送京師，斬之。餘賊悉潰，獨茂七黨盛不可制。

有尤溪爐主蔣福成者，亦乘亂聚衆，旬日得萬餘，襲尤溪，據之，與茂七爲聲援。是時兵衛久弛，脅從日衆，又苦布政使宋彰虐政，于是相率附茂七爲盜者，衆至數萬。

茂七據陳山寨，自稱「剷平王」，設官屬，攻陷州縣。是月，遂圍延平。巡按御史汪澄至延平，聞賊勢熾，遽回省。

會刷卷御史張海，在城被圍，遣都指揮范真、彭璽拒戰于城外，先後敗没。海乃躬自登城諭賊，賊曰：「吾等皆良民，苦富民魚肉，有司不我直耳。乞貰死，免三年徭役，即解散。」

海以聞，詔都督劉聚、陳榮討之，以僉都御史張楷監軍事。【考異】明史本紀書鄧茂七反于八月乙卯，蓋據遣丁瑄招討之月分也。諸書皆系茂七反于四月，明史丁瑄傳同，今據之。

10 五月，丙戌，遣使捕山東蝗。

甲辰，遣刑部侍郎丁鉉撫輯河南、山東災民。

11 是月，以鈔法不通，申用錢之禁，從御史蔡愈濟議也。

自米麥折色之令行，遂弛銀禁，其交易之小者則用錢，惟折官俸用鈔，鈔益壅不行，洪武間鈔一貫直錢千文者，至是止折三文。于是愈濟「請禁民交易用錢，違者以阻鈔論，追一萬貫，全家戍邊。」然鈔仍不行，而商民益以爲不便，其後禁亦漸弛云。

12 召山西布政使石璞爲工部尚書。

時王㫺以不能屈意王振，致仕去，璞爲振所善，遂擢用之。

13 六月，命侍郎楊寧巡撫江西。以浙、閩盜起，流剽入江西境上，故有是命。

14 秋，七月，乙酉朔，京師飛蝗蔽天。

15 河決大名之開州、長垣，没三百餘里，遣使振濟，蠲秋糧。

16 己酉，河決新鄉八柳樹口，漫曹、濮，抵東昌，衝張秋，潰壽張、沙灣，壞運道，東入海。

尋又決滎澤，漫原武，過開封城西南，經陳留，歷睢、亳，入渦口，至懷遠界，入淮，淹地二千餘里，壞城垣廬舍，漂没人民不可勝計。詔工部侍郎王永和往治之。

河自永樂九年浚封邱金龍口，使復故道，又自塌場口會汶水，經徐、吕二洪，運道既通，而河南水患亦稍息。宣德以後，金龍口漸淤，河復屢溢開封，御史李懋請濬金龍口。洎正統初，一決范、濮，一決陽武，灌魚臺、金鄉、嘉祥。越數年，金龍口亦決。河既横溢，分流東趨，不專向徐、吕，而二洪亦淺澀，不能濟運。至是永和至山東，亟令修塞沙灣以通漕運。

17 是月，始罷保舉。

三楊既没，尚書王直稍收其權于吏部，于是教諭傅瓚、給事中余忭、御史涂謙屢以爲言，至是始詔罷之。

18 都督陳詔擊處州賊葉宗留，不克，死之。

19 八月，甲戌，命御史丁瑄招討鄧茂七等。

時張海奏至，上覽之惻然，乃下詔撫諭，許免徭役三年。復召瑄至諭狀，使齎敕往，而令宮聚、張楷等以大軍隨其後。

20 冬，十月，王振重修慶壽寺成，壯麗甲京師，詔賜名大興隆寺。

振延崇國寺僧主之，上幸寺中，親傳法稱弟子，公侯以下，趨走如行童焉。

21 十一月，丙戌，以福建盜日熾，張楷等屢請益兵，乃命寧陽侯陳懋充總兵官，保定伯梁珤、平江伯陳豫副之，太監曹吉祥、王瑾提督火器，刑部尚書金濂參贊軍務。——珤，銘之子；豫，瑄之孫也。

22 甲辰，處州賊葉宗留、陳鑑胡等流劫浙江、江西。

張楷討福建，分兩路進兵，令都督劉聚率都指揮劉得新等自江西建昌取道，楷自率都督陳榮等自浙江取道。楷至廣信，以葉宗留道梗，留不敢進，浙江布、按二司請楷便宜擊之。江西巡按御史韓雍亦言：「宗留近在咫尺，門庭之寇，皆國家事，未可畫疆而守。」楷進退莫決。

指揮龔禮，願得兵五百往剿之。都督陳榮謂楷曰：「今延平事急，而鉛山不通。大軍密邇二寇，逗留不進，乃遣一部將往，朝廷知之，何所逃罪耶？」于是榮以二千人率禮等往。行至玉山，遇伏，榮、禮及都督劉真皆死之。

楷聞報，方益兵進。會劉得新等敗福建賊于建陽，道始通，楷由間道入閩。【考異】據吾學編，言「是月張楷分兵討葉宗留，副總兵陳榮戰没，楷進討閩賊。」按楷係率陳榮等討鄧茂七者，其時茂七勢方熾，豈能分兵討浙賊？而陳榮之没，三編言「敗于玉山」。明史張驥傳，言「茂七勢甚張，宗留、鑑胡之等皆附之，流剽浙江、江西、福建境上。參議耿定、僉事王晟及都督僉事陳榮、指揮吴剛、龔禮等皆先後敗没」云云。據此，則陳榮雖討閩賊，而實敗于浙江、江西境上，與三編所云「敗于玉山」者正合。再檢紀事本末所記，言「張楷與劉得新等議分兩路進兵，而楷率陳榮等由浙江取道入閩，爲浙按〔撫〕二司留，請便擊處州之賊，是以陳榮等有玉山之敗。」證之明史韓雍、張驥等傳，大略相符，此實録也，今據書之。惟「戴禮」，諸書皆作「龔禮」，或别是一人。

23 庚戌，詔永康侯徐安備倭山東。——安，忠之子也。

24 是月，朝廷慮浙、閩賊合，命御史朱瑛與中官分守兩省交界要隘。瑛榜諭脅從之民，示以禍福，降者甚衆。又以計禽賊黨周明松等數人，械至慶元。諜報「賊衆三萬來劫明松等」，中官大懼欲走，瑛不爲動，立梟明松等于市。賊聞之，皆遁去。

25 十二月，庚午，廣東猺賊趙音旺等作亂，詔有司討平之。

26 是冬，丁瑄至閩，遣人齎敕往撫鄧茂七等。茂七大言曰：「吾豈畏死求免者！吾取延平，據建寧，塞二關，傳檄南下，八閩誰敢窺者！」遂據沙縣。瑄率兵二千馳赴沙縣圖之。

賊首林宗政等萬餘人攻後坪，欲立寨拒守。瑄亟令通判倪冕等率衆先據要害，而身與都指揮雍埜等邀其歸路，斬賊二百餘級，禽其渠陳阿巖，送京師伏誅。賊勢稍却。

27 鄧茂七遣其黨陳敬德等寇泉州。

時南昌熊尚初，以吏才爲都御史陳鎰所薦，擢知泉州府。值閩盜起，上官檄尚初監軍，不旬日，降賊數百。至是賊逼城下，守將不敢擊。尚初憤，提民兵數百，與晋江主簿史孟常、陰陽訓術楊仕弘分統之，拒于古陵坡，兵敗，三人皆遇害。郡人哀之，爲配享忠臣廟。

茂七又寇建寧，率賊二千餘，迫城結寨，四出剽掠。建寧知府張瑛，率建安典史鄭烈會都指揮徐信軍，分三路襲之，斬首五百餘，拔其寨，賊遂遁。

朝廷嘉之，擢瑛右參議，仍知府事，烈亦遷主簿。

28 以大理少卿張驥巡撫浙江。

時閩賊之亂，葉宗留、陳鑑胡等倚爲聲援，流劫處州、金華，蔓延不可制。御史先後以敗聞，乃命驥往督有司捕治。

會遂昌賊蘇牙、俞伯通等剽掠蘭溪、武義、松陽、龍泉、永康之衆與之相應，遠近震動。驥至，遣金華知府石瑁擊斬牙等，處州知府張佑擊敗賊衆，禽斬千餘人。

驥剿撫兼施，散其脅從之餘黨，宗留、鑑胡亦自相猜殺。踰年，茂七既敗，浙賊勢亦孤矣。【考異】張驥巡撫（新）〔浙〕江，諸書或系之十月，或系之十一月。證之明史驥傳，言「十三年冬，命驥巡撫浙江」，今從之，並據傳增入石璟、張佑敗賊事，彙系之是年冬下。

十四年（己巳、一四四九）

1 春，正月，甲午，大祀南郊。

2 乙巳，免浙江、福建銀課，以鄧、葉二寇之亂故也。

3 辛亥，太白晝見。

4 是月，鄧茂七攻延平，不利，退保陳山寨。丁瑄遣人撫諭賊黨，降沙縣羅汝先、黃琴等三十餘人。

5 貴州巡按御史陳鑑上言：「思機發已遠遁，宜責雲南守臣相機剿滅，無勞禁旅。」王振怒，尋以事下之獄。

6 二月，丁巳，御史丁瑄、都指揮劉福擊鄧茂七，斬之。

先是羅汝先等既降，瑄善遇之，汝先等願殺茂七贖罪，謂瑄曰：「茂七據險自衛，未易攻也。必欲取之，吾爲公說令復攻延平，公督大軍分道禦之。以逸待勞，我主彼客，禽之必矣。」瑄善之。

汝先等陰攜茂七黨，而啗茂七以攻城之利，於是賊悉陳山之衆直撲延平，瑄以江、浙、南京軍伏三面，而令福建軍素爲賊所易者，出城挑之。賊乘浮橋競進，突礮作伏起，大軍四面衝擊，大破之。賊遁走，劉福乘勝追之，遂斬茂七。汝先及黄琴復以計禽其僞將劉宗、羅海、郎七等，械至軍門，誅之，餘黨潰散。惟林子得、鄧永祖等復擁茂七兄子伯孫聚後洋，攻劫州縣。

瑄撫諭脅從者使復業，分兵徇沙縣、尤溪，會寧陽侯陳懋等大軍至，合討之。【考異】據明史本紀，「二月丁巳，御史丁瑄、指揮劉福擊斬鄧茂七于延平。」證之瑄傳，言「十三年四月，茂七圍延平，刷卷御史張海奏請招撫，乃命瑄往。以都督劉聚、僉都御史張楷大軍繼其後。既至，令人賫敕往撫，茂七不肯降。瑄馳赴沙縣圖之，遂攻沙縣後坪之賊，禽其渠陳阿巖。明年二月，瑄誘賊復攻延平，督衆分道衝擊，賊大敗遁走。劉福追之，遂斬茂七。」又云：「楷之監大軍討賊也，至建寧，頓不進，日置酒賦詩爲樂。聞瑄破賊，則馳至延平攘其功。瑄被脅，依違具奏。福不能平，訴之，詔責瑄具狀，楷等皆獲罪。瑄有功不問，功亦竟不録」云云。三編所記，大略相同。而紀事本末及典彙、吾學編等書，皆以平閩賊爲張楷、劉聚之功，甚至丁瑄無名。今按瑄以十三年八月始奉招討鄧茂七之命，及茂七不降，乃議討之。據明史瑄傳，瑄攻沙縣在十三年之冬。而是時張楷有玉山之敗，官軍失利，陳榮、劉真死之。又證之紀事本末，言「楷自浙江取道，行至廣信，爲葉宗留所梗。會劉得新破閩賊于建陽，道始通，楷由間道入閩」云云。據此，則明史瑄傳謂「楷頓兵于建寧」者，即此時也。斬鄧茂七在是年之二月，楷不但無功，且亦未嘗身在行陣。至于茂七既死，陳懋等大兵亦至，詔楷與劉聚還師討處州賊，又復與徐恭、石璞等逗留無功。而陳鑑胡之降，實張驥、陶成二人剿撫兼施之力。其後楷奏報前後招撫復業者九千餘家，男婦二萬餘人，則其攘功于閩又攘功于浙明甚。而野史所記，大都據其奏報之文，爲鋪張其連平三寇之功，蓋未覩實録也。明史特于丁瑄一傳詳其顛末，是平閩之功，全在于瑄。當時王振當國，賞罰失平，故楷班師後，卒以無功下獄，蓋至英宗北狩，王振已死，而後公論始定也。今所敘次，悉據明史紀、傳及三編。

7 己巳，靖遠伯王驥破麓川思機發于金沙江。

先是驥率諸將會師于騰衝，由干崖造舟，至南牙山，舍舟陸行，抵沙壩，復造舟，至金沙江，機發樹柵于江之西岸拒守。大軍順流下，至管屯，會木邦、緬甸兩宣慰兵亦列于沿江兩岸，緬甸備舟二百餘爲浮梁濟師。我軍併力攻破其柵寨，得積穀四十餘萬石，軍士飽騰，鋭氣增倍。賊築大寨于鬼哭山，當兩峰上，又築七小寨，綿亘百餘里。官兵、土兵分道並進，皆攻拔之，斬獲無算，而思機發、思卜發卒遁去。時王師踰孟養至孟那，孟養在金沙江西，去麓川千餘里，諸部皆震讋，曰：「自古漢人無渡金沙江者。今大軍至此，真天威也。」

驥還兵，其部衆復擁思任發少子思禄據孟養爲亂。驥慮師老，度賊未可滅，乃與思禄約，使降，授以土目，得部勒諸蠻，居孟養如故，立石金沙江爲界。誓曰：「石爛江枯，爾乃得渡。」于是以捷聞，遂班師。

驥三征麓川，卒不能得叛首，一時議者謂其黨振邀功，老師（縻）〔糜〕餉，遂以一隅騷動天下。而四川會川衛訓導詹英抗疏劾之，大略謂：「驥等多役民夫舁綵繒，散諸土司以邀厚利；擅用腐刑，詭言進御，實充私役；師行無紀，十五萬人一日起行，互相蹂踐；每軍負米六斗，跋涉山谷，自縊者多；抵金沙江，旁皇不敢渡，既渡不敢攻，攻而失都指揮路宣、翟亨等；俟賊解，多捕漁户爲俘，以地分木邦、緬甸，掩敗爲功。此何異李宓之敗而楊國忠以捷聞也！」奏下法司，王振左右之，得不問，而命英從驥軍自效。英知往且獲罪，匿不去。

8 辛未，命指揮僉事徐恭充總兵官，討處州賊，以工部尚書石璞參贊軍務。【考異】通紀、吾學編系徐恭討處州賊及石璞參贊軍務于去年之七月，又證之明史七卿年表，亦云「工部尚書石璞七月出征浙賊葉宗留」，惟本紀系之是年二月。按明史璞傳，言「十三年工部尚書王巹致仕。璞爲王振所善，召爲尚書。明年，處州賊葉宗留作亂，總兵徐恭等往討，以璞參其軍事。師未至，宗留已爲其黨陳鑑胡所殺。巡撫張驥招降鑑胡，賊勢少息。」據此，則恭之出師，璞之參贊，皆十四年事，與本紀合。又，是年四月，張驥、陶成等招降陳鑑胡。則鑑胡之殺宗留，當在四月之前，其時恭等師尚未至。若是去年七月命將，焉有事隔八九月而不至浙者？紀、傳是也。年表謂「璞以七月出征」，或是時遣璞先行，與驥等會討，後聞陳榮之敗，始命徐恭總兵以往，其時璞已在浙，因即令參其軍事，未可知也。今仍從紀、傳，系于是年二月下。

9 三月，戊子，車駕至天壽山謁陵。越五日癸巳，還宮。

10 是月，鄧茂七黨林子得等轉掠建寧，知府張瑛與從父敬率兵拒之，賊敗。乘勝逐北，陷伏中，敬死，瑛被執，大罵不屈，遂遇害。

事聞，詔贈福建按察使，賜祭，官其子。

未幾，丁瑄禽子得等，誅之。尤溪之賊鄭永祖復率四千人攻延平，瑄偕雍埜邀擊，禽斬五百有奇，餘黨潰散。

會陳懋等大軍至，詔瑄還，命張楷赴處州會徐恭等討賊。

11 夏，四月，徐恭等未至，處州告急，巡按浙江御史遣參議耿定、僉事王晟、都指揮沈麟率兵四千往，與賊戰于麗水，三人皆敗没。【考異】「沈麟」，紀事本末作「鱗」，吾學編作「璘」。今據明史張驥傳。

庚戌，賊犯崇安，都指揮吴剛被殺。

旋入江西廣信境，張楷檄永豐知縣鄧顒禦之于上饒，顒伏兵截殺甚衆。俄賊大至，顒力戰，被執，罵賊不屈死。于是浙賊復熾。

12 壬戌，湖廣、貴州苗賊大起。

麓川之役，盡調雲南、貴州兵，連兵十年，將士多死，列衛空虚，于是苗、獠乘間竊發，攻圍城堡，貴州之東路遂閉。時苗賊所在，西至貴州龍里，東至湖廣沅州，北至武岡，南至播州之境，不下二十萬。

王驥班師，所至民人皆遮泣陳苗害，驥曰：「吾征麓川，不受命平苗也。」還，至武昌，始奉朝命討之，遂與侍郎侯璡、都督宮聚等往。——璡、聚，皆從征麓川者也。

13 乙丑，遣御史李俊等十三人，同中官督福建、浙江銀課。

時罷課之令爲中官及有司沮格不行，至是以閩、浙將平，上意欲減其稅，故有是命。

14 是月，大理少卿張驥，浙江副使陶成，招浙寇陳鑑胡等降之。

先是葉宗留、陳鑑湖、陶得二等寇蘭溪，成率兵擊斬數百人。進屯武義，立木城以守，誘賊黨爲内應，前後斬首數百，生禽百餘人。

會鑑胡以争忿殺宗留，專其衆，自稱大王，國號太平，建元泰定，僞署將帥，進圍處州。然聞官軍漸集，閩賊已衰，亦頗内懼。成見徐恭等屢剿無功，欲乘間招撫之，乃單騎從四五人徑抵賊巢，諭以禍福，凡前後諭降者三千餘人，于是鑑胡勢亦孤。巡撫張驥謀于成，以賊中多麗水人，遣麗水縣丞丁寧，率老人王世昌等，齎榜徑入鑑胡巢，許貸其死，鑑胡遂偕其黨出降。惟陶得二不就撫，仍入山爲亂如故。【考異】紀事本末言葉宗留之死在去年陳榮等玉山敗没之時，宗留亦中流矢死。證之明史張驥傳，言「鑑胡以私忿殺宗留」，而三編亦云「以酒色相角，殺宗留」，今據之。

15 五月，丙戌，陳懋討沙縣、尤溪之賊，平之。

懋至浙江，有欲分兵扼海口者，懋曰：「是使賊致死于我也。」及至建寧，茂七已死，餘賊聚尤溪、沙縣。諸將欲屠之，懋曰：「是堅賊心也。」乃下招撫之令，並立賞格，「有能自禽相殺來降者，與斬敵同賞。」

時鄧伯孫據九龍山。賊將張留孫者，勇而善鬥，自茂七起事恒倚之，伯孫亦信任焉。千户龔遂榮，奉懋招撫之諭，親入尤溪山中，降其衆數千而還，又僞爲貽留孫書，許其降，令送書者誤致之伯孫，伯孫果疑留孫，殺之。由是賊黨皆不自安，棄伯孫先後來降。于是進兵攻沙縣，尚書金濂謀以羸師誘之出，伏精兵，入其壘，遂禽伯孫，送京師伏誅。

16 壬辰，以京畿旱，命太監金英同三法司録囚。

時築壇于大理寺，英張黄蓋中坐，尚書以下左右列坐，抑九卿于內官之下，遂爲定制。

17 己亥，以侍讀學士張益直文淵閣，預機務。

益博學强記，三楊雅重之，至是遂入直。

18 庚子，誅巡按福建御史汪澄並前巡按御史柴文顯。

初，鄧茂七之亂，澄逗留省會，檄浙江、江西會討。尋又以賊方議降，止兵毋進，既，知賊無降意，復趣進兵，而賊已不可制。浙江巡按御史黄英，恐以失援被重譴，因具白澄止兵狀，兵部遂劾澄失機。福建三司又言「賊初起前，按臣柴文顯匿不奏，釀成今患」，遂俱下吏。獄成，詔磔文顯，籍其家，澄棄市。

是時浙、閩盜起，所在剽掠爲民患。將帥率翫寇，而文吏勵民兵拒守，如張瑛、王得仁、石瑁、張佑之屬，往往多斬獲，于是上降敕詰讓諸將帥。都指揮鄧安等因歸咎前御史柳華，時王振方欲殺朝士威衆，命逮華。華已出爲山東副使，聞命仰藥死。籍其家，男戍邊，婦女没入浣衣局。

論者謂華所建置未爲過，澄、文顯罪不至死，武將不能滅賊，反委之文吏，至與叛逆同科，失刑實甚。而虐民激變之宋彰等，坐斬遇赦，竟以謫戍終。徐恭、石璞等逗留無功，爲御史張洪所劾，詔俟師旋以聞。

而張楷之監大軍討賊也，至建寧，頓不進，日置酒賦詩爲樂。比聞丁瑄破賊，則馳至延平攘其功，瑄被脅，依違具奏。劉福不能平，愬之，詔責瑄具狀。卒之楷等有罪不誅，而瑄以有功不問，亦竟不録。一時以爲賞罰失平，輕重倒置，皆王振主之云。

19 六月，庚戌，靖州苗犯辰溪，都指揮高亮戰没。

20 丙辰，南京雷電大震，風雨驟作。

是夜，謹身殿災，延及奉天、華蓋二殿，門俱燬。

甲子，下詔修省。

21 衛喇特額森寇報頻聞，詔河南、山西班軍番休者盡赴大同、宣府。乙丑，命西寧侯宋瑛總督大同兵馬。

22 己巳，赦天下。

23 戊寅，命平鄉伯陳懷、駙馬都尉井源、都督王貴、吴克勤、太監林壽分練京軍于大同、宣府，備衛喇特也。

24 是月，前大學士黃淮卒。

淮自宣德八年主會試歸，上即位，再來朝。至是卒，年八十三，謚文簡。

25 是夏，烏梁海盜邊，大同參將石亨等邀擊于箭谿山，禽斬五十人。三衛怨之，遂導額森入寇。

26 秋，七月，己卯朔，熒惑入南斗。【考異】通紀，「是月十七日，車駕發京師」，典彙則云「是月十七日甲午」。據此，則七月之朔爲戊寅。而明史天文志，書熒惑犯南斗于七月己卯朔，則甲午當爲十六日。又按三編八月英宗北狩目中「是月戊申朔」。質實云，「按實録，八月戊申朔，駕至大同。自戊申至辛酉，凡十四日。明日帝北去，蓋十有五日壬戌也。」據此，則七月戊寅朔，乃野史誤據大建書之耳，今據明史、三編。

侍講徐珵，頗知天文，私語其友劉溥，以爲不祥。久之，不退舍，珵曰：「禍不遠矣！」亟遣其妻子南還。

27 己丑，衛喇特額森入寇。

初，額森屢貢，王振以藻飾太平爲名，賞賚金帛無算，凡所請乞亦無不予。既而貢使日增，復虛其數以冒廩餼。是春，遣二千人貢馬，號稱三千。振怒其詐，令禮部覈實，汰其虛報者不與，而所請又僅得五之一。額森恚怒，欲誘脅諸部大舉入寇，托克托布哈止之曰：「吾儕服食，多資大明，何忍爲此！」額森不聽，曰：「可汗不爲，吾當自爲之。」于是藉減給貢使爲兵端。托克托布哈亦從之，率三衛之衆寇遼東，阿喇舊作阿剌。知院寇宣府，圍赤城，別將寇甘肅，額森自擁衆寇大同。參將吳浩迎戰貓兒莊，死之，詔遣宋瑛、井源等各率兵萬人屯陽和口。

是時邊報日數十至，王振勸上親征。兵部尚書鄺埜，侍郎于謙，力言「六師不宜輕出」，不聽。吏部尚書王直率百官力諫，謂：「陛下宜固封疆，申號令，堅壁清野，蓄銳以待之，可圖必勝，不必親御六師，遠臨塞下。況今秋暑未退，旱氣未回，青草不豐，水泉猶塞，士馬之用未充。兵凶戰危，臣等以爲不可。」亦不納。

28 癸巳，下詔親征，命郕王居守。

是日，陽和之敗聞。西寧侯宋瑛及武進伯朱冕、參將石亨將戰，爲太監郭敬所撓，瑛、冕戰没，亨單騎奔還，敬伏草中得免。——冕，榮之子也。——諸邊守將俱逃匿。

時廣寧右衛指揮僉事趙忠守鎮静堡，敵圍堡甚急，忠乘城固守，語其妻左氏曰：「若城破，吾不苟活。汝母子宜自爲計。」未幾，攻益急，訛言城陷，妻與三女皆縊死。攻圍凡兩晝夜，以堡堅解去。

守臣上忠全城功，擢都督同知。贈左氏淑人，旌其門曰「貞烈」云。

29 甲午，車駕發京師，【考異】即是月十六日也，諸書作「十七日」者，大建之誤，辨已見上。惟憲章録徑作「十七日丙戌」，此尤誤也。丙戌乃是月八日，是時警報尚未至，安得有親征之事？今月日悉據本紀，並刊諸本之誤。英國公張輔、成國公朱勇等率官軍五十萬人從，户部尚書王佐、兵部尚書鄺埜及學士曹鼐、張益等扈行，吏部尚書王直留守京師。

時從行者，英國公張輔居首，然不使預軍政，輔亦老，依違而已。閣臣惟鼐與益二人，而益入閣未及三月，相與憂憤。鼐乃乘間謀於諸御史之從行者曰：「不殺王振，則駕不可回也。今天子蒙塵，六軍喪氣，切齒于振久矣。若用一武士之力，捽振而碎其首於駕前，數其奸權誤國之罪，然後遣將領前詣大同，則天意猶可挽也。」諸御史惴惴無敢應者。尋又欲謀之于輔而不得間，遂行。

30 乙未，次龍虎臺，軍中夜驚。

丁酉，駐蹕居庸關。

尚書鄺埜屢諫親征，謂：「此兵內犯，一邊將力足以制之。陛下爲宗廟社稷主，奈何不自重！」不聽。至是扈從出關，復首請回蹕，振怒，令與尚書王佐皆隨大營至懷來。埜墜馬幾殆，或勸留就醫，埜曰：「至尊在行，敢託疾自便乎！」

辛丑，車駕次宣府。連日風雨，人情洶洶，聲息益急，于是隨駕諸臣連上章請留。振虓怒，以埜與佐首倡還議忤旨，罰跪草中，至暮不得請。上將朱勇等白事，皆膝行聽命。

丙午，次陽和。欽天監正彭德清，振私人也，密告振曰：「象緯示警，再前，恐危乘輿。」振曰：「果有此，亦天命也。」學士曹鼐曰：「臣子不足惜，主上繫宗社安危，豈可輕進！」振終不從。

時陽和之敗，伏尸滿野，軍士人人危懼。

[31] 八月，戊申朔，車駕次大同。

振尚欲北行，中官郭敬密止之。會前途敗報踵至，振始有還意。己酉，命廣寧伯劉安充總兵官，鎮大同。——安，榮之子也。

庚戌，還師。振初議從紫荊關道由蔚州，邀上幸其家，既恐蹂其鄉禾，復折而東。時參將郭登，武定侯英之孫也，從劉安守大同，聞之，亟言于曹鼐等，謂「駕宜從紫荊關，可保無虞。」鼐等爲振言之，振亦不聽。

丁巳，次宣府。諜報虜兵大至，襲我後，遣恭順伯吳克忠、都督吳克勤率兵爲後拒。

庚申，克忠、克勤力戰敗没，亟遣成國公朱勇、永順伯薛綬救之。勇無謀，進軍至鷂兒嶺，遇伏皆死，全軍殲焉。

32 辛酉，車駕至土木。日尚未晡，去懷來二十里，欲入保懷來城，以王振輜重千餘輛未至，留待之。尚書鄺埜再上章，「請車駕疾驅入關，嚴兵爲殿」，不報。埜又詣行殿力請，振怒曰：「腐儒安知兵事？再妄言者死！」埜曰：「我爲社稷生靈計，何得以死懼我！」振叱左右掖出之。遂駐土木。

寇四面合圍，地無水泉，人馬饑渴，掘井深二丈不得水。其南十五里有河，額森已遣兵先據之，車駕遂不得發。

33 壬戌，額森遣使持書來，以和爲名，詔曹鼐草敕，遣二通事齎敕偕北使去。振亟傳令移營，回旋間行伍已亂。行未三四里，寇以勁騎四面蹂躪入，大呼「解甲投刃者不殺」。軍士裸袒蹈藉死者蔽塞川野，宦豎及宿衛士，矢被體如蝟。上與親軍突圍，不得出，下馬據地坐，敵兵擁之去。帝遂北狩。

是役也，官軍死傷者數十萬。文武從征扈行之及于難者，英國公張輔，泰寧侯陳瀛，駙馬都尉井源，平鄉伯陳懷，襄城伯李珍，遂安伯陳塤，修武伯沈榮，都督梁成、王貴，户部尚書王佐，兵部尚書鄺埜，吏部侍郎、内閣學士曹鼐，刑部侍郎丁鉉，工部侍郎王永和，副都御史鄧棨，内閣侍讀學士張益，通政使龔全安，太常少卿黄養正、戴慶祖、王一居，太僕少卿劉容，尚寶少卿凌壽，給事中包良佐、姚銑、鮑輝，中書舍人俞拱、潘澄、錢昺，監察御史張洪、黄裳、魏貞、夏誠、申祐、尹竑、童存德、孫慶、林祥鳳，郎中齊汪、馮學明，員外郎王健、程思温、程式、逯端，主事俞鑑、張瑭、鄭瑄，大理寺副馬預，行人司正尹昌，行人羅如墉，欽天監夏官正劉信，序班李恭、石玉等，凡五十餘人。

一時諫親征者，自王佐、鄺埜、曹鼐外，鄧棨扈從出居庸關，上疏請回蹕，以兵事專屬大將，至宣府、大同，復再上章，皆不報。及遇變，同行者皆欲脱去，棨不可，曰：「乘輿失所，我尚何歸！　主辱臣死，分也。」遂死。

北征之役，郎中胡寧當從，以病求代于俞鑑，鑑慷慨許之。或曰：「家遠子幼。」鑑曰：「爲國臣子，敢計身家。」鄺埜知其賢，數與計事，鑑曰：「惟力勸班師耳。」時不能用。羅如墉從征，瀕行，訣妻子，以死報國，屬翰林修撰劉儼銘其墓，儼驚，拒之，如墉笑曰：「行當驗耳。」後果死。

事定，聞于朝，皆賜謚贈官有差。——瀛，珪之曾孫；珍，隆之子；塤，志之曾孫也。——諸公、侯、伯皆追贈，晋一等。梁成、王貴追贈伯。文臣自張益以上，皆加贈賜謚。龔全安以下皆贈官，録其子入國子監。

34 帝之北狩也，中官喜寧從焉。額森初聞車駕至，錯愕未之信。時有一虜索衣甲，帝不與，虜欲加害。會其兄至，見帝舉動異人，乃擁出雷家站，見額森之弟賽堪王，舊作賽刊。帝問曰：「子額森乎？抑巴延特穆爾、舊作伯顔帖木兒。賽堪王乎？」——巴延特穆爾者，亦額森之弟，皆虜中貴人也。——賽堪聞言大驚，馳告額森，召中國係虜之使者使識之，果然。旁有一虜大言曰：「天以仇賜我，不如殺之。」巴延特穆爾立叱之出。虜中呼其長曰「那顔」，「那顔」者，華言大人也。——因從容謂額森曰：「那顔幸毋聽妄人言，我輩受大明天子恩，何忍負之！且兩軍相鬥，枕藉死者以數十萬計。今以萬乘之尊蹈不測之地，而鏃矢不沾，寸兵不及，知天意固有在也。違天者不祥，當報中國，遣使奉迎還國，復尋舊好，那顔豈不有萬世美名乎？」衆聞之，皆齊聲應曰：「者。」——虜語云「者」，然詞也。——于是額森擁帝北去，居巴延帳中，令護之。

時中官、從臣悉奔散，寧降于額森，悉以中國虛實告之。惟錦衣校尉袁彬從陷虜中，額森使侍帝，遂不離左右。

癸亥，帝命彬作書，遣千户梁貴齎示懷來守臣，言被留狀，且索金帛。守臣亟遣送至京師，以是夜三鼓從西長安門入。

35 甲子，敗問至，百官皆集闕下相聚哭。太后遣使齎金寶、文綺，載以八騎，皇后錢氏復括中宮物佐之。時尚不知帝之所在，令詣額森營請還車駕，不報。

乙丑，皇太后命郕王監國，集朝臣議戰守。時京師疲卒羸馬不滿十萬，人情洶洶。侍講徐珵大言曰：「驗之星象，稽之天數，天命已去，惟南遷可以紓難。」尚書胡濙不可，曰：「文皇定陵寢于此，示子孫不拔之計也。」兵部侍郎于謙厲聲曰：「言南遷者可斬也！京師天下根本，一動則大事去矣。獨不見宋南渡事乎？請速召勤王兵，誓以死守。」尚書王直、學士陳循等議皆合。太監興安、金英言于太后曰：「若去，陵寢將誰與守？」因立叱珵出之。太后又以問太監李永昌，對亦同。于是議遂定。

王奉太后命總百官，大小事俱啓聞。

36 丙寅，移通州糧入京師，徵兩京、河南備操軍、山東及南畿沿海備倭軍、江北及北京諸府運糧軍亟赴京師守衛，皆侍郎于謙議也。

時議欲焚通州倉以絶寇資，會應天巡撫周忱在京，言「倉米數百萬，可充京軍一歲餉，棄之可惜，不如令自取之。」謙以爲然，白于王，令「京官及軍士有能運糧至京者，官以脚值給之。」于是京師始有備，人心稍安。

37 召寧陽侯陳懋率浙兵入衛。

38 戊辰，以兵部侍郎于謙爲本部尚書。

39 諭文武群臣曰：「國家爲政，莫急于聽言用人；人臣爲國，莫先于輔忠薦士。卿等國之股肱耳目，凡有治國安民，除邪輔正，禦災捍患及備賊方略，並許直言無隱。」

40 是日，額森擁帝至大同。

先是過宣府，額森傳帝令趣開門，城上人對曰：「所守者主上城池，天已暮，門不敢開。且鎮臣楊洪已他往。」時羅亨信仗劍坐城下，令曰：「出城者斬！」一時人皆死守。額森知不可動，乃引去。

至是郭登守大同，亦閉門不納，帝遣人謂登曰：「朕與登有姻，何至拒之若是？」登奏曰：「臣奉命守城，不知其他。」

時額森索金幣甚急，袁彬以頭觸門，登令以飛橋縋彬入。尋與廣寧伯劉安、給事中孫祥、知府霍瑄等出謁帝，伏地慟哭，以金二萬餘及宋瑛、朱冕、郭敬家資進，帝以賜額森等。初，額森索賂，許以賄至即歸聖駕，至是不應。

是夕，虜營城西，登謀遣壯士劫營迎駕，不果。明日，復擁帝去。

41 己巳，立皇子見濬爲皇太子，改名見深。

時太子方二歲，以皇太后命立之，仍命王代總國政。

42 卹陣亡將士。

43 庚午，王攝朝，御午門左門。右都御史陳鎰合諸大臣言：「王振傾危社稷，搆陷乘輿，請族誅以安人心。」哭聲震殿陛。振黨馬順叱之退，給事中王竑憤起，與刑科給事中曹凱，共捽順髮，嚙其肉，曰：「汝往時助振惡，倚以作威。今事至此，尚敢爾耶！」與衆共毆之，立斃。【考異】王竑捽馬順髮與衆共毆之事，見竑傳。證之明史曹凱傳，「凱是時共捽順髮」，今據增。又索振黨内使毛、王二人，太監金英見事急，捽之出，亦擊殺之，曳三尸陳東安門。有頃，又執振姪王山，反接跪于廷，衆爭唾罵之。一時衛卒洶洶，朝班大亂。王懼，欲起，尚書于謙直前掖王止，請宣諭百官曰：「順等罪當死，勿論。」衆乃定。尋命縛山至市，磔之，振族無少長皆斬。籍其家，得金銀六十庫，玉盤百，珊瑚高六七尺者二十株，他珍玩無算。已而郭敬、彭德清皆自大同逃歸，並籍其家，下獄長繫。時猶以爲薄云。

是日，事起倉猝，賴謙鎮定，當排衆掖王時，袍袖爲裂。既出左掖門，尚書王直執謙手曰：「國家正賴有公耳，今日雖百王直何能爲！」蓋直自以篤老，倚謙爲重，謙亦毅然以宗社安危自任，天下賴之。

44 辛未，命右都御史陳鎰安撫畿内軍民，于謙薦之也。

45 是日，帝至威寧海子，遂出塞。

46 封總兵官楊洪爲昌平伯，仍鎮宣府。

洪前後守城有功。額森挾帝命，脅洪開門者三，皆不聽，王益重之。額森令帝貽洪書，洪封上，王遣使報洪曰：「此書僞也，自今有書悉勿受。」洪于是一意堅守。【考異】據明史功臣表，洪以正統十四年八月辛未封。證之洪傳，言「景帝監國，論前後功，封昌平伯。」景帝監國在八月乙丑，也先擁上皇至大同在戊辰，今洪之封，去監國僅七日，史所云「積前後功」者是也。若其所謂「後功」者，則正以大同不納上皇一事。野史乃謂「洪以閉門不納上皇，逮下詔獄」，吾學編遂于是年八月書「逮楊洪、石亨下獄。」弇州考誤駁之，謂「洪之封即在是月辛未。石亨以陽和之敗降爲事官，是年八月擢爲右都督，九月封武清伯，二人初無下獄事也。」又證之明史功臣年表，洪、亨二人封伯皆在八月辛未，是正史所記並無下獄之事明矣。惟亨之封，弇州以爲九月者近之，蓋寇至總京營時也，今別記之。

47 壬申，命都督石亨總京營兵。

亨以陽和之敗奔還，謫爲事官，令募兵自效。至是于謙薦之，遂有是命，尋封武清伯。

48 甲戌，帝至黑松林，額森營在焉。帝入營，額森侍坐設宴，令妻妾出上壽，歌舞爲樂。仍奉帝居巴延特穆爾營，去額森營十餘里，巴延與其妻見帝，彌恭謹。而額森屢欲伺間謀害，會夜大雷雨，震死額森所乘馬，復見帝寢幄有異瑞，乃止。

帝既入沙漠，所居止毳帳敝帷，旁列一車一馬，以備轉徙而已。袁彬周旋患難，未嘗違忤，夜則與帝同寢，天寒甚，恒以脅温帝足。又有哈銘者，蒙古人，幼從其父爲通事官入虜中，至是亦侍帝。帝宣諭額森及其部下嘗使銘，額森有所陳請，亦銘爲轉達。帝每南望悒鬱，二人時進諧語慰帝，帝亦爲之解顔。

49 乙亥，以修撰商輅、彭時入閣預機務，陳循、高穀所薦也。時方以繼母喪，乞終制，不許。

50 諭邊將：「自今衛喇特奉駕至，不得輕出。」

輸南京軍器于京師。

51 是月，辛未，月晝見，與日並明。

壬申，癸酉夜，天鳴，有聲如瀉水。

52 召前大理寺少卿薛瑄，給事中程信所薦也。尋授大理寺丞。

53 以羅通爲兵部員外郎，提督守備居庸關。

初，通以兵部郎中從王驥整飭甘肅邊務，爲驥所劾，謫爲廣西容山閘官，已，調廣東東莞河泊所官。及是于謙、陳循薦通有邊才，遂復起。

通至關，相度形勢，上言：「居庸爲敵出入之衝，大小關口宜各增兵。口凡三十有六，可通人馬者七，宜各增人千；可通人不可通馬者二十九，宜各增人百。仍命大將一人，統兵三萬，分駐十營于關外，備額森藉送駕爲名，因之入寇。」從之。尋進郎中。

54 廣東賊黃蕭養作亂。

蕭養，南海人，以爲盜，捕繫獄中，潛通其黨，艤舟在外。是月，蕭養越獄出，凡百餘人，遂乘舟遁入海，嘯聚群盜，旬日至萬餘人，遂攻廣州。詔總兵官安鄉伯張安討之。

55 進陳循户部尚書，高穀工部尚書，仍兼學士。

56 九月，戊寅朔，帝在沙北。

額森遣使來，言「欲送帝還京師」，謀入寇也。使還，賜額森金百兩，銀二百兩，綵幣二百匹。

時廷臣合請皇太后曰：「車駕北狩，皇太子幼沖。古云：『國有長君，社稷之福。』請速定大計以安宗社。」太后然之。群臣以太后旨告王，王驚讓再三，避歸郕邸，群臣復固請。尚書于謙曰：「臣等誠憂國家，非爲私計。」會都指揮岳謙使衛喇特還，口傳帝旨，以王長且賢，令繼統以奉祭祀，王始受命。

癸未，王即皇帝位，以明年爲景泰元年，遥尊帝爲太上皇。頒詔赦天下，免景泰二年田租十之三。

57 庚寅，張楷報處州賊平，前後聽招撫復業者九千餘家，男婦二萬餘人。

時值張驥、陶成剿撫兼施，賊勢已衰，楷亦攘其功奏之。而陶得二聞赦，降，未幾復叛。楷還，廷議楷無功，追論，下獄。詔以寇平功贖罪，得放歸。

58 癸巳，指揮僉事季鐸，奉皇太后命達于上皇。

時上初立，尚書于謙入對，慷慨泣奏曰：「寇得志，要留大駕，勢必輕中國，長驅而南，請飭諸邊守臣協力防遏。京營兵械且盡，宜亟分道募民兵，令工部繕器甲，修戰具。分兵九門，列營郭外，附郭居民皆徙入內。文臣如軒輗者，宜用爲巡撫，武臣如楊洪、石亨、柳溥者，宜用爲將帥。至軍旅之事，臣身當之，不效則治臣之罪。」上深納焉。

59 甲午，祭宣府土木陣亡將士，瘞遺骸。

60 乙未，安鄉伯張安討廣州之賊，指揮僉事王清自高州引兵赴援。

安率舟師遇賊于戙船澳，方醉臥，官軍不能支，退至沙角尾。賊薄之，安溺死。清爲賊所執，擁至廣州城下使諭降，清大罵不屈死。

蕭養屢勝，遂僭號改元，自稱東陽王，據五羊驛，授僞官百餘人。

61 辛丑，擢給事中孫祥、郎中羅通爲右副都御史，分守紫荆、居庸關。

62 甲辰，遣御史十五人募兵畿內、山東、山西、河南。

63 遣都督同知陳友率師討湖廣、貴州叛苗。

64 乙巳，遣使奉書于上皇，告即位也。

65 丙午，貴州鎮遠蠻苗金臺，僞稱順天王，與播州苗相煽爲亂，圍平越、新添等衛半年。巡按御史黄鎬死守，糧盡，掘草根食之。王驥頓兵辰、沅不進，詔調雲南、四川兵會驥討之。

時上皇北狩，廷臣劾王振，並及驥，以驥方在軍，且倚之平苗，置弗問。

66 以參議楊信民爲右僉都御史，巡撫廣東。

初，信民爲廣東參議，清操絶俗，先後劾巡按郭智、黄翰等。又劾僉事韋廣，廣遂訐信民，與翰俱被逮。軍民譁然，詣闕下乞留信民，詔復信民官，而翰、廣皆鞫實除名。上監國，于謙薦之，命守白羊口。會廣州圍急，嶺南人乞信民，遂有是命。于是廣州士民聞而相慶曰：「楊公來矣！」

時廣州被圍久，將士戰輒敗，禁民出入，樵采絶。而鄉民避賊來者，拒不納，多爲賊所害，民益愁苦歸賊。信民至，開城門，發倉廩，刻木契給民得出入。賊見木契，曰：「此楊公所給也。」不敢傷。避賊者悉收保，民若更生。

67 是月，詔減浙江、福建銀場課，尋命封閉之。

68 廣寧伯劉安鎮大同。時額森欲以妹進上皇，使人言于安。安奏聞，上切責之。未幾，自大同馳至京師，言「奉上皇命來告敵情」，且言「上皇已進己爲侯。」群臣交章劾安「擅離守地，自加侯爵，宜正典刑」，上令禁錮之。

會雲南提課鹽舉司吏目胡仲倫緣事入都，上疏言：「今日事不可屈者有七：降萬乘之尊，與諧婚媾，一也；敵假和議，使我無備，二也；和親之後，驕尊自大，三也；索我金帛，使我坐困，四也；以送駕爲名，乘機入犯，五也；逼上皇手詔，誘取邊城，六也；欲求山後之地，七也。稍從其一，大事去矣。今宜亟命宣、大守將固守城池，整肅軍伍，使敵不敢輕進。果其送駕還京，密敕楊洪邀其歸路，石亨據其險阨，俟駕至關，堅閉勿出，則戰無不勝而聖駕得還矣。若不戰而和，非計之得也。」事下禮部，議行之。

69 以郭登爲總兵官，鎮大同，代劉安也。

登值北狩之後，大同軍士多戰死，壁壘蕭條，城門晝閉，人心洶洶。登慷慨奮厲，修城堞，繕器械，拊循士卒，弔死問傷，親爲裹創傅藥，曰：「吾誓與此城存亡，不令諸君獨死也。」上監國，進都督同知，充副總兵，至是代安。初蒞鎮，士卒堪戰者纔數百，馬百餘匹。不數年，馬至萬五千，精卒數萬，大同兵遂爲天下最。

70 以練綱爲監察御史。

綱舉鄉試，入國子監，歷事都察院。上即位，綱上中興八策。至是聞額森將入犯，復言：「和議不可就，南遷不可從。有持此議者宜立誅。安危所倚惟于謙、石亨，當主中軍，而分遣大臣守九門。擇親王忠孝著聞者，令同守臣勤王。檄陝西守將調番兵入衛。」上悉從之。

綱有才辯，急功名。都御史陳鎰，尚書俞士悅，皆綱同里，念綱敷陳時政有聲，又所言皆合上意，薦之，故有是擢。

71 巡撫山西副都御史朱鑑上言：「竊見王振亂天下，往者江南寇發，輒以誅振爲名。夫事歸朝廷則治，歸宦官則亂。今額森詭詐百端，往來窺伺，宜專將帥事權，悉罷監軍中貴，重懸賞格，鼓勸義旅。庶大駕可還，敵兵自退。」上雖嘉納之，不能從。

72 冬，十月，戊申，額森詭稱奉上皇還，遂大舉入寇。

先是額森以中國喪君有君，欲挾上皇要之不可得，乃會衆議。喜寧請「以送上皇爲名，至邊脅諸將開關，召總兵鎮守官出，見則留之，可以得志。京師空虛，長驅而入，必將南遷，大都可有也。」

于是額森計決，奉帝至大同。總兵官郭登不納，遣人謝曰：「賴天地宗社之靈，國有君矣。」額森知有備，不敢攻。登馳蠟書入奏，京師戒嚴。

73 壬子，詔諸王遣兵入衛。

乙卯，命「于謙提督諸營，將士皆受節制，都指揮以下不用命者先斬以徇，然後奏聞。」

乃議戰守之策，石亨「請毋出師，盡閉九門，堅壁以老之。」謙曰：「賊張甚矣，而又示之弱，是愈張也。」乃分遣諸將兵二十二萬，列陣九門外。謙自與亨率副總兵范廣等陣于德勝門以當賊衝，都督陶瑾陣于安定門，廣寧伯劉安陣于東直門，武進伯朱瑛陣于朝陽門，都督劉聚陣于西直門，鎮遠侯顧興祖陣于阜城門，都指揮李端陣于正陽門，劉得新陣于崇文門，楊節陣于宣武門，皆受亨節制。【考異】分遣諸將，列陣九門，三編據實録書于質實中，今據之。悉閉諸城門，絕士卒反顧。下令：「臨陣，將不顧軍先退者斬其將！軍不顧將先退者，後隊斬前隊！」于是將士知必死，皆用命。——瑛，冕之子。興祖以宣德間征交阯敗績論死，至是釋而用之。

74 額森自大同至陽和，進陷白羊口，守將遁。守備通政使謝澤，督兵扼山口，大風揚沙，不辨人馬，或請移他關避賊，澤不可。賊至，兵潰，澤厲聲叱賊，遂被殺。

丙辰，額森抵紫荊關，喜寧導之夾攻關城。守備都御史孫祥、都指揮韓清戰死，關遂陷，長驅而東。

祥之死也，言官誤劾其棄城遁。及寇退，有司修關，得其尸于戰地，焚之，不以聞。

祥弟祺詣闕言冤，景泰初，詔卹其家。

75 丁巳，詔宣府、遼東總兵官及山東、山西、河南、陝西巡撫皆入援。兵科給事中葉盛言：「今日之事，邊關爲急。往者獨石、馬營不棄，駕何以陷土木？紫荆、白羊不破，寇何以薄都城？由此以觀，邊關不固，雖守京城，不過保九門而已。宣府爲大同應援，居庸切近京師，守之尤不可非人。楊洪等既召，必求如洪者代之，然後可以副重寄而集大功。」上是之，乃分遣別將代守。

76 額森擁上皇過易州。至良鄉，父老進茶果羊酒。進次蘆溝橋，園官進果。上皇作書三：一奉皇太后，一致上，一諭文武群臣。

戊午，額森兵薄都城，列陣至西直門，上皇止于德勝門外。

是日，都督高禮、毛福壽敗敵于彰義門北，殺數百人，奪還所掠千餘口。

己未，寇擁上皇登土城。喜寧嗾額森邀大臣迎駕，詔以通政司參議王復爲右通政，中書舍人趙榮爲太常少卿，出城朝上皇，進書敕，額森與巴延特穆爾擐甲持弓矢侍。喜寧復嗾額森曰：「此小官耳。」于是額森不見復等，令亟遣于謙、石亨、胡濙、王直來。上皇亦諭復等宜亟去，遂辭歸。

額森更索金帛萬萬計。廷臣欲議和，遣人問謙，謙曰：「今日止知有軍旅，他非所敢聞。」

額森既不得請，四出窺掠。庚申，遣數騎來覘德勝門，謙令亨設伏空舍中，遣數騎誘之。有頃，敵以萬騎來薄，伏兵出，神機營火器發。范廣躍馬陷陣，勇氣百倍，遂敗敵于城下，額森之弟博囉茂諾海舊作孛羅卯那孩。中礮死。

敵復轉至西直門，都督孫鏜斬其前鋒數人。敵益兵圍鏜，鏜力戰不支，欲入城，給事中程信督軍守西城，不納，自城上發箭礮助之。會亨分兵至，敵稍却，欲還，至彰義門，副總兵武興邀擊，敗之。而內官數百騎欲乘勝爭功，躍馬競前，陣亂，興中流矢死。

寇至土城，居民升屋號呼，爭投磚石擊之，囂聲動地。會僉都御史王竑督毛福壽、高禮援至，寇乃引去。

77 壬戌，寇退。

初，額森深入，視京城可旦夕破，及見官軍嚴陣待，意稍沮。至是相持五日，要請不應，戰輒不利。會其別部攻居庸者五萬，天大寒，羅通汲水灌城，冰堅不可近。七日，遁走，通追擊，三敗之，斬獲無算，額森大沮。又聞勤王兵且至，恐斷其歸路，乃以是夜拔營遁，仍挾上皇北行。謙諜知上皇移駕遠，令亨等夜舉火，發大礮擊其營，死者萬人。

寇自良鄉而西，大掠所過州縣，焚毀長、獻、景三陵寢殿。

時昌平伯楊洪，奉詔率兵二萬入衛。比至，寇已退，敕洪及孫鏜、范廣等追擊餘寇。京師解嚴。

論功，謙及亨爲多。癸亥，詔進亨武清侯，加謙少保，總督軍務。謙辭曰：「四郊多壘，卿大夫之恥也。敢邀功賞哉！」固辭，不允。【考異】據明史瓦剌及楊洪傳，皆以追擊也先爲楊洪之功，其次則范廣、孫鏜。故楊洪師還，論進侯爵，録其功也。野史謂石亨追賊于清風店，大破之。李夢陽有清風店歌，吾學編據之，且鋪張亨之從子彪在安定門持斧擊賊事。弇州考誤駁之，謂「據于肅愍碑，皆無此二事。況亨自虜退即進封侯，在京營。虜奉上皇由良鄉大掠而去，以甲子出紫荆關，亨何嘗以一兵追之，而有此談也。」按明史亨傳亦不載，其記彪事，不過言其「善用斧，追襲餘寇，頗有斬獲」而已。今刪去石亨追賊事，仍據明史紀、傳書之。

78 甲子，額森擁上皇出紫荆關。

丁卯，詔止諸藩及各鎮勤王兵，寇退故也。

79 額森之入寇也，托克托布哈在後，未入關，聞敗而遁。時衛喇特君臣鼎立，額森專國，兵最多，托克托布哈雖爲汗，兵較少，阿喇知院兵又少，三人互猜忌。而南犯之利多歸額森，害則均受之。

至是托克托遣使來獻馬議和，朝廷欲却之，尚書王直、胡濙曰：「彼君臣素不睦，宜受其獻，厚加賞賚以間之。」從之。

80 辛未，楊洪等追餘寇至霸州，破之，獲阿歸等四十八人，還所掠人畜萬計。孫鏜、范廣追寇至固安，亦捷。及關，寇返鬥，猶殺官軍數百人，洪子俊幾爲所及。

81 是月，大同總兵官郭登，將率所部自雁門入援。奏至，京師解嚴，上優詔褒答之。登以京兵新集，不可輕用，上用兵方略十餘事，上嘉納焉。

82 十一月，丁丑，楊洪師還。論功，進封昌平侯。命率所部留京師，督京營訓練，兼掌左府事。洪陳禦寇三策，上以洪宿將，所言多采納。

83 癸未，以顧興祖爲左軍都督同知，劉安爲右軍都督同知，劉聚爲中軍都督僉事，命修塞沿邊關隘。時兵部缺官，三人皆起廢用之。

84 辛卯，以毛福壽充副總兵官，討湖廣辰州叛苗。

85 壬辰，上皇至衛喇特。自出紫荊關，連日雨雪，上皇乘馬踏雪而行，上下艱難，遇險則袁彬執鞚，哈銘隨之。

既至虜營，額森來見，宰羊，拔刀割肉爲敬。尋值上皇聖節，進蟒衣貂裘，設筵宴。嘗謂上皇曰：「中朝若遣使來，皇帝歸矣。」上皇曰：「汝自送我則可，欲中國遣使，徒勞往返。」喜寧聞而怒曰：「欲急歸者彬也，必殺之。」

86 乙未，遣刑部侍郎耿九疇安撫南畿流民，賜復三年。

時鳳陽等處歲饑，盜且起，九疇至，招徠流民七萬户，境内以安。

87 丁酉，命僉都御史蕭棨等鎮河間、保定、真定。

88 乙巳，冬至，免朝賀。

89 是月，改刑部尚書金濂于户部，加太子太保。以掌都察院事俞士悦爲刑部尚書。

90 大學士陳循等，以羅通曉暢兵事，請召還參楊洪軍務。從之。尚書于謙言于上曰：「宣府，京師之藩籬，居庸，京都之門户。今洪既留中，通復召還，宜更選重臣鎮守。」乃以左都督朱謙鎮守宣府，僉都御史王竑鎮守居庸關。謙又請以重臣鎮守山西，防寇南侵，皆從之。

91 十二月，庚戌，尊皇太后爲上聖皇太后。

92 辛亥，以王驥爲平蠻將軍，充總兵官，討貴州叛苗，侍郎侯璡總督軍務。時平越圍尚未解，苗勢益熾，衆至十餘萬。

93 以都督同知董興爲左副總兵，討廣州賊黄蕭養，户部侍郎孟鑑參贊軍務。

94 癸丑，尊母賢妃吴氏爲皇太后。

甲寅，立妃汪氏爲皇后。徙上皇后錢氏别居仁壽宫。

95 丙辰，大赦。

是日彗星見天市垣市樓旁，歷尾度，長二尺餘，凡二十日始没。

96 己未，命石亨、楊洪、柳溥分練京營兵。

97 戊辰，祭陣亡官軍于西直門外。

98 叛閹喜寧勸額森西犯寧夏，掠其馬，直趨江表，居上皇于南京。袁彬、哈銘謂上皇曰：「天寒道遠，陛下又不能騎，空取凍餒。且至彼而諸將不納，奈何？」上皇亟止寧計。寧愈欲殺二人，屢譖之額森，上皇力解而止。

99 以禮部侍郎楊善爲右都御史。

善以土木之潰，間行脱歸。額森入寇，改左副都御史，提督京城守備。至是寇退，遂進官。

100 是歲，浙、閩盜赦而復叛，浙江布政使孫原貞條上方略，請爲備，至是即命原貞參議軍事，深入，禽其魁。

而温州餘賊猶未滅，乃命都指揮李信爲都督僉事，調軍討之，遂拜原貞兵部侍郎，參信軍務，鎮守浙江。會原貞丁母憂當去，副都御史軒輗請留之，報可。